HERZLICHEN GLÜCKWUNSCH

Und Dankeschön für den Kauf dieses Buches. Als besonderes Schmankerl* finden Sie unten Ihren persönlichen Code, mit dem Sie das Buch exklusiv und kostenlos als eBook erhalten.

Beachten Sie bitte die Systemvoraussetzungen auf der letzten Umschlagseite!

a4dw6-p56r7-
01800-leqko

Registrieren Sie sich einfach in nur zwei Schritten unter **www.hanser.de/ciando** und laden Sie Ihr eBook direkt auf Ihren Rechner.

KOMPETENZ
HANSER
GEWINNT

*Bayrisch für eine leckere Kleinigkeit; ein Leckerbissen

Mayerhofer
Apps erfolgreich verkaufen

Josef Mayerhofer

Apps
erfolgreich verkaufen

Vermarktungsstrategien für Apps
auf iPhone, iPad, Android und Co.

HANSER

Der Autor:

Josef Mayerhofer, Darmstadt

Bibliografische Information der Deutschen Nationalbibliothek:

Die Deutsche Nationalbibliothek verzeichnet diese Publikation in der Deutschen Nationalbibliografie; detaillierte bibliografische Daten sind im Internet über http://dnb.d-nb.de abrufbar.

© 2012 Carl Hanser Verlag München, www.hanser.de
Lektorat: Margarete Metzger
Herstellung: Irene Weilhart
Copy editing: Christoph Nettersheim, Nürnberg
Umschlagdesign: Marc Müller-Bremer, www.rebranding.de, München
Umschlagrealisation: Stephan Rönigk
Gesamtherstellung: Kösel, Krugzell
Ausstattung patentrechtlich geschützt. Kösel FD 351, Patent-Nr. 0748702
Printed in Germany

print-ISBN: 978-3-446-43028-0
e-book-ISBN: 978-3-446-43160-7

Inhalt

Segment

Vorwort

Ich war 15 Jahre alt, als ich meine erste App installierte: das Spiel Slay, auf meinem neuen Casio Cassiopeia EM-500 – einem Pocket PC der ersten Stunde –, den ich mir von meinem ersten selbstverdienten Geld gekauft hatte. Schon damals war ich fasziniert davon, in einem so kleinen Gerät fast mein gesamtes Leben mit mir herumzutragen. Ich trug meine Hausaufgaben in den Kalender ein, überblickte meine Ausgaben in einer eigenen Taschengeld-Tabelle und zeigte meinen Freunden Bilder von der letzten Party. Laptops wogen zu dieser Zeit eine gefühlte Tonne, und an Smartphones war noch gar nicht zu denken. Man war froh, wenn man Snake auf seinem Nokia-Handy spielen konnte. Auch für meinen sauer verdienten Pocket PC gab es noch nicht sehr viele Angebote. Ich kann ungelogen behaupten, fast jede App besessen zu haben, die für mein Gerät geeignet war. Es gab noch nicht sehr viele Angebote, und der Markt für manche Pocket PCs war lächerlich klein im Vergleich zu den Massen, die sich heute alleine am Launch-Tag eines neuen iPhones vor den Apple Stores weltweit tummeln.

Und trotzdem deutete sich damals schon etwas an, was heute Realität ist: Software ist mobil geworden, günstig und hochspezialisiert. „There's an app for that", der markenrechtlich geschützte Slogan von Apple, trifft tatsächlich zu. Egal, ob ich die Kalorienexplosion meiner letzten Grillorgie zählen möchte oder auch die mit dem Dienstwagen zurückgelegten Wege: Im jeweiligen App-Store zu meinem Gerät werde ich fündig.

Heute bin ich noch immer mindestens so fasziniert von dieser Möglichkeit wie damals als verpickelter Pubertierender, der seine Klassenkameraden mit einem genialen Gadget beeindrucken wollte. Als Entwickler von Apps sind Sie vielleicht kein Gott in Weiß; Sie forschen nicht an einem Heilmittel gegen Malaria und Sie erfinden auch nicht den sauberen Treibstoff der Zukunft. Aber Sie schaffen mit Ihren kleinen Programmen eine Lösung für ein kniffliges Problem, beheben eine lästige Alltagssorge oder unterhalten die Menschen mit einer völlig sinnfreien, aber lustigen Fotospielerei. Weil Sie uns täglich bei den kleinen Problemen des Lebens helfen, will ich im Gegenzug Sie bei Ihrer Arbeit unterstützen: Ich möchte Ihnen zeigen, wie man seine App von vornherein mit den besten Eigenschaften entwickelt, sie strategisch vermarktet und am Ende erfolgreich verkauft.

Hoffentlich werden Sie genauso wie ich von den unbegrenzten Möglichkeiten des App-Marketings begeistert sein. Ich wünsche Ihnen eine interessante Lektüre!

■ Danksagung

Für meine Frau Rebecca, die mir rund um die Uhr mit konzeptionellem Rat, wertvollem Feedback und dem manchmal nötigen Tritt in den Hintern zur Seite stand. Und sie hat mich in den Monaten, in denen dieses Buch entstand, ertragen.

Josef Mayerhofer
Im Januar 2012

■ Anmerkungen

Bevor Sie sich in die Lektüre vertiefen, möchte ich Ihnen noch ein paar Dinge zur Ausrichtung dieses Buchs sagen.

Im Laufe der nächsten Kapitel werden Sie oft auf Worte wie Entwickler, Programmierer oder Designer stoßen. Aus Gründen der Lesefreundlichkeit verwende ich bei allen Berufsbezeichnungen das generische Maskulinum. Obwohl die IT-Branche tatsächlich männlich dominiert ist, gibt es natürlich eine große Anzahl talentierter Entwicklerinnen, die mit ihren Apps auch sehr erfolgreich sind. Einige von ihnen werden Sie in den Beispielen und Fallstudien kennenlernen.

Dieses Buch richtet sich an einzelne Developer und Indie-Entwicklungsfirmen, aber auch an größere App-Unternehmen. Manche meiner Ratschläge könnten für einen unabhängigen Entwickler in der Summe aus zeitlichen oder finanziellen Gründen schwerer umzusetzen sein. Im letzten Kapitel gebe ich aber auch eine kleine Übersicht über verschiedene Outsourcing-Möglichkeiten. Gehen Sie also auch als einzelner Entwickler positiv an alle Aufgabenbereiche heran – Hilfe ist zum Greifen nah.

Bevor Sie sich wunde Finger vom Abschreiben holen: Alle Links in diesem Buch sind auch auf der Website zu diesem Buch aufgelistet, Sie müssen also nur den folgenden Link abtippen:

www.appstoreeconomy.com/links

Dort finden Sie diese und laufend aktualisierte Website-Verweise.

Meine Ratschläge zum erfolgreichen App-Marketing folgen dem heutigen Wissensstand. Ich habe bewusst vermieden, waghalsige Prognosen über die Zukunft der App-Stores aufzustellen oder Sie mit ungesicherten Informationen und Gerüchten zu verwirren. Gott sei Dank sind einige der wichtigsten Strategien zum App-Erfolg im Kern sowieso schon weit über hundert Jahre alt, basieren auf den Grundbedürfnissen des Menschen sowie den Gesetzen des freien Marktes und gelten daher als zeitlose Klassiker. Als gutes Trendbarometer empfehle ich Ihnen zusätzlich die regelmäßige Lektüre von einschlägigen Technik-Blogs. Dort gibt es zwar immer wieder die ein oder andere Nachrichten-Ente – doch Sie bleiben immer auf dem neuesten Stand.

1 Einführung – Schöne neue App-Store-Welt

Es herrscht Goldgräberstimmung. Zehntausende Programmierer aus allen Nationen sind aufgebrochen, um im wilden App-Store-Land ihr Glück zu suchen. Ganz wie im Westen Amerikas vor 150 Jahren suchen die Abenteurer nicht nur Reichtum, sondern auch Ruhm und Ehre.

Bis zur Eröffnung von Apples App Store 2008 war die Softwareindustrie geprägt von wenigen großen Unternehmen, die ihre Produkte über undurchschaubare Distributionsabläufe und womöglich gar in Form physischer Datenträger an ihre Kunden auslieferten. Die Prozesse waren langsam und träge.

Seit dem Aufkommen von Breitband-Internet konnten zwar auch unabhängige Entwickler ihre Produkte an den Mann bringen. Allerdings waren diese Indie-Developer eher die Guerilla-Einheit der Softwareindustrie. Kleine Anbieter kämpften von jeher mit dem Problem zu geringer Aufmerksamkeit in den Tiefen des World Wide Web.

Heute ist das anders: Jeder kann seine kreativen Ideen verwirklichen. Jeder findet innerhalb von Stunden ein unendlich großes Publikum für seine Software. Alle hoffen, reich zu werden. Doch noch etwas hat sich nicht verändert seit dem großen Goldrausch: Die Glücksuchenden sind schlecht informiert und haben überhöhte Erwartungen. Denn sie haben über die Erfolgsgeschichten ihrer Mitstreiter gelesen. In Wahrheit überschätzen viele ihre Fähigkeiten und enden bettelarm in den Straßen der virtuellen Goldgräber-Städte. Sie verkaufen ihre Apps schlecht oder gar nicht. Investieren viel Zeit und oft auch Geld, um am Ende als Verlierer aus dem Kampf um die Gunst der User auszusteigen.

Ich schreibe das nicht, um Sie zu verunsichern. Dieses Buch soll Ihnen zur Seite stehen auf Ihrem Weg durch die Weiten der Prärie, während Sie Ihre Pläne schmieden, bei der Ankunft im Goldgräberlager, wenn Sie Ihre Werkzeuge auswählen und bei der Rückkehr von Ihrem Claim, wenn Sie endlich so weit sind, das zu verkaufen, was Sie sich mühsam erarbeitet haben.

Eines wird Ihnen dieses Buch nicht erklären: wie Sie lernen, gut zu programmieren. Dafür gibt es andere, sehr hilfreiche Anleitungen. Eine kleine Auswahl finden Sie am Ende dieses Buchs in der Literaturliste. Auch wenn es sicherlich gute und schlechte Programmierer gibt, stehen die meisten in App-Stores vor einem ganz anderen Problem. Die Aussicht auf schnelle Gewinne verblendet das strategische Denken: Viele Anbieter werfen ihre App ohne Marketing-Konzept auf den Markt. Sie übersehen dabei, dass traditionelle ökonomische Erkenntnisse auch auf einem neuartigen Marktplatz wie dem App-Store gültig sind.

Dieses Buch untersucht die Wirkung dieser traditionellen Mechanismen, neuerer Theorien, die für Informationsgüter Gültigkeit haben, und Phänomene, die nur in geschlossenen App-Stores auftreten. Schritt für Schritt nähern wir uns den Informationen an, die für das Vermarktungskonzept Ihrer App am wichtigsten sind. Keine Sorge, ich verschone Sie mit langweiligen Finanzvokabeln und werde stattdessen alle Inhalte durch Beispiele so verständlich wie möglich illustrieren.

Die App-Store-Ökonomie ist noch jung, daher werden sich die genauen Gegebenheiten in den einzelnen Plattformen oft im selben Moment verändern, in dem diese Zeilen geschrieben werden. Daher versuche ich, die Kapitel dieses Buchs allgemein zu halten. Zurzeit sind App-Stores für mobile Anwendungen am beliebtesten. Dies, so sind sich die Kenner einig, wird sich aber noch ändern. Der Vertrieb von Software über standardisierte Online-Marktplätze ist die Distributionsform der Zukunft. Haben Sie also keine Scheu, die Beispiele und Tipps auf jene Plattform umzulegen, für die Sie gerade programmieren.

■ 1.1 All Developers are equal

Vor der Einführung von App-Stores mussten Entwickler oft mit Publishern verhandeln, um ihre Softwaretitel an den Mann zu bringen. Diese wiederum verhandelten mit Mobilfunkanbietern, Handyherstellern, Einzelhandelsketten oder Online-Versandhäusern. Schlechte Voraussetzungen für Ein-Mann-Betriebe. Sie standen vor einer hohen Mauer, und was dahinter sein würde, konnten sie meist nur erahnen.

Inzwischen aber hat das Internet die Eintrittsbarrieren von so mancher Branche niedergerissen: Wer Lust dazu hat, kann einen Blog starten und sich Journalist nennen. Man benötigt kein Journalismus-Studium, nicht einmal Rechtschreibung muss man beherrschen. Nötig sind lediglich fünf Minuten Zeit, um sich kostenlos bei Wordpress oder Blogger.com zu registrieren. Für manche war dies das Tor zu einem beruflichen Neuanfang: Einige besonders beliebte Blogger konnten das Schreiben zum Beruf machen und durch eine treue Leserschaft kommerziellen Erfolg erzielen.

Ihnen liegt nichts am Schreiben, aber Sie können nähen? Plattformen wie DaWanda (Bild 1.1) und etsy helfen beim Verkauf von Selbstgemachtem aller Art. Egal, ob maßgefertigte Handytasche oder ausgefallenes Hochzeitskleid – Freunde von Außergewöhnlichem werden hier fündig. Hergestellt und verschickt aus den Wohnungen von zahllosen Privatanbietern und einigen, die dieses Hobby zum Beruf gemacht haben.

Neue und gebrauchte Waren aller Art verkauft die Generation der neuen Internet-Unternehmer ganz einfach in einem eigenen eBay- oder Amazon-Shop. Sie sehen, diese Liste ließe sich endlos fortsetzen. Die Hierarchien der Geschäftswelt sind flacher geworden, und es war nur eine Frage der Zeit, bis dieser Trend in der Softwareindustrie Einzug hielt. Programmierer können heute durch Plattformen wie Android Market, Mac App Store oder Windows Phone 7 Marketplace binnen kürzester Zeit ein Millionenpublikum erreichen.

BILD 1.1 Selbstgenähte Android-Handytaschen und anderes Fan-Zubehör bei DaWanda. (Screenshot: Mayerhofer)

Aber was macht diese Plattformen so attraktiv? Es sind nicht nur die Erfolgsstorys von einzelnen Entwicklern, wie die von Igor and Marko Pusenjak. Die Brüder erzielten mit ihrem zu Hause programmierten iPhone-Spiel *Doodle Jump* über 3,5 Millionen Dollar Umsatz innerhalb eines Jahres. Nein, denn als einer von Tausenden Programmierern sollten Sie sich nicht auf so viel Glück verlassen. Trotzdem haben App-Stores einige sehr überzeugende Vorteile, von denen Sie als App-Anbieter profitieren. Die wollen wir uns näher ansehen.

Marktzugang

Alles, was Entwickler benötigen, um ihre Programme weltweit in verschiedensten Sprachen und Währungen zum Kauf anzubieten, ist ein Konto beim jeweiligen App-Store. Bei manchen, wie der BlackBerry App World, kostet dies nicht mehr als eine Stunde Zeit. Andere verlangen einen mehr oder weniger symbolischen Obolus. Google verlangt einmalig 25 Dollar, Apple will derzeit 79 Euro pro Jahr, während Nokia für den Ovi Store einen Euro Registrierungsgebühr kassiert.

Im Gegenzug bekommen Entwickler das, was früher jahrelanges Networking und Verhandlungen mit einer Unzahl von Unternehmen benötigte: direkten Zugang zu Millionen Kunden, die meist bereits ihre Zahlungsdaten hinterlegt haben. Sie müssen nur noch auf den „Kaufen"-Button klicken.

Ein Markt auch für kleine Player

Ein Großteil der Anbieter von Apps sind Ein- bis Drei-Personen-Unternehmen. Dass die App-Stores (noch) nicht in der Hand von einigen wenigen, großen Entwickler-Unternehmen sind, ist für Neueinsteiger von großem Vorteil. Der Schulterschluss zu den bereits ansässigen Entwicklern ist in kurzer Zeit zu bewerkstelligen, die existierenden Anbieter haben keine Chance, die Neuankömmlinge auszuschließen.

Langfristig ist es für Sie als Entwickler auf jeden Fall ratsam zu wachsen. Denn mit zunehmender Reife des App-Markts wird sich die Situation ändern. Die wachsende Größe einiger App-Anbieter kann dann zur Bedrohung für die auf sich gestellten Ich-Unternehmen werden.

Marktwachstum

Egal, wohin Sie schauen, der App-Markt boomt. Die Zahl der Smartphone- und Tablet-User steigt weiterhin rasant an. Eine Marktsättigung ist noch nicht in Sicht, denn ein Großteil der Handynutzer besitzt immer noch ein „Dumbphone". Auch App-Stores für PC-Anwendungen stecken immer noch in den Kinderschuhen. Hier steht der große Boom auf vielen Plattformen noch bevor.

Der perfekte Zeitpunkt also, um in den Markt einzusteigen. Wachsende Märkte machen es nicht nur einfacher, mit einer neuen App einzusteigen, auch Ihre existierenden Produkte können von der steigenden Zahl potenzieller Kunden profitieren.

Lock-In-Effekt und Plattform-Loyalität

Die besten Kunden sind die, die einem jahrelang treu sind. Was Tante Emma schon vor 50 Jahren in ihrem Lädchen beherzigte, hat auch in App-Stores seine Gültigkeit.

Schade nur, wenn sich Ihre iPhone-Nutzer nach zwei Jahren ein Android-Handy besorgen. Wie sollen Sie unter diesen Voraussetzungen ein langfristiges Kundenverhältnis aufbauen? Glücklicherweise ist auch den Plattformanbietern daran gelegen, die User an sich zu binden. Schließlich wollen sie Erlöse durch den Verkauf von Hardware und Betriebssystem erzielen. Sie haben ihre Plattformen von vornherein so gestaltet, dass ein Wechsel erschwert wird. Zunächst durch Lerneffekte: Wer einmal verstanden hat, wie ein Betriebssystem funktioniert, ist meist zu faul, sich mit einem neuen zu beschäftigen. Der andere, weitaus wichtigere Faktor sind die App-Einkäufe der Nutzer: Gekaufte Apps lassen sich nicht auf eine andere Plattform übertragen, selbst wenn eine App auch im Fremdsystem verfügbar wäre. Der Nutzer würde also beim Wechsel alle bisher gekauften Apps verlieren.

Sie können daher von einer großen Plattform-Loyalität ausgehen, die sich mit etwas Geschick auch in den App-Verkauf überführen lässt.

Mehr zum Lock-In-Effekt und wie Sie ihn für Ihre Apps nutzen können, lesen Sie in Kapitel 4.

Auffindbarkeit

Es ist 1995, und Sie haben gerade Ihr großartiges Kreuzworträtsel-Spiel für PC fertiggestellt. Die großen Hürden des Vertriebs haben Sie genommen und es mit Ihren CD-ROMs bis in die Hallen der Einzelhändler geschafft. Dennoch läuft das Geschäft schlecht, denn Ihr Titel liegt im letzten Regal ganz hinten und verstaubt. Selbst wenn ein Kunde nach einem solchen Spiel sucht, ist die Wahrscheinlichkeit groß, dass er Ihre Schachtel übersehen wird.

Wie gut, dass wir 2012 schreiben: App-Stores sind eine vollständige Datenbank aller Apps für eine Plattform. Tippt der potenzielle Kunde „Kreuzworträtsel" in die Suchfunktion, taucht Ihr Spiel sofort auf. Was früher einer der häufigsten Gründe für das Scheitern von Anwendungen war, können Sie somit getrost vergessen. Gerade wenn Ihre App eine Nische besetzt, profitieren Sie von Empfehlungen à la „Kunden kauften auch".

Die Suchfunktion ist allerdings Fluch und Segen zugleich. Unter Tausenden Mitbewerbern ist Auffindbarkeit allein kein Erfolgsrezept. So tauchen neben der Ihren wahrscheinlich zehn weitere Apps in der Suche auf. In Kapitel 6 lernen Sie, Ihr Angebot auf Sichtbarkeit hin zu optimieren.

Software Development Kits

Alle Plattformbetreiber stellen für ihre Entwickler sogenannte Software Development Kits zur Verfügung. Es handelt sich dabei um eine Sammlung von Werkzeugen und Anwendungen, gepaart mit ausführlicher Dokumentation, Best Practices und oft auch Einführungsvideos.

Mit diesen Kits lassen sich unter anderem professionelle User-Interfaces erstellen. Dies nimmt Ihnen als Programmierer einen Großteil der Arbeit an üblicherweise komplexen Features wie Animationen ab.

Einfache Abwicklung

Vor zehn Jahren wäre so etwas noch undenkbar gewesen: Mit einigen wenigen Klicks konfigurieren Sie in Ihrem App-Store Preise für Käufer in aller Herren Länder. Der App-Store-Betreiber kümmert sich um Wechselkurse, Umsatzsteuer und alle rechtlichen Angelegenheiten, die mit dem Verkauf von Software einhergehen. Allein die Formalitäten, die eine weltweite Distribution erfordert, hätten früher ein dreiköpfiges Team beschäftigen können.

Es klingt fast so, als wären die Hoffnungen der Goldsucher berechtigt: Jeder wird im App-Store reich. Leider gibt es neben einer großen Zahl an Chancen auch einige Risiken und Nachteile, denen sich die mutigen Pioniere stellen müssen.

■ 1.2 But some are more equal

Im App-Store-Spiel gelten zunächst gleiche Voraussetzungen für alle. Trotzdem scheint die Kluft zwischen Arm und Reich so tief wie zu Zeiten von Ludwig XIV. Die App-Store-Analysten von Distimo veröffentlichten Mitte 2010 einen Bericht, laut dem fast 80 Prozent der kostenpflichtigen Apps im Android Market seltener als 100-mal gekauft wurden. Nur knappe

5 Prozent schaffen es auf mehr als tausend Downloads. Zugegeben, die kleine Zahl der erfolgreichen Bezahl-Apps im Android Market ist auch darauf zurückzuführen, dass viele Entwickler ihre Einnahmen durch Werbeeinblendungen erzielen. Die Schere zwischen Erfolgreich und Erfolglos geht aber auch in App-Stores mit zahlungswilligerem Publikum weit auseinander.

Was ist der Grund für diese Unterschiede? Sind die erfolglosen Apps schlampig programmiert? Ja, sehr viele. Fehlt es ihnen an Interfacedesign? Auch dies ist oft der Fall. Aber es gibt auch gut programmierte, gut aussehende Apps, denen eine solide Idee zugrunde liegt und deren Erfolg trotzdem bis heute ausgeblieben ist.

Die Liste der Problemfelder ist leider genauso lang wie die der Chancen. Der Schlüssel zum Erfolg liegt im Erkennen beider Seiten der Medaille. Entwickler können so die Chancen ausnutzen und die Problem-Eisberge sicher umschiffen. Sehen wir uns also die einzelnen Störenfriede im Detail an.

App-Review, Preisgestaltung und Rabatte – der Sheriff

In Westernfilmen wird der Sheriff oft nur als Gesetzeshüter dargestellt. Tatsächlich war er auch zuständig für Steuereinnahmen und andere verwaltungstechnische Angelegenheiten. Was aber nicht heißt, dass er nicht schießen konnte. Die App-Store-Sheriffs heißen Google, Apple oder Microsoft und haben genau wie ihre Pendants im großen kalifornischen Goldrausch ihre ganz unterschiedlichen Charakteristika. Und in jedem Fall sollte man sich gut mit ihnen stellen. Hat man sie zum Freund, bekommt man die besten Schürfrechte in den App-Stores, liegt man mit ihnen im Streit, kann es auch sein, dass man in die Prärie verbannt wird.

Zweifellos die Kontrollfreaks unter den Sheriffs beschäftigt Apple. Hier wird den Programmierern ein ganzer Katalog von Geboten auferlegt. Verboten sind unter anderen: instabile Programmierung, Nachahmen von iPod UI, Pornografie oder Filesharing. Jede App wird geprüft und erst dann veröffentlicht oder mit mehr oder weniger ausführlichem Feedback abgelehnt. Sprechen Sie während der Entwicklung mit Entwicklern, die bereits Erfahrung mit dem Review-Prozess gemacht haben und planen Sie trotzdem noch etwas Extra-Zeit ein, falls Apple etwas zu beanstanden hat.

Während Google im Android Market zwar verspricht, keine inhaltliche Kontrolle auszuüben, lässt man dafür den Anbietern bei der Preisgestaltung, wie auch in allen anderen App-Stores, keine freie Hand. 0,99 bis 200 Dollar darf eine App kosten. Immerhin ist der Preis frei wählbar, denn die Sheriffs Apple und RIM zum Beispiel diktieren Beträge, die auf –,99 enden. Auch Gutschein-Aktionen und Bundling von mehreren Apps treiben die Sheriffs sofort mit rauchendem Colt aus der Stadt. Das ist schade, denn gerade Gutscheincodes sind ein großartiges Instrument zur Steuerung der Preispolitik. Mehr dazu in Kapitel 10.

Beim Eintreiben der Steuern unterscheiden sich die Sheriffs hingegen nur wenig. Google, Apple und Microsoft nehmen 30% des Umsatzes, während RIM nur 20% kassiert.

Ruinöse Konkurrenz – die anderen Goldgräber

Wer in App-Stores die meisten Apps verkauft, steht ganz oben in den Ranglisten. Angesichts der Tatsache, dass sich Apps mit niedrigerem Preis öfter verkaufen, beschlossen daher viele Developer, ihren Preis auf den niedrigstmöglichen, also 0,99 Dollar, zu senken. Im Gegenzug hofften sie auf mehr Verkäufe durch die erhöhte Sichtbarkeit im oberen Bereich des Rankings.

Nur leider waren die anderen Goldsucher bald auch so schlau, und so ist es heute in manchen Kategorien fast schon ausgeschlossen, auf den oberen Plätzen zu landen, wenn man mehr als 99 Cent verlangt.

Die Programmierer schneiden sich dadurch aber nicht nur ins eigene Fleisch, sondern auch in das ihrer Mitstreiter. Apps mit mittelmäßigen Verkaufszahlen werfen bei einem so geringen Preis oft nicht genug ab, um den Lebensunterhalt der Entwickler zu bestreiten. Und durch die 99-Cent-Dynamik werden auch andere Entwickler dazu gezwungen, ihre Preise zu senken.

Kapital, Equipment und Manpower – die großen Entwickler-Studios

Große Unternehmen haben es leicht. Riesige Werbebudgets, persönliche Verbindungen zu den App-Store-Verantwortlichen, Heerscharen von Programmierern und endlos Geld, um Apps zur Einführung kostenlos anzubieten oder bekannten Marken zu lizenzieren. Selbst wenn Sie bereits mit einer App etabliert sind, kann ein solches Unternehmen als Neueinsteiger in Ihrer Kategorie schnell zur ernsthaften Bedrohung werden.

Aber bereits im Wilden Westen brauchte die industrielle Goldgewinnung über ein Jahr, bis sie in Kalifornien Fuß fassen konnte. Zu diesem Zeitpunkt war ein großer Teil des freiliegenden Goldes bereits gefunden worden. Genau diese langsame Reaktionsgeschwindigkeit müssen sich unabhängige Entwickler zunutze machen: Seien Sie schneller und flexibler als die großen Unternehmen, in denen erst einmal Entscheidungsprozesse angestoßen werden müssen. Gleichzeitig verhalten Sie sich professionell und nutzen die gleichen ökonomischen Strategien wie die Big Player. So können Sie Ihre Position festigen und möglicherweise gar expandieren, bevor die Konkurrenz anrückt. Mehr dazu lesen Sie in Kapitel 3.

Plattformen, Fragmentierung und Lock-In – welches Goldgräberlager ist das sicherste?

Welche Plattform ist der erfolgversprechendste Ausgangspunkt für das Abenteuer App-Store? Diese Frage ist von großem Gewicht, denn haben Sie erst einmal angefangen, für eine Plattform zu programmieren, wirkt auf Sie der gleiche Lock-In-Effekt wie auf die Nutzer einer Plattform aus dem vorigen Abschnitt. Alle Energie, die Sie in diese Plattform investieren, und all das Wissen, das Sie über sie ansammeln, hindern Sie daran, im Nachhinein die Plattform zu wechseln.

Am schönsten wäre es natürlich, wenn es einen App-Store für alle Plattformen gäbe. Aber gerade in jenem Markt, in dem App-Stores derzeit am gängigsten sind – dem für Smartphone-Betriebssysteme –, ist die Fragmentierung fast schon unüberschaubar. Wollen Sie eine App ausliefern, die den Großteil aller Handynutzer erreicht, sollten Sie damit rechnen, für fünf oder mehr Betriebssysteme programmieren zu müssen. Für manche Apps, wie den Instant-Messenger *WhatsApp*, ist eine Präsenz in einer großen Zahl von Plattformen entscheidend. Doch auch *WhatsApp* hat einmal klein angefangen und sich zum Start auf das iPhone festgelegt. Auch Sie sollten mit der Entwicklung für einen einzigen App-Store beginnen. Um zu entscheiden, welcher am erfolgversprechendsten ist, hilft nur kühle Marktforschung, über die Sie im zweiten Kapitel mehr erfahren.

Nun, da wir die Rahmenbedingungen geklärt haben, können wir uns dem widmen, worüber Sie lesen wollen: Ihre App.

■ 1.3 Was eine gute App ausmacht

Sieht man sich die Liste der neuesten Apps an, kommt man ins Staunen – ganz egal, in welchem App-Store. Nicht weil die Apps so überwältigend innovativ wären. Nein, beim Großteil der Anwendungen fragt man sich, wer dafür Geld ausgeben soll. Wagen Sie selbst das Experiment und testen Sie einige der Programme, die noch auf keiner Rangliste erscheinen. Die schlechte Qualität dieser Apps ist erschreckend. Gerade wenn man bedenkt, dass selbst eine gute App allein nicht ausreicht, um Erfolg zu haben.

Selbst in Apples App-Stores, die angeblich streng kontrolliert werden, finden sich Apps, die instabil sind oder erst gar nicht starten. Und hat man doch einmal eine sauber programmierte Anwendung gefunden, dreht es einem vom grässlichen User Interface den Magen um. Sie finden, ich gehe zu hart mit dem ins Gericht, wofür ein armer Programmierer Schweiß und Blut investiert hat? Die User werden das leider auch tun. Seien Sie sich stets bewusst, dass Sie in App-Stores mit den besten Programmierern und Designern der Welt in Konkurrenz stehen. Und liefern Sie nur Produkte, die bei diesem Vergleich bestehen können.

Das Erfolgsrezept für Spitzen-Apps mit Spitzen-Verkaufszahlen ist kein Geheimnis. Die Zutaten dafür zu besorgen, ist allerdings kein Leichtes. Allen verwaisten Programmen, die ihr Dasein in den App-Stores ohne Downloads fristen, fehlen eine oder eher mehrere der grundlegenden Zutaten erfolgreicher Apps:

1. **Perfekte Programmierung**
2. **Atemberaubendes Design**
3. **Überragendes Marketing**
4. **Richtiges Timing**
5. **Glück**

Mit dem Kauf dieses Buchs haben Sie bereits einen wichtigen Schritt für die Zutat Nummer drei gemacht. Und auch das mit dem richtigen Timing werden wir hier noch an der einen oder anderen Stelle ansprechen.

Wobei Ihnen dieses Buch nicht helfen wird, ist, sauber zu programmieren und ansprechend zu designen. Aber auch hier gibt es ausgezeichnete Literatur. Eine Auswahl finden Sie im Anhang in der Leseliste. Wenn wir uns hier den Voraussetzungen für ein perfektes Marketing-Konzept annähern, ist vorausgesetzt, dass Sie anstreben, Ihre App technisch und optisch einwandfrei auszuliefern.

Technische Probleme schwächen nicht nur die Reputation einer App, sie töten sie. Negative Bewertungen von Usern werden sich häufen, und selbst wenn die Mängel behoben sind, werden die Bewerter kritisch nach neuen suchen. Nehmen Sie sich Zeit, Ihre App von einer Gruppe Beta-Tester auseinandernehmen zu lassen. Besser, Sie investieren zwei weitere Wochen, um Ihr Produkt zu perfektionieren, als dass Sie mit einer zerstörten Reputation in den App-Store starten.

Ähnliches gilt für das **Aussehen Ihrer Software.** Nutzer treffen ihre Kaufentscheidung zunächst nur mit Hilfe von Screenshots Ihrer App. Sieht Ihre App schick aus, geht der potenzielle User davon aus, dass der Rest der App ebenso hochwertig ist. Mit einem unprofessionellen User Interface katapultieren sich Programmierer schnell ins wirtschaftliche Aus. Wenn eine App nicht so hochwertig aussieht, wie sie ist, zahlen die Kunden keinen Cent dafür. Holen Sie sich für die grafische Gestaltung Hilfe von außen und engagieren Sie einen Designer. Freelancer für alle Budgets finden Sie im Internet in Massen, zum Beispiel auf Plattformen wie guru.com.

Trotz ausgereifter Programmierung und ansprechender Gestaltung schaffen es viele Apps trotzdem nicht abzuheben. Hier kommt dieses Buch ins Spiel: Vielleicht liegt es an der Produktidee? Ist diese wirklich einmalig und neu? Und gibt es für diese Art von App überhaupt potenzielle Nutzer? Oder ist der Grund des Scheiterns in der fehlenden Kommunikation zu suchen? Die beste App bleibt unentdeckt, wenn man versäumt, die Werbetrommel zu rühren. Vielleicht ist der Preis auch unglücklich gewählt, und potenzielle Nutzer verlieren sofort das Interesse? Alle diese Probleme stammen aus dem komplexen **Themengebiet des Marketings.** Da gibt es leider mehr falsch zu machen, als sich die meisten Anbieter bewusst sind.

Während sich Programmierung, Design und Marketing sehr gut planen und steuern lassen, wird es mit den verbleibenden Zutaten schwieriger. Den **richtigen Zeitpunkt** zu finden, erfordert fast schon einen sechsten Sinn. Glücklich waren zum Beispiel viele Programmierer der ersten Stunde, deren Apps schon zur Veröffentlichung des Apple App Store verfügbar waren. Durch das richtige Timing konnte Steve Demeter, Programmierer des iPhone-Spiels *Trism* (Bild 1.2), von einem Domino-Effekt profitieren, der ihn zu einem der ersten App-Store-Millionäre der Welt machte. „Der Erfolg lag erstens darin, alles vor dem Launch fertig zu machen, zweitens in einer ordentliche Portion Buzz von Spielern der Jailbreak-Version (Raubkopie) und drittens, dass Apple sich hinter die App gestellt und sie als ‚iPhone-Exclusive' vermarktet hat", sagt Demeter im Interview mit techradar.com (Marshall, 2009; übersetzt). Aber eine Gelegenheit wie den Start einer neuen Plattform gibt es nur einmal alle paar Jahre. Ganz nüchtern können Sie dagegen Veröffentlichungsdaten anderer Apps berücksichtigen. Beispielsweise Konkurrenz-Angebote oder Webdienste, von denen Ihre App abhängig ist. In den meisten Fällen bleibt die Wahl des richtigen Veröffentlichungsdatums reine Raterei, und Sie müssen hoffen, einfach Glück zu haben.

BILD 1.2
Screenshots von Trism im iTunes App Store. (Screenshot: Mayerhofer)

„Dem Wagemutigen hilft das Glück!", wusste schon der römische Dichter Vergil vor 2000 Jahren. Und recht hatte er: Wer von einem mächtigen Blogger oder gar einem App-Store-Mitarbeiter entdeckt und auf die Empfehlungsliste gesetzt wird, sollte anfangen, eine Investment-

Möglichkeit für seinen neuen Reichtum zu suchen. Nachdem sich Glück aber nicht kaufen lässt, empfehle ich Ihnen, etwas weniger wagemutig zu sein und ausbleibendes Glück in Ihrem App-Rezept durch die anderen Zutaten auszugleichen.

Auch wenn Sie sich nicht darauf verlassen sollten: Lieber Leser, ich wünsche Ihnen viel Glück!

■ 1.4 Fallstudie: Casey's Contraptions

In der Theorie klingt manches logisch, was man in der Praxis plötzlich nicht mehr plausibel findet. Trotz besseren Wissens setzt man oft Dinge ganz anders um, als man es sich vorher vorgenommen hat. Es ist das Bauchgefühl, das solche Entscheidungen beeinflusst. Und manchmal liegt man damit sogar richtig – oft aber auch falsch. Erst eine Summe von Erfahrungen macht aus einem unabhängigen Entwickler einen erfolgreichen App-Unternehmer. Damit Sie nicht alle diese Erfahrungen am eigenen Leib machen müssen und auch mit Ihrer ersten App eine Chance auf Erfolg haben, gibt es in diesem Buch eine Reihe von sogenannten Fallstudien. Sie sollen Ihnen helfen, Ihre Entscheidungsfähigkeit zu schulen. Gezielte Fragen am Ende der Fallstudie werden Ihre unternehmerische Kreativität herausfordern und Ihr neues Wissen vertiefen. Entwickler aus aller Welt haben für diese Fallstudien ihre Erfolge und Misserfolge mit uns geteilt. Lernen Sie aus ihren Erfahrungen, machen Sie es (zumindest theoretisch) besser und lassen Sie sich inspirieren von der Willenskraft und dem unternehmerischen Witz, den die meisten von ihnen an den Tag gelegt haben.

Da wir im ersten Abschnitt die Meilensteine der App-Vermarktung nur kurz angesprochen haben und noch nicht in die Tiefe gegangen sind, ist es nicht sinnvoll, Sie bereits zum App-Marketing-Berater zu machen und eine Fallstudie durcharbeiten zu lassen. Stattdessen stelle ich Ihnen das erfolgreiche Entwickler-Team vor, das ein sehr geistreiches Spiel namens *Casey's Contraptions* kreiert und wohlüberlegt vermarktet hat. Noel Llopis und Ángel Friginal waren so freundlich, die Geschichte ihrer App für alle unabhängigen Entwickler da draußen öffentlich zu machen. Von der ersten Idee bis zum Aufstieg in den Ranglisten behandeln sie wichtige Fragen, die sich jeder Entwickler im Laufe der Zeit wird stellen müssen. Noch können Sie nicht alle der angesprochenen Themen richtig einordnen und vielleicht auch nicht jeden Schachzug der beiden nachvollziehen. Aber Sie werden beim Lesen der folgenden Kapitel immer wieder feststellen, wie klug die beiden die meisten ihrer Entscheidungen getroffen haben – und was sie hätten besser machen können.

1.4.1 Casey's Contraptions – die Geschichte einer App

Casey's Contraptions ist ein iOS-Spiel der Entwickler Noel Llopis und Miguel Ángel Friginal. Noel arbeitet seit über zehn Jahren in der Spieleindustrie und hat sich vor vier Jahren als Entwickler selbstständig gemacht. Seinen ersten Erfolg feierte er mit dem in-app-purchase-basierten Spiel *Flower Garden*. Schon vor einigen Jahren hat er den Grafikdesigner Miguel über Twitter kennengelernt und bei einer Entwickler-Konferenz persönlich getroffen. Schließlich entstand aus dieser Bekanntschaft eine Zusammenarbeit. *Casey's Contraptions* war für Miguel das erste veröffentliche Video-Spiel. Zwanzig Jahre zuvor hat er noch ein gedrucktes Rollenspiel kreiert.

Die beiden erzählen im folgenden Erfahrungsbericht von den Anfängen ihrer gemeinsamen App und sparen auch nicht die vielen kleinen Misserfolge aus, die ihnen entlang des Weges passiert sind.

Erste Entscheidungen

Wir wussten, dass wir unser nächstes Projekt für iOS entwickeln würden, weil wir den iTunes App Store nicht nur aus Nutzer-, sondern auch aus Entwicklersicht sehr schätzen – und weil es eine Plattform ist, auf der auch unabhängige Entwickler finanziell erfolgreich sein können. Darüber hinaus waren die weiteren Entscheidungen aber nicht leicht, denn ein neues Spiel zu kreieren ist niemals einfach. Obwohl wir seitenweise Ideen hatten, war es schwer, sich auf ein ganz spezifisches Spiel-Konzept festzulegen. Wir wollten etwas, das gleich drei Erwartungen erfüllte: Erstens musste das Spiel kreativer Natur sein und nicht auf Zerstörung als hauptsächliches Element basieren. Es sollte etwas sein, von dem wir auch selbst begeistert waren, und es musste sich natürlich auch gut im App-Store verkaufen lassen. Einfacher gesagt als getan! Wir haben einen Prototyp nach dem anderen erstellt, und viele Ideen waren zwar nicht schlecht, aber trotzdem waren sie nicht umwerfend. Nach dem siebten oder achten Prototyp entschieden wir uns schließlich für ein Konzept, bei dem der Spieler verschiedene Puzzles mithilfe physikalischer Grundsätze lösen muss – ganz im Stil der unnötig komplizierten Maschinen des Künstlers Rube Goldberg (Bild 1.3). Im Herzen ähneln die mechanischen Möglichkeiten denen von klassischen Spielen wie *The Incredible Machine*, aber unser Spiel legt einen stärkeren Schwerpunkt auf Kreativität statt darauf, die eine richtige Antwort zu finden. Außerdem sollte es möglichst sozial gestaltet sein, mit Optionen zum Teilen, und von vornherein auf das Touch-Interface der iOS-Geräte abgestimmt sein.

BILD 1.3
Ein typisches Rätsel aus
Casey's Contraptions.
(Screenshot: Llopis &
Friginal)

Wir haben unser Projekt von vornherein als eine Partnerschaft mit 50/50-Beteiligung angelegt – ohne zusätzliche Investoren oder Verleger. Miguel kündigte seine Vollzeitstelle, um die Gestaltung von *Casey's Contraptions* (Bild 1.4) machen zu können, und ich kümmerte mich um die Programmierung. Das Design des Spiels bestimmten wir beide mit: die Regeln, die Spielatmosphäre, die Levels. Alles andere teilten wir uns nach unseren Fähigkeiten und unserer Erfahrung auf: Website, Server-Pflege, PR und so weiter.

BILD 1.4
Das Logo von *Casey's Contraptions*.
(Grafik: Llopis & Friginal)

Noch kann ich hier nur eine Bilanz nach dem Launch ziehen und keinen abschließenden Bericht geben. Denn die Spieleindustrie, und besonders die für iOS oder Facebook, hat sich mehr zu einem Service als einem Produkt entwickelt. Wenn alles gutgeht, werde ich aber bald mehr zur Entwicklung von *Casey's Contraptions* sagen können.

1.4.2 Was gut lief

Gutes Theme und starker Style

Casey's Contraptions startete das Rennen ohne Casey! Der ursprüngliche Prototyp sah nur die Entwicklung von kreativen Aufbauten vor und natürlich die physikalische Simulation, die dahinterstecken musste. Es hatte Potenzial, aber irgendwie fehlte noch etwas. Es fehlte Persönlichkeit.

Nach einem Brainstorming kreisten wir schnell um die Idee, einen klugen Achtjährigen die Apparaturen bauen zu lassen. Nicht nur, dass wir so schnell eine gehörige Portion Persönlichkeit im Spiel hatten, es entschied auch wichtige Teile der restlichen Entwicklung. Denn statt eines klassischen Physik-Spiels mit Flaschenzügen, Rollen und all dem industriellen Kram, konzentrierten wir uns natürlich auf Dinge, die einem Achtjährigen zur Verfügung stehen würden, um seine Apparate zu bauen: Spielzeuge und Haushaltsgegenstände wie die Puppe seiner Schwester, Papierflugzeuge oder einen Plastik-Lastwagen.

Dieser Fokus auf Spielzeug führte wiederum dazu, dass wir die Levels anders gestalteten: Wir dachten anfangs an Aufgaben, die Casey während des Alltags würde bewältigen müssen – zum Beispiel, sein Spielzeug auf kreative Weise wegzuräumen. Aber dann kamen wir auf die Idee mit den „playtime levels". Das Ziel dieser Levels war plötzlich sehr kreativ und phantasievoll („Rette Dschungel-Entdecker mit Hilfe eines Heißluftballons"). Ganz so, wie Casey es sich beim Spielen eben selbst ausdenken würde.

Unser achtjähriger Hauptcharakter (Bild 1.5) bestimmte natürlich auch die Art Direction. Wir wollten eine sehr breite Zielgruppe erreichen, vom Kind bis zum älteren Gelegenheits-Spieler. Miguel knabberte länger am Stil des Cartoons, er ließ sich von modernen Animationen genauso inspirieren wie von verrückten Warner-Bros-Figuren. Doch am Ende wurde es ein Stil mit starken Umrissen und klaren Farben, um alle Altersgruppen mit dem Design abzuholen. Wir konnten diesen Stil auf alle Gegenstände, Orte und das User Interface übertragen und finden, dass wir einen sehr wiedererkennbaren, beständigen Spielcharakter geschaffen haben.

BILD 1.5 Entwürfe für den Hauptcharakter „Casey". Am Ende entschieden sich die Entwickler für den Casey rechts unten. (Grafiken: Llopis & Friginal)

Die soziale Komponente

Etwas selbst zu erschaffen macht Spaß. Aber noch mehr Spaß macht es, etwas selbst zu erschaffen und es dann mit anderen zu teilen. Wie schon erwähnt, wollten wir *Casey's Contraptions* zu einer sehr sozialen Spielerfahrung machen. Kein Spiel, das man alleine durchspielt und dann weglegt, sondern etwas, bei dem man seine Erfolge mit Freunden teilen kann.

Da *Casey's Contraptions* ja eine vollwertige Physik-Simulation beinhaltet, kann man teilweise mit sehr verrückten, chaotischen und meistens ziemlich unerwarteten Lösungen zum Ziel kommen. Wochen nach dem Launch waren wir immer noch erstaunt darüber, mit welcher Kreativität die Menschen gewisse Levels lösten und wie viele Kombinationen von Gegenständen sie schufen, an die wir bei der Entwicklung nie gedacht hätten. Es ist sehr lustig, diese Apparaturen in Aktion zu sehen, und darum sind sie perfekt geeignet, um sie mit Freunden zu teilen.

Mit diesem Gedanken im Kopf haben wir das Spiel ja von Anfang an entwickelt. Nach jedem Level kann man seine Lösung mit einem simplen Knopfdruck seinen Freunden zeigen (Bild 1.6). Inzwischen ist das Spiel im Default-Modus so eingestellt, dass man automatisch seine Lösung teilt, wenn man seine Punktzahl verbessert hat. Hat man ein Level beendet, sieht man auch die Lösungen seiner Freunde als kleine Vorschau und kann sie auf Wunsch immer und immer wieder abspielen.

Zusätzlich dazu haben wir auch einen Level-Editor eingebaut, mit dem man seine eigenen Puzzles frei erstellen kann. Es war genau dasselbe Programm, das auch wir benutzt haben, um die Levels zu erfinden. Man muss eben die eigene Suppe löffeln, wenn man dem Nutzer etwas wirklich Genießbares servieren will. Ursprünglich konnten die Spieler ihre Levels per E-Mail mit anderen teilen und jetzt, nach dem ersten Update, auch über eine öffentliche Website. So entstanden Hunderte neue Levels für alle Nutzer.

Wie es bei Spielen mit Level-Editors üblich ist, machen natürlich nur wenige der Nutzer wirklich davon Gebrauch. Doch diejenigen, die es doch tun, sind sehr schnell sehr verbunden mit dem Spiel und sehen es als Ehrensache an, es auch bei ihren Freunden zu verbreiten.

BILD 1.6
Präsentation der sozialen
Funktionen des Spiels.
(Grafik: Llopis & Friginal)

Schrittweise Entwicklung

Für *Casey's Contraptions* haben wir ein sehr entspanntes und reduziertes Projektmanagement angewandt. Wir hatten kleine Schritte geplant, und in jeder Schleife haben wir uns nur vorgenommen, die jeweils wichtigsten Funktionen zum Laufen zu bringen. Wir hatten kein richtiges Aufgabenmanagement oder einen rigiden Zeitplan (abgesehen von: „Hm, das könnten wir in zwei Wochen schaffen") und haben uns für die einzelnen Meilensteine keine strengen Limits gesetzt. Sie variierten in etwa von eineinhalb bis drei Wochen. Das Wichtigste war wohl, dass wir bei jedem Meilenstein innehielten und uns ein konkretes neues Ziel setzten – mit all dem Wissen, das uns bis zu diesem Punkt geführt hatte.

Zum Beispiel haben wir die Entwicklung gar nicht mit einer vollen Übersicht über all die Gegenstände gestartet, die wir am Ende im Spiel haben wollten. Stattdessen hatten wir in unserem Wiki eine Liste von Dingen, die wir möglicherweise einbauen könnten. Immer, wenn uns etwas Neues einfiel, ergänzten wir sie. Erst mit jeder neuen Entwicklungs-Schleife entschieden wir uns für die neuen Gegenstände, die das Spiel noch ergänzen sollten. Dank dieser langsamen Evolution konnten wir gute Entscheidungen für neue Spielinhalte fällen: „Die meisten Dinge, die wir derzeit haben, fallen zu Boden. Wir brauchen mehr aufsteigende Sachen." Oder: „Der Magnet ist lustig, aber wir brauchen noch mehr Metallgegenstände, wenn er nützlich sein soll."

Diese Mentalität kam überall zum Tragen: Von der Level-Erstellung bis zu den Menüs, Funktionen und so weiter. Rückblickend können wir von so ziemlich jeder späteren Entscheidung sagen, dass wir sie so wohl zu Beginn des Projekts nicht gefällt hätten.

Ein starker Launch

In weniger als 24 Stunden nach dem Launch hatte sich *Casey's Contraptions* schon in die Top zehn der bezahlten Apps in den USA und in 20 anderen Ländern vorgearbeitet. Am nächsten Tag lag es auf Platz zwei aller Apps in den USA und brachte großartige Verkaufszahlen am ersten Wochenende.

Dieser starke Start war nicht nur Schicksal. Wir haben den Launch monatelang geplant, und hart geschuftet, um einen so erfolgreichen Start zu schaffen (natürlich gehört auch immer eine Portion Glück dazu). Wir hatten natürlich einen Buzz, um das Spiel kreieren zu wollen, doch der knappe Entwicklungs-Zeitraum bei iOS-Spielen bedeutet, dass man das in verhältnismäßig kurzer Zeit vorbereiten muss.

Wir fingen mehr als sechs Monate vor dem Launch an, das Spiel bekannt zu machen (da standen wir etwa bei einem Viertel der Entwicklungsarbeit). Während der folgenden Monate kommunizierten wir über Twitter und unseren Blog und zeigten die verschiedenen Stadien der Entwicklungsarbeit. Ein wichtiger Meilenstein war für uns, das Spiel bei der Game Developers Conference herumzuzeigen. Nicht nur haben so viele Entwickler unser Spiel ausprobiert und uns unschätzbar wertvolles Feedback gegeben; wir kamen so auch mit der Presse in Kontakt, was uns zu einigen netten Previews verhalf.

Apple gab den großen Anstoß

Der große Streich kam jedoch, als wir das Spiel bei Apple einreichten. Wir hatten uns ein fixes Datum für den Start gesetzt: drei Wochen nach der Einreichung. Das würde uns genug Zeit geben, um die ganze PR-Arbeit vorzubereiten: Video drehen, Medienpakete zusammenstellen, Journalisten kontaktieren und so weiter. Auch intensivierten wir die Frequenz auf unserem Blog und zeigten mehr spannende Aspekte unseres Spiels her.

Nachdem wir das alles gemacht hatten, bekam *Casey's Contraptions* glücklicherweise besondere Aufmerksamkeit von Apple. Sie präsentierten es zu Beginn sehr prominent als iPad Game der Woche – weltweit. Wir hatten die Presse rechtzeitig mit allem Material versorgt, sodass gleichzeitig auch einige positive Rezensionen erschienen und sich die Kunde von unserem Spiel sehr schnell verbreitete.

BILD 1.7 *Casey's Contraptions* auf dem Ehrenplatz im iTunes App Store. (Screenshot: Llopis & Friginal)

Platzierung in den Ranglisten

Obwohl wir ursprünglich 4,99 Dollar für das Spiel verlangen wollten, zielten wir jetzt auf maximale Verkäufe ab und setzten den Preis auf 2,99 Dollar fest. Das erwies sich als richtig, denn es führte uns direkt in die Top Ten. Die Plätze in den Ranglisten haben eine sehr scharfe, exponentielle Kurve von Verkäufen im Hintergrund. Das heißt, ein Platz fünf bedeutet einen großen Anstieg in den Verkäufen gegenüber einer niedrigeren Platzierung.

Wenn man sich den App Store heute ansieht, wird es immer schwieriger für kleine Spiele, sich wirklich an die Spitze der Ranglisten hochzuarbeiten. Mit über einer halben Million verschiedener iOS-Apps und Hunderten Spielen, die täglich veröffentlicht werden, muss man wirklich aus der Masse herausstechen, um bemerkt zu werden. Die meisten der Spiele, die das schaffen, wurden mit erheblichem Zeitaufwand, viel Energie und Know-how produziert. Der App-Store-Goldrausch ist vorbei.

Genug Entwicklungszeit

Vom Beginn bis zum Launch dauerte die Entwicklung von *Casey's Contraptions* etwa acht Monate. Das scheint eine lange Zeit zu sein, gerade für iOS-Verhältnisse. Aber es sieht so aus, als würden mehr und mehr iOS-Spiele so viel Zeit beanspruchen.

Unser ursprünglicher Plan war, das Spiel zu Weihnachten auszuliefern. Das war nicht unbedingt das Ergebnis rigoroser Zeitkalkulation, sondern einfach nur eine Schätzung. Es fühlte sich so an, als könnten wir es bis dahin schaffen. Natürlich lagen wir da falsch.

Dass wir uns so viel Zeit genommen haben, ist aus meiner Sicht sehr positiv. Denn wir haben nicht wirklich Zeit verschwendet, es dauerte eben so lange, um das Spiel reifen zu lassen und dahin zu führen, wo es heute ist. Hätten wir es früher ausgeliefert, wäre das Endprodukt ein ganz anderes gewesen.

Noch mal drüber nachdenken

Die schwierigste Aufgabe bei der Entwicklung von *Casey's Contraptions* war für uns, interessante Levels zu gestalten. Da wir den Level Editor von Beginn an in Gebrauch hatten, konnten wir die Levels im Laufe der Zeit gestalten. Gerade einige der frühen Levels waren im Nachhinein gesehen viel zu schwer und nicht wirklich interessant. Erst nach einigen Monaten fanden wir das richtige Maß und wussten, was gute Levels mit dem richtigen Schwierigkeitsgrad waren.

Auch war es gut, dass wir so viel Zeit hatten, um fundamentale Änderungen am Design vorzunehmen, wenn etwas noch nicht so funktionierte, wie es sollte. Zum Beispiel sollte jedes Level ursprünglich drei verschiedene Ziele beinhalten, die man erreichen musste. Je nachdem, wie viele dieser Ziele man erreicht hatte, sollte man eine Bronze-, Silber- oder Goldmedaille bekommen. Es wurde uns schnell klar, dass die drei verschiedenen Ziele die Spieler nur verwirrten. Wir haben die Levels also auf nur ein Ziel reduziert. Da wir aber trotzdem das erneute Spielen spannend machen wollten, sollten die Spieler Sterne verdienen können, indem sie sie mit den verwendeten Gegenständen berührten. Der erste Stern sollte natürlich einfach zu haben sein, der zweite schon schwerer, und der dritte sollte schon einiges an Knobelarbeit erfordern.

Das war schon eine gute Alternative zu den Medaillen, aber wir fanden schnell heraus, dass die Sterne noch nicht perfekt waren. Denn die meisten Spieler würden erwarten, dass sie alle Sterne beim ersten Durchspielen erreichen sollten, und so lange denselben Level spielen, bis sie irgendwann frustriert aufgeben würden. Das brachte uns dazu, die Sterne wieder zu überarbeiten. Dieses Mal knüpften wir die Schwierigkeit, mit der die Sterne zu erreichen waren, an die Schwierigkeit des Levels. Mit dieser Lösung waren wir am Ende sehr glücklich. Wir hätten sie nicht gefunden, wenn wir durch das Projekt hätten hetzen müssen.

Das letzte Finish

Wir gaben uns am Ende auch noch genügend Zeit, um das Spiel noch einmal zu polieren. Dieser letzte Glanz macht natürlich das Spiel an sich nicht mehr besser, aber er trägt sehr viel zum ersten Eindruck bei, den es vermittelt. Jede Animation, jedes Geräusch, jeder kleine

Effekt ist wirklich wichtig in diesen ersten Sekunden, die ein Nutzer mit dem Spiel verbringt. Auf einer mobilen Plattform wird diese letzte Politur umso wichtiger. Wenn es den Nutzer nicht sofort packen kann, verliert dein Spiel dessen Aufmerksamkeit, und er wendet sich anderen Dingen zu.

1.4.3 Was schiefging

Kein gleichzeitiger Launch für das iPhone

Der ursprüngliche Prototyp von **Casey's Contraptions** lief auf dem iPhone. Während er schon sehr viel Potenzial zeigte und es anfangs auch noch lustig war, die Apparaturen zusammenzustellen, merkte man schnell, dass es eigentlich mehr Platz brauchte.

Daher war das iPad natürlich die naheliegende Plattform für das Spiel. Sein großer Bildschirm zeigt wunderbar auch sehr detaillierte Grafiken an und erlaubt dem Spieler sehr intuitiv eine händische Einrichtung der verschiedenen Gegenstände. Es war perfekt für *Casey's Contraptions.*

Trotzdem, auch wenn das iPad mit damals 14 Millionen Geräten schon sehr verbreitet war, waren die Nutzer von iPhone und iPod Touch natürlich immer noch die unbestrittenen Könige des iTunes App Stores (zu diesem Zeitpunkt ungefähr 185 Millionen Geräte). Gerade ein Spiel, das eine starke soziale Komponente hat, muss eine kritische Masse an Spielern erreichen, die zur selben Zeit spielen, Lösungen teilen und Levels erstellen. Wir hatten zwar die iPad-Charts gestürmt, aber das ließ die meisten iOS-Anwender immer noch außen vor, da sie das Spiel nicht für ihre Geräte kaufen konnten.

Warum haben wir nicht mit dem Launch gewartet, bis die iPhone-Version fertig war? Wir hatten keinen wirklich guten Grund dafür, außer, dass wir das Spiel endlich veröffentlichen wollten. Wir wussten auch nicht, wie stark sich ein guter Launch auf unsere Server auswirken würde, und dachten daher, ein vorgezogener iPad-Launch wäre ein guter Plan. Inzwischen würden wir wohl eher beide Versionen zur selben Zeit oder zumindest in etwa im selben Zeitraum veröffentlichen (vielleicht ein oder zwei Wochen verzögert).

Ein neuer Buzz

Um das auszugleichen, wollen wir den iPhone-Start zu einer Art zweitem Launch machen: Die iPhone-Version wird mit einigen Updates einhergehen, die sehr viel neue Inhalte bringen (gratis für alle, die das Spiel bereits gekauft haben), und wir werden versuchen, den starken iPad-Launch zu wiederholen. Der Hintergedanke ist, dass wir alle, die das Spiel bereits gespielt haben, noch einmal locken wollen, damit wir, zusammen mit allen iPhone-Spielern, die kritische Masse erreichen.

Wir sind zu oft aneinandergeraten

Wir sind eigentlich ein perfektes Zwei-Mann-Unternehmen: Wir haben komplementäre Fähigkeiten, aber auch überlappende Talente. Wir gehen die Dinge auch oft von zwei verschiedenen Seiten an: Ästhetik versus Usability, Schnelligkeit versus Spieleigenschaften, Einfachheit versus Spannung, Außergewöhnlichkeit versus Gewohnheit, Tee versus Kaffee. Das ist eigentlich eine sehr gute Sache, und der Erfolg von *Casey's Contraptions* beruht zu einem großen Teil auf der Kombination dieser verschiedenen Eigenschaften und Talente.

Doch manchmal ist die Gegenseitigkeit auch zu viel des Guten. Wir sind beide sehr stur, und wir brauchen sehr lange, bis wir uns durchringen können, die Dinge anders zu sehen. Es gab Zeiten, da haben wir mehr Stunden damit verbracht, eine Sache zu diskutieren, als sie am Ende umzusetzen.

Dass wir nicht persönlich zusammenarbeiteten, sondern über größere Entfernung, hat die tägliche Entwicklungsarbeit nicht wirklich beeinflusst. Doch es war dadurch schwieriger, manche dieser Diskussionen zu beenden. Stattdessen führten wir sie viel länger als nötig. Es war auch das erste Mal, dass wir an einem so großen Projekt zusammenarbeiteten, was die Sache nicht einfacher machte. Nachdem wir dieses erste Projekt durchgezogen haben, werden wir in Zukunft für diese Problematik hoffentlich besser gerüstet sein.

Unnötige Überarbeitungen

Überarbeitungen sind ein notwendiger Teil jedes kreativen Prozesses. Es ist sehr unwahrscheinlich, dass man gleich alles im ersten Entwurf eines Texts oder einer Musikkomposition richtig macht. Das gilt sogar noch mehr für Spiele-Entwicklung, weil dabei so viele Teile zusammenpassen müssen. Es ist sehr schwer, das Endprodukt vorherzusehen; doch auch wenn man das könnte, würde man gar nicht wissen, was man will, bis man weitere Versionen gesehen hat.

Fast jeder einzelne Screen und jeder Gegenstand des Spiels wurde mehrmals überarbeitet – in Hinblick auf Optik, Verhalten, Klang oder Platzierung. Keine Frage, dass jede Überarbeitung sie verbessert hat. Allerdings gab es ein paar Teile des Spiels, die wir eindeutig zu oft überarbeitet haben. Vor allem manche der User Interfaces, wie zum Beispiel der inzwischen legendäre „level completed"-Screen, oder auch der Look und das Arrangement des Menüs, das wir bestimmt sechs oder sieben Mal komplett überarbeitet haben.

Wir glauben, dass Design nicht einfach nur in eine Richtung arbeitet. Wenn man das beste Endprodukt erreichen will, kann man nicht nur über die Funktionalität eines Interface entscheiden (oder irgendeines anderen Teils des Spiels) und dann ein paar nette Grafiken darüberlegen. Die Programmierung und das Design müssen ineinandergreifen, um die Funktionalität des User Interface zu garantieren. Wenn man diese Dinge einige Male durchdacht hat, kann man sich auf sehr starkes Design einigen, das nicht nur funktionell ist, sondern auch optisch etwas hermacht.

Problematisch ist es, wenn man diese Schleifen zu oft durchmacht oder wenn der Prozess sich nicht zu einem spezifischen Design verdichtet, sondern eher zu einem Slalom verschiedener Versionen führt. Das passierte uns sehr oft, da wir uns meist an kleinen Details aufrieben, oder einfach gewisse Funktionen vergaßen, die wir eigentlich in das neue Design hatten einbauen wollen.

Nutzerfeedback ist wertvoll

Andererseits bekamen wir oft Feedback von Testpersonen, die uns vermittelten, dass ein Screen noch nicht klar genug war. Dann mussten wir ihn noch einmal überarbeiten, trotz der Verlockung, einfach weiterzumachen und ihn für gut zu erklären. Es war immer die richtige Entscheidung, sich noch einmal hinzusetzen und diese Punkte zu überdenken.

Zum Beispiel taucht Casey zu Beginn jeden Levels auf und erklärt, welches Ziel diesmal erreicht werden muss. Dieser Screen erscheint eigentlich sehr klar und verständlich, nur dass in unserer frühen Version die Sicht auf das Level geblockt wurde, während der Screen gezeigt wurde. Die Testpersonen beschwerten sich, dass man sich nur schwer merken konnte, welche Gegenstände dargestellt wurden. Daher wird in der finalen Version Caseys Dialog am unteren Rand angezeigt, und die relevanten Gegenstände werden sogar umrandet.

Solche Probleme kann man lindern, indem man gewisse Teile des User-Interface oder des Spiels in kleinere Schritte aufteilt, ohne jeden davon sofort zu vollenden. Statt sofort den Screen einzubauen oder das perfekte Mock-Up mit allen grafischen Elementen zu gestalten, muss man zuerst einen Screen aufsetzen, der mit simplen Boxen und Buttons versehen ist und die Grundfunktionen besitzt. Erst dann kann man diesen Entwurf absegnen, mit echtem Layout und grafischen Elementen versehen, einige neue Funktionen und damit verbundene Animationen einbauen – und das Ganze so lange in Schleifen überprüfen, bis es stimmt. Wir wurden darin im letzten Drittel der Entwicklungsarbeit immer besser, und es ist eine Arbeitsweise, die wir in künftigen Projekten forcieren wollen.

Nicht genug Unit Testing

Ich bin ein großer Fan von Modultests und Testgetriebener Entwicklung (TDD). Diese Techniken haben wir in bisherigen Projekten erfolgreich benutzt und wollten sie auch bei *Casey's Contraptions* weiterführen.

Das Ziel war natürlich nie eine hundertprozentige Abdeckung mit Modultests oder dass jede Zeile Code erst getestet werden sollte. Stattdessen sollte Code getestet werden, auf dem ein großer Teil des restlichen Codes (zum Beispiel das Management der Gegenstände), andere komplizierte Elemente (die Interaktion der Werkzeuge) oder schwierige Patienten beruhten (Seil-Manipulation).

Am Ende schummelten wir und machten nicht so viele Tests, wie wir geplant hatten. Manche Dinge, wie zum Beispiel die Object-Attachments, bereiteten mir Kopfzerbrechen wegen all des komplizierten, ungetesteten Codes. Als wir merkten, dass wir doch mehr Tests durchführen sollten, war es dafür teilweise schon zu spät, weil der Code auf Schnittstellen beruhte, die nicht sehr modultest-tauglich waren.

Teste lieber jetzt, statt später Fehler zu beheben

Wir hätten uns die Zeit nehmen sollen, als diese Probleme erstmals auftauchten, Tests schreiben und langsam den Code überarbeiten, während wir Bugs entfernten und neue Funktionen einbauten. Stattdessen fühlten wir uns ständig „nur ein paar Monate vom Launch entfernt", verzichteten auf Tests und zahlten dafür später einen hohen Preis. Wir lieferten *Casey's Contraptions* sogar mit ein paar unwahrscheinlichen Spiel-Situationen aus, von denen wir wussten, dass sie Fehler produzieren könnten, aber wir trauten uns nicht mehr, sie so kurz vor der Veröffentlichung noch anzufassen.

Wir arbeiten bereits an den Updates und an der iPhone-Version, also werden wir uns noch lange mit diesem Code herumschlagen müssen. Wir werden diesmal langsam in allen Bereichen Modultests einführen, wo es nötig ist.

Statische Preisstrategie

Die Preisstrategie haben wir schon während der Entwicklung ständig wieder diskutiert. Trotz des langfristigen Erfolgs von *Flower Garden* und anderen Gratis-Spielen, die auf In-App-Purchases basieren, entschieden wir uns für ein fixes Preismodell bei *Casey's Contraptions*.

Wir dachten, dass unsere Zielgruppe einen festen Preis mehr schätzen würde als die vielen kleinen Beträge, die innerhalb der App anfallen würden. Außerdem dachten wir, dass es ja für andere iPad-Spiele wie *Angry Birds* oder *Cut The Rope* gut funktioniert hatte. Es erschien uns sicher, diesen Beispielen einfach zu folgen.

Unglücklicherweise war das womöglich die falsche Entscheidung – ökonomisch betrachtet. Nach einem starken Launch verlor *Casey's Contraptions* innerhalb ein paar Wochen schnell seine gute Position in den Ranglisten. Nachdem die Umsätze einer scharfen exponentiellen Kurve folgen, bedeutet selbst eine Platzierung unter den besten hundert iPad-Spielen nur wenige Einnahmen pro Tag. Was zu einem sehr dünnen Ende der Sales-Kurve führt.

In-App-Purchases müssen gut organisiert sein

Spiele mit In-App-Purchases sind nicht nur in traditionellen Spieler-Kreisen nicht sehr angesehen, sondern es ist auch noch sehr viel schwerer, diese zu entwickeln. Nicht nur, dass man sehr robuste Server braucht, auch muss man die spieleigene Ökonomie gut ausbalancieren, Belohnungen richtig verteilen und die Kosten für neue Käufe gut überlegen. Unsere optimistische Schätzung war damals, dass dieses Modell uns mindestens einen zusätzlichen Monat kosten würde (also vermutlich eher zwei Monate, wenn man unsere bisherigen Zeitpläne auswertet).

Eine andere Möglichkeit wäre gewesen, ein traditionell bepreistes Spiel anzubieten, aber neue Levels oder Orte gegen Bezahlung anzubieten. Das wäre viel einfacher einzubauen, würde aber vielleicht keinen großen Unterschied für den Umsatz machen. Normalerweise kaufen nur zwischen zwei und fünf Prozent der Spieler Extra-Inhalte. Damit diese In-App-Purchases sich also signifikant niederschlagen, müssen sie unlimitiert sein (Dünger, Spielgeld usw.) oder eine sehr große Nutzerbasis muss sie nachfragen. Mit einer sehr kleinen Zahl an möglichen Gegenständen, die man kaufen kann, bräuchten wir also sehr viele Spieler, damit In-App-Purchases die Umsätze in die Höhe schnellen lassen würden.

Wir hoffen natürlich, dass die iPhone-Version dem Spiel insgesamt wieder Auftrieb geben, die Verkäufe auf beiden Plattformen steigern und hoffentlich zu einem langfristig guten Ranglistenplatz führen wird. Falls das nicht passiert, können wir immer noch mit der Preisstrategie experimentieren.

1.4.4 Eine Zwischenbilanz

Wir sind sehr glücklich mit der gesamten Entwicklung von *Casey's Contraptions* und vor allem mit dem Launch. Wir haben es geschafft, ein besonderes, kreatives Spiel zu veröffentlichen, das sehr gute Kritiken bekommen hat und sich auch sehr gut verkauft hat.

Während Sie das lesen, ist das Update schon länger erhältlich. Jetzt sollten mehr und mehr Menschen bereits ihre Lösungen und Levels mit anderen geteilt haben, was hoffentlich wieder mehr Aufmerksamkeit für unser Spiel gebracht hat. Auch können inzwischen mehrere Spieler – zum Beispiel Eltern mit ihren Kindern – zusammen an Puzzles arbeiten; der Multiplayer-Modus wurde sehr stark nachgefragt.

Ganz im Gegensatz zum traditionellen Spielehandel ist die Geschichte für uns iOS-Entwickler hier aber noch lange nicht zu Ende. Was wir in der nächsten Zeit alles richtig oder falsch machen werden, wird den Erfolg unseres Spiels in Zukunft ausmachen.

 Fakten, Fakten, Fakten

- Website: http://www.caseyscontraptions.com
- Release: 19. Mai 2011 (iPad)
- Entwicklungszeit: 8 Monate
- Unternehmensgröße: 2 Personen (Vollzeit)
- Entwicklungskosten: Lebenshaltungskosten für zwei Personen über acht Monate plus etwas über 1000 Dollar
- Open source code: Box2d, UnitTest++
- Vor allem genutzte Werkzeuge: Xcode, svn, Versions, Trac, TexturePacker, Adobe Illustrator, Audacity
- Zeilen Code: 46.518
- Größe der Rohdaten: 510 MB
- App Größe: 12,2 MB
- Überarbeitungen: 2442
- Trac Tickets bearbeitet: 683
- Gallonen gekochter Tee: 77 (also 291,5 Liter)
- Konsumierte Portionen Espresso: etwa 1500

Ich hoffe, dass Ihnen diese Geschichte einer App gefallen hat und dass Sie nun ganz gespannt darauf sind, auch für Ihre App die besten Strategien und die kreativsten Lösungen zu finden.

Mein Dank gilt den beiden Entwicklern Noel Llopis und Miguel Ángel Friginal für ihre Offenheit. Diese Geschichte wurde erstmals auf www.gamasutra.com veröffentlicht und für dieses Buch von Rebecca Sandbichler übersetzt.

2 Apps erfolgreich einführen durch Marketing

Und schon sind wir mittendrin, im BWLer-Vokabular. Marketing ist heutzutage ein geflügeltes Wort, aber wofür genau steht dieser Begriff? In diesem Kapitel wollen wir uns langsam dem grundlegenden Konzept annähern, das Ihnen hilft, kundenorientiert zu denken. Selbstverständlich halte ich mich kurz, allerdings kommen Sie, lieber App-Store-Unternehmer, um diesen Theorieteil nicht herum.

Falls Sie jetzt denken: „Warum soll ich mich denn jetzt schon mit Werbung beschäftigen, wir haben ja noch nicht einmal über die App selbst gesprochen?", sind Sie nicht alleine. Viele Laien setzen Marketing mit Werbung gleich (Kotler et al., 2006). Kein Wunder, denn Werbung ist jener Aspekt des Marketings, der uns täglich, eher sogar minütlich begegnet. Und oft auch nervt. Pop-Ups, Werbepausen und E-Mails mit dem Betreff „Das könnte Ihnen gefallen" – ja, das alles ist Marketing. Doch es handelt es sich dabei nur um die Spitze des bildlichen Verkaufs-Eisbergs. Die unteren sieben Achtel mögen unsichtbar sein, sie geben jedoch der Werbung ihr Gesicht.

Marketing beginnt lange bevor der erste Werbespot gedreht wird, bevor das Produkt zum ersten Mal vom Band läuft und sogar bevor es überhaupt erfunden wurde. Marketing versucht, die Bedürfnisse Ihrer potenziellen Kunden zu identifizieren, damit Sie sie befriedigen können und Geld verdienen. In der IT-Branche ist Apple derzeit der Marketing-Platzhirsch. Nicht weil das Unternehmen die besten Werbespots hat, sondern weil es die Bedürfnisse der potenziellen Kunden bereits identifiziert hatte, bevor sie selbst etwas davon wussten. Wer hätte sich vor zwanzig Jahren träumen lassen, seine komplette Musiksammlung, bestehend aus Hunderten von CDs, jederzeit mit sich herumtragen zu können – oder zu wollen? Mit der Einführung des iPod hat Apple 2001 genau dieses Bedürfnis befriedigt. Und damit nicht genug: Auch an das Bedürfnis nach intuitiver Bedienung, herausragendem Design und dem Gefühl, etwas Besonderes zu besitzen, haben die Marketing-Köpfe von Apple gedacht. Durch diese Kombination von Eigenschaften konnten sie ein Produkt herstellen, das nicht nur für den Kunden einzigartig war, sondern auch eine vollkommene Überraschung für die Konkurrenz. Nur durch Einzigartigkeit und Entwicklungsvorsprung kann man sich vor Nachahmern schützen. Im folgenden Kasten sehen Sie einige Beispiele für Bedürfnisse, die einzelne Apps befriedigen. Nehmen Sie diese Beispiele zur Hand und fassen Sie auch das Bedürfnis, das Ihre App zu befriedigen versucht, in einem Satz zusammen.

Beispiele: Apps und die Bedürfnisse ihrer Nutzer

- *INSTAGRAM* (iPhone, Android): Ich will, dass meine schlechten Handy-Fotos wie besondere Polaroids aussehen.
- *KINDLE* (Web, Win, Mac, iOS, Android, BB, WP7): Ich möchte meine Kindle-Bücher auch weiterlesen können, wenn ich meinen Kindle nicht dabeihabe.
- *WORD Lens* (iOS, zu sehen in Bild 2.1): Ich möchte im China-Urlaub nie wieder versehentlich den kalten Hühnerherzen-Salat bestellen.
- *INSTAPAPER* (Web, iOS): Lange Artikel möchte ich sammeln und später in einem simplen Layout lesen.
- *TWITTER* (Mac, iOS, Android, BB, WP7): Ich möchte Twitter schneller und komfortabler nutzen als über die Website.
- *GOOGLE Maps* (Web, iOS, Android, BB, WP7, Symbian): Hilfe, wo bin ich?!

Screenshots   iPhone | iPad

BILD 2.1
Screenshots illustrieren die Funktionalität von *Word Lens* im iTunes App Store.
(Screenshot: Mayerhofer)

Programmierung und Marketing müssen also Hand in Hand gehen. Wer zu entwickeln anfängt, bevor er sich mit den Bedürfnissen seiner Nutzer auseinandergesetzt hat, überspringt essentielle Schritte und muss sich im schlimmsten Fall wundern, wieso seine App nicht heruntergeladen wird. Falls Sie also schon eine App-Idee haben, fragen Sie sich bitte zunächst: Gibt es für ein solches Produkt überhaupt einen Markt? Die Geschichte ist voll von technisch überlegenen Produkten, die scheiterten, weil die Kunden noch nicht dafür bereit waren. Der damals noch blutjunge Ferdinand Porsche zum Beispiel entwickelte um 1900 das erste Hybrid-Auto, dessen Produktionszahl 300 Stück allerdings nie überschreiten konnte. Apples erste Versuche im Tablet-Markt waren ähnlich fruchtlos. Unter der Marke Newton wurden zwischen 1993 und 1998 zahlreiche „MessagePads" (Bild 2.2) veröffentlicht, die mit innovativen Features wie Handschrifterkennung, E-Mail und Fax ein ganzes Ökosystem an Geräten starten sollten. Doch von Beginn an hatte die Firma mit zu niedrigen Verkaufszahlen zu kämpfen, bis Steve Jobs nach seiner Rückkehr zu Apple dem MessagePad schließlich den

Gnadenschuss gab. Vielleicht erinnern Sie sich auch noch an Google Wave? Der Online-Service sollte Kommunikation und Zusammenarbeit im Internet revolutionieren. Nach einem großen Hype 2009 wurde das Projekt schon ein Jahr später wieder eingestellt. Selbst technikaffinen Nutzern war einfach nicht klar, was sie mit Google Wave machen sollten.

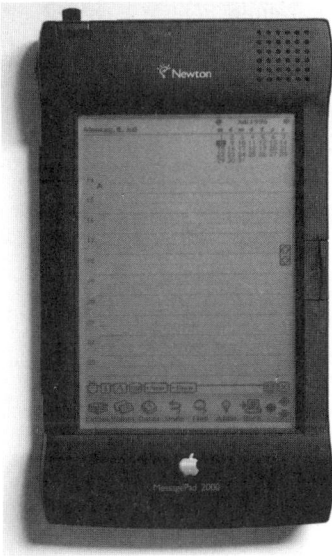

BILD 2.2 Apple Newton MessagePad 2000
(Foto: Ralf Pfeifer; GNU-FDL)

Forschen Sie also nach und sprechen Sie auch mit potenziellen Nutzern. Bietet Ihre App einen Nutzen, den sich Ihre Kunden wünschen? Und wie viel ist dieser Nutzen Ihren Kunden wert?

Gutes Marketing bedeutet immer, Wert zu erzeugen. Wert für den Kunden und Wert für Sie als Verkäufer. Auf der Suche nach der Befriedigung seiner Bedürfnisse möchte der Kunde den größten Wert für sich finden. So kann einem Nutzer zum Beispiel ein Videospiel, das ihm eine lange Bahnreise verkürzt, zehn Euro wert sein. Bieten Sie ein solches Spiel für nur fünf Euro an, ist das für den Kunden ein gutes Geschäft. Denn der Wert übersteigt die Kosten. Wäre dem potenziellen Spieler seine Kurzweil nur vier Euro wert, würde er den Kauf höchstwahrscheinlich ablehnen. Ihre Aufgabe als Entwickler ist es also, Ihre Angebote so zu gestalten, dass für die Kunden ein möglichst großer Wert erzeugt wird. Nicht jedes Spiel wird jedem Nutzer gleich viel wert sein. Vielleicht sind für den Spieler aus unserem Beispiel extravagante Grafiken oder liebevoll gestaltete Charaktere besonders wichtig. Auch eine persönliche Empfehlung oder eine gute Rezension können den wahrgenommenen Wert Ihrer App in die Höhe schnellen lassen.

■ 2.1 Marketing ist mehr als Werbung

Wir wissen nun, was am Anfang des Marketing-Prozesses steht, nämlich das Erkennen und Wecken von Bedürfnissen. Auch das Ende haben wir bereits kennengelernt. Der Nutzer bekommt einen Mehrwert präsentiert, während Sie als Verkäufer eine Gewinnmarge erhalten. Dazwischen liegen viel Programmierer-Schweiß und der Marketing-Mix.

BILD 2.3 Die vier „P" des Marketing-Mix.

In Bild 2.3 sehen Sie die klassischen vier „P" des Marketing-Mix. Jedes der vier Tortenstücke repräsentiert einen der Grundpfeiler Ihrer künftigen Marketingstrategie. Sehen wir uns die einzelnen Bestandteile am besten direkt genauer an.

Product – Produkt

Produktidee, Marke, Alleinstellungsmerkmal(e), Sortiment und Verpackung: Diese Elemente zählen zur Produktpolitik.

Es kann sich um ein physisches Produkt oder eine immaterielle Dienstleistung handeln, das oder die typischerweise in großem Maßstab hergestellt und vertrieben wird. Produkte stellen den Kern eines Unternehmens dar und sind damit hauptverantwortlich für dessen wirtschaftlichen Erfolg. Entsprechend ist die erste Aufgabe der Produktpolitik, Produkte zu entwickeln, die spezifische Bedürfnisse spezifischer Kundengruppen befriedigen.

Neue Produkte entstehen als Innovation im Unternehmen entweder aufgrund von neuen technologischen Möglichkeiten (Technology Push) oder aufgrund von neuen Kundenwünschen (Market Pull). Damit ein Produkt wettbewerbsfähig ist, muss es sich deutlich von den Produkten der Konkurrenz unterscheiden.

Jedes Produkt unterliegt einem Lebenszyklus. Nach einer Wachstumsphase ist der Markt irgendwann gesättigt und die Verkäufe sinken wieder. Am Ende des Lebenszyklus können Produkte aber durch einen „Relaunch" wiederbelebt werden, indem sie Verbesserungen und durch ein neues Aussehen auch ein neues Image erhalten. In der Software-Branche bedeutet dies meistens den Launch einer Nachfolgeversion.

Für Sie als App-Unternehmer ist es wichtig, zu verstehen, dass die App-Idee Teil des Marketing-Mix ist und sich nach den Bedürfnissen der potenziellen Kunden richtet. Oft wird die Produktpolitik nämlich völlig entkoppelt als dem Marketing vorgeschalteter Prozess verstanden, wodurch diese Produkte dann nicht selten „am Markt vorbei" produziert werden.

Price – Preis

Der Preis ist der Betrag, den ein Kunde für das Produkt zahlt. Zunächst wählen Anbieter eine Grundstrategie: Soll das Produkt im Niedrig-, Mittel- oder Hochpreissegment angesiedelt sein?

Darüber hinaus können preispolitische Steuerungsmittel wie Rabatte und Zahlungsbedingungen eingesetzt werden. Schlaue Unternehmer verlangen nicht immer denselben Preis, sondern optimieren ihn für jede Zielgruppe. Dann spricht man von Preisdifferenzierung.

Der Preis wird von den externen Faktoren Kunden und Konkurrenten beeinflusst. Die Preise der Mitbewerber und die Zahlungsbereitschaft der Kunden zeigen schnell eine Preisobergrenze an. Im Normalfall muss ein Unternehmen zusätzlich auch noch die Kosten für das Produkt berücksichtigen. Diese stellen die Preisuntergrenze dar.

Promotion – Kommunikation

Die Kommunikationspolitik (oft auch Marketing-Kommunikation) stellt den Kontakt zwischen Verkäufer und Käufer her, um den potenziellen Kunden zu informieren und zu einem Kauf zu beeinflussen. Damit bildet sie den dritten Teil des Marketing-Mix.

Nicht nur klassische Werbung zählt zur Kommunikationspolitik, sondern auch Interaktion in Form von Öffentlichkeitsarbeit. Auch Marke und Logo transportieren eine Botschaft und zählen daher zur Kommunikation. Große Unternehmen haben enorme Ausgaben für Werbung, aber auch als Unternehmer ohne großes Werbebudget können Sie eine breite Kommunikationsstrategie haben: Mit Social Media, einem eigenen Blog, Suchmaschinenoptimierung, aktiver Pressearbeit, Cross-Promotion, Teilnahme an Wettbewerben und vielen weiteren kostengünstigen Maßnahmen, die wir ab Kapitel 6 erkunden, erreichen Sie eine große Sichtbarkeit.

Durch Kommunikation verfolgt ein Unternehmen drei Ziele:

1. Informationen präsentieren
2. Aufmerksamkeit und so Nachfrage erzeugen
3. Alleinstellungsmerkmale des Produkts herausstellen

Place – Distribution

Die Distributionspolitik beschäftigt sich mit dem Weg des Produkts zum Kunden. Der kann wie im nachfolgenden Beispiel über verschiedene Zwischenhändler erfolgen, oder es wird vom Unternehmen direkt an den Kunden geliefert.

Auch für Sie als Entwickler stellt sich diese Frage, denn ein Kanal schließt den anderen nicht aus. Während Sie auf jeden Fall über einen App-Store vertreiben werden, können Sie sich unter Umständen zusätzlich für die Distribution durch einen eigenen Web-Shop entscheiden.

Einige Beispiele

Ich gehe davon aus, dass Sie jetzt bereits verstanden haben, wie sich der Marketing-Mix in der Praxis zusammensetzt. Wenn nicht, helfen Ihnen die folgenden konkreten Beispiele, den Marketing-Mix besser zu verstehen.

- **Produkt:** Seit 80 Jahren produziert die Alfred Ritter GmbH & Co. KG quadratische Schokoladentafeln. Diese **Produkte** werden unter der Marke Ritter Sport verkauft. Die Schokolade gibt es in zahlreichen Varianten, wobei die Verpackung jeder Sorte eine eigene Farbe hat.

Distribution: Ritter Sport wird in Supermärkten auf der ganzen Welt **vertrieben** und erreicht dadurch eine sehr hohe Verfügbarkeit. Das Unternehmen verkauft direkt an Supermarktketten, oft werden aber auch Großhändler zwischengeschaltet.

Der **Preis** liegt nach Unternehmensangaben derzeit zwischen 0,65 und 1 Euro und bewegt sich damit im soliden Mittelfeld der Supermarktschokoladen.

Kommunikation: Als globales Produkt ist Ritter Sport in verschiedenen Medienkanälen präsent und setzt zum Beispiel auf großflächige Plakate in Flughäfen und Bahnhöfen, wie in Bild 2.4 zu sehen. Social Networks nutzte man 2011 dazu, um von den „Fans" die Sorte des Jahres auswählen zu lassen.

BILD 2.4 Werbung für Ritter Sport im Berliner Hauptbahnhof. (Foto: flickr/Like_the_Grand_Canyon; CC-BY)

Konnten Sie sich alle Bestandteile merken? Probieren wir es einfach aus. Was, denken Sie, macht bei Apples iPad den Marketing-Mix aus?

- **Produkt:** Das iPad ist ein leichter Tablet-Computer mit einem intuitiven Betriebssystem, das man mit dem Finger bedienen kann. Neben vorinstallierten Programmen steht ein großer Marktplatz für Apps von Drittanbietern bereit. All diese Eigenschaften zählen zu Alleinstellungsmerkmalen des Produkts. Das Gerät wird in zwei Farben und mit verschiedener Speicher- und Netzwerk-Ausstattung angeboten (Sortimentspolitik). Ein weiterer wichtiger Aspekt in Apples Produktpolitik ist herausragendes Design. Dabei sind nicht nur die Standards für Hard- und Softwaredesign sehr hoch, sondern auch die der Verpackungsgestaltung.

Distribution: Apple verkauft das iPad in seinen eigenen Apple Stores und im eigenen Online-Shop. Zusätzlich findet man das Gerät auch in Elektronik-Fachmärkten, bei Onlinehändlern und vereinzelt sogar in den Läden von Mobilfunkprovidern. Diese Distributionsstrategie deckt einen riesigen Käuferkreis ab und ist daher für ein Massenprodukt wie das iPad ideal.

Kommunikation: Die Presse liebt es, über Apple-Gerüchte zu berichten, und Apple befeuert dies nicht nur durch seine bekannte Geheimniskrämerei. John Martellaro, heute Chefredakteur von The Mac Observer, war Senior Marketing Manager bei Apple und wurde einige Male damit beauftragt, der Presse Informationen kontrolliert zuzuspielen: „Die Kommunikation wird immer persönlich oder am Telefon erledigt. Niemals per Mail. Damit, falls es jemals zu einem Streit darüber kommen sollte, was genau gesagt wurde, die Beweise fehlen. Beide Seiten behalten glaubhafte Abstreitbarkeit, was Apple genauso schützt wie die Publikation." (Martellaro, 2010; übersetzt) Kostenlose Berichterstattung durch die Presse ist eine großartige Möglichkeit, die Aufmerksamkeit der Kunden zu erregen. Denn im Gegensatz zu normaler Werbung erwarten die Kunden hier keine Halbwahrheiten und Beschönigungen. Ein weiterer Weg, Kunden auf subtile Art und Weise zu erreichen, ist die (bezahlte) Platzierung von Produkten in Filmen und Fernsehserien. Apple ist das Unternehmen mit der größten Dichte an solchen Product Placements. Klassische Werbemaßnahmen wie Plakate, Werbespots und Magazin-Anzeigen, die es für das iPad auch gab, wirken dagegen recht unspektakulär.

Preis: Die Preise für das iPad variieren je nach Ausstattung. Die W-LAN-Variante kostet je nach Speicher 479 bis 679 Euro, für 3G kommen noch 120 Euro dazu. Diese Differenzierung hilft Apple, die verschiedene Zahlungswilligkeit der Kunden auszunutzen. Kunden mit lockerer Brieftasche greifen zum Topmodell, während Sparsame für die Basisversion nur etwas mehr als die Hälfte bezahlen.

Bei physischen Produkten ist der Marketing-Mix leichter zu erkennen als bei Software. Sehen wir uns daher noch den Marketing-Mix einer App an.

- **Produkt:** *SketchBook Pro* von Autodesk ist eine Software zum Anfertigen von Zeichnungen. Die App verfügt über eine auf Gesten basierende Benutzeroberfläche. Der Künstler kann aus verschiedenen Mal- und Zeichenwerkzeugen wählen – wie Bleistifte, Marker und Pinsel. Durch die Verwendung der drucksensitiven Funktionen von Grafiktabletts, Tablet-PCs und Smartphones ähnelt das Ergebnis jenen Werken, die mit herkömmlichen Materialien erzeugt wurden.

  Distribution: *Sketchbook Pro* ist auf einer Reihe von Betriebssystemen verfügbar, nämlich Mac OS X, Microsoft Windows, Android und iOS. Neben der App-Store-Distribution in Mac App Store, Android Market und iOS App Store wird die Software auch im hauseigenen Online-Shop als Download angeboten. Zusätzlich kann man auch eine DVD-Variante im Online- und Offline-Fachhandel kaufen. Wie bei den Produkten der vorangegangenen Beispiele setzt auch Autodesk auf Präsenz in möglichst vielen Kanälen. Denn die Sichtbarkeit eines Produkts hat direkten Einfluss auf den Umsatz.

  Preis: Die Preise für *Sketchbook Pro* reichen von 1,50 Euro für die Smartphone-Variante über 3,50 Euro für die Tablet-Version bis zu 60 Euro für die Desktop-Ausführung. Die Preisgestaltung der App zeigt deutlich, dass es derzeit noch große Unterschiede zwischen Apps für mobile und jenen für stationäre Geräte gibt.

  Kommunikation: Bei der Kommunikation verhält sich Autodesk interessanterweise nicht viel anders als ein unabhängiger Developer. Für alle Plattformen gibt es Demo- oder Light-Versionen, mit denen sich die Nutzer von der Qualität des Produkts überzeugen können. Eine Produktwebsite mit Videos erleichtert die Kaufentscheidung. Und natürlich muss das Produkt in Nachrichtenseiten und Blogs präsent bleiben. Autodesk arbeitet deshalb intensiv an den Beziehungen zur Presse.

BILD 2.5
Sketchbook Pro im
Einsatz auf einem Tablet
mit Stifteingabe.
(Foto: Autodesk)

Mit diesen drei Beispielen gewappnet, können wir den Theorieteil des Marketing-Mix vorerst hinter uns lassen. Nachdem wir in diesem Kapitel noch einmal über mehrere Marketing-Themen streifen, knöpfen wir uns ab dem nächsten Kapitel jeden Bestandteil des Marketing-Mix einzeln vor.

■ 2.2 Marktforschung

Ihre Reise durch den App-Store ist auch deshalb so beschwerlich, weil es keine Landkarte für dieses Abenteuer gibt. Die meisten Entwickler raten einfach blind drauflos, wenn es um die Wünsche und Vorlieben ihrer Nutzer geht. Zugegeben, Kartenmaterial in Form von Analysen großer Beraterfirmen ist teuer. Aber Sie können sich Ihre Landkarte auch selbst zusammenschneidern: indem Sie Ihre ganz eigene Marktforschung anstellen und sich die Informationen im Alleingang zusammensuchen.

Mit der Marktforschung beginnen Sie bereits, bevor Sie Ihr Ziel ausgewählt haben. Die ersten Forschungsfragen beschäftigen sich mit den Bedürfnissen der Nutzer und mit welchen Ideen Sie diese befriedigen könnten. Sollten Sie dann eine oder gar mehrere Ideen entwickelt haben, müssen auch diese von potenziellen Kunden oder App-Experten durchleuchtet werden. Konzepte, die diese Phase überleben, bekommen durch Screens ein erstes Gesicht. Auch die werden dem Test-Publikum vorgeführt. Zuletzt sollen die Versuchskaninchen Ihre App in mehreren Betatest-Stufen auf ihren Geräten ausprobieren. Nicht einmal nach der Veröffentlichung ist Schluss mit dem ewigen Feedback-Kreislauf: Bewertungen der zahlenden Kunden geben Ihnen wichtige Impulse, um laufend Verbesserungen durch Updates auszuliefern.

2.2.1 Die qualitative Marktforschung

Klasse statt Masse, lautet die Devise in der qualitativen Marktforschung. Hier befragen Sie nicht – wie in der quantitativen Marktforschung (siehe Abschnitt 2.2.2) – Hunderte von Personen. Stattdessen führen Sie gezielte Interviews mit Einzelnen oder Gruppengespräche mit einigen wenigen Personen Ihrer Zielgruppe, die sich in der von Ihnen belegten App-Materie sehr gut auskennen. Ihr Ziel ist nicht, an hartes Zahlenmaterial zu kommen. Da Sie live dabei sind und sich intensiv mit den Befragten auseinandersetzen können, können Sie mehr über die Meinungen und Motive Ihrer (potenziellen) Nutzer erfahren. Anstatt zu erfahren, wer wann wo welche App kauft (oder eben nicht kauft), erkunden Sie das Warum des Verhaltens. Grundlegende Fragen der Produktpolitik lassen sich meist besser mit qualitativer Marktforschung beantworten.

Kontrollmöglichkeit und Genauigkeit sind deutlich größer als etwa bei einer Befragung mit einem Multiple-Choice-Fragebogen. So werden unverständliche Fragen in einer Online-Umfrage meist übergangen, und die Befragten kreuzen eine zufällige Antwort an. Ist ein Befrager vor Ort, können unklare Punkte weiter erläutert werden. Nicht zuletzt erhalten Sie hochwertige Antworten auf offene Fragen, erfahren auch unaufgefordert interessante Dinge und können konkrete Verbesserungsvorschläge und Ideen von den Interviewten erhalten.

Qualitative Befragungen müssen nicht unbedingt von Angesicht zu Angesicht erfolgen. Soziale Netzwerke wie Twitter oder Facebook eignen sich sehr gut, um potenzielle Kunden anzusprechen und ihre Meinung zu erfahren. Auch Blogs oder Foren können sehr hilfreich sein.

 Praxistipp: Bleiben Sie bei Online-Befragungen ehrlich

Verkaufen Sie die Interviewten nicht für dumm. Wenn Sie erklären, dass Sie ein Entwickler auf der Suche nach Feedback sind, werden Sie weitaus mehr Rückmeldungen erhalten als bei einer anonym gestellten Frage. Ihre Nutzer sind nicht dumm und identifizieren Sie schnell als Spammer, der mit seiner Werbung das Foren-Idyll stört.

Online-Interviews sind kostengünstig, schnell und einfach. Durch die computergestützte Benutzerführung können Dokumentationsfehler vermieden werden. Trotzdem sollten Sie sich nicht nur auf diese Form der Erhebung verlassen. Erstens können Sie in schriftlichen Interviews niemals alles abfragen, was Sie wissen möchten. Und zweitens beteiligt sich vermutlich immer derselbe Typ Nutzer an Ihrer Umfrage. Viele Nutzer erreichen Sie gar nicht, oder sie interessieren sich nicht für Ihre Fragen und schenken Ihnen daher auch nicht ihre Zeit.

Glücklicherweise können Sie Face-To-Face-Interviews auch sehr einfach organisieren, zumindest im kleinen Rahmen. Ganz egal in welcher Phase sich Ihr Projekt gerade befindet, tragen Sie den aktuellen Entwicklungsstand immer mit sich! Präsentieren Sie Ihre Idee, aktuelle Screenshots oder Beta-Versionen Ihren Bekannten, aber auch Fremden, denen Sie über den Weg laufen. Besuchen Sie Konferenzen und Barcamps, um Feedback von anderen Entwicklern zu erhalten. Im Verlauf Ihres Projekts benötigen Sie auch eine Handvoll Beta-Tester, die immer wieder neue Beta-Versionen ausprobieren. Suchen Sie sich diese Tester rechtzeitig und greifen Sie bei der Suche auch auf Akquise in Internetforen zurück. Hier einige Tipps zur Durchführung eines erfolgreichen Beta-Tests:

Praxistipps: Feedback durch die Beta-Tester sichern

1. Stellen Sie **direkten Kontakt** zu Ihren Testern her. Sprechen Sie mit ihnen persönlich oder in einem Telefonat. So erhöhen Sie den Druck, Ihnen tatsächlich Rückmeldung zu geben.

2. Überlegen Sie sich **Anreize** für die Tester. Alle, die Ihnen Rückmeldung geben, könnten beispielsweise eine kostenlose Version der finalen App bekommen.

3. Planen Sie genug **Zeit** ein. Großangelegte Test-Runden dauern mindestens acht Wochen (Spolsky, 2004). Im kleineren Kreis geht es auch schneller.

4. Eine Beta-Version reicht nicht aus. Rechnen Sie mit **3 – 4 Runden** und setzen Sie wenn möglich nicht alle Tester sofort sein. Möglicherweise fehlt ihnen die Geduld, viermal Feedback zu geben.

5. Akquirieren Sie Nutzer, die Ihre App **wirklich benutzen würden**. Gerade im Bekanntenkreis finden sich leicht Freiwillige. Wenn diese aber inhaltlich nichts mit Ihrer App anfangen können, testen sie nur oberflächlich.

6. Starten Sie mit einer **möglichst großen Anzahl** an Nutzern, auch wenn der Beta-Test dadurch viel Zeit in Anspruch nimmt. Mit nur fünf Testern wird ein Großteil der Fehler übersehen. Spolsky (2004) empfiehlt 100 Tester, falls Sie Ihre App alleine entwickeln, und noch mehr, wenn Sie im Team arbeiten.

Die Rückmeldungen, die Sie erhalten, dürfen selbstverständlich nicht in einer Schublade verschwinden, sondern müssen sofort in Ihre Entwicklung einfließen. Konzentrieren Sie sich vor allem auf extreme Reaktionen. Extrem positiv bewertete Features sollten Sie weiter verbessern, und diese Features sollten bei späteren Werbeaktionen Ihre Hauptverkaufsargumente sein. Besonders negative Reaktionen sind allerdings noch wichtiger. Ein kleiner Fehler, der die User in den Wahnsinn treibt, kann die Reputation einer App für immer zerstören. Negative Bewertungen in einem App-Store führen im Normalfall zu weiteren negativen Bewertungen. Haben die kritischen User erst einmal eine Schwachstelle gefunden, wird munter darauf herumgehackt, wie das Beispiel in Bild 2.6 zeigt.

schöne Darstellung, aber... ★☆☆☆☆
von mojobox - Version 2.0 - 06.06.2011

Alle Rezensionen von diesem Benutzer >

die Einstellungen sind extrem undurchsichtig und unflexibel. Der Import aus Google Reader ist so versteckt, das ich eine Virtelstunde gesucht habe. Dann muss man trotzdem noch jeden Feed einzeln aus dem Reader holen und hat keinerlei Überblick welche der Feeds bereits aboniert sind. Für eine 2.0er-Version ist das Interface einfach nicht ausgereift genug.

Habe nach einer halben Stunde entnervt aufgegeben und bin wieder zurück zur Beta von Reeder für OS X. Ärgere mich ziemlich dafür 8€ ausgegeben zu haben.

4 von 5 Kunden fanden diese Rezension hilfreich
War diese Rezension hilfreich? Ja | Nein

Ein Problem melden>

BILD 2.6 Rezension zu *Pulp* im Mac App Store, 6. Juni 2011. (Screenshot: Mayerhofer)

Diese Rezension für die Mac App *Pulp* zeigt, wie eine App trotz guter Idee und herausragendem Design von den Usern weggefegt wird. Ausführlichere Beta-Tests hätten solche Bewertungen verhindern können.

So wichtig die qualitative Marktforschung auch ist, hat sie dennoch ein fundamentales Problem: Sie zeigt nur einen winzig kleinen Ausschnitt aus der potenziellen Userbasis. So kann es passieren, dass Sie durch ausführliche Tests ein großartiges, fehlerfreies Produkt erstellen, für das sich trotzdem keine Nutzer finden. Die Fehlerquellen sind mannigfaltig: Vielleicht waren zufällig alle Befragten so positiv gestimmt, weil sie im Gegensatz zu den meisten Menschen genau vom möglichen Nutzen Ihrer App angesprochen wurden und nur deshalb an der Umfrage teilnahmen. Oder Sie haben den Nutzen zu groß eingeschätzt und Ihre Kunden möchten daher für Ihre App viel weniger ausgeben als erwartet. Um zu verhindern, dass Sie am Markt vorbeiproduzieren, sollten Sie daher auch großflächig Daten erheben. Im Idealfall erst nachdem Sie die Fragestellungen in der quantitativen Marktforschung präzisiert haben.

2.2.2 Die quantitative Marktforschung

Während sich die qualitative Marktforschung auf intensive Gespräche und differenzierte Meinungen der Befragten stützt, sucht die quantitative Marktforschung nur eines – Daten, Daten und noch mal Daten. Diese Daten müssen in standardisierter Form vorliegen, damit sie statistisch analysiert werden können. Von Hintergrundinformationen fehlt hier jede Spur.

Es gibt Fragestellungen, für die man möglichst die Gesamtheit der Nutzer erreichen sollte: Besteht Bedarf für eine App zum Pilzesammeln? Finden die Nutzer den Startbildschirm meiner App übersichtlich? Haben die Nutzer eine Konkurrenz-App nicht gekauft, weil sie zu teuer war? Für derart spezifische Fragen eignet sich die quantitative Marktforschung. Ihre wichtigsten Werkzeuge sind standardisierte Umfragen. Ziel ist es, hieb- und stichfestes Zahlenmaterial zu einem Problem zu erhalten und so zur bestmöglichen Lösung zu gelangen. Da Sie nicht alle potenziellen Nutzer erreichen können, muss eine möglichst große, repräsentative Stichprobe befragt werden. Sehen wir uns den genauen Ablauf (Winter, 2000) einer solchen Befragung an, am besten mit einem Beispiel. Wie wäre es denn mit einer fiktiven neuartigen Handy-App für Pilzsammler?

1. *Definition der Fragestellung*
   Seien Sie sich zunächst sicher über die Fragen, die Sie für sich beantworten möchten. Die zentralen Themen und Alternativen kommen aus der qualitativen Marktforschung, jetzt geht es darum, die jeweilige Bedeutung jeder Alternative statistisch festzulegen. Ist der Fragebogen erst einmal in Umlauf, können Sie nichts mehr daran verändern. Ihre Problemfelder haben Sie zuvor bereits durch qualitative Befragungen erörtert, doch einige Fragen blieben offen. Nachdem es ähnliche Apps bereits gibt, fragen Sie sich, auf welcher Plattform die Nutzer derzeit mit dem Angebot an Pilz-Apps unzufrieden sind und warum. Außerdem möchten Sie wissen, ob der Markt noch großes Wachstumspotenzial hat. Dazu könnten Sie Pilzsammler fragen, ob sie bereits eine App nutzen oder sich dies in Zukunft vorstellen könnten. Zuletzt interessiert Sie, wie es mit der Zahlungsbereitschaft der potenziellen Kunden aussieht.

 Praxistipp: Beschränken Sie sich auf die wichtigsten Fragestellungen

Je mehr einzelne Fragen Ihre Befragung hat, desto niedriger die Rücklaufquote. Denken Sie daran, dass die Befragten Ihnen ihre Zeit schenken, und gehen Sie sparsam damit um. Haben Sie nur wenige Fragestellungen, die Sie interessieren, können Sie mehrere, genauere Fragen stellen, was die Qualität der Informationen beträchtlich erhöht.

2. *Einholen aller bereits verfügbaren Informationen*

Recherchieren Sie zunächst, welche Informationen zu Ihren Fragestellungen bereits verfügbar sind. Unter anderem können Sie die bereits existierenden Apps und ihre Bewertungen studieren. Wie sieht es mit deren Verkaufszahlen aus? Und wie gut verkaufen sich Bücher zu diesem Thema? Wie viele begeisterte Pilzesammler gibt es in Ihrem Kernmarkt? Während Sie sicher ganz einfach an qualitative Informationen kommen werden, sieht es mit quantitativen Daten meist schlechter aus. Auf das Recherchieren von bestehenden Datenquellen gehen wir in diesem Kapitel später noch einmal ein.

Je mehr Informationen Sie vorab besorgen können, desto besser. Sie können damit entweder Fragestellungen ganz eliminieren oder diese zumindest weiter präzisieren.

3. *Konstruktion des Fragebogens*

Beim Schreiben des Fragebogens sollten Sie besonders darauf achten, weder Interpretationsspielraum zu lassen, noch eine Wertung vorzunehmen. Das bewerkstelligen Sie, indem Sie einfache, klare und direkte Sprache benutzen. Anstatt zu fragen: „Sind Sie mit dem Angebot an Pilz-Apps zufrieden?", sollten Sie neutral bleiben. „Wie beurteilen Sie das Angebot an Pilz-Apps?" – verknüpft mit den Antwortmöglichkeiten „zufriedenstellend" und „nicht zufriedenstellend" – beinhaltet auch keine Wertung Ihrerseits. Achten Sie besonders darauf, dass alle plausiblen Antwortmöglichkeiten eingeschlossen sind. Es wäre schlecht, wenn ein Befragter, der vom Pilz-App-Angebot keine Ahnung hat, „zufriedenstellend" ankreuzen muss, nur weil Sie ihm keine Alternativ-Antwort angeboten haben.

Vergessen Sie nicht, neben Ihrer zuvor festgelegten Fragestellung auch grundsätzliche Informationen abzufragen. Welches Smartphone besitzt der Befragte? Kauft er regelmäßig Apps? Geht er Pilze sammeln – und wie oft? Wie gut kennt er sich bereits mit Pilzen aus? Auch unverfängliche Fragen, wie jene nach dem Alter und Geschlecht, können Sie bereits zu Beginn der Umfrage stellen. Sie erleichtern den Einstieg, bevor der Nutzer in schwierigeren Fällen verschiedene Antworten abwägen muss.

Für die eigentlichen Fragestellungen müssen Sie sich oft gewiefte Formulierungen überlegen. Die Frage „Wie viel würden Sie für eine Pilz-Suche-App ausgeben?" können Sie zwar auch stellen, aber sie ist für den Befragten sehr abstrakt. Fragen Sie doch stattdessen nach seinem Verhalten in der Vergangenheit: „Wie viel haben Sie in den letzten drei Jahren für Pilz-Suche-Bücher ausgeben?" Antworten auf diese Frage lassen indirekte Schlüsse über die Zahlungsbereitschaft für Ihre App zu.

 Tipps zur Formulierung und Auswahl der Fragen im Internet

Ausführliche Informationen zur Konstruktion von Fragebögen unter Berücksichtigung von psychologischen Aspekten hat Dr. Werner Stangl von der Universität Linz auf seiner Website zusammengestellt.

http://arbeitsblaetter.stangl-taller.at/forschungsmethoden/Fragebogen.shtml

4. *Pretest des Fragebogens*

Bevor Sie den Fragebogen nun Ihren Probanden zugänglich machen, sollte er, genau wie Ihre App, einen Beta-Test durchlaufen. Lassen Sie ihn von einigen Testpersonen ausfüllen, die Ihnen dann auch Feedback geben. Wichtigstes Ziel ist es, Unklarheiten auszumerzen. Aber unter Umständen haben die Tester ja auch noch weitere Ratschläge für Sie in petto.

Werten Sie auch die Daten aus den Test-Fragebögen aus. Vielleicht fällt Ihnen dabei schon auf, dass die eine oder andere Information völlig nutzlos ist.

5. *Datenerhebung*

Nun können Sie die Umfrage starten. Überlegen Sie sich vorher, wie viele Menschen Sie befragen wollen. Sonst laufen Sie Gefahr, aus Bequemlichkeit früher aus der Umfrage auszusteigen als geplant. Generell gilt: Je größer Ihre Stichprobe ist, desto geringer ist die Abweichung der Daten am Ende. Allerdings hängt die Befragungsqualität auch direkt damit zusammen, wie repräsentativ die Stichprobe ist. Für unsere Pilz-App sollten die Smartphone-User möglichst repräsentativ befragt werden. In der Realität sollten von 100 Befragten derzeit 42 Android-User und 27 iPhone-User sein. Stellt sich am Ende heraus, dass von 1000 Befragten nur 100 iPhone-User sind, ist die Umfrage nicht sehr repräsentativ. Mit einer viel kleineren Stichprobe von 100 Nutzern, bei der allerdings das Verhältnis der Realität entspricht, könnte ein weitaus repräsentativeres Ergebnis erzielt werden. Auf der anderen Seite leidet die Aussagekraft, wenn die Stichprobe zu klein ist.

Woher kommen nun die Probanden? Für die Pilz-App sollten Sie sich mit der Zielgruppe der Pilzesammler auseinandersetzen. Daher suchen Sie einige Foren für Pilz-Freaks auf. Mit einer netten Bitte in Form eines Foreneintrags können Sie bereits einige der Smartphone-Besitzer unter den Mitgliedern zum Mitmachen bewegen. Wenn das nicht hilft, verlosen Sie doch einen Preis unter allen Freiwilligen.

Praxistipp: Tools zur Erstellung von Befragungen

Sie können Ihre Befragung zwar auf Papier durchführen, aber in der international ausgerichteten App-Store-Ökonomie ist es meist sinnvoll, eine Online-Befragung zu wählen. Folgende Anbieter stellen einfache Werkzeuge zum Erstellen von Umfragen bereit. Alle Anbieter erlauben verschiedene Fragetypen (Einfachauswahl, Mehrfachauswahl, Textfeld, etc.) und stellen die Daten am Ende als Datei zur Verfügung.

- Survey Monkey (http://www.surveymonkey.com/ – bis 10 Fragen kostenlos, werbefrei)
- Voycer (http://www.voycer.de – 5 Umfragen kostenlos, werbefrei)
- Lime Survey (http://www.limesurvey.org/ – Open Source, muss selbst gehostet werden)
- Google Docs (http://docs.google.com/ – kostenlos, werbefrei)

6. *Quantitativ-statistische Auswertung*

Es war nicht einfach, die gewünschte Zahl an Teilnehmern zu erreichen, aber nun ist es geschafft und Sie sitzen vor ellenlangen Tabellen. Irgendwo im Zahlenmeer verstecken sich Meinungen und Vorlieben der Befragten, aber sie müssen erst herausdestilliert werden.

Zur Auswertung nutzen Sie ein herkömmliches Tabellenkalkulationsprogramm. Fortgeschrittene verwenden spezielle Software wie SPSS oder die Statistiksprache R. Zunächst können Sie die Summen oder Mittelwerte der Antworten jeder einzelnen Frage berechnen und grafisch darstellen. So sehen Sie die wichtigsten Antworten auf einen Blick: Nur 17% der Teilnehmer nutzen bereits eine Pilz-App, und 14% haben sich bis jetzt keine App zugelegt, weil der Preis zu hoch war. Oft ist es aber interessanter, einzelne Querverbindungen zu betrachten. Wie groß ist die Zahlungsbereitschaft der BlackBerry-Nutzer, die noch keine App besitzen, im Vergleich zu jener der Android-Nutzer? Auch solche Abfragen sind mit gängiger Software kein Problem.

Wer alles machen will wie die Marketing-Profis, sollte auch Standardabweichungen und Korrelationen analysieren. Da wir hier glücklicherweise nicht im Mathematik-Unterricht sind, verweise ich auf die Literaturliste am Ende des Buches. Als Programmierer dürfte Ihnen die Rechnerei ohnehin ein Leichtes sein.

7. *Interpretation der Ergebnisse*

   Die beste Befragung ist sinnlos, wenn die Ergebnisse nicht ausreichend interpretiert werden. Dabei können Sie nun wieder recherchieren oder qualitative Interviews führen. Haben Sie zum Beispiel herausgefunden, dass verhältnismäßig wenige Android-Besitzer Pilz-Apps nutzen, sollten Sie prüfen, woran das liegt. Vielleicht sind die Apps für Android nicht so ausgereift, zu teuer oder es fehlen ihnen wichtige Pilzsorten? Oder liegt es daran, dass viele Android-Nutzer gar keine Apps installieren? Diese Fragen sollten Sie in der anschließenden Interpretation klären.

8. *Umsetzung der Erkenntnisse*

   Nachdem Sie so viel Energie in die Befragung gesteckt haben, sollte Sie sich Zeit nehmen, die Umsetzung der Ergebnisse zu planen. Sicherlich haben Sie erste Impulse für Ihre Preisstrategie bekommen. Oder Sie wissen nun, dass die Nutzer sich die Möglichkeit wünschen, Pilze durch Abfotografieren automatisch zu erkennen. Auch wenn Sie diese Funktion zuvor als zu aufwändig abgetan haben, sollten Sie ihre Machbarkeit erneut überprüfen. Möglicherweise ist dieses Feature Ihr Schritt zur Killer-App, mit der Sie die Konkurrenz vom Marktplatz fegen werden.

2.2.3 Sekundärforschung

Befragungen, Interviews, und Prototypen – das alles sind Methoden der primären Marktforschung. Denn die Daten wurden zum ersten Mal erhoben. Es gibt aber auch viele Informationen, die bereits vorliegen und auf die Sie nur noch zugreifen müssen. Beschäftigen Sie sich in Ihrer Marktforschung mit diesen bereits erhobenen Daten, spricht man von sekundärer Marktforschung.

Die möglichen Fragestellungen sind genauso breit gefächert wie die der Primärforschung. Demographische Daten wie Alter, Beruf, Einkommen oder Geschlecht Ihrer (vermeintlichen) Zielgruppe, aber auch das Finden von neuen Zielgruppen ist möglich. Analysieren Sie die Auswirkungen von Preisänderung sowohl von fremden als auch von Ihrer eigenen App, falls Sie dazu bereits Daten haben. Planen Sie Werbekampagnen mit den vorliegenden Daten über die Reaktionen der Werbe-Empfänger und seien Sie immer darüber informiert, was die Konkurrenz alles treibt. All diese und viele weitere Fragestellungen können Sie durch Sekundärforschung beantworten.

Nur weil diese Informationen bereits existieren, heißt das nicht, dass die Beschaffung, Verarbeitung und Interpretation einfacher ist als bei eigenen Erhebungen. Die beiden Informationsquellen ergänzen sich, und so sollten Sie auf jeden Fall Sekundärquellen nutzen. Es kommt beispielsweise oft vor, dass Konkurrenz-Apps in der qualitativen Analyse untergehen, da die Befragten oft keine Marktübersicht haben. Solche Versäumnisse können für ein bitteres Erwachen sorgen. Auch wenn dieser Teil der Marktforschung als „sekundär" bezeichnet wird, sollten Sie sich mit den bestehenden Informationen auseinandersetzen, bevor Sie mit Befragungen oder Ähnlichem beginnen. Mit den folgenden Informationsquellen können Sie vorsorgen.

Marktanalysen

Zahlreiche Unternehmen veröffentlichen regelmäßig Analysen zur App-Store-Ökonomie. Darunter finden Sie kostenlose Berichte, aber auch teure Spezialanalysen. Zunächst sollten Sie die kostenlosen Quellen durchstöbern. Nachdem Sie auf der Suche nach spezifischen Antworten sind, werden Sie dort aber vielleicht nicht fündig. Abhilfe schaffen vielleicht spezialisierte Berichte, die Ihr Budget jedoch empfindlich belasten werden. Wägen Sie also zuvor ab, wie hilfreich die gekauften Informationen sein können.

 Quellen für Marktanalysen

- Distimo (monatliche Analyse, fast alle App-Stores, kostenlos – http://distimo.com/publications/)
- Wireless Industry Partnership (monatliche Analyse, fast alle mobilen App-Stores, kostenlos – http://wipconnector.com/appstores/report/)
- Xylogic (verschiedene detaillierte Analysen zu spezifischen Themen, iOS, Android und WP7, kostenpflichtig – http://data.xyologic.com)

Konkurrenzanalyse

Bei den Marktanalysen sind Sie vielleicht noch davongekommen, ohne Geld in die Hand zu nehmen. Wenn es darum geht, die Mitbewerber zu analysieren, sollten Sie aber nicht so knauserig sein. Kaufen Sie jede verfügbare App, die mit der Ihren in Konkurrenz stehen könnte. Denken Sie dabei auch an Programme, die zwar nicht dieselbe Funktionalität haben wie Ihre App, aber Ihre App eventuell ersetzen könnten. Arbeiten Sie zum Beispiel an einer App zum Erstellen von Einkaufslisten, sollten Sie sich auch mit dem überfüllten Markt für To-do-Listen-Apps auseinandersetzen. Analysen wie diese sollten auf jeden Fall schriftlich erfolgen. Zum einen sind die Informationen umfangreicher, als man zunächst vermuten würde. Und zum anderen sollten Sie die Analyse in regelmäßigen Abständen überarbeiten, denn die Konkurrenz wird auf Ihren Markteintritt reagieren. Eine ausführliche Konkurrenz-Analyse beantwortet folgende Fragen:

1. *Ist der Markt schon überfüllt?*
   Gibt es bereits eine große Zahl ähnlicher Apps? Dann sollten Sie auf der Hut sein. Möglicherweise können Sie ja berechnen, wie viele Downloads die Apps im Durchschnitt erzielen. Wäre Ihr App-Geschäftsmodell überlebensfähig, wenn Sie auch so viele Downloads erreichen?

2. *Was machen andere Apps gut? Was läuft bei der Konkurrenz schlecht?*
   Sie sollten sich an den Apps orientieren, wenn Funktionen und Designs ausgereift und bereits etabliert sind und von den Nutzern vorausgesetzt werden. Alles, was diese Apps schlecht machen, müssen Sie verbessern und so der Konkurrenz einen Schritt voraus sein.

3. *Was sagen die Nutzer der Apps in den Rezensionen?*
   Worauf legen die Nutzer besonders viel Wert? Was sind die schlimmsten Fehler, die Sie auf keinen Fall begehen sollten? Reviews können Ihnen wertvolle Informationen geben. Lesen

Sie daher nicht nur die Bewertung in den App-Stores, sondern auch Testberichte in Blogs und anderswo im Internet.

4. *Gibt es Substitut-Angebote?*

Mit welcher App könnte man Ihre ersetzen? Bei Spielen zum Beispiel ist die Substitutionsgefahr besonders hoch. Ein Strategiespiel lässt sich durch so ziemlich jedes andere Strategiespiel ersetzen. Um nicht im Dschungel der Strategiespiele unterzugehen, muss Ihr Spiel also unverwechselbar sein. Neuartige Spielekonzepte, wie beim Geschicklichkeitsspiel *Osmos*, bleiben bei den Nutzern in Erinnerung. Im Spiel steuern Sie einen Einzeller in andere Zellen hinein, um diese zu absorbieren. Es fühlt sich am Anfang so seltsam an, wie es klingt. Aber das Spiel überzeugt durch ein frisches, intelligentes Spielprinzip, extravagantes Design, das Sie in Bild 2.7 bestaunen können, und ausgezeichneten Soundtrack. Die Entwickler konnten sich nicht nur über sehr gute Verkäufe freuen, sondern auch über zahlreiche Awards, darunter auch Apples „iPad Game of the Year".

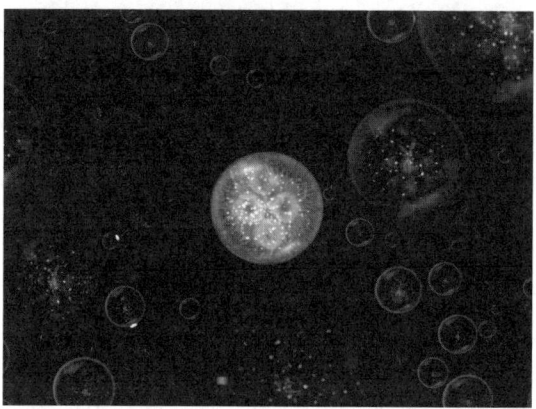

BILD 2.7
Screenshot von *Osmos* auf dem iPad. Das Spiel ist inzwischen verfügbar für Windows, Mac OS X, Linux, iPad und iPhone. (Screenshot: Hemisphere Games)

5. *Wie sieht es mit der Preisgestaltung der Mitbewerber aus?*

Auch wenn Sie nicht alles nachmachen müssen und sollen, was Ihre Konkurrenz macht, sollten Sie sich deren Preise genau anschauen. Gibt es große Unterschiede und warum? Was ist der Durchschnittspreis? Scheinen die Kunden sehr preissensibel zu sein? Mit den hier gesammelten Informationen können Sie im Verlauf des Buchs Ihre Preisstrategie zusammenstellen.

6. *Wie schnell könnte ein Neueinsteiger oder die Konkurrenz Ihre App-Idee übernehmen?*

Sie sollten sich auf jeden Fall damit auseinandersetzen, wie Sie sich gegen Nachahmer im Markt schützen können. Beginnen Sie damit, Ihre App in perfektem Zustand auszuliefern: stabil, schön und intuitiv zu bedienen. Ist die Idee zu Ihrer App wirklich gut, werden die Copycats nicht lange auf sich warten lassen. Mit solider Qualität können Sie die erste Welle der Nachahmer abwehren. Die kopierten Apps sind normalerweise schnell und unsauber zusammengezimmert und sollten von den Nutzern bald mit entsprechenden Bewertungen abgestraft werden. Überhaupt ist der zeitliche Vorsprung Ihre beste Waffe. Nachdem Sie der Erste auf dem Markt waren, können Sie bereits an Updates und Verbesserungen arbeiten, während die Copycats noch dabei sind, ihren Klon zu programmieren. So frustrierend dieses Katz-und-Maus-Spiel sein mag, als App-Entwickler ist dies immer noch die effektivste Möglichkeit, seine Idee zu verteidigen. Selbstverständlich sind Sie alleine durch das Erschaffen der App Inhaber des Urheberrechts. Allerdings sind Ideen selbst durch das

Urheberrecht nicht geschützt. Sollte einer Ihrer Nachahmer so weit gehen, nicht nur die Idee, sondern auch konkrete Inhalte wie Grafiken zu kopieren, haben Sie rechtlich gesehen die Oberhand. Ihr Recht durchzusetzen ist dagegen oft schwierig, denn im internationalen Umfeld von App-Stores müssten Sie in einer Unzahl verschiedener Länder aktiv werden. Daher sind rechtliche Auseinandersetzungen zwischen Developern äußerst selten anzu-treffen. Die Geschichte einer gestohlenen App lesen Sie in der Fallstudie am Ende des zwölften Kapitels.

Fachbücher

Bücher wie dieses sind eine gute Vorbereitung auf das Abenteuer App-Store. Falls Sie sich im Alleingang durchkämpfen, sollten Sie zumindest je ein Buch über Marketing, Programmie-rung und Design gelesen haben. Je mehr, desto besser. Am Ende dieses Buchs finden Sie eine ausführliche Literaturliste mit den wichtigsten Schriften zur App-Store-Ökonomie.

Dissertationen und Diplomarbeiten

Technologische Trends wie das Aufkeimen von App-Stores ziehen Studenten magisch an. Die Uni-Bibliotheken sind oft gut ausgestattet mit Abschlussarbeiten zu diesem Thema. Zwar bedeutet die Recherche in solchen Quellen, dass Sie zunächst gute von nicht verwertbaren Arbeiten trennen müssen, allerdings bekommen Sie dafür oft kostbare Informationen. Die wissenschaftlichen Arbeiten beinhalten oft Primärerhebungen, für die Sie bei den vorher genannten Marktanalysten Geld auf den Tisch legen müssten. Alle Universitäten haben Online-Kataloge und die meisten bieten auch Fernleihen an. Es steht Ihnen also nichts im Wege.

Zeitungen, Zeitschriften, Websites und Blogs

Vor allem wenn es um aktuelle Entwicklungen geht, sind die Massenmedien nicht zu unter-schätzen. Sicher: Relevante Artikel mögen in Ihrer bevorzugten Tageszeitung seltener erschei-nen als Berichte über Panda-Geburten im lokalen Zoo. Wenn dem so ist, wenden Sie sich Online-Medien zu. Im Internet finden Sie nicht nur eine endlose Zahl an Portalen und Blogs, die sich ausschließlich mit Apps beschäftigen, Sie können auch die massenkompatiblen Medien nach für Sie relevanten Inhalten durchsuchen. Benachrichtigungsdienste wie Google Alerts spielen dafür eine wichtige Rolle. Google ermöglicht es, einen Alarm (Alert) für bestimmte Suchwörter in den Nachrichten anzulegen. Programmieren Sie zum Beispiel gerade an einer App zum Erstellen von Podcasts, lassen Sie sich bei Artikeln mit den Key-words „Podcast App", „Podcast Software" und „Podcast Programm" benachrichtigen. Und weil in Zeitungen darüber so selten geschrieben wird, möchten Sie diese Benachrichtigung nicht nur bei neuen Einträgen in Google News, sondern auch in Google Blogsearch.

Google Alerts: http://alerts.google.com

Aber auch über allgemeine Entwicklungen in der Umgebung von App-Stores sollten Sie sich täglich informieren. Abonnieren Sie doch die wichtigsten Blogs und Nachrichtenseiten zum Thema als RSS-Feed.

Aktuelle Berichterstattung im Internet

- Heise Developer (Verschiedenes, deutsch, http://heise.de/developer/)
- mobile-developer (mobile Apps, deutsch, http://mdeveloper.de/)
- t3n News (Verschiedenes, deutsch, http://t3n.de/)
- Android Magazin (nur Android, deutsch, http://androidmag.de/)
- Mobile360 (mobile Apps, deutsch, http://mobile360.de/)
- Androidnext (nur Android, deutsch, http://androidnext.de)
- ReadWriteWeb (Verschiedenes, englisch, http://readwriteweb.com/)
- Wired.com Webmonkey (Web-Apps, englisch, http://www.webmonkey.com/)
- Slashdot Developers (Verschiedenes, englisch, http://developers.slashdot.org/)
- asymco (Marktanalysen, englisch, http://asymco.com)
- GigaOM: Mobilize (mobile Apps, englisch, http://gigaom.com/mobile/)
- TechCrunch (Verschiedenes, englisch, http://techcrunch.com/)

Reviews, Umsatzzahlen, Nutzerdaten

Sobald es Ihre App in den ersten App-Store geschafft hat, steht Ihnen ein ganz neues Ökosystem verwertbarer Informationen zur Verfügung. Die Daten über Ihre eigenen Apps (Market Intelligence Gathering) sind mit Abstand am wertvollsten. Alles, was Sie über Ihre Apps finden können, muss akribisch untersucht und verwertet werden.

Rezensionen sind die erste Adresse, wenn Sie aktuelle Meinungen zu Ihrer App erfahren möchten. Ihre Nutzer hinterlassen besonders gerne Bewertungen, wenn ihnen etwas nicht gefällt. Sicherlich kann es ärgerlich sein, wenn die Reputation einer App unter mäkeligen Rezensenten leidet. Sehen Sie solche Kommentare aber auch als Chance, schnellstmöglich Fehler zu beseitigen und Verbesserungsvorschläge von aktiven Nutzern zu erhalten. Umgekehrt werden Sie positives Feedback bekommen, wenn Sie Beschwerden schnell nachkommen und Probleme per Update beseitigen.

Praxistipp: Fremdsprachige Reviews

Sie können die Zahl der relevanten Bewertungen meist deutlich steigern, wenn Sie nicht nur Rezensionen in Ihrem Heimat-App-Store beobachten. Zeigen Sie keine Scheu und übersetzen Sie diese Reviews notfalls mit automatischen Übersetzern im Internet.

Mit dem Start Ihrer App bricht oft auch ein Regen von E-Mails auf die Entwickler ein. Auch hier sind es wohl die Nörgler, die am lautesten schreien. Gewöhnen Sie sich unbedingt an, bei technischen Problemen schnell zu antworten, und denken Sie auch daran, die häufigsten Nutzer-Irrtümer zu sammeln. Möglicherweise ist für einige Nutzer Ihre Menüführung irreführend, worauf Sie erst durch vermehrte Anfragen aufmerksam werden. Bleiben Sie beim Beantworten stets geduldig und freundlich, die Nutzer werden es Ihnen danken. Statt sich in

Bewertungen über schlechten Support zu beschweren, lobt man Sie für kompetente Hilfestellung und kann über den einen oder anderen Bug hinwegsehen.

Negative Bewertungen im App-Store und Beschwerde-Briefe sind schmerzhaft. Noch eine Stufe bedrohlicher wird es, wenn man Ihre App in Blogs und Nachrichtenseiten zerreißt. Durch Ihren Google Alert sind Sie über solche Entwicklungen selbstverständlich gut informiert. Zögern Sie nicht, auf solche Rezensionen zu reagieren. Nutzen Sie Kommentarfunktionen, um den Lesern zu erklären, welche Updates geplant sind, und denken Sie auch an die Möglichkeit, Autoren direkt zu kontaktieren. Durch den direkten Kontakt lässt es sich vielleicht arrangieren, dass auch über ein Update berichtet wird. Nutzer sowie Journalisten lieben es, gehört zu werden. Durch effektives Beschwerdemanagement können Sie Ihre Reputation nachhaltig stärken. Übrigens: Auch wenn Ihre Test-Phase so gut gelungen sein sollte, dass Sie nur Positives über Ihr Produkt zu lesen bekommen, freuen sich Schreiber über Ihre Antworten. Und wichtige Verbesserungsvorschläge lesen Sie meist auch in lobenden Beiträgen.

Auch die Downloadzahlen selbst bieten ein beachtliches Potenzial für Analysen. Beobachten Sie die Veränderungen der Absatzzahlen vor allem dann besonders genau, wenn Sie Maßnahmen ergriffen haben. Folgende Fragen könnten für Sie relevant sein:

- Wie stark steigen die Downloads an, wenn Sie den Preis etwas senken?
- Können Sie einen Zuwachs erkennen, nachdem Sie ein Update geliefert haben?
- Wie wirkten sich Rezensionen in Blogs in der Vergangenheit auf Ihre Umsätze aus?
- Gibt es Länder, in denen Sie besonders erfolgreich sind, oder welche, in denen Ihre App überhaupt nicht angenommen wird?
- Wie entwickeln sich Ihre Verkaufszahlen im Vergleich zur Konkurrenz?

Um solche Fragestellungen zu beantworten, empfehlen sich spezialisierte Tools, die Ihnen bei der Analyse helfen. Alle App-Stores bieten Verkäufern laufend Statistiken zum Download an. Sie können Analyse-Angebote nutzen, die diese von den App-Stores bereitgestellten Daten verarbeiten und übersichtlich aufbereiten. Oder Sie gehen sogar einen Schritt weiter und bauen Code in Ihre App ein, der noch weitere Daten wie Nutzungshäufigkeit und Dauer liefert. Mithilfe solch tief integrierter Angebote können Sie sehen, welche Features in Ihrer App besonders häufig genutzt werden und welche die Nutzer kaum interessieren. Außerdem können Sie so Maßnahmen ergreifen, um die Nutzungshäufigkeit zu verbessern. Viele App-Store-Rankings beziehen nicht nur Downloadzahlen, sondern auch Nutzungshäufigkeit ein. Besonders bei werbefinanzierten Apps ist das Nutzungsverhalten oft wichtiger als die Downloads.

 Praxistipp: Analysetools

- AppFigures (Download- und Umsatzdaten, tlw. kostenpflichtig, http://appfigures. com/)
  unterstützt: iTunes App Store
- AppClix (Download-, Umsatz- und Nutzungsdaten, kostenpflichtig, http://appclix. com/)
  unterstützt: iOS bzw. iTunes App Store
- Distimo (Download- und Umsatzdaten, kostenlos, http://monitor.distimo.com/)
  unterstützt: iTunes App Store, Mac App Store, Android Market, RIM App World, WP7 Marketplace, GetJar, Amazon Appstore, Nokia Ovi Store

- Flurry (Nutzungsdaten, kostenlos, http://flurry.com/product/analytics/)
  unterstützt: iOS, Android, BlackBerry, Windows Phone 7, J2ME
- Google Analytics (Nutzungsdaten, kostenlos, http://code.google.com/mobile/analytics/)
  unterstützt: iOS, Android
- Mopapp (Download- und Umsatzdaten, tlw. kostenpflichtig, http://mopapp.com/)
  unterstützt: iTunes App Store, Android Market, RIM App World, WP7 Marketplace, Handango, MobiHand, GetJar
- TapMetrics (Download- und Umsatzdaten, tlw. kostenpflichtig, http://tapmetrics.com/)
  unterstützt: iTunes App Store

Interview: Analytics Anbieter Distimo über ein Tool für ernsthafte Entwickler

Als Teilnehmer im App-Store-Spiel stolpern Sie früher oder später über eine der monatlichen Publikationen von Distimo. Alle paar Wochen teilt der Analyse-Dienstleister einige seiner wichtigsten Erkenntnisse über die App-Store-Ökonomie. Aber Distimo versorgt Entwickler nicht nur mit Berichten, das Unternehmen hat auch ein sehr ausgefeiltes Analyse-Tool für App-Entwickler, Distimo-Monitor. Analyst Gert Jan Spriensma erklärt im Interview, worin der große Vorteil solcher Tools liegt und wie er und seine Kollegen die Datenmassen der App-Stores aufbereiten.

Glauben Sie, der iTunes App Store für das iPhone macht den größten Teil Ihrer Arbeit aus?

Gert Jan Spriensma: Der Apple App Store für iPhone und iPad ist sicher der beliebteste und daher am interessantesten zu beobachten. Alle unsere Kunden stellen sich Fragen wie: Was macht Apple? Was ist los im Apple App Store? Was ist am beliebtesten, wer sind die Big Player? Aber Google Android Market zum Beispiel wird auch immer wichtiger.

Welche Daten kann ich als Entwickler von Ihnen bekommen?

Gert Jan Spriensma: Wir haben ein webbasiertes Tool namens Distimo Monitor, mit dessen Hilfe man seine Download-Zahlen verfolgen kann: in welchen Ländern man beliebt ist, wie viel Geld man verdient, etc. Und wir sind ständig dabei, die Funktionen für Monitor zu erweitern. Gerade haben wir ein Benchmark-Tool herausgegeben, mit dem Sie Ihre Anwendungen mit der eines Wettbewerbers oder einer Referenzgruppe vergleichen können. So können Sie vergleichen: In diesem Land bin ich besser als diese Gruppe und in jenem Land läuft es noch nicht so gut. Vielleicht muss ich den Preis anpassen: etwa wenn der durchschnittliche Preis in der Kategorie Social Networking etwas höher ist als der Preis für meine eigene Social-Networking-App. Oder Sie können auch die Pricing-Strategien der umsatzstärksten Apps in Ihrer Kategorie analysieren.

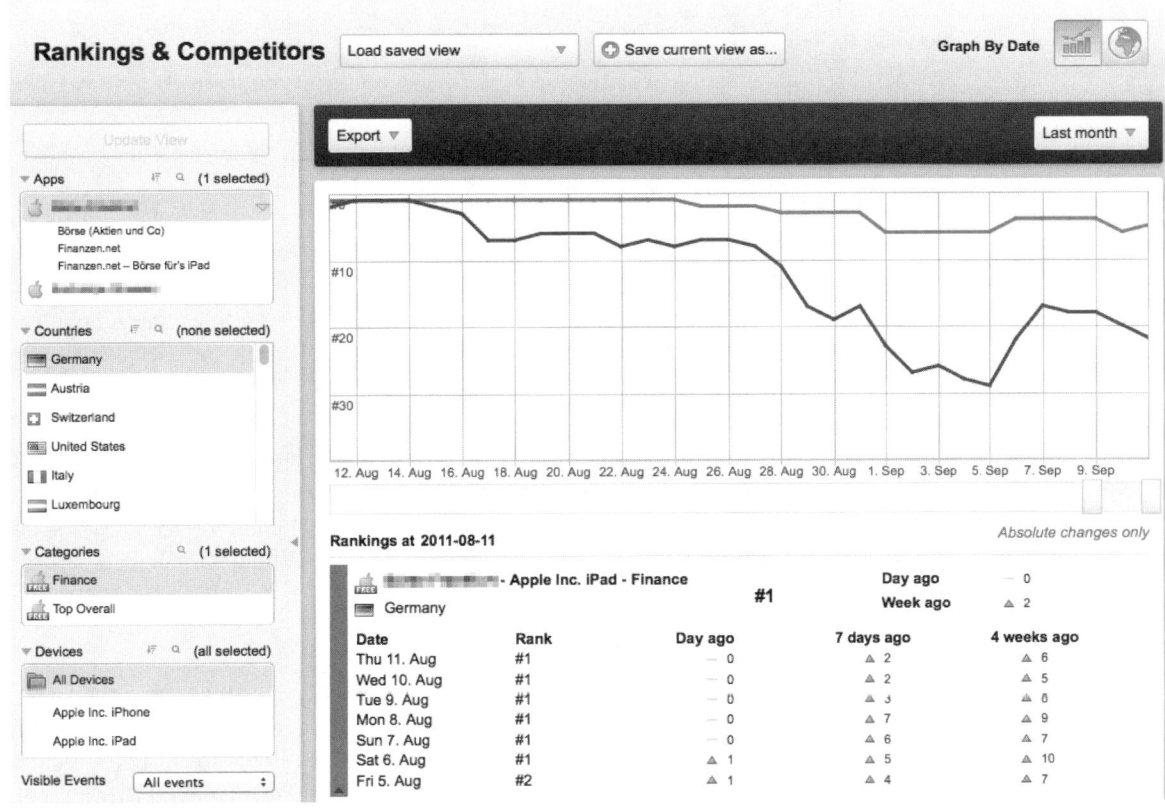

BILD 2.8 Distimos „Monitor" in Aktion. (Screenshot: Mayerhofer)

Aber Sie bieten auch bezahlte Berichte an?

Gert Jan Spriensma: In den „Reports" kombinieren wir aggregierte Transaktionsdaten von den Entwicklern mit öffentlich zugänglichen Informationen, die wir aus den verschiedenen App-Stores bekommen. Die Berichte werden für die zahlenden Kunden wie große Gerätehersteller und Netzbetreiber zugeschnitten. Sie erhalten ausführliche Informationen über den Markt, aber auf aggregierter Ebene. So beantworten wir Fragen wie diese: Wie macht sich der iTunes App Store im Vergleich zum Google Android Market? Sind Spiele beliebter auf dem iPhone oder auf Windows Mobile 7?

Glauben Sie, es gibt Entwickler, die keine App Store Analytics brauchen?

Gert Jan Spriensma: Wenn Sie ein ernsthafter Entwickler sind und mit Ihrer App Geld verdienen wollen, durch die Veröffentlichung von neuen Apps oder Updates, dann brauchen Sie ein Tool. Die integrierten Reporting-Mechanismen des iPhone Store oder des Android Market sind nicht gerade benutzerfreundlich. Meistens liefern sie nur Daten über eine CSV- oder Excel-Datei. Wir importieren diese Informationen automatisch für die Entwickler. Auf diese Weise erhalten Sie eine verständliche und illustrierte Darstellung, beispielsweise in einem übersichtlichen Balkendiagramm oder einer Weltkarte. Wenn Sie die Rohdaten benutzen, die Sie von Ihrem App-Store bekommen, müssen Sie erst die CSV-Datei konvertieren und Ihre Grafiken selbst erstellen. Also ja, wenn Sie es mit der App-Entwickung ernst meinen, werden Sie ein Analyse-Tool brauchen.

Können Sie einen Trend feststellen, dass Entwickler für mehrere App-Stores programmieren?

Gert Jan Spriensma: Das Entwickeln ist nicht für alle Plattformen so einfach. Sie verwenden verschiedene Sprachen. Für iPhone und iPad programmieren Sie in Objective C, für Android brauchen Sie Java, und Windows Mobile 7 verwendet XDA oder .net. Also ist es nicht so, dass ich nur für das iPhone zu entwickeln brauche und dann die gleiche Anwendung in mehreren App-Stores veröffentlichen kann.

Dennoch gibt es einen Trend, Cross-Store zu veröffentlichen. Android hat zunehmend Marktanteile gewonnen, in den USA stellt das OS bereits 50% des Smartphone-Markts. Wenn Sie ein großes Publikum erreichen wollen, müssen Sie plattformübergreifend veröffentlichen. Aber natürlich beginnen die meisten Entwickler mit nur einer Plattform.

Distimo hat seinen Fokus auf die App-Store-Ökonomie als Ganzes gelegt, aber Sie sind nicht wirklich in direktem Kontakt mit den Entwicklern, oder?

Gert Jan Spriensma: Wir sind in Kontakt mit einigen Distimo Monitor Usern. Bevor sie mit dem Tool starten, haben wir oft ein Gespräch mit den größeren Kunden und reden darüber, welche neuen Funktionen sie gerne in Monitor sehen würden. Und wir halten auch regelmäßigen Kontakt zu diesen Entwicklern.

Es ist nicht so, dass wir mit kleineren Entwicklern nicht sprechen wollen. Aber die großen haben oft spezielle Bedürfnisse und möchten manche Dinge angepasst bekommen. Unser Kundenservice ist natürlich offen für alle, und wir freuen uns, mit allen Entwicklern über ihre Bedürfnisse zu sprechen. Da die Mehrzahl der Anbieter in allen App-Stores die kleinen sind, machen kleine Entwickler auch den größten Teil unserer Nutzerbasis aus.

Gert, vielen Dank für Ihre Zeit.

■ 2.3 Gekauft werden alleine reicht nicht – Preis und Volumen entscheiden über den Erfolg

Der Programmierer David Barnard erfuhr am eigenen Leib, dass es nicht ausreicht, wenn sich eine App gut verkauft. Preis, Absatz-Volumen und nicht zuletzt die Kosten entscheiden über den Erfolg. Barnard erzählt im Interview mit Newsweek (Dokupil, 2009) seine Erfolgsgeschichte. 2008 borgte er sich 24 000 Dollar von seinen Eltern, eröffnete eine Firma und entwickelte die iPhone-Fahrtenbuch-App *Trip Cubby*, zu sehen in Bild 2.9. Die App war ein voller Erfolg: Neben tollen Rezensionen präsentierte Apple sie in der „What's Hot"-Kategorie. In den ersten drei Monaten lag der Umsatz bei mehr als 45 000 Dollar. Doch die Ausgaben waren noch höher. Programmierer, Designer, Verwaltung, Marketing und nicht zuletzt Apples Provision fraßen seine Umsätze auf. Am Ende machte er Verlust und musste sein Auto verkaufen, um über die Runden zu kommen.

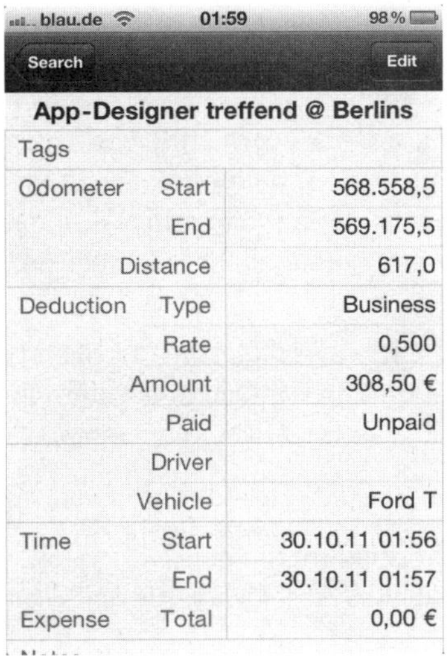

blau.de 🔋		01:59	98% 🔋
Search			Edit
App-Designer treffend @ Berlins			
Tags			
Odometer	Start		568.558,5
	End		569.175,5
	Distance		617,0
Deduction	Type		Business
	Rate		0,500
	Amount		308,50 €
	Paid		Unpaid
	Driver		
	Vehicle		Ford T
Time	Start		30.10.11 01:56
	End		30.10.11 01:57
Expense	Total		0,00 €

BILD 2.9 Das Fahrtenbuch als App: *Trip Cubby*. (Screenshot: Mayerhofer)

Ein Zahlenspiel: Lernen Sie das Marktvolumen richtig einzuschätzen und so den optimalen Preis zu finden.

Barnard ist kein Einzelfall. Seine Geschichte zeigt, dass unter Umständen auch eine gute App mit soliden Verkaufszahlen den Lebensunterhalt nicht finanzieren kann. Es ist nicht so, als würden sich die Entwickler keine Gedanken über ihre zukünftigen Umsätze machen, allerdings sind diese Prognosen meist vollkommen unrealistisch. Ein Ansatz, den ich sehr oft höre, lautet: „Es gibt 100 Millionen iPads. Wenn ich nur ein Prozent aller Nutzer erreiche, dann bedeutet das ja eine Million verkaufte Apps." Immerhin gehen diese Entwickler so weit, sich am Marktvolumen zu orientieren, und greifen ihre Schätzungen nicht vollkommen aus der Luft. Eine Penetration von einem Prozent zu erreichen ist aber ein sehr, sehr optimistisches Szenario. In Googles Android Market beispielsweise gelingt dies weniger als 1% aller kostenlosen Apps. Bis jetzt (August 2011, Quelle: Distimo) hat noch keine kostenpflichtige App die Ein-Prozent-Hürde knacken können.

Ein anderer, ebenfalls sehr beliebter Ansatz ist der Vergleich mit einer besonders erfolgreichen App: „Meine App macht ja etwas Ähnliches wie diese hier. Und die hat sich Tausende Male verkauft. Also gehe ich davon aus, dass ich zumindest fast so viele Downloads erreichen werde." So viel haben Sie im Verlauf dieses Buchs bereits gelernt: Die Geschichten der App-Store-Glückskinder können Sie vielleicht an einem Entwickler-Lagerfeuer erzählen, aber sie für einen Businessplan heranzuziehen wäre grob fahrlässig.

Solche Fehleinschätzungen führen zu überhöhten Erwartungen der Entwickler. Sie kündigen ihre Jobs, um in App-Stores reich zu werden, und fallen stattdessen gehörig auf die Schnauze. Niemand, in App-Stores und anderswo, sollte ein Unternehmen starten, ohne sich vorher konkrete finanzielle Szenarien überlegt zu haben. Denn nur so können Sie herausfinden, ob Ihr Geschäftsmodell überhaupt jemals profitabel sein wird. Setzen Sie sich also hin und nehmen Sie einen Taschenrechner zur Hand.

Zunächst sollten Sie sich überlegen, welches jährliche Einkommen Sie erreichen müssen. Gehen wir davon aus, dass Sie mit 40 000 Euro pro Jahr über die Runden kommen. Nachdem ein großer Teil dieses Betrags für Steuern und Sozialversicherung reserviert ist, wäre es Ihnen aber recht, wenn Ihre Umsätze größer ausfallen würden.

Dann überlegen Sie, welche Kosten auf Sie zukommen. Sie arbeiten von zu Hause und nutzen Ihren privaten Rechner. Eigentlich sollten Sie Investitionen in Hardware und auch Ihre Miete in die Kalkulation einfließen lassen, aber für dieses Beispiel verzichten wir darauf. Tatsächlich Geld in die Hand nehmen müssen Sie aber zum Beispiel, wenn Sie sich Hilfe von einem Designer holen. Für ein Icon und ein paar kleine Screens suchen Sie einen Freelancer, der dafür 3000 Euro haben will. Für Ihre Website und verschiedene kleine Marketing-Aktionen rechnen wir noch einmal 2000 Euro ein. Damit pendeln sich Ihre effektiven Kosten in diesem preisgünstigen Beispiel bei 5000 Euro ein.

Für Ihre iPhone-App wollen Sie 2,99 Euro verlangen. Nach Apples Provision und Steuern überweist man Ihnen 1,82 Euro pro verkaufter App. Um 45 000 Euro (Einkommensziel plus Kosten) einzunehmen, müssten Sie ca. 25 000 Downloads pro Jahr erzielen. Oder knapp 70 pro Tag. Mit den von Apple veröffentlichten Daten (Stand: Juli 2011) lässt sich berechnen, dass die durchschnittliche App 35 000 Mal heruntergeladen wird. Allerdings beinhaltet diese Zahl auch kostenlose Apps und bezieht sich auch nicht auf ein Jahr, sondern die Zeit seit Bestehen des iTunes App Store. Zwar ist das Datenmaterial sehr vage, aber es lässt sich bereits ablesen: 25 000 Downloads pro Jahr sind sehr optimistisch.

Um Ihr Risiko zu minimieren, könnten Sie zum Beispiel gleich mehrere Apps für Ihr erstes Jahr einplanen. Bill Rappos, einer der Macher der erfolgreichen App iSteam, erklärt im Interview mit Techradar seine Strategie: „Eines unserer Auswahlkriterien für Projekte ist es, Risiken zu minimieren, indem wir nicht viele Mannstunden in ein einzelnes Projekt investieren." iSteam hatte eine Entwicklungszeit von nur sieben Tagen (Marshall, 2009).

Eine andere Möglichkeit, die Umsatzlage zu verbessern, ist die Steigerung des Verkaufspreises. Ihre App ist mit 2,99 Euro aber schon fast hochpreisig. Der größte Teil der Apps kostet lediglich 0,79 Euro bzw. 0,99 Dollar.

Die 99-Cent-Dynamik

Die 99-Cent-Dynamik ist ein weiteres Problem für Entwickler in der App-Store-Ökonomie. Die Wurzel allen Übels ist die Methodik, nach der die Apps gerankt werden. Denn wer mehr Verkäufe erzielt, steht in der Rangliste ganz oben. Und wer in der Rangliste ganz oben steht, erzielt die meisten Verkäufe. Während sich die Entwickler ein Rennen um die Pole Position in den Ranglisten liefern, rasen die Preise nach unten. Die Entwickler glauben, sie könnten den niedrigen Umsatz pro App durch ein riesiges Volumen wettmachen. Schafft man es in die Ranglisten, mag das sogar stimmen. Aber bei zigtausend Konkurrenz-Apps dürfen Sie sich darauf nicht verlassen.

Barnard hat sich von seiner Schlappe 2008 inzwischen erholt, und seine Firma ist, auch dank einer weiteren App, profitabel. 2009 startete der Unternehmer ein Pricing-Experiment. Statt 4 Euro verlangte er eine Woche lang nur 79 Cent für seine Apps. Und er bat die Käufer um eine Spende, falls ihnen die App gefallen würde.

„Während der 7 Tage des Experiments erhielten wir 75 Dollar an Spenden und der Umsatz schoss weit genug nach oben, um das Experiment im Wesentlichen umsatzneutral gegenüber der Vorwoche zu machen. Während der ersten Tage des Verkaufs begann ich zu glauben, der 0,99-Dollar-Preis-Punkt könnte, angesichts der Zunahme des Volumens, in der Tat nachhaltig sein", schreibt Barnard (2009) in einem Blogeintrag. Später musste er aber feststellen, dass nicht nur der Preis die Verkäufe ankurbelte, sondern auch die höhere Presseaufmerksamkeit durch das Experiment. Als die Berichterstattung abflaute, sanken auch die Verkäufe wieder.

Sehen wir uns das auch noch einmal am vorherigen Beispiel an. Hätten Sie für Ihre App statt 3 Euro nur 79 Cent verlangt und dadurch Ihre Verkäufe verdoppeln können, läge Ihr jährlicher Umsatz trotzdem bei nur noch 24 000 Euro. Und Sie hätten ein Problem.

Vor nicht allzu langer Zeit war es üblich, für ein Spiel auf einem Handheld-Gerät (Gameboy) 35 Euro hinzublättern. Heute müssen Sie sich eine differenziertere Strategie zulegen, um Ihre Gewinnziele zu erreichen. Es ist nicht zielführend, eine App zu entwickeln und sich erst später Gedanken über den Preis zu machen.

Aber machen Sie sich keine Sorgen: Ein ganz großer Teil dieses Buch beschäftigt sich mit der richtigen Preisstrategie und anderen Wegen, Ihre Arbeit zu monetarisieren. Bevor wir im achten Kapitel darauf eingehen, stehen aber noch grundlegende Überlegungen zu Ihrer App an.

 Lessons Learned

Das Erkennen von Bedürfnissen ist der Schlüssel zu einer guten App-Idee.

Bedürfnisse sind der Treibstoff des Marketings und Marketing ist der Treibstoff für Ihr App-Unternehmen. Nur wenn Sie Ihren Kunden einen Nutzen bieten können, den diese auch suchen, können Sie damit rechnen, dass die Kasse klingelt.

Werbung ist nur ein Teil des Marketing-Mix.

Neben der Kommunikationspolitik zählen Produkt-, Preis- und Distributionspolitik zum Marketing-Mix, Ihrem Schweizer Messer der Wertschöpfung. Stürzen Sie sich auf jeden Bereich des Marketings und konzipieren Sie Ihre Strategie, noch bevor Sie mit dem Programmieren beginnen. Schreiben Sie Ihr Konzept nieder und tauschen Sie sich mit anderen darüber aus.

Ohne Marktforschung müssen Sie blind navigieren.

Ihre Bedürfnisse sind nicht unbedingt die Bedürfnisse Ihrer Kunden. Schon beim Erkennen von Bedürfnissen dürfen Sie sich nicht auf Ihr Bauchgefühl verlassen, sondern müssen handfeste Informationen besorgen.

Marktforschung endet nicht, wenn Sie Ihre App hochgeladen haben.

Verfolgen Sie Ihre App weiterhin mit Adleraugen und reagieren Sie schnell und entschlossen auf Feedback aus dem Markt.

Unrealistische Kalkulationen und Preisstrategien können Ihre Existenz bedrohen.

Wie bei jeder Unternehmensgründung brauchen Sie einen Businessplan mit realistisch kalkulierten Zahlen, damit Ihnen unterwegs nicht das Geld ausgeht.

3 Die Suche nach der Einzigartigkeit

Berlin ist nicht nur das politische Zentrum, sondern auch die Dönerhauptstadt Deutschlands. Hier soll der Legende nach Anfang der 1970er-Jahre der Schnellimbiss vom Drehspieß in seiner heutigen Form erfunden worden sein. Nicht umsonst ist der Dönerkonsum pro Kopf hier laut dem Nachrichtenmagazin Stern mehr als zehnmal so hoch wie im Rest des Landes (Wedemeyer, 2007). Hunderte von Dönerbuden buhlen um die Kunden. Der Konkurrenzdruck war zwischenzeitlich so groß, dass die Fladenbrote für einen Euro pro Stück über die Theke wanderten. Ein Preis, der meist unter dem Einkaufspreis der Zutaten liegt. So kam es, dass ab 2005 verschiedene Fleischskandale bekannt wurden. Lebensmitteluntaugliches, teilweise jahrealtes Fleisch wurde umetikettiert, um dann oft als günstiges Dönerfleisch verkauft zu werden (Wedemeyer, 2007). Der Skandal setzte den ohnehin schon angeschlagenen Dönerbudenbesitzern noch mehr zu: Wer nicht pleiteging, konnte sich mit Ach und Krach über Wasser halten. Reich wurden die Unternehmen auf jeden Fall nicht.

Das grundlegende Problem der Imbissbuden war *nicht* das Produkt. Döner ist nach wie vor sehr beliebt. Die Preisspirale nach unten kam stattdessen so: Geschäftlich ahnungslose junge Menschen überlegen, wie sie sich selbstständig machen können. Beim Dönerladen um die Ecke scheint das Geschäft zu florieren, also machen sie genau das Gleiche. Einige Zeit später eröffnet ein neuer Dönerstand. Und zwar gleich neben dem gut laufenden Laden um die Ecke. Nur leider kommt immer noch die gleiche Zahl an Gästen. Nun eben halb so viele zu jedem der beiden. Das Produkt ist weitgehend identisch, also entscheiden die Kunden oft anhand des Preises. Um die Kunden zu ihrem Imbiss zu ziehen, senken die beiden Konkurrenten abwechseln den Preis. Bis einem der beiden die Puste ausgeht und er seinen Laden dichtmacht. Im schlimmsten Fall war der Preiskampf so teuer, dass beide Anbieter ihre Pforten schließen müssen. Hätte unser Jungunternehmer doch nur eine Salatbar oder eine Pizzeria eröffnet. Dann hätte er vielleicht beiden Leid erspart.

Die Dönerbude der App-Stores ist der Tip-Calculator, auf Deutsch Trinkgeld-Rechner. Im iTunes App Store findet man unter diesem Suchbegriff immerhin schon 480 Apps, zu sehen in Bild 3.1. Im Android Market sind es gleich 800. Zugegeben, für viele ist die Trinkgeld-Berechnung nur Zusatzfunktion, doch auch das kann über die schockierend hohen Zahlen nicht hinwegtäuschen. Selbst den Nutzern ist das Phänomen bereits bekannt. So liest man in der ein oder anderen bösartigen Rezension: „Geh doch nach Hause und programmier' einen Tip-Calculator!"

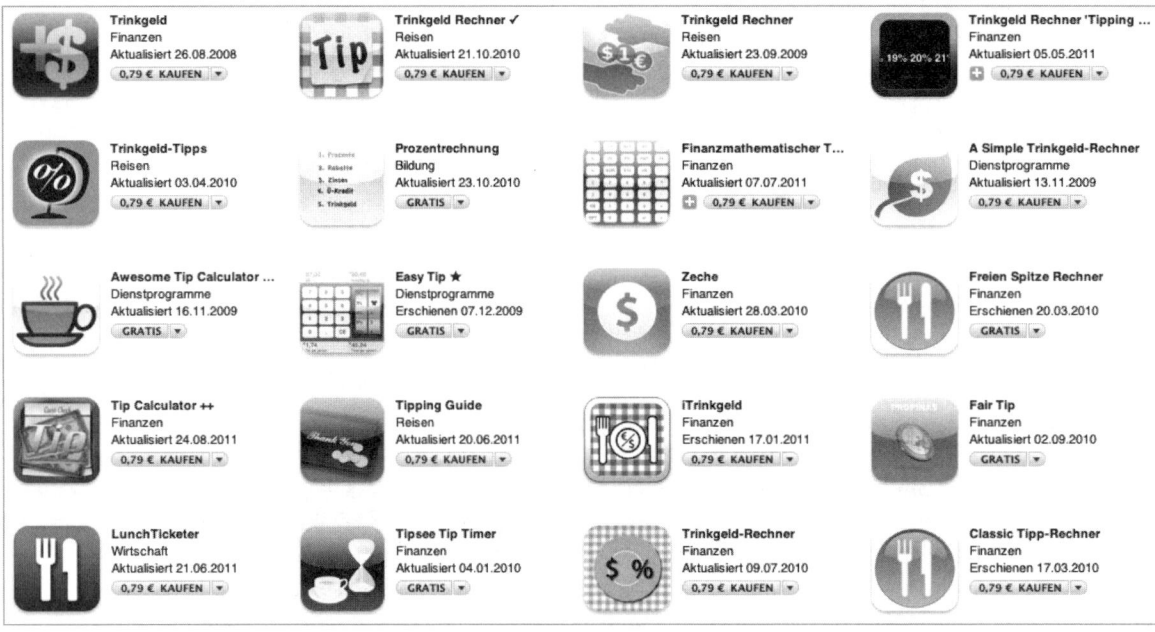

BILD 3.1 Trinkgeldrechner kosten selten mehr als einen Euro. (Screenshot: Mayerhofer)

Viele Entwickler ließen sich trotzdem nicht beirren und warfen weitere Trinkgeldrechner auf den Markt. Und das, obwohl diese Kategorie schon seit den Geburtsstunden des iTunes App Stores von Angeboten überschwemmt wird. Dementsprechend mager fällt die Ausbeute für die Entwickler aus. Ein großer Teil der Apps konnte nur eine Handvoll Downloads erzielen. Die Programmierer waren heiß darauf, so schnell wie möglich eine App im Store zu haben. Dabei verzichteten sie darauf, sich lange mit einer ausgefallenen Idee auseinanderzusetzen, und produzierten, was ihnen als Erstes einfiel.

Als schlauer, informierter App-Unternehmer machen Sie selbstverständlich genau das Gegenteil: Sie suchen nach einer einmaligen Idee und machen auch dann nicht Halt, wenn Sie sie gefunden haben. Stattdessen verbessern Sie jeden Aspekt Ihrer App, bis sie zu einem unverwechselbaren Stück Software wird. Erst wenn Ihre App einzigartig ist, haben Sie den Markt für sich.

Ist Ihre App vergleichbar mit denen der Konkurrenz, wird es für Sie dagegen schwierig. Denn die etablierten Apps profitieren von einem Vorsprung, den Sie durch bessere Funktionalität wettmachen müssen. Sie sind bereits bekannt, profitieren von Lock-In (Kapitel 4) und Netzwerkeffekten (Kapitel 5) und stehen in den Ranglisten wahrscheinlich schon auf den gut sichtbaren, oberen Rängen. Anderen Apps Marktanteile zu klauen, ist deswegen ein sehr schwieriges Unterfangen.

Sollten Sie sich trotzdem in einer Situation finden, wo Sie mit ähnlichen Apps wettstreiten müssen, bleibt Ihnen immer noch die Flucht nach vorne. Verbessern Sie die App-Idee, um Ihren Nutzern einen echten Mehrwert gegenüber den Mitbewerbern zu geben. Und natürlich können Sie auch bei der Umsetzung wertvolle Alleinstellungsmerkmale sammeln. Schickes Design, innovative Navigation und kürzere Ladezeiten sind Vorteile, die sich bezahlt machen. Der größte Nachteil einer solchen Marktsituation bleibt dabei jedoch der starke Preisdruck.

Bieten Ihre Mitbewerber eine App für 99 Cent an, müssen Sie Mehrwert von über vier Euro generieren, um an Ihrem Preisziel von fünf Euro festhalten zu können. In so einem Fall müssen Sie sich höchstwahrscheinlich fortgeschrittener Preisstrategien bedienen, auf die wir im Verlauf dieses Buchs noch eingehen.

■ 3.1 Nicht ohne meine Unique Selling Proposition

Die Unique Selling Proposition (kurz USP) lässt sich in einem Satz zusammenfassen: Warum soll ich deine App kaufen und nicht eine andere? Das Konzept der USP ist ein Standard-Werkzeug im Marketing, mit dessen Hilfe man definiert, was ein Produkt von den Mitbewerbern unterscheidet. Dabei geht es immer darum, dass potenzielle Kunden einen direkten Vorteil gegenüber dem Konkurrenzprodukt sehen müssen und deswegen Ihr Produkt bevorzugen.

Damit tauchen wir nun in die Welt der Produktpolitik ein (Bild 3.2), denn USP stellt den Kern der produktstrategischen Überlegungen dar.

BILD 3.2 Die Produktpolitik ist Teil des Marketing-Mix.

Die USP wird durch Werbung transportiert und bildet meist die Kernaussage aller Kommunikationsmaßnahmen. Dabei sollte die Botschaft der USP nicht nur einprägsam, sondern vor allem glaubwürdig sein. Das heißt nicht, dass der Vorteil wissenschaftlich nachweisbar sein muss. Es ist genauso möglich, dass es sich um einen rein psychologischen Zusatznutzen handelt. Man spricht im Zusammenhang mit der USP auch von einem einzigartigen Verkaufsversprechen, denn Sie verkaufen dem Nutzer keine Features, sondern einen Nutzen, der das Leben des Kunden besser machen wird. Das Verkaufsversprechen einer Einkaufslisten-App lautet: „Wenn Sie diese App benutzen, haben Sie mehr Freizeit, denn das Einkaufen wird zum Kinderspiel." Ob eine solche App das Leben tatsächlich leichter macht, hängt wohl vom Wesen des Nutzers ab. Wichtig ist ohnehin nur, ob der Nutzer sich so fühlt, als wäre sein Leben dadurch unkomplizierter.

Die USP muss einen spezifischen Nutzen für den Kunden benennen und zugleich einen klaren Vorteil gegenüber der Konkurrenz. Beide Eigenschaften für sich stellen keine USP dar. Außerdem sollte der Vorteil gegenüber Mitbewerbern auf Dauer bestehen und schwer kopierbar sein.

Oberstes Ziel der USP ist selbstverständlich das Verkaufen. Durch die rationalen und irrationalen Verkaufsargumente beeinflussen Sie den Kunden und bringen ihn schließlich dazu, Ihr Produkt anderen vorzuziehen.

Die USP muss sich in einem Satz zusammenfassen lassen, denn die Aufmerksamkeitsspanne der potenziellen Kunden ist kurz. Einige Beispiele:

- *Deutsche Bahn Navigator:* Wir bieten die ausführlichsten Reiseinformationen für die größte Zahl an öffentlichen Verkehrsmitteln in ganz Mitteleuropa.
- *Square:* Akzeptieren Sie ab sofort Kreditkartenzahlungen auf Ihrem Handy.
- *Ocarina:* Machen Sie Ihr Handy zu einer Flöte.

Können die Kunden keine USP bei Ihrer App ausmachen, bauen sie auch keine Identifikation mit ihr auf. Sie ist dann eines von vielen anscheinend gleichen Produkten. Wenn Sie sich im Supermarkt zwischen drei anscheinend identischen Sorten Tomaten entscheiden müssen, welches Kriterium ist dann entscheidend? Richtig, der Preis. Fehlt Ihrer App das Alleinstellungsmerkmal, entscheiden die Kunden nach dem Preis.

Das kann im Fall unserer Trinkgeldrechner sehr schlecht für die Programmierer ausgehen. Denn wer günstiger sein will als 99 Cent, muss seine App verschenken. Und selbst die kostenlosen Trinkgeldrechner finden meist keinen reißenden Absatz.

„Warum sollte jemand diese App kaufen?", ist also die Frage, die man sich selbst stellen muss, wenn man seine USP sucht. Wenn Sie diese Frage nicht schnell beantworten können, werden auch Ihre Kunden Probleme damit haben. Eine noch bessere Frage lautet: „Warum will ich unbedingt diese App kaufen?" App-Millionär Steve Demeter (*Trism*) gibt einen wertvollen Tipp:

> *„Sehen Sie es so: Die meisten Menschen kommen in die Arbeit oder Schule, und sie sind heiß darauf, ihren Freunden zu zeigen, was für coole neue Sachen sie auf ihrem iPhone haben. Von den 50 Apps, die sie haben, können sie ihren Freunden dann vielleicht fünf zeigen. Wenn Ihre Anwendung eine der fünf ist und ihren Wert in 10 bis 15 Sekunden beweisen kann, dann haben Sie eine erfolgreiche App. Achten Sie darauf, sich zu fragen: ‚Kann meine App etwas Einzigartiges und Interessantes in 10 bis 15 Sekunden vermitteln?'" (Marshall, 2009)*

Der Nutzen Ihrer App muss sofort erkennbar sein. Nicht nur in den ersten Sekunden der Nutzung, sondern bereits auf den Screenshots, die maßgeblich zur Kaufentscheidung beitragen. Einzigartig zu sein erfordert auch klare Kommunikation. Falls Ihre Unique Selling Proposition erst verständlich wird, nachdem man ein zweistündiges Einführungsvideo angesehen hat, wird sie wahrscheinlich wenig Erfolg haben. In App-Stores bestimmen auch Icon und Name der App den ersten Eindruck. Schafft es der Name der App bereits, die USP zu vermitteln?

- *Run Pee:* Die App hilft, wenn man im Kino zum Pinkeln aus dem Saal laufen muss, indem sie für jeden Film die uninteressanteren Stellen anzeigt. Der App-Name erklärt dies zwar noch nicht, drückt aber trotzdem aus, was die App macht, und regt an, sich näher zu informieren.
- *Touch Hockey:* Airhockey auf dem Touchscreen könnte nicht treffender bezeichnet werden.
- *Flugsuche:* Die App der Flugsuchmaschine swoodoo.com hat einen viel eindeutigeren Namen als ihre browserbasierte große Schwester.

Als kleiner App-Anbieter ist es schwer, gehört zu werden. Sie müssen versuchen, das Gesprächsthema zu ändern. Statt zu rufen: „Hey, seht mich an, ich habe auch eine gute App!", sollten Sie selbstbewusst sagen: „Meine App dreht sich um …, wir machen die Sache ganz anders. Wenn Sie nach … suchen, ist das die einzige App, von der Sie es bekommen." (Barr, 2010)

Haben Sie noch etwas Geduld. Wie Sie Ihre USP herausarbeiten und verfeinern können, behandeln wir etwas später in Abschnitt 3.2. Zunächst betrachten wir noch einige allgemeine Ratschläge im Umgang mit Ihrer Unique Selling Proposition.

Spezialisieren Sie sich

Wie wird man der Beste in etwas, in dem alle anderen auch die Besten sein wollen? Gar nicht. Stattdessen sucht man sich etwas Neues. Und ist dort automatisch der Beste. Das gilt insbesondere, wenn Sie sich einen Markt ausgesucht haben, in dem bereits einige Konkurrenten aktiv sind. Suchen Sie sich eine spezifische Zielgruppe und schneidern Sie Ihre App auf deren Bedürfnisse zu.

Statt einen weiteren Trinkgeldrechner zu programmieren, haben sich schlaue Anbieter auf ganz spezielle Bedürfnisse eingeschossen.

- *Medcalc* (iPhone): Die App kann fast 200 medizinisch relevante Sachverhalte berechnen. Von BMI über Herzleistung bis zur Ottawaschen Knieregel (was auch immer das sein mag).

- *Alkoholrechner iDrinkSmart* (iPhone): Sie füttern die App mit Informationen darüber, was Sie getrunken haben, und die App kalkuliert Ihren aktuellen Blutalkoholspiegel. Als verantwortungsvoller Autor muss ich Ihnen aber raten, gar nicht ins Auto zu steigen, wenn Sie getrunken haben.

- *BuildCalc – Advanced Construction Calculator* (iOS, zu sehen in Bild 3.3): Diese App ist für Bauprofis. Sie können zum Beispiel genau berechnen, wie die Treppe auszusehen hat, die Sie bauen werden. Dass die App nur für echte Fachleute ist, zeigt auch der Preis. Mit 15,99 Euro ist sie auf der Seite der teureren Rechner. Und die Spezialisierung scheint sich auszuzahlen, trotz des eingeschränkten Käuferkreises schaffte es die App in mehrere Top-100-Listen der umsatzstärksten Apps.

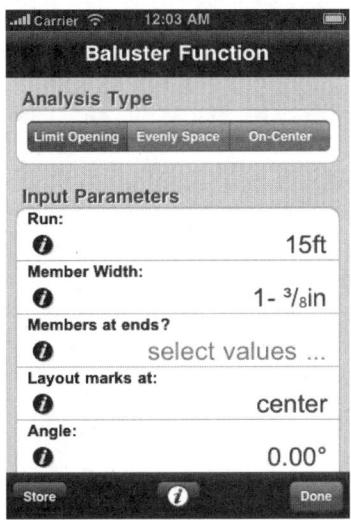

BILD 3.3 Ben Askren, der Macher von *BuildCalc,* bringt das Alleinstellungsmerkmal seiner App in seinem Slogan auf den Punkt: „Die einfachste und fortschrittlichste Bau-Rechner-App". (Screenshot: Askren)

Vergessen Sie nicht: Ihre App muss nicht jedem gefallen. Aber jedem aus Ihrer Zielgruppe. Wählen Sie die Zielgruppe so konkret, dass Sie es nicht schwer haben, eine App perfekt auf deren Bedürfnisse maßzuschneidern.

Ich persönlich bin ein großer Fan von Tower-Defense-Spielen, einem Genre, das auf mobilen Geräten sehr beliebt ist. Leider sind die meisten Spiele zu simpel und man kann sie durchspielen, ohne mit ausgefeilten Strategien zu experimentieren. Interessanterweise glänzen Spiele auf den vorderen Ranglistenplätzen meist mit guter Grafik, enttäuschen mich aber schon im ersten Level, weil man eigentlich nur raten muss, um zu gewinnen. *GeoDefense* (iPhone) von Critical Thought Games stellt eine willkommene Ausnahme dar. Um durch die Levels zu kommen, benötigt man eine so ausgefeilte Strategie, dass hundert Versuche keine Seltenheit sind. Des einen Freud, des anderen Leid: Einen Anfänger würde das womöglich so frustrieren, dass er sofort aufgibt. Als Entwickler kann man es eben nicht jedem recht machen.

Ganz im Gegenteil: Wenn Sie versuchen, allen zu gefallen, ist am Ende niemand mit Ihrer App zufrieden. Eine kleine Zielgruppe hat auch den Vorteil, dass Ihre Bekanntheit schneller wächst. Zwar nur innerhalb der Zielgruppe, aber der Rest der Nutzer sollte Ihnen ohnehin nicht so wichtig sein.

Nicht einzigartig sein, um einzigartig zu sein

Sie haben die einzige App mit tsakonischer Menüführung? Dann haben Sie sicher ein absolutes Alleinstellungsmerkmal. Nur blöd, dass die Sprache ausschließlich von ein paar Bewohnern griechischer Bergdörfer gesprochen wird.

Nur weil Ihre App ohne Konkurrenz ist, heißt das nicht, dass es auch einen Markt dafür gibt. Bei der Festlegung der Zielgruppe müssen Sie also das richtige Maß an Spezialisierung finden. Einzigartig genug, um nicht mit vielen anderen Apps im Wettstreit zu stehen, aber nicht so einzigartig, dass sich zu wenige Käufer angesprochen fühlen.

Denken Sie immer daran: **Es geht darum, Wert durch Nutzen für den Kunden zu schaffen.** Haben Sie keine spezifische Kundengruppe im Kopf, können Sie gar nicht wissen, wie Sie Nutzen stiften können. Erst durch Analyse der Zielgruppe und deren Bedürfnisse bekommen Sie Informationen, die Sie am Ende zu Ihrer USP führen.

Die USP auch tatsächlich ausliefern

Wie oft haben Sie schon etwas gekauft, das die Versprechungen der Werbung brach und Ihre Erwartungen nicht erfüllte? Egal, ob es das angebliche Traumhotel ist, bei dem der Wellness-Bereich offenbar seit vier Jahren umgebaut wird, oder ein neuer Ego-Shooter, der ständig abstürzt – solche Leistungen und Produkte hinterlassen einen bleibend schlechten Eindruck.

Gebrochene Versprechen enttäuschen uns jeden Tag. Mitunter sind wir so sauer, dass wir „nie wieder in diesem Laden einkaufen" oder „jedem von diesem Produkt dringend abraten". Solche Aussagen finden sich auch als Rezensionen auf den Produktseiten von großmäuligen Apps. Enttäuschte Kunden sind brandgefährlich. Sie hinterlassen häufiger Bewertungen und sind dann härter, als die Polizei erlaubt. Sie schimpfen über Ihre App auch vor ihren Freunden oder, schlimmer, in Internetforen.

- *1Password* ermöglicht den Nutzern, ihre Passwörter zwischen all ihren Computern (Mac und PC) zu synchronisieren. Außerdem können sie auf die Passwörter über eine sichere Verbindung sogar aus dem Web zugreifen. Die Erweiterung auf mobile Endgeräte schien ein logischer nächster Schritt. Der Slogan des Produkts lautet: „Haben Sie jemals ein Passwort vergessen?" und drückt so sehr klar die USP aus: Alle Passwörter sind jederzeit verfügbar. Entsprechend enttäuscht waren die iPhone-Nutzer der ersten Stunde, als sie die App zum ersten Mal testeten. Statt die Passwörter im Systembrowser Safari verfügbar zu machen, wurden diese nur in einen App-eigenen, funktionsarmen Mini-Browser integriert. Apples Restriktionen ließen keine alternative Lösung zu. Doch das ist für die Nutzer leider nicht relevant, sie werden die Hintergründe wahrscheinlich nie erfahren. Trotz vieler zufriedener Kunden stagniert *1Password* daher bei einer 3-Sterne-Bewertung. Denn für jede positive Rückmeldung kommt auch eine negative.

- *Die Sims 3* für iPhone verspricht, das beliebte Computerspiel auf das Handy zu bringen. Eingefleischte Fans waren zuerst enttäuscht, dass das Spiel oft abstürzte. Was die meisten aber viel schlimmer fanden: Als mobile Version konnte das Spiel (verständlicherweise) nicht mit der PC/Mac-Version mithalten. Ein an sich gelungenes Produkt zog daher viel Kritik auf sich, weil das Kernversprechen für viele Nutzer nicht erfüllt wurde.

Positive Gefühle gegenüber diesen Apps haben in den genannten Beispielen lediglich die Käufer, die vor dem Kauf die USP nicht wahrgenommen haben oder ohnehin auf der Suche nach anderen Funktionen waren. Jene aber, deren USP-Erwartungen enttäuscht wurden, wurden zu lautstarken Gegnern der Apps. Im schlimmsten Fall sorgen diese für einen negativen Multiplikator-Effekt. Um sich vor solchen Katastrophen zu schützen, hilft ein einfaches Mittel: Halten Sie Ihre Versprechen. Oder umgekehrt: Versprechen Sie nichts, was Sie nicht auch einhalten können.

Verstecken Sie Ihre USP nicht!

Die beste USP ist wertlos, wenn Ihre Kunden nichts davon wissen. Ihre Alleinstellungsmerkmale sollten der Kernpunkt Ihrer Kommunikations-Aktivitäten sein. Schreiben Sie einen Blogger an, damit er Ihre App rezensiert, steht die USP schon im Betreff. In allen Beschreibungstexten nennen Sie die USP zuerst. Selbst in Icon und Screenshots sollte Ihre USP sofort erkennbar sein.

Manchmal scheitern App-Unternehmer auch daran, dass sie ihre USP nicht erkennen und sie als vermeintlichen Mangel sogar zu vertuschen versuchen: Haben Sie ein Tablet-Magazin, das zwar keine Videos, Knobelspiele und andere Multimedia-Feuerwerke beinhaltet, dafür aber hochqualitative Texte und Bilder? Stehen Sie dazu und sehen Sie die positiven Merkmale einer solchen App. Sicher, viele Nutzer mögen auf der Suche nach funktionsreichen Magazinen mit interaktiven Spielereien sein. Aber es hat keinen Zweck diesen Nutzern Ihrer App unterzujubeln. Sie hinterlassen negatives Feedback, was vielleicht auch Käufer aus Ihrer Zielgruppe abschreckt – nämlich die Leute, die ein gutes Magazin lesen wollen, ohne abgelenkt zu werden.

Aber Vorsicht, übertreiben Sie es andererseits mit der Betonung Ihrer Vorzüge nicht. Wenn Sie zu viele Informationen auf einmal auf Ihre potenziellen Kunden loslassen, verwirren Sie diese. Versuchen Sie zunächst, Ihr wichtigstes Verkaufsargument in einem möglichst kurzen Satz zusammenzufassen. Damit sichern Sie sich die Aufmerksamkeit der Leser. In detaillieren Beschreibungen können Sie dann wertvolle weiterführende Informationen geben.

Die Website von edovia in Bild 3.4 ist ein gutes Beispiel dafür. Gleich im oberen Bereich finden Sie große Screenshots, das App-Icon, den Namen und die USP: „VNC Made Easy". Die App für iPhone, iPad und Mac ist ein simpler VNC-Client, der den Bildschirminhalt eines entfernten

BILD 3.4 Website der App *Screens* von edovia. (Screenshot: Mayerhofer)

Computers anzeigt und mithilfe dessen man diesen auch steuern kann. Weiter unten auf der Website finden Sie nicht nur Screenshots und Videos, sondern auch die einzelnen Schlüsselfunktionen mit Erläuterungen. Würden die Entwickler die volle Informationsfülle geben wollen, fehlt nur noch ein FAQ-Bereich für potenzielle Kunden, die es ganz genau wissen wollen. Solche Detailfragen sollten dann aber nicht mehr auf der Produktseite zu finden sein. Diese Informationsozeane verstecken Sie am besten hinter einem Link, damit die Adressaten nicht vom Wesentlichen abgelenkt werden.

Auch in der App selbst muss die USP sofort erkennbar sein. Zufriedene Kunden, das haben Sie inzwischen gelernt, sind der Schlüssel zum App-Erfolg. Sie empfehlen Ihre App weiter und fungieren so als kostenlose Verkaufsmitarbeiter. Verstecken Sie Ihre Killer-Features nicht im zehnten Untermenü. Denken Sie an unser Demonstrationsbeispiel, bei dem ein App-Enthusiast nur einige Sekunden hat, um eine App vorzuführen. Bei so kleinen Zeitspannen kommt es auf Details an. So zeigt zum Beispiel die App *Radln in Wien* (Bild 3.5) die Radwege der Stadt sofort beim ersten Start an. Es klingt banal, aber würde der Nutzer die verschiedenen Radwege erst einzeln aktivieren müssen, bliebe ein entscheidender Aha-Effekt verborgen.

BILD 3.5 *Radln in Wien* (iPhone) von theApp.
(Screenshot: Daniel Albertini)

Lernen Sie, zu denken wie ein Marketing-Profi. Suchen Sie an allen Ecken und Enden nach Möglichkeiten, Ihre App anzupreisen, und lernen Sie dabei, sich immer klar und präzise auszudrücken. Vielleicht hilft es Ihnen, wenn Sie Ihre App an einige Ihrer Freunde „verkaufen". Wenn Sie Ihre USP in anschaulicher und verständlicher Art und Weise artikulieren können, wird der Aufbau von wirksamen Promotion-Materialien ein Klacks.

Kann man die USP verändern?

Eine USP kann sich im Lauf der Zeit verändern. Levi's Jeans waren ursprünglich für Cowboys, Holzfäller und Bahnarbeiter konzipiert worden. Die USP lautete in den 1930er Jahren: „Diese Hose ist so strapazierfähig, sie ist sogar mit Nieten verstärkt." In den 1950er Jahren wurden die Jeans dann plötzlich von verschiedensten Jugendkulturen zum Symbol für Freiheit und Rebellion gegen bürgerliche Einengung erhoben. Statt gebügelte Anzüge zu tragen, kleideten sich diese Jugendlichen mit den Jeans der Arbeiterklasse. Plötzlich änderte sich für das Unternehmen die USP: „Mit dieser Jeans zeige ich Authentizität und gleichzeitig Zugehörigkeit zur Gruppe der Hippies/Rocker/Greaser..." Heute geht der Arbeiter-Look sogar so weit, dass Levi's Jeans mit künstlichen Gebrauchsspuren verkauft werden – also gebleicht, mit Steinen gewaschen, aufgerieben und zerfetzt. Mit den beständigen, verlässlichen Jeans von Cowboys haben diese Hosen nichts mehr gemein.

Die Veränderung der Zielgruppe oder neue Bedürfnisse der Zielgruppe machen es oft erforderlich, die USP anzupassen. Auch Neueinsteiger in Ihren Markt können es nötig machen, sich noch weiter zu differenzieren. Die USP ist nicht in Stein gemeißelt, Sie sollten Veränderungen nur nicht leichtfertig durchführen. Bemühen Sie zuerst noch einmal die Werkzeuge der Marktforschung, um zu sehen, ob Ihre neue Strategie beim Testpublikum ankommt.

Sie haben bereits eine App im App-Store oder in Entwicklung und merken erst jetzt, dass Sie nicht über die USP nachgedacht haben? Das ist unpraktisch, aber auch aus dieser Situation gibt es Auswege. Sie können die USP herausarbeiten, ohne die Arbeit über den Haufen zu werfen. Suchen Sie nach Möglichkeiten, vielleicht mit einer zusätzlichen Funktionalität ein Alleinstellungsmerkmal zu kreieren.

Kann mein Produkt denn nicht ohne eine USP Erfolg haben? Auch das ist natürlich möglich, man denke nur an ein gewöhnliches Supermarktregal mit Frühstücksflocken. Echte USP sieht man selten, dafür umso mehr markige Werbesprüche mit wenig Gehalt. Aber seien Sie gewarnt: Eine App ohne deutliche USP zu vermarkten ist schwieriger. Sie werden mehr Arbeit und Geld in Entwicklung, Design und Werbung stecken müssen, um dieselben Absatzzahlen zu erreichen.

Im nächsten Abschnitt versuchen wir, Ihre USP noch deutlicher erstrahlen zu lassen. Sollten Sie immer noch auf der Suche sein, werden Ihnen die Tipps sicher auch dabei helfen, Ihre scheinbar USP-lose App einzigartig werden zu lassen.

■ 3.2 Das Destillieren des Alleinstellungs-merkmals

Nun, da Sie die Wichtigkeit der USP verstanden haben, möchten Sie selbstverständlich mit einem Killer-Alleinstellungsmerkmal aufwarten können. Aber das ist oft nicht einfach zu erreichen. Was kann man konkret machen, um die USP herauszuarbeiten?

Vergrößern Sie Ihren Nutzen, indem Sie ihn verkleinern

Gerade in mobilen Anwendungen, zunehmend aber auch auf Desktop-Apps, ist es wichtig, dass die Nutzer schnell und möglichst einfach zum gewünschten Ergebnis kommen. Sie finden, Ihr App-Layout ist noch zu leer? Gibt es nicht. Je weniger Buttons der User drücken kann, desto schneller entscheidet er sich, den richtigen Knopf zu betätigen.

Die App *Digits* (iPhone, Bild 3.6) übernimmt eine Funktion, die eigentlich bereits im Betriebssystem integriert ist. Mit diesem Programm können Sie Telefonnummern von Kontakten einspeichern. Über die integrierte Kontakte-App dauert es einigen Usern einfach zu lange, gerade wenn man eine Telefonnummer nur schnell zugeworfen bekommt. *Digits* startet sofort mit einem Bildschirm für die Eingabe der Nummer, um Namen und andere Details kümmern Sie sich später. Mit dieser speziellen Funktionalität schaffte Digits es zwar nicht auf die vordersten Plätze der Ranglisten, zählt aber auch nicht zu den Ladenhütern unter den Spezial-Apps.

Es mag beim ersten Hinhören widersinnig erscheinen, Apps mit möglichst wenigen Features zu produzieren. Aber gerade durch die Funktionsarmut sprechen diese Apps eine ganz bestimmte Klientel an. So wie es Menschen mittleren Alters gibt, die mit ihrem Handy „einfach nur telefonieren" möchten und große Tasten bevorzugen, gibt es bekanntlich auch den FAU (faulster anzunehmender User). Er möchte sich so wenig wie möglich mit den Funktionen eines Programms auseinandersetzen müssen und alles intuitiv bedienen können. Reduzierung spart aber nicht nur dem Nutzer Zeit: Als Programmierer können Sie statt unzähliger

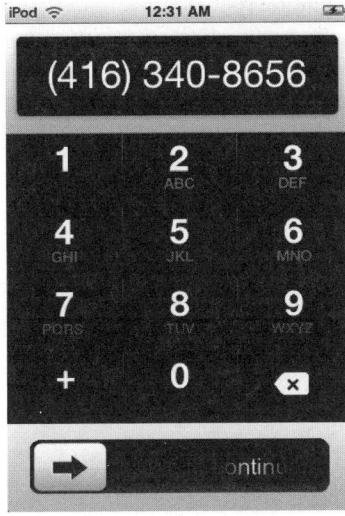

BILD 3.6 *Digits* von Smudge Apps ist sehr einfach und klar gestaltet. (Screenshot: Toby Vincent)

Zusatzfunktionen für die eine App einfach noch eine andere kleine Idee umsetzen und auf den Markt werfen. Und ein großes App-Portfolio senkt Ihr Gesamtrisiko (siehe auch Bill Rappos und *iSteam*, Kapitel 2).

Einfachheit macht sich auch bezahlt, wenn Sie eine App für einen existierenden Webdienst bauen. Viele Dienste bieten aufwändige Schnittstellen an, mit denen Sie eine App füttern können. Der Projektmanagement-Dienst *Basecamp* bietet eine solche API an, und Select Start Studios entschied sich, eine iPhone-App für den Dienst zu gestalten. Da die API quasi alle Funktionen von *Basecamp* ausliefert, mussten sich die Entwickler von *Headquarters* (Bild 3.7) überlegen, wie sie Mehrwert für den Nutzer schaffen könnten, ohne ihn mit nutzlosen Funktionen zu überschwemmen:

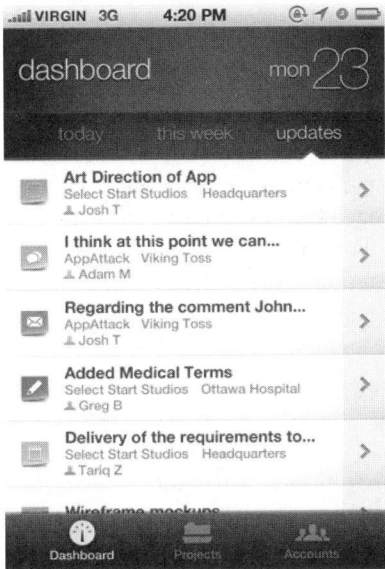

BILD 3.7 *Headquaters* (iPhone) zeigt Daten aus der Schnittstelle von *Basecamp* an. (Screenshot: Select Start Studios, Inc.)

„Es war offensichtlich, dass wir uns auf eine kleine Zahl von Funktionen einigen und diese Features dafür perfektionieren müssen. Anstatt eine weitere Basecamp-Anwendung zu bauen, die einfach alle Daten auf dem iPhone darstellt, haben wir beschlossen, die Anwendung auf Benutzer zuzuschneiden, die ihre Aufgaben schnell erledigen wollen, und schnitten alles raus, was überflüssig war." (Appleyard, 2010)

Am Ende kürzten die Entwickler sogar fertig entwickelte Features aus der App. Sie sind der Meinung, das habe ihre App noch besser gemacht, weil sie noch einfacher zu benutzen ist.

Nutzen Sie Ihre persönlichen Erfahrungen

Sie (und Ihr Team) sind das, was Ihren Apps ihren Charakter gibt. Sie sollten daher auch Ihr Wissen und Ihre Erfahrungen in Ihre Apps einfließen lassen.

Der angehende Augenarzt Evan Schoenberg ist nebenberuflich ein begeisterter Programmierer. Seit Jahren engagiert er sich in Open-Source-Projekten und ist sogar Chefentwickler beim Chat-Client *Adium*. Seit 2008 programmiert er auch iPhone-Apps, von denen er einige inzwischen auch auf Android und WP7 portiert hat. Neben *Rowmote*, einer beliebten Fernbedienungs-App, gab Schoenberg auch einige Medizin-Apps heraus. Zum Beispiel *Medimath*, einen medizinischer Taschenrechner, oder das Trainingsprogramm *Med Mnemonics*, das Medizinstudenten beim Auswendiglernen hilft. Schoenberg ließ nicht nur seine Expertise als studierter Mediziner in die Apps einfließen. *Med Mnemonics* (Bild 3.8) basiert auf seinen persönlichen Erfahrungen während der Ausbildung. Die Eselsbrücken aus der Mnemotechnik hätten ihn durchs Studium gebracht, sagt Evan Schoenberg. So wurde aus einem guten Tipp für seine damaligen Kommilitonen eine App für Medizinstudenten aus der ganzen Welt.

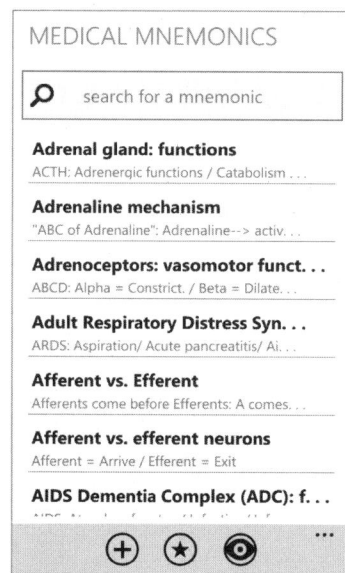

BILD 3.8 *Med Mnemonics* für Windows Phone 7. (Screenshot: Schoenberg)

Als Experte auf Ihrem Feld können Sie sich bereits sehr gut in Ihre Nutzer hineinversetzen. Besetzen Sie also Nischen, in denen Sie sich auskennen.

Kombinieren Sie erfolgreiche Ideen

Groupon kombiniert Gutscheincodes mit Social Media. Auf der Website werden täglich neue „Deals" angeboten, die nur dann zustande kommen, wenn eine bestimmte Anzahl von Nutzern die Gutscheine bestellt. Die Geschäftsidee schlug ein: Zwei Jahre nach dem Start bot Google 6 Milliarden, um Groupon zu übernehmen.

Wenn Sie gelungene Ideen kombinieren, schaffen Sie oft eine vollkommen neue App und erreichen eine starke USP.

Möglich ist selbstverständlich auch die Nutzung zweier Hardware-Features, die bislang nicht gekoppelt wurden. GPS-Daten und Fotos zu verknüpfen ist mittlerweile schon Standard, daher verbindet *mocamPro* (Bild 3.9) Fotos mit Fotos. Die App schießt gleichzeitig Fotos mit der Front- und der Rück-Kamera des iPhones und stellt die Fotos in einer Datei zusammen.

BILD 3.9 *mocamPro* nutzt beide Kameras, um kombinierte Bilder zu erstellen. (Screenshot: Agentur Richard)

Wie Sie Ihre Zielgruppe weiter zuspitzen

Sehen Sie sich Ihre geplante bereits eingeschränkte Zielgruppe genau an und versuchen Sie, diese noch weiter in einzelne Untergruppen zu zerlegen. Könnten Sie Ihre App vielleicht sogar auf eine der Untergruppen zuschneiden? Wenn Sie das bewerkstelligen, wird Ihr Fokus auf die speziellen Bedürfnisse der Zielgruppe noch genauer. Dabei bleibt die App oft auch für die ursprüngliche Zielgruppe weiterhin attraktiv.

Die Entwicklerfirma Architactile verkauft eine Projektmanagement-Software. Für ihr App-Projekt ist die Software aber nicht geeignet, denn man hat sich für eine spezifische Zielgruppe entschieden. *Architactile Inception* (Bild 3.10) für iPad ist die weltweit erste Anwendung, die speziell für Architekten entwickelt wurde, um deren Projektdefinitionsphase zu beschleunigen. Fertiggestellte Pläne werden dann als PDF verpackt und direkt vom Gerät an die Klienten verschickt. Wie viel kann die Entwicklerfirma für eine so hoch spezialisierte App verlangen? 400 Euro.

Eine starke USP macht es auch einfach, den Preis frei zu bestimmen. Im Idealfall können Sie sich so verhalten wie ein Monopolist und zu dem Preis verkaufen, bei dem der Umsatz am höchsten ist. Denn Ihre Kunden können nicht zur günstigeren Konkurrenz abwandern, wenn es keine gibt.

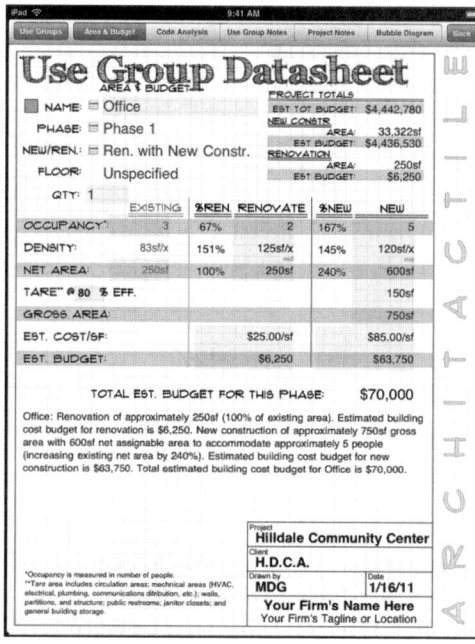

BILD 3.10 *Archtactile Inception* zählt zu den teuersten iPad-Apps. (Screenshot: Matt Galloway)

Identifizieren Sie Ihren Competitive Advantage

Schreiben Sie ein oder zwei Dinge auf, die Sie oder Ihre Firma wirklich gut machen. Als Nächstes machen Sie eine Liste der Stärken Ihrer Mitbewerber und bewerten auch, wie gut diese ihre eigenen großen Stärken umsetzen. Erkennen Sie einen Aspekt in der App-Entwicklung, bei dem Sie besonders gut abschneiden? Vielleicht haben Sie die kürzeste Produkteinführungszeit, oder Ihre Apps bieten das intuitivste User Interface.

Suchen und finden Sie Ihren Competitive Advantage. Das ist jener Bereich in Ihrer App-Unternehmung, den Sie gegenüber Ihrer Konkurrenz am besten beherrschen. Genau diesen Vorteil müssen Sie ausnutzen, und hier sollte auch Ihre USP ansetzen.

Es ist völlig aussichtslos, mit einer App gegen die Konkurrenz anzutreten und sie mit Features zu schlagen zu versuchen, die bereits perfektioniert im App-Store verfügbar sind. Stattdessen verlagern Sie die Schlacht auf ein Terrain, in dem Sie sich bestens auskennen, und nutzen Ihren Competitive Advantage, um im Feld Ihrer USP neue Qualitätsstandards zu setzen.

Testen und Feedback verarbeiten

Nachdem Sie sich hoffentlich die Ratschläge aus Kapitel 2 zu Herzen genommen haben, ist Ihnen bereits klar, dass Sie Ihre App-Idee und damit auch Ihre USP an allen möglichen Stellen präsentieren sollten. Nur so können Sie Ihr theoretisch erarbeitetes App-Profil an echten Nutzern testen: Reden Sie mit möglichst vielen Menschen über Ihre Alleinstellungsmerkmale, um

Feedback zu bekommen. Falls Sie eine Umfrage planen, sollten Sie auch eine Frage über Ihre USP einbauen.

Um zu erkennen, ob Ihre USP ausgereift ist, dürfen Sie nicht plump fragen: „Wie finden Sie die Alleinstellungsmerkmale meiner App?" Stattdessen können Sie Ihr App-Konzept vorstellen und dann mit gezielten Fragen dessen Wirkung überprüfen:

- Finden Sie, die App unterscheidet sich deutlich von der App X? Wenn ja, warum?
- Warum würden Sie diese App kaufen oder warum nicht genau diese?
- Was ist der größte Nutzen der App?
- Fassen Sie in einem Satz zusammen, worum es bei dieser App geht.

Die Antworten auf diese Fragen lassen deutliche Rückschlüsse darauf zu, ob Ihre USP von den potenziellen Kunden auch tatsächlich wahrgenommen wird. Mit diesem Feedback können Sie einerseits die USP verbessern und andererseits bereits Ideen für eine eloquente Präsentation der USP in Ihren Marketing-Materialien sammeln.

■ 3.3 First-Mover-Strategie

Als sogenannter First Mover führen Sie ein Neuprodukt ohne vergleichbares Konkurrenzprodukt ein. Das gelingt selbstverständlich nur, wenn Sie eine innovative App mit einer deutlich ausgeprägten USP haben. Durch den zeitlichen Vorteil können Sie bereits eine Nutzerbasis aufbauen, während die Konkurrenz noch an ihren Nachahmerprodukten arbeitet.

Flipboard (Bild 3.11) sammelt die Inhalte hinter den Links aus Streams von Twitter, Facebook oder ganz altmodischen RSS-Feeds und stellt sie in einem hochklassigen Magazin-Layout dar.

BILD 3.11 Der Startbildschirm von *Flipboard* stellt alle Quellen in einer Übersicht dar.
(Foto: Flipboard, Inc.)

User können ein kostenloses, personalisiertes Magazin erstellen – komplett mit Videos, Fotos und Texten. Die Quellen sind schier unerschöpflich: Egal, ob Sie ein Magazin aus den neuesten Artikeln aus dem Gesellschafts-Ressort von ZEIT Online, den Videos Ihrer Freunde auf Facebook oder denen aus dem Twitter-Kanal @SPIEGEL_EIL erstellen wollen, mit *Flipboard* dauert es nur Sekunden. Die USP lässt sich so zusammenfassen: „Mit Flipboard erstellen Sie Ihr persönliches, visuell reichhaltiges und interaktives iPad-Magazin."

Flipboard war die erste App ihrer Art und wurde bis heute nicht ansprechend nachgeahmt. Die erfahrenen Gründer Mike McCue and Evan Doll nutzten ihren Zeitvorteil perfekt aus. Nachdem die App von Apple zur ersten iPad-App des Jahres gekürt wurde, bahnten sie schnell wichtige Kooperationen an. Neben einigen Tageszeitungen wurde Oprah mit ihrem Oprah Winfrey Network zum wichtigsten Partner. Mitte 2011 kündigte das Unternehmen an, mit Condé Nast zusammenzuarbeiten, um zum ersten Mal Werbung in der kostenlosen App darzustellen. Bislang hatte *Flipboard* keine Umsätze erzielt und sich mit insgesamt 60 Mio. Dollar Venture Capital finanziert (CrunchBase, 2011).

Flipboard hat eine USP, die deutlicher nicht sein könnte. Die App verbindet gleich drei erfolgreiche Konzepte: Social Media, Nachrichten-Aggregation und interaktive Magazine. Durch diese Killer-USP konnte *Flipboard* schnell eine große Nutzerbasis aufbauen, bekam große Presseaufmerksamkeit, Kapital und schließlich auch Kooperationspartner, die bei der Monetarisierung helfen.

Konkurrenz-Apps lassen noch auf sich warten, lediglich einige designorientierte RSS-Reader fischen im selben Gewässer. Neueinsteiger hätten es äußerst schwer, denn *Flipboards* User müssten von einem Zusatznutzen sehr überzeugt sein, damit sie sich die Mühe machen, alle Feeds und Passwörter erneut einzutippen.

Bei diesem Vorteil der First-Mover-Strategie handelt es sich um den Lock-In-Effekt, der so wichtig ist, dass wir ihn ausführlich in Kapitel 5 betrachten werden. Sehen wir uns die anderen Vorteile der First-Mover-Strategie näher an:

1. **Sicherung knapper Ressourcen:** Wer im Goldrausch zuerst in Kalifornien ankam, konnte sich die besten Schürfrechte sichern. Zwar brauchen Sie als App-Entwickler keine natürlichen Ressourcen, aber zum Beispiel Kooperationen wie *Flipboard* sie eingegangen ist. Nachkommende Anbieter gehen leer aus und können mangels strategischer Partnerschaften den Wert ihrer App nicht weiter steigern.

2. **Patente:** Sollten Sie eine Idee haben, die es wert ist, patentiert zu werden, können Sie versuchen, sich sogar nachhaltig vor Nachahmern zu schützen. Oder noch besser, Sie erlauben anderen Unternehmen, Ihr Konzept teilweise zu übernehmen, und kassieren dafür regelmäßig Lizenzgebühren. Da der Schutz vor Ideenklau im App-Markt jedoch nicht sehr einfach ist, befasst sich Medienrechtsexpertin und Gastautorin Isabell Rase mit diesem Thema in Kapitel 12.

3. **Netzwerk-Effekte:** Als First Mover können Sie oft Standards setzen, was eine ganze Softwarekategorie an Ihre App bindet. Wie dem Lock-In-Effekt wird auch dem Netzwerk-Effekt im Folgenden ein eigenes Kapitel gewidmet.

4. **Imageaufbau:** Als Erster im Markt können Sie ein Image als Innovator erhalten, mit dem Sie den Wert Ihres gesamten App-Unternehmens deutlich steigern können. Das Image strahlt selbstverständlich auch auf später veröffentlichte Apps ab.

5. **Keine Konkurrenten** – höhere Preise: Einer der wichtigsten Vorteile für Pioniere: Mit Ihrem USP-Monopol können Sie den Preis frei bestimmen. Dadurch wird eine Reihe von

Preisstrategien möglich. Zum Beispiel können Sie den Preis schrittweise absenken, um zuerst hohe Umsätze bei besonders Zahlungswilligen zu erzielen und erst dann sparsame Käuferschichten abzuschöpfen. Oder Sie sehen sich das von der anderen Seite an: Sie erzielen höhere Verkäufe, falls Sie den Preis festsetzen, den Sie in einer Konkurrenzsituation gewählt hätten.

Die vielen Vorteile der First-Mover-Strategie führen zu einem besonderen Phänomen, das den App-Markt beherrscht wie keinen anderen: Schnell ist meistens gerade noch schnell genug.

Schneller Markteinstieg

Traditionelles Projektmanagement diktiert: Planen, Testen, Verkaufen. Nach dem Verkaufsstart muss man sich nicht mehr mit Verbesserungen am Produkt befassen, denn es war ja bereits ausgereift. Während diese Vorgehensweise in vielen Bereichen auch weiterhin Gültigkeit behält, weichen viele Entwickler gerade in App-Stores davon ab.

App-Stores ermöglichen nicht nur regelmäßige Updates, die User erwarten dies sogar. Früher mühten sich nur eingefleischte Fans und überambitionierte Plaudertaschen damit ab, Feature-Anfragen an Entwickler zu schicken. In App-Stores finden Sie jedoch unter fast jeder App Kommentare mit Verbesserungsvorschlägen und Wünschen für das nächste Update. Auch bei Spielen ist es üblich, dass mit Updates weitere Levels nachgeschossen werden, auch wenn Entwickler inzwischen begriffen haben, dass Sie dafür per In-App-Purchase Geld verlangen können.

Statt eine komplett entwickelte App auszuliefern und diese nie wieder anzufassen, bringen Vertreter dieser Strategie ihre Apps möglichst schnell auf den Markt. Dafür nehmen sie weniger ausgereifte Features und möglicherweise sogar Fehler in Kauf. Das mag zunächst irrsinnig klingen, denn wie soll man mit einer unvollständigen App Geld verdienen? Aber diese Schnell-Schnell-Strategie hat auch einige Vorteile:

- Alle **First-Mover-Vorteile,** die wir vorhin bereits gesammelt haben: Flexibilität beim Preis, Netzwerkeffekte, höhere Verkaufszahlen oder Preise. Sie sind der App-Store-Boss für den neuartigen App-Typ.

- Bringen Sie eine App heraus und sie scheitert kläglich, aus welchen Gründen auch immer, stehen Sie vor einem Haufen ausgegebenem Geld. Man spricht in diesem Zusammenhang von **Sunk Costs,** denn die Kosten sind sozusagen unwiederbringlich versenkt. Bringen Sie Ihre App schon früh auf den Markt, erkennen Sie mithilfe des Nutzerfeedbacks einen Flop vielleicht gerade noch rechtzeitig. Sie stellen dann zwar auch die Entwicklung ein, aber Ihre Sunk Costs sind um einiges geringer. Ein großer Vorteil des schnellen Markteinstiegs ist also, dass Sie rechtzeitig die Notbremse ziehen können, bevor Sie Ihr letztes Hemd verkaufen.

- Sieht es nicht nach einem totalen Flop aus, aber Ihre ersten Nutzer haben dennoch einiges zu kritisieren, bietet Ihnen diese Strategie die Möglichkeit, **Anpassungen vorzunehmen** und **auf Userwünsche einzugehen.** Beginnen Sie damit erst bei der finalen Version, kann es sein, dass Sie viel Arbeit umsonst investiert haben. Viele Entwickler glauben, dass Sie mit jeder App-Idee Erfolg haben können, wenn sie nur genug Arbeit hineinstecken. Auch wenn Sie Ihre Erfolgschancen eventuell erheblich erhöhen, wenn Sie Ihre App perfektionieren und „polieren", können Sie nicht alles zu Gold machen.

- Kein Spiel, kein Glück: Durch die schnellen Veröffentlichungsintervalle können Sie Ihr **Risiko streuen.** Die niedrigen Zeit- und Geldinvestitionen in jede einzelne „Schnell-App" sind vielleicht im Ganzen so groß wie die für eine perfekt ausgereifte. Außerdem erhöhen

Sie Ihre Chancen auf einen Topseller, indem Sie weitere Investitionen in Apps stecken, die sich als erfolgreich erweisen.

- Der Zeitpunkt, an dem die ersten Einnahmen in die Kassen fließen, und vor allem der Punkt, an dem die Erträge die Aufwände übersteigen, wird gerade von unabhängigen Entwicklern ungeduldig herbeigesehnt. Durch kurze Entwicklungszeiten kann die **Rentabilität** eines App-Unternehmens **früher erreicht werden**. Was den Entwicklern auch einen blockierenden Erfolgsdruck nehmen kann.

Schnell, aber mit Köpfchen

Trotz all dieser Vorteile des schnellen Markteinstiegs sollten Sie nicht leichtfertig mit dem Launch Ihrer App umgehen. Denn früh kann manchmal auch zu früh sein. Ein großer Nachteil der Strategie liegt auf der Hand: Wer halbfertige Produkte verkauft, muss damit rechnen, dass sich die Kunden beschweren. Mit negativen Reviews und kaputtem Image kann das schon die Endstation Ihrer App-Eisenbahn sein. Alles entscheidet sich also an der Beziehung zu diesen unzufriedenen Kunden. Eine schwierige Angelegenheit, ja geradezu ein kommunikatives Minenfeld. Mehr zu erfolgreicher Unternehmenskommunikation in Kapitel 6.

Apps starten oft mit einem lauten Knall, rasen an die Spitze der Ranglisten und stürzen danach steil ab. Das ist kein Horror-Szenario, sondern für die meisten erfolgreichen Apps Realität. Und keine Sorge: Zunächst verdienen die Anbieter in der kurzen Zeit, die sie in den oberen Rängen stehen, viel Geld, und auch danach laufen die Verkäufe langsam, aber stetig weiter. Mit einer inkrementell verbesserten App ist dieses Szenario schwer vorstellbar: Zum Launch ist die App noch wackelig und Sie warten auf Feedback der ersten Käufer. Ein Rennen an die Spitze ist da eher unwahrscheinlich. Den Weg an die Spitze später noch zu schaffen ist zwar möglich, aber leider sehr unwahrscheinlich.

Halten Sie Ihr Produkt während der Entwicklungsphase geheim, dann ist Ihre First-Mover-Position weitgehend gesichert. Ein weiteres Argument gegen die Schnellstarter-Strategie.

Noel Llopis, Programmierer von *Casey's Contraptions*, rät: „Bringen Sie Ihre App so schnell heraus wie nur möglich, aber sparen Sie auf keinen Fall daran, sie zu polieren." Der App-Store-Veteran ist der Meinung, dass der Wert einer App, oder in seinem Fall eines Spiels, direkt mit ausgefeiltem und detailverliebtem Design zusammenhängt. Wo Llopis auf jeden Fall recht hat: In App-Stores ist professionelles Auftreten ein Muss. Viele Käufer beurteilen Apps zunächst nur nach dem Aussehen. Das gilt besonders für Spiele, ist aber auf alle Apps anwendbar. Was die potenziellen Kunden aber noch mehr abschreckt als schlechtes Design, ist schlechte Programmierung. Als Profi geht Llopis wahrscheinlich davon aus, dass Sie keine App mit Bugs vom Stapel lassen. Denn auch wenn sich eine gutaussehende App zunächst selbst mit kleinen Fehlern gut verkauft, endet die Gewinnsträhne spätestens, wenn die Sternebewertung im Keller ist und sich die schlechten Rezensionen stapeln.

Wenn Sie sich also tatsächlich dieser riskanten Strategie bedienen wollen, versuchen Sie bitte trotzdem ein technisch einwandfreies Produkt zu verkaufen. Ja, auch Ihr Design sollte bereits perfekt sein. Der einzige Punkt, an dem Sie sparen sollten, sind Features. User freuen sich, wenn sie später mit kostenlosen Updates versorgt werden. Aber nur dann, wenn diese statt nur Bugs zu beseitigen neue Funktionen liefern. Außerdem können Sie so später für zusätzliche Funktionen auch noch Geld verlangen.

■ 3.4 Fallstudie: Die Taxi-App von Uber: Innovation als treibendes Alleinstellungsmerkmal

Das Problem des Handlungsreisenden beschäftigt Mathematiker bereits seit mehr als hundert Jahren. Der Handlungsreisende muss eine Reihe von Orten besuchen, die Reihenfolge ist egal. Welche aber ist die optimale Route und die optimale Reihenfolge? Ein Problem, das der Handlungsreisende nicht am Vorabend seiner Abreise lösen kann. Denn muss er beispielsweise 15 Kunden besuchen, gibt es über 40 Milliarden Möglichkeiten, seine Route zu gestalten. Lange Zeit mussten die Handlungsreisenden der Welt die optimale Route durch Ausprobieren erraten. Heute ist es mit modernen Algorithmen möglich, auch komplexere Probleme mit einer viel größeren Anzahl an Stationen zu lösen.

Die Handlungsreise steht aber nur beispielhaft für eine endlose Reihe von möglichen Problemstellungen. Eine davon ist der Taxi-Verkehr. In Großstädten fahren Hunderte Taxis Tausende Fahrgäste von A nach B. Die Funkzentralen versuchen zwar, den Verkehr etwas zu optimieren, von der Effizienz einer mathematischen Formel sind sie aber meilenweit entfernt.

Die App *Uber* will genau hier ansetzen: Nutzer können mit ihren Smartphones Luxus-Taxis bestellen, ihr Standort wird selbstverständlich per GPS eingespeist. Mit den Bestelldaten berechnet das Hauptquartier die ideale Route und schickt automatisch einen Auftrag an die Fahrer-App des bestpositionierten Fahrers. Der kommt nach kurzer Zeit vorbei und holt Sie ab. Bezahlt wird die Fahrt in der App, und damit ist die Sache für Sie auch schon wieder erledigt.

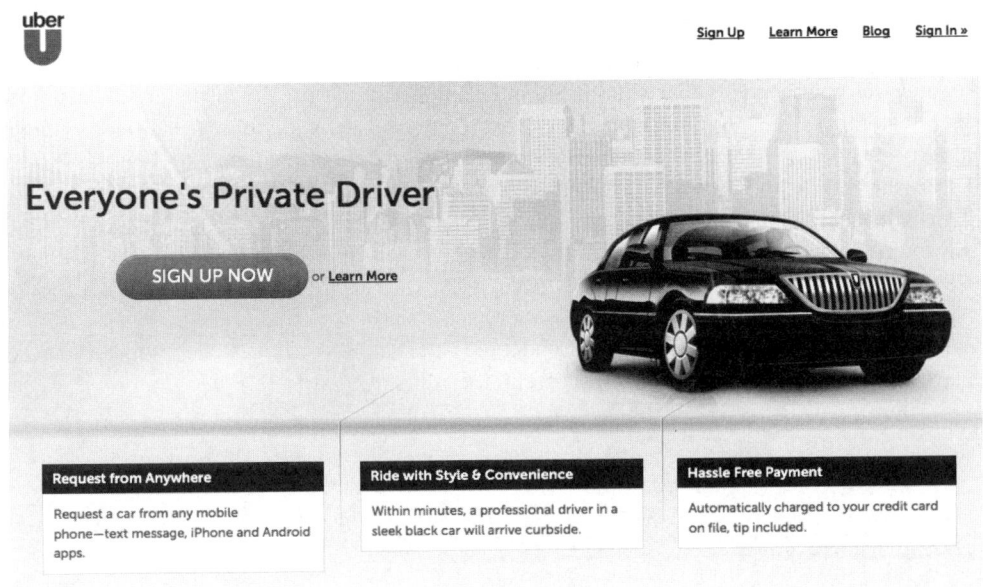

BILD 3.12 Die Website der App *Uber*. (Screenshot: Mayerhofer)

Für *Uber* hingegen ist eine Fahrt wie die Ihre danach noch eine großartige Datenquelle: Das Unternehmen sammelt akribisch Fahrgastdaten, um zu ermitteln, wo sich die Taxi-Nutzer das nächste Mal aufhalten werden, wenn sie losfahren möchten. Fahrer werden mit interaktiven Landkarten in die relevanten Gebiete gelotst, was die Abholzeit inzwischen stark verkürzen konnte. *Uber* geht sogar so weit, die Ortsdaten der App-Nutzer statistisch auszuwerten, wenn diese noch gar nicht gebucht haben, sondern die App nur starten. In den wichtigsten Abholgebieten beträgt die Wartezeit oft unter zwei Minuten.

Das *Uber*-Team steht dazu, sie sind Mathe-Nerds. Und sie lassen wenn möglich auch große Events wie Sportveranstaltungen und sogar Gewitter in ihre Berechnungen einfließen. Denn es geht nicht nur darum, die Fahrer am richtigen Ort zu haben, wenn eine Bestellung eingeht, es muss auch die richtige Zahl an Fahrern verfügbar sein. Daher wird die Fahrt in Stoßzeiten etwas teurer, was mehr der unabhängigen Fahrer motivieren soll, sich hinters Steuer zu klemmen.

Uber ist nicht alleine im Markt der Taxi-Apps. In den USA bietet *Taxi Magic* ein flächendeckendes App-Buchungssystem für Taxis an. In Europa bietet die größte Taxivereinigung Eurocab mit über 60 000 angeschlossenen Taxis die Möglichkeit per Smartphone zu bestellen. In Deutschland gab es aber auch bereits einige App-Projekte, die eingestellt wurden, da aufgrund des zersplitterten Taxi-Markts mit Hunderten Taxi-Zentralen keine ausreichende Zuverlässigkeit erzielt werden konnte. Von *Ubers* Strategie, die Taxifahrer auch mit Smartphones auszustatten, die ihnen den besten Standplatz nennen, ist die Konkurrenz aber noch ein paar Schritte entfernt.

Ein weiteres Alleinstellungsmerkmal von *Uber* sind die Fahrzeuge. Statt gelben Taxis werden edle, schwarze Limousinen genutzt. Dafür kostet die Fahrt auch ca. 50% mehr als eine reguläre Taxifahrt. Laut *Uber* ist dieser Aufpreis alleine schon deshalb gerechtfertigt, weil die *Uber*-Fahrzeuge schneller beim Gast und am Ziel ankommen. Der Dienst könnte in Zukunft auch ausgeweitet werden, sodass man zwischen günstigen und luxuriösen Taxis wählen kann, so CEO Travis Kalanick im Interview mit WIRED (Chen, 2011). Zunächst sollte *Uber* erst einmal mit seinem derzeitigen Dienst expandieren. Bis jetzt sind die schwarzen Wagen lediglich in San Francisco, Seattle, New York und Chicago unterwegs.

 ***Ubers* vollständige App-Beschreibung im Android Market:**

Uber is an on-demand request tool for a private driver. Request from anywhere, stylish rides, with a hassle free (no cash) payment system.

How it works:

1. Set your location
2. Send your request
3. Hop in your car
4. Hop out at your destination
5. Rate your driver*

*payment happens on the backend with your card on file.

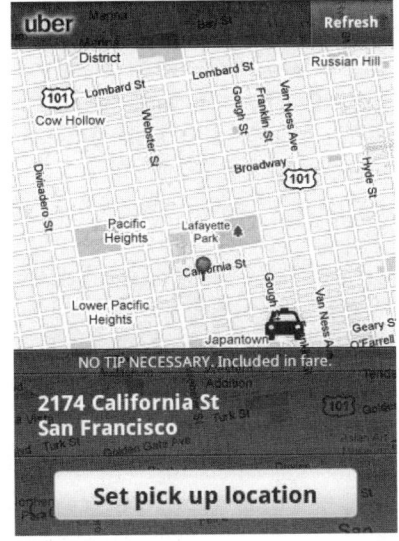 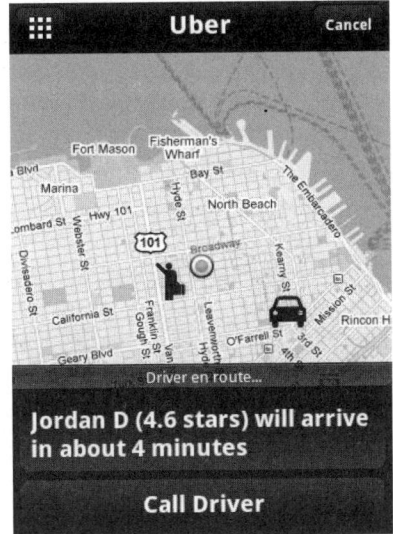

BILD 3.13 Screenshots von *Uber* aus dem Android Market. (Screenshots: Uber, Inc.)

Wie lässt sich *Ubers* USP zusammenfassen?

1. Finden Sie, die USP wird in Beschreibung und Screenshots gut transportiert?
2. Welche USP-Aspekte würden Sie stärker betonen?
3. Welche Alleinstellungsmerkmale können *Uber* vor der App-Konkurrenz schützen?
4. Wie könnte *Uber* seine USP weiter verstärken?

 Lessons Learned

Fragen Sie sich bei jeder App-Idee: Warum sollte ein Kunde gerade diese App kaufen?

Entwickeln Sie Ihre USP bereits in den ersten Schritten des App-Designs, um später mit einem einzigartigen Produkt den ganzen Markt für sich zu haben.

Eine versteckte USP ist keine USP.

Denken Sie bei der App-Gestaltung immer daran, dass Ihre USP für jeden Interessenten sofort erkennbar sein muss. Ihre USP sollte eine einfache, starke und motivierende Botschaft aussenden.

Es gibt viele Wege, Ihre USP deutlicher herauszuarbeiten.

Bringen Sie persönliche Erfahrungen in Ihre App ein oder verkleinern Sie Nutzen, Funktionen und Zielgruppe. Kombinieren Sie erfolgreiche Konzepte und vergessen Sie nicht, Ihre neu gefundene USP auch an realem Publikum zu testen.

Wer als Erster am Markt ist, hat die Kunden für sich.

Ist Ihre App einzigartig, sind Sie zunächst alleine an Ihrem Markt. Sie können in Ruhe alle Vorteile wie höhere Einnahmen genießen. Wenn Sie es geschickt anstellen, ist Ihre Position bis zum Ankommen der Nachahmer schon so gefestigt, dass Sie für lange Zeit Marktführer bleiben.

Geschwindigkeit in der Entwicklung kann Ihnen einen entscheidenden Vorteil verschaffen.

Wenn Sie Ihre App so schnell wie möglich auf den Markt bringen, profitieren Sie von frühem Feedback und können Ihr weiteres Vorgehen schon früh anpassen. Andererseits ist so das Risiko größer, dass Ihre App vom Publikum abgelehnt wird und die Verkäufe dadurch anhaltend niedrig ausfallen. Hier kommt es auf die richtige Balance zwischen Perfektionismus und Pragmatismus an.

4 Der Lock-In-Effekt

Wer ein erfolgreicher Entwickler werden will, muss sich auf dunkle Pfade begeben und lernen, wie ein Drogendealer zu denken. Zumindest wenn es nach Softwareökonomie-Guru Hal Varian (1999) geht. Er bringt deren Erfolgsmodell auf den Punkt: „Die erste Dosis ist kostenlos. Aber sobald Sie beginnen, ein Produkt zu nutzen, können Sie nicht mehr aufhören."

Als Leser dieses Buchs haben Sie einen entscheidenden Vorteil gegenüber der Konkurrenz: Statt sich eine Nacht lang in der Crack-Höhle durchschlagen zu müssen, können Sie einfach das folgende Kapitel lesen.

Die großen Softwarekonzerne der Welt schulden ihren Erfolg dem Lock-In-Effekt. Auch wenn es hart klingen mag: Diese Unternehmen sperren ihre User ein und zwingen sie dazu, ihre Produkte zu nutzen. Viele sehen Microsoft Windows nicht als „bestes" Betriebssystem an, und trotzdem hat es – mit Abstand – die meisten Nutzer. Privatleute und Firmen scheuen sich gleichermaßen, das Betriebssystem zu wechseln. Und das, obwohl mit Linux sogar eine kostenlose Alternative zur Verfügung steht. Denn ein Umstieg auf Linux kostet den User mehr als nur eine Softwarelizenz: Die Installation raubt Zeit und Nerven, und danach muss der User auch noch den Umgang mit dem neuen System erlernen. Wohl die größte Hürde stellt aber die verfügbare Software von Drittanbietern dar. Denn bereits gekaufte Windows-Programme können nicht mehr benutzt werden und sind plötzlich wertlos. Manche sind nur schlecht oder gar nicht durch Linux-Alternativen ersetzbar.

All diese Hindernisse werden zu den Wechselkosten gezählt. Wir bezeichnen damit nicht nur tatsächliche Kosten, die durch den Wechsel eines Produkts anfallen, sondern auch alle anderen negativen Konsequenzen, deren (theoretische) finanzielle Höhe von Person zu Person unterschiedlich ist.

Wenn diese Wechselkosten den zusätzlichen Nutzen übersteigen, greift der Lock-In-Effekt.

■ 4.1 Ausnutzen von Wechselkosten

Der Lock-In-Effekt existiert nicht erst seit dem Boom der Softwareindustrie, sondern ist ein wichtiges strategisches Element in vielen Branchen. Auch bei physischen Produkten begegnet er uns jeden Tag. So zum Beispiel im Vertrieb von kleinen bunten Kaffeekapseln, die angeblich sogar noch süchtiger machen als George Clooney.

Nespresso – der Gewinn liegt in der Kapsel

1986 führte Nestlé das Nespresso-System ein und war damit der erste Anbieter von vorportioniertem Kaffee. Der Kaffee wird in kleinen Aluminiumkapseln (Bild 4.1) geliefert und kann nur mit speziellen Kaffeemaschinen zubereitet werden. Der Kunde benötigt also nicht nur eine von Nestlé lizenzierte Maschine, sondern auch die von Nestlé ausschließlich direkt vertriebenen Kaffeekapseln. Dabei scheut das Unternehmen keine Mühen, um Kunden zu gewinnen. Nestlé geht Kooperationen mit namhaften Kaffeemaschinenherstellern ein und verkauft diese Maschinen zu vergleichsweise niedrigen Preisen. Das macht dieses System für Kunden attraktiv, die den Preis des Kaffees nicht in ihre Kaufentscheidung einbeziehen. Sollten sie später nachrechnen, sind sie bereits eingesperrt: Die Investition in die Kaffeemaschine (ca. 100 – 300 Euro) stellt eine große Hürde dar, das System zu wechseln. Das große Geschäft für Nestlé ist freilich der Verkauf der Kaffeekapseln mit dem stolzen Preis von 33 bis 39 Cent pro Stück. Bei einem Konsum von drei Tassen Kaffee pro Tag macht das etwa 400 Euro pro Jahr, ein Vielfaches der Anschaffungskosten für die Maschine also. Und da die Kapseln nur im Direktvertrieb erhältlich sind, fallen für Nestlé auch nur geringe Vertriebskosten an. 2010 konnte Nespresso einen Rekordumsatz von 3,2 Mrd. Schweizer Franken (ca. 2,7 Mrd. Euro) erzielen. Auch weil sich das Unternehmen bis jetzt recht erfolgreich gegen billigere Kapseln von Nachahmern verteidigen konnte.

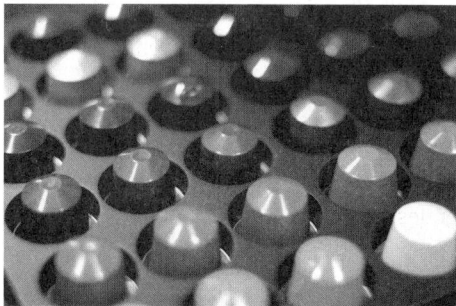

BILD 4.1 So sehen die Nespresso-Kapseln aus.
(Bild: Joe Shlabotnik, CC-BY)

In der Softwarebranche gibt es Lock-In-Effekte aber nicht nur schwarz oder mit Milch: Lock-In-Effekte sind dort nicht immer gleich zu erkennen und meist eng verwoben mit den im nächsten Kapitel beschriebenen Netzwerkeffekten. So zum Beispiel auch bei *Skype*, das immerhin digitale Kaffeekränzchen möglich macht.

Skype – hat sogar Oma

Erst 2003 wurde diese Telefonier-Software von zwei unabhängigen Entwicklern veröffentlicht und hat heute schon fast eine Milliarde angemeldete Nutzer. Bedenkt man, dass es derzeit weltweit zwei Milliarden Internet-Nutzer gibt, wird klar, dass ich Ihnen die Funktionsweise von *Skype* hier nicht erläutern muss. Fast jeder hat schon einmal ein *Skype*-Telefonat geführt, spätestens seit Tante Ingeborg nach Gran Canaria ausgewandert ist. Da verwundert es auch nicht, dass *Skype* und seine sogenannte Voice-Over-IP-Telefonie für 25 Prozent des weltweiten Ferngesprächsaufkommens verantwortlich sind.

Die stärkste Lock-In-Komponente des Dienstes sind Netzwerkeffekte. Wechselt man zu einem alternativen Anbieter, verliert man gleichzeitig all seine Kontakte. (Ein vergleichbarer Effekt bestand im Mobilfunkmarkt, bis die Rufnummernmitnahme möglich wurde.) Ein Kreislauf von Nutzern, die immer weitere Nutzer anwerben, hat *Skype* zur unbestrittenen Nummer eins gemacht, daher sind Alternativen auch rar. Aber *Skypes* Lock-In geht noch viel weiter. Intensive Nutzer kaufen Guthaben für Anrufe zu herkömmlichen Telefonen oder schließen gar ein Abonnement ab. Gegen eine Gebühr stellt *Skype* auch eine normale Telefonnummer zur Verfügung, die jeder von seinem Festnetztelefon oder Handy aus anrufen kann. Auch Voicemail oder die Anrufweiterleitung sind Funktionen, die das Wechseln deutlich erschweren. Wie wir noch genauer beleuchten werden, müssen Softwareunternehmen zuerst investieren, um eine Userbasis aufzubauen und mittels Lock-In an das Unternehmen zu binden. Erst später werden die Investitionen zusammen mit den erhofften Gewinnen zurückgeholt. Dies erklärt auch, wieso Microsoft *Skype* im Frühjahr 2011 für 8,5 Milliarden Dollar kaufte, was dem 32-fachen Jahresgewinn entspricht.

Skype ist inzwischen auch als App für mobile Endgeräte erhältlich. Die Kosten für die mobile Nutzung entsprechen denen in der Desktopvariante. Freilich bietet die Handyfunktionalität zusätzliche Umsatzpotenziale, falls Nutzer unterwegs die teuren Telefongebühren umgehen wollen. Der Durchbruch von Voice-Over-IP-Telefonie am Handy lässt aber noch auf sich warten. Die Datennetzwerke sind oft zu schwach, und nicht selten sperren Mobilfunkprovider *Skype*-Gespräche sogar, um ihre Einnahmen zu sichern. Die Niederlande haben kürzlich ein Netzneutralitäts-Gesetz erlassen, das solche Sperren verbietet. Die Zukunft von *Skype* bleibt also spannend.

Haben Sie schon einmal eine *Skype*-Konferenz mit mehr als zwei Teilnehmern organisieren müssen (Ihre Eltern zählen nicht)? Dann haben Sie vielleicht schon einmal *Doodle* genutzt. Die Terminfindungs-Software finden viele so praktisch, dass sie gar nicht mehr wissen, wie man sich früher eigentlich mit Freunden zum Abendessen verabredet hat.

Doodle – wer bequem ist, muss bezahlen

Eine direkte Strategie, mit der mobilen App Umsätze zu erzielen, verfolgt *Doodle*. Mit diesem werbefinanzierten Web-Dienst können kostenlose Online-Umfragen zur Terminfindung erstellt werden. Die Einstiegshürde ist so niedrig wie möglich: Nutzer müssen sich nicht einmal registrieren, um eine solche Umfrage zu erstellen. Die Betreiberfirma Doodle AG ist seit 2010 profitabel und zählt heute zu den international bekanntesten Schweizer Start-ups. Ist ein Nutzer einmal von den Vorteilen des Dienstes überzeugt, wird er durch kostenlose Zusatzfunktionen näher an die Plattform gebunden. Durch die Anmeldung bei *Doodle* erhält jeder Nutzer eine öffentliche Seite, auf der seine Terminverfügbarkeit angezeigt wird. Außerdem kann *Doodle* an persönliche Kalender wie Outlook oder iCal angebunden werden. Vor allem für Unternehmen werden noch weitere Zusatzfunktionen kostenpflichtig angeboten. Der geneigte User erfährt also durch die genannten Faktoren einen Lock-In und möchte seine Terminverwaltung auch unterwegs möglichst bequem handhaben. Darum bietet das Unternehmen neben einer kostenlosen mobilen Website auch eine iPhone-App (Bild 4.2) für 2,39 Euro, mit der die Bedienung noch einfacher wird. Zwar ist die iPhone-App nur ein kleines Nebengeschäft für das Unternehmen, doch an diesem Beispiel lässt sich gut erkennen, wie man durch Lock-In kanalübergreifende Umsätze erzielen kann.

BILD 4.2 Die kostenpflichtige App von *Doodle*.
(Screenshot: Doodle AG)

Welche Vorteile hat der Lock-In-Effekt für Entwickler?

Der größte Vorteil liegt auf der Hand: Lock-In schafft **langfristige Kunden und Zahlungsströme**. Ein Kunde, der an Ihre App gebunden ist, zahlt Geld für Folgeversionen und Komplementärprodukte. Und wenn Sie es ganz geschickt anstellen, löhnt er sogar in regelmäßigen Abständen als Abonnement-Kunde.

Aber auch auf Wettbewerbsseite bringt der Lock-In-Effekt entscheidende Vorteile: Neue Mitbewerber müssen die von Ihnen etablierten Wechselkosten überwinden, um Kunden zu gewinnen. Die alternativen Anbieter müssen entweder einen zusätzlichen Nutzen anbieten, der die Wechselkosten der Nutzer übersteigt, oder einen Preis, der trotz Wechselkosten niedriger ist als Ihrer. Wenn wir uns an das *Skype*-Beispiel zurückerinnern, wird schnell klar, wie schwer es der Konkurrenz fallen wird, die Wechselkosten auszuhebeln. Die Basisfunktionen von *Skype* sind ohnehin kostenlos. Ein Anbieter müsste also schon Gelder an seine Nutzer auszahlen, um die Wechselkosten über den Preis auszugleichen. Und auch beim zusätzlichen Nutzen tut sich die Konkurrenz schwer, denn eine Milliarde potenzielle Gesprächspartner sind schwer zu überbieten. Google konnte für seinen Konkurrenzdienst Google Voice über eine Million Nutzer mobilisieren, da neben PC-zu-PC-Anrufen auch Anrufe zu allen Telefonanschlüssen in den USA kostenlos angeboten werden. Damit kann Google zwar die Netzwerkvorteile von *Skype* teilweise aushebeln, allerdings nur durch erhebliche laufende Kosten.

■ 4.2 Lock-In erzeugen

Sie wissen nun, wie wichtig der Lock-In-Effekt für Ihre App ist. Aber wie können Entwickler den Effekt in ihren Apps erzeugen?

Die gute Nachricht ist: Bei Softwareprodukten ist Lock-In die Regel. Sehen Sie sich Ihre Apps oder Ihre Konzepte an und überlegen Sie, welche Wechselkosten jetzt schon bestehen. Normalerweise müssten Sie jetzt bereits auf einige Faktoren gestoßen sein, die zu einem Lock-In führen. Versuchen Sie, möglichst viele Lock-In-Möglichkeiten aus der folgenden Liste in Ihre App zu integrieren und, falls einige Faktoren bereits vorhanden sind, diese noch zu verstärken (Shapiro & Varian, 1999).

Verträge

Nicht besonders subtil, aber sehr effektiv: Eine vertragliche Bindung ist die direkteste Art, einen Lock-In zu erzeugen. Kunden müssen Ihrer App treu bleiben, sonst droht eine Vertragsstrafe. Möglich ist das zum Beispiel über Abonnement-Modelle, bei denen in bestimmten Zeiträumen Zahlungen fällig werden. Zugegeben ist dieses Modell für viele Apps aber schwer umsetzbar. Theoretisch kann natürlich jede Software nur „vermietet" werden, statt sie nach einer Einmalzahlung auszuliefern. Aber Nutzer akzeptieren das nur dann, wenn auch dauerhaft Leistungen erbracht werden.

Möglich wird das durch sogenannte „Software as a Service" Apps, bei denen zumindest ein Teil der Funktionalität an eine externe IT-Infrastruktur ausgelagert wird. Bei mobilen Apps sind vor allem Synchronisationsdienste beliebt. Mit *Evernote* kann man zum Beispiel seine Notizen oder mit *Dropbox* große Mengen aller möglichen Dateien auf einem Server sichern. Vorteil für den Anwender ist, dass diese Daten dann auf verschiedensten Endgeräten zur Verfügung stehen. *Evernote* und *Dropbox* bieten je eine kostenlose Version an, aber auch Abonnements, die zwischen fünf und zwanzig Dollar pro Monat kosten. Die Premiumkunden von *Evernote* erhalten zusätzliche Funktionen wie Online-Zusammenarbeit und Offline-Notizbücher. Außerdem erhalten diese Nutzer ein größeres Speichervolumen und bekommen keine Werbung mehr angezeigt. Bei *Dropbox* ist es noch simpler: Zahlende Kunden bekommen mehr Online-Speicher.

Follow-the-Free

Einem geschenkten Gaul sollte man manchmal eben doch ins Maul schauen: Denn bei dieser nur scheinbar ruinösen Geschäftspraxis wird das eigentliche Produkt zu einem niedrigen Preis verkauft oder sogar verschenkt. Große Umsätze machen die Hersteller dann aber mit dem Verkauf von Komplementärprodukten. Hohe Wechselkosten erschweren es dem Kunden, einen neuen Anbieter zu suchen, wenn er mit dem Preis dieser Produkte nicht zufrieden ist. Nespresso, *Skype* und *Doodle* – alle Produkte in den Beispielen von vorhin bedienen sich genau dieser Strategie. Auch bei Rasierern ist diese Methode seit Jahrzehnten gang und gäbe. Dass die Rasierklingen im Supermarkt im Vergleich zum Klingenhalter unverhältnismäßig teuer sind, ist Ihnen sicher auch schon aufgefallen.

Auch bei Apps ist diese Praxis sehr beliebt. Sehen Sie sich die Ranglisten der umsatzstärksten Apps im App-Store Ihres Vertrauens an. Bestimmt jedes zweite Programm kann man kostenlos herunterladen. Umsatz wird erst später gemacht. Vor allem bei Spielen ist das sogenannte Freemium-Modell sehr häufig anzutreffen. Während das Spiel an sich kostenlos ist, können innerhalb der App verschiedene virtuelle Güter gekauft werden, die das Gewinnen erleichtern. Aber auch zahlreiche Apps, die keine Spiele sind, nutzen diese Vorgehensweise erfolgreich. Die Strategie des Schenkens ist in der Softwareindustrie weit verbreitet und in App-Stores so erfolgreich, dass sich das gesamte elfte Kapitel damit befasst.

Dateien und Datenbanken

Speichert Ihre App Dateien oder sichert Informationen, die ein Nutzer möglicherweise mit einem Konkurrenzprodukt öffnen möchte? Darüber sollten Sie Kontrolle behalten. Eine mit *Photoshop* erstellte PSD-Datei lässt sich nur mit *Photoshop* öffnen. Dadurch wird der Nutzer an das Programm gebunden. Verschickt der Nutzer nun die Datei an einen Kollegen, muss dieser zur Weiterbearbeitung auch *Photoshop* besitzen.

Beim Erstellen Ihrer App müssen Sie nicht gleich solch drastische Wege wie Adobe beschreiten, denn dies könnte User von einem Kauf abhalten. Es spricht aber nichts dagegen, Hürden für den Datenexport einzubauen. Zum Beispiel kann das Exportieren der Daten ein kostenpflichtiges Zusatzfeature darstellen.

Trainingseffekte

Vielleicht können Sie sich noch daran erinnern: Es gab eine Zeit, in der man mit Mobiltelefonen nur telefonieren, SMS versenden und mit etwas Glück auch *Snake* spielen konnte. Nokia hatte einen Marktanteil von mehr als 33%, und mir klingen die Sätze meiner Bekannten noch deutlich in den Ohren: „Also für mich kommt nur ein Nokia in Frage. Da kenne ich mich schon mit der Menüführung aus."

Trainingseffekte spielen eine große Rolle beim Lock-In, da der Umgang mit neuer Software wieder mühsam erlernt werden muss. Selbst ein Wechsel von *Microsoft Office* zu *OpenOffice*, das in der Handhabung sehr ähnlich ist, stellt für die meisten User eine große Hürde dar. Da sich User mit der Zeit immer besser mit einem System auskennen, steigen hier die Wechselkosten mit längerer Nutzung sogar an.

Bieten Sie für Ihre App Trainingsvideos, Kundenforen und direkten technischen Support an, damit User den Umgang mit Ihrer Software so schnell und einfach wie möglich erlernen. Dieses Wissen werden sie nicht mehr so gerne aufgeben wollen.

 Praxistipp: Konkurrenz-Training nutzen

Wollen Sie in einen Markt eintreten, der bereits von einem Anbieter besetzt ist, sollten Sie sich beim Design des User Interfaces am Marktführer orientieren. Es sei denn, Sie haben eine revolutionäre Idee, die Benutzung einfacher zu machen.

Suchkosten

Der Wechsel von einem Produkt zum anderen birgt immer das Risiko, dass das neue nicht mehr so gut sein könnte. Dem kann man nur durch intensive Recherche entgehen: Das Verlassen eines Systems verursacht also Suchkosten, die sich der Nutzer aber selbstverständlich gerne ersparen möchte. App-Stores haben die Suche nach Software deutlich erleichtert. Auch wenn Anwender dadurch bequemer geworden sind, ist dieser Vorteil für den Nutzer auch eine Bedrohung für Ihre App. Leider können Sie die Suchkosten für andere Apps nicht beeinflussen. Legen Sie daher Ihr Augenmerk darauf, Ihre App so gut auffindbar wie möglich zu machen. Vor allem für Nutzer, die von einem Konkurrenzprogramm wechseln möchten. Im nächsten Kapitel erfahren Sie, wie Sie dieses Ziel erreichen.

Treueprogramme

Flugmeilen-Programme wie Lufthansas „Miles and More" kennt jeder. Doch den Aufwand für ein solches Programm scheuen App-Anbieter bis jetzt verständlicherweise. Allerdings bindet jede Art von Vergünstigung den Kunden an Ihr Produkt. *Dropbox*-User können beispielsweise zusätzliches Online-Speicher-Volumen erhalten, wenn sie Freunde werben, wie im Banner in Bild 4.3 angepriesen. So schlägt *Dropbox* zwei Fliegen mit einer Klappe: Zunächst wird das Marketing durch die Werbeaktionen der Nutzer zum Selbstläufer. Im zweiten Schritt wird der Nutzer durch die erhaltenen Vergünstigungen gebunden, die er bei einem Wechsel verlieren würde. Hierbei spielt auch die psychologische Komponente eine Rolle. Menschen freuen sich, wenn sie ein „gutes Geschäft" gemacht haben, und bewerten so die „geschenkten" 500 MB zusätzlichen Speicher höher, als wenn *Dropbox* von vornherein mehr Speicher zur Verfügung stellen würde.

Lade deine Freunde zu Dropbox ein!

Für alle Freunde, die Dropbox-Mitglieder werden, schenken wir dir 500 MB und deinen Freunden 250MB Bonusspeicherplatz (bis maximal 16 GB)!

BILD 4.3 Ein Banner, mit dem Dropbox Kunden zum Einladen Ihrer Freunde auffordert.

Einstellungen und Individualisierung

Der Wechsel zu einem neuen Produkt ist immer mit der Neueingabe von Einstellungen und Präferenzen verbunden. Je mehr Einstellungsoptionen eine App bietet, desto tiefer der Lock-In. Diesen Punkt können Sie in fast jeder App berücksichtigen. Aber Vorsicht: Zu viele Einstellungsmöglichkeiten können Nutzer auch verwirren und abschrecken. Die Ideallösung ist daher die lernfähige App, die Einstellungen mit der Zeit automatisch anpasst. Funktionen wie lernfähige Wörterbücher, Shortcuts zu den meistbesuchten Funktionen oder Listen von bereits verwendeten Adressen sind ideal. So wird die App individuell und persönlich; ähnlich einem Wanderschuh, der sich endlich dem blasengeplagten Fuß angepasst hat.

Die erfolgreiche Widget-Kollektion *Beautiful Widgets* (Bild 4.4) kann im Android Market als Paket für 1,99 Euro gekauft werden. Nutzer können ihren bestehenden Home-Bildschirm mit Widgets wie Uhren, Wetter-Widgets oder einer Sammlung von Shortcut-Schaltflächen verschönern. Die Auswahl an Widgets und Skins ist beträchtlich, und viele Nutzer verbringen Stunden damit, ihren Bildschirm zu dekorieren. Beim Wechsel zu einem Konkurrenz-Angebot wären die Einstellungen verloren.

BILD 4.4 Die *Beautiful Widgets* im Einsatz.
(Screenshot: LevelUp Studio)

Gewöhnungseffekt

Die Zahnpasta, das Frühstücksbrötchen, der Lieblingsitaliener: Wir wechseln sie nicht gerne, weil wir Gewohnheitstiere sind. Und bei Luigi kennen wir immerhin schon die Preise der Vorspeisenkarte auswendig. Ausgehend von den Trainingseffekten bildet sich ein Gewöhnungseffekt, der im Idealfall sogar mit positiven Gefühlen gegenüber der Marke einhergeht. Wie die Trainingseffekte steigt der Gewöhnungseffekt mit der Zeit. Sie können diesen Effekt also ganz einfach vertiefen, indem Sie Ihre Nutzer möglichst lange bei der Stange halten.

Überzeugen Sie Ihre Kunden zunächst mit einer App, die man nicht nach dem ersten Benutzen in den Papierkorb schiebt. Außerdem können Sie clevere Funktionen wie Benachrichtigungen einbauen, die den Nutzer erinnern, dass er wieder einmal die App benutzen sollte. Wie man das anstellt und weitere Tipps zur Steigerung der Kunden-Bindung finden Sie in Kapitel 11.

Nutzen

Der Nutzen einer App an sich ist selbstverständlich kein Lock-In-Kriterium, da er die Wechselkosten nicht beeinflusst. Allerdings beeinflusst der Nutzen Ihrer App die Bewertung eines potenziellen Wechsels durch den User. Genauer: Bewertet wird der Mehr- oder Minder-Nutzen Ihres Angebots gegenüber dem Nutzen der Konkurrenz-Apps. Sie sollten daher Ihren Nutzenvorteil immer im Auge behalten. Sollte Ihre App neben der Software der Konkurrenz irgendwann alt und funktionsarm aussehen, können auch noch so große Wechselkosten Sie nicht vor dem Untergang bewahren.

Glücklicherweise ist der Nutzen für den User schwer zu messen. Oft können Ihre Kunden die Konkurrenzprodukte nicht testen und müssen sich auf Informationen von Dritten verlassen. Hier können Sie mit gezielten Kommunikationsmaßnahmen eingreifen und nicht nur neue Nutzer von der Überlegenheit Ihrer App überzeugen, sondern auch Ihre Nutzerbasis.

■ 4.3 Die drei Lock-In-Phasen

Bei der Vermarktung von Apps, die von Lock-In profitieren, empfiehlt sich eine dreistufige Strategie:

1. Investieren
2. Vertiefen
3. In Geld umwandeln

Investieren

Wie überall im Geschäftsleben muss man zunächst Geld ausgeben, um Geld zu machen. Selbst wenn Sie einen Kassenschlager auf Lager haben, sollten Sie bereit sein, in eine große Userbasis zu investieren. Dabei kommen Sie leider nicht darum herum, den Taschenrechner zu zücken.

Nachdem jeder Nutzer potenziell für Einnahmen in der dritten Phase sorgen kann, ist Ihre Nutzerschaft pures Gold. Allerdings ist es für Sie wichtig zu wissen, wie viel Wert ein Nutzer für Sie hat. Der Schlüssel zur Bewertung Ihrer Nutzerbasis sind Wechselkosten. Jeder Nutzer wird zumindest bereit sein, so viel für die Weiternutzung zu bezahlen, wie er sich spart, weil er nicht wechselt. Sollte Ihre App einen größeren Nutzen bieten als das Konkurrenzprodukt, können Sie außerdem Zahlungen für diesen Zusatznutzen einkalkulieren. Vorsicht, wenn der Nutzen der Konkurrenz größer ist als Ihrer. Denn dann müssen Sie dafür einen Betrag von Ihren potenziellen Einnahmen abziehen. Das ist vor allem bei langfristigen Engagements riskant, da Sie nie wissen können, mit welchen Apps die Konkurrenz inzwischen auf den Markt kommt.

Falls Sie bereits existierende Kunden haben, können Sie deren Kaufverhalten als Anhaltspunkt heranziehen. Unterhalten Sie sich auch mit Entwicklerkollegen, lesen Sie Analysen und Geschäftsberichte, und was an (hoffentlich winzig kleiner) Informationslücke bleibt, schätzen Sie unter Zuhilfenahme von Experten. Ich brauche nicht darauf hinzuweisen, dass wir immer vom Worst-Case-Szenario ausgehen.

Mit dieser Information in der Hand sehen wir uns an, wie konkret in neue Nutzer investiert werden kann. Dafür gibt es zwei simple Möglichkeiten: Senken der ersten Einnahmen und/ oder Bezahlen von Kommunikationsmaßnahmen.

Ein Beispiel:

Sie bieten eine App für Golfer an, mit der sie beim Spielen Scorekarten ausfüllen und abspeichern können. Der Nutzen für den Spieler: Er kann den Verlauf seines Könnens in der Historie ansehen, grafisch darstellen lassen und per E-Mail und Facebook mit seinen Freunden teilen. Auf den Nutzer wirken mehrere Lock-In-Faktoren, so muss er die richtige App erst einmal finden und sich mit Ihrer App auseinandersetzen, damit er während dem Spielen schnell die richtigen Befehle eintippen kann. Der wichtigste Lock-In-Effekt entspringt aber der Punkte-Historie. Schlau wie Sie sind, haben Sie die App so konstruiert, dass der Nutzer die Historie nicht als Scorekarte zu einer anderen App mitnehmen kann.

Ihre App verschenken Sie zunächst, denn Umsätze wollen Sie mit Daten zu spezifischen Golfplätzen machen. Wer genaue Par-Werte und Bilder von seinem aktuellen Golfplatz will, kann diese Platz für Platz zu einem Preis von 0,99 zukaufen. Der erste Golfplatz ist gratis.

Sie gehen davon aus, dass die meisten Kunden die App einfach nutzen, ohne Golfplätze zu kaufen. Aber nach Ihren Schätzungen werden immerhin 20% der Nutzer nach einiger Zeit In-App-Käufe zu je einem Euro tätigen, und zwar im Schnitt zweimal. Durchschnittlich verdienen Sie an jedem Nutzer also ungefähr 0,40 Euro. Sie könnten also bis zu 0,40 Euro investieren, um einen neuen Nutzer zu akquirieren (im Idealfall sollten Sie mit diesen Einnahmen auch noch Ihre Entwicklungskosten abdecken). Die Akquise-Investitionen können etwa Kommunikationsmaßnahmen wie bezahlte Werbebanner sein. Sie könnten aber genauso gut eine PR-Firma beauftragen, Aufmerksamkeit für Sie zu erzeugen.

Ihre Entwicklungskosten (einschließlich Ihres Lebensunterhalts) für die App betragen 25 000 Euro, für Werbung wollen Sie 10 000 Euro ausgeben. Diese 35 000 Euro müssen Sie im Vorhinein hinblättern, ohne zu wissen, wie erfolgreich die App später sein wird. Damit Sie ohne Verlust aussteigen, muss Ihre App 87 500-mal installiert werden. Dadurch erhalten Sie 17 500 zahlende Kunden, die zusammen 35 000 Euro für die Golfplatzdaten bezahlen.

Hätten Sie sich dafür entschieden, doch einen Euro für Ihre App zu verlangen, wäre die Zahl der benötigten Nutzer freilich deutlich niedriger. Gehen wir davon aus, dass die Quote der In-App-Käufe stabil bleibt. Dann brauchen Sie nur 25 000 Installationen. Neben den Einnahmen für die App selbst erzielen Sie bei dieser Zahl an Kunden noch 10 000 Euro für In-App-Käufe.

Interessant wird es, wenn Sie sich verschätzt haben. Kaufen nur 10% der Downloader Golfplatzdaten, machen Sie mit der kostenlosen App 17 500 Euro Verlust, während es bei der kostenpflichtigen nur 5000 Euro wären. Umgekehrt ist aber auch das Potenzial für große Gewinne bei der ersten Variante höher. Kaufen wider Erwarten 30% der Nutzer In-App-Produkte, steigt Ihr Gewinn um 17 500 Euro. Wenn Sie für Ihre App Geld verlangen, um nur 5000 Euro.

Als Unternehmer müssen Sie entscheiden, ob Sie lieber das Risiko eingehen wollen, Ihre App zuerst zu verschenken und die entgangenen Einnahmen quasi zu „investieren". Oder Sie nehmen stattdessen zusätzliches Geld in die Hand, um Nutzer anzuwerben.

Das Verschenken der eigentlichen App mag eine verlockende Option sein, da Sie dafür nicht sofort Kapital benötigen. Bedenken Sie aber, dass dadurch Ihr Risiko steigt, falls sich die Einnahmen in der dritten Phase nicht in der gewünschten Höhe erzielen lassen. Kalkulieren Sie scharf und gehen Sie im Zweifelsfall den Mittelweg. Dabei bieten Sie die App zu einem günstigeren Preis an und profitieren von sofortigen Einnahmen.

Ausgaben für Werbung und andere Kommunikationsmaßnahmen bergen auch ein Grundrisiko. Oft ist es schwer abzuschätzen, wie viel für eine installierte App investiert werden muss. Es gibt Anbieter, die Werbung pro effektiver Installation verrechnen. Aber auch hier gilt es, Preise zu vergleichen und mit eigenen Kampagnen zu experimentieren. Setzen Sie sich klare quantitative Ziele und überprüfen Sie laufend, ob Sie noch auf Kurs sind.

Weitere Tipps für die Investitionsphase

Gestalten Sie Ihre App so, dass der Lock-In dem Nutzer nicht ins Gesicht springt. Sonst verlieren Sie Ihre Kunden, bevor sie welche werden können. Die Wechselkosten dezent zu halten, ist nicht besonders schwierig, da Lock-In bei Apps ohnehin die Regel ist. Schwere Geschütze können Sie dann in der zweiten Phase auffahren.

Garnen Sie neue Nutzer ein, bevor es ein anderer tut. Zielen Sie mit Ihren Kommunikationsmaßnahmen und Ihrem Auftritt in den App-Stores darauf ab, Nutzer zu gewinnen, die neu in der Plattform sind. Diese Plattformneulinge haben vergleichsweise geringe App-Präferenzen und sind ideale Beute für Lock-In-Software.

Jagen Sie einflussreiche Käufer und solche mit hohen Wechselkosten. Wenn Sie gerade nicht auf der Pirsch liegen, um Neulinge einzusammeln, legen Sie Ihren Fokus auf diese beiden Nutzergruppen. Meinungsführer sind das Tor zu weiteren Kunden, vor allem bei Apps mit intensiven Netzwerkeffekten, die wir im nächsten Kapitel kennenlernen. Zur wechselfaulen Gruppe zählen zum Beispiel unerfahrene oder bequeme Nutzer mit hohen Gewöhnungseffekten und Suchkosten. Von dieser Gruppe können besonders hohe Rückflüsse abgeschöpft werden.

Es ist nicht immer einfach, die attraktiven Kundengruppen gezielt anzusprechen. Dass es aber möglich ist, bewies zum Beispiel Facebook. Anfangs durften sich dort nur Studenten anmelden. Diese Gruppe hat traditionell eine hohe Quote an Meinungsführern, also Personen, die sehr großes Interesse an neuen Technologien zeigen sowie sich häufig hierzu äußern. Selbstverständlich müssen Sie nicht mit einer Zugangskontrolle arbeiten, um auf eine bestimmte Zielgruppe abzuzielen. Es reicht schon, wenn Sie Funktionen in Ihre App einbauen, die von der Zielgruppe besonders gern gesehen werden. Oder aber Sie richten ganz einfach Ihre Werbung auf diese Zielgruppe aus, was meist sehr effektiv ist.

Vertiefen

Gratuliere, Sie haben es in die Vertiefungsphase geschafft und eine hoffentlich stattliche Zahl an Nutzern gewinnen können. Denken Sie aber nicht, Ihre Arbeit wäre nun getan. Nun ist die Zeit gekommen, die Kundenbeziehung zu vertiefen. Dazu haben Sie zwei grundsätzliche Werkzeuge zur Verfügung: Neue Features zeigen den Nutzern, dass der Wert Ihrer App noch weiter steigen wird, während Vergünstigungen für die Nutzer für die Bindung auf der persönlichen Ebene sorgen.

Während Sie die Software weiterentwickeln und Updates an Ihre Nutzer ausliefern, behalten Sie die Faktoren von Wechselkosten im Auge und richten Ihre Features danach aus. Das heißt nicht, dass Sie Ihre App zu einem Gefängnis ausbauen, während die Funktionalität gleich bleibt. Erinnern Sie sich an das Beispiel von *Skype*. Im Zeitverlauf wurden viele Funktionen wie Voicemail oder die Vergabe von herkömmlichen Telefonnummern hinzugefügt. Zweifellos haben diese Funktionen die App bereichert und ihren Nutzen erhöht. Gleichzeitig vertiefen sie aber die Verbindung zwischen *Skype* und dem Nutzer. Würde er *Skype* verlassen, ertönt unter seiner Telefonnummer nur noch ein „piep, piep".

Auch Vergünstigungen wie im Beispiel von *Dropbox* binden den Kunden enger. Solche Vergünstigungen können auch als Treuebonus ohne Zutun des Kunden gewährt werden. Dadurch wird auch der psychologischen Komponente Rechnung getragen. Geschenke erhöhen die emotionale Bindung zum Kunden, und diese kann weitaus wertvoller sein als jede finanzielle.

In Geld umwandeln

Wer hätte gedacht, dass Sie so lange auf echte Einnahmen mit Ihrer App warten müssen? Die Lock-In-Strategie ist nichts für Ungeduldige, denn die Rückflüsse kommen mitunter erst sehr spät. Beim weltweit größten sozialen Netzwerk *Facebook* dauerte die verlustbehaftete erste Phase fünf Jahre lang an. Erst seit 2009 erwirtschaftet das Unternehmen Gewinn. *Facebooks*

Userbasis wird aber als so wertvoll angesehen, dass das Unternehmen anstrebt, beim Börsengang mit 100 Millionen Dollar bewertet zu werden.

Wenn es darum geht, die Nutzerbasis zu monetarisieren, sollten Sie kreativ sein und alle Möglichkeiten ausschöpfen. Denn sollte einer Ihrer Konkurrenten bessere Wege finden, später Umsätze zu erzielen, ist auch sein Spielraum größer, in das Gewinnen neuer Kunden zu investieren.

Eine Möglichkeit sind Softwareerweiterungen und Komplementärprodukte. Gerade damit können Sie zeigen, dass Sie Erfindergeist haben. In *Angry Birds*, einem der erfolgreichsten Spiele für Smartphones, können Spieler zum Beispiel einen „helfenden Adler" kaufen, mit dem man schwierige Levels bezwingen kann. Eine App, die vor Erweiterungen fast überquillt, ist *text+* für Android und iOS. Die Anwendung bietet Instant Messaging und erlaubt das Verschicken von SMS zu herkömmlichen Handynummern. Zusätzlich kann man eine Premium-Telefonnummer für eingehende SMS buchen, die Werbung für ein Jahr entfernen, Klingeltonpakete kaufen oder SMS-Flatrates bestellen. Alles tolle Einnahmequellen für die Macher von *text+*.

BILD 4.5 Die Geräte, für die text+ verfügbar ist. (Screenshot: Mayerhofer)

Haben Sie bis jetzt aufmerksam mitgelesen, sind Ihre Dateien und Schnittstellen wahrscheinlich zumindest teilweise proprietär und es ist einfach, Ihren Nutzern Komplementärprodukte – wie zum Beispiel Konverter – zu verkaufen. Selbst wenn Sie sich nicht für proprietäre Formate entscheiden, lässt sich immer noch mit Komplementärprodukten Geld verdienen. Denn niemand kennt Ihre Schnittstellen besser als Sie selbst.

Updates mit größerem Versionssprung können Sie ohne schlechtes Gewissen verkaufen. Dabei müssen Sie allerdings einen deutlichen Zusatznutzen in Form von neuen Funktionen im Vergleich zur Vorgängerversion bieten. Den Rest der Verkaufsarbeit erledigen Trainings- und Gewöhnungseffekte.

Überführen Sie zahlende Nutzer auf andere Plattformen. Wie im Beispiel von *Doodle* agieren Hunderte Web-App-Anbieter. So ist zum Beispiel für die kostenlose Online-To-do-Liste *toodledo* eine iPhone App für zwei Euro verfügbar. Den Spieß könnte man auch umdrehen und Smartphone-Nutzern eine Desktop-Variante verkaufen. Nutzen Sie alle Ihnen zur Verfügung stehenden Kanäle aus.

Verkaufen Sie Ihre wertvolle Nutzerbasis

Sind alle Möglichkeiten ausgeschöpft, selbst Produkte an Ihre Nutzer zu verkaufen, wenden Sie sich an Dritte. Nicht nur Werbung in Ihrer App können Sie verkaufen, sondern auch weitergehenden Zugang zu Ihrer Nutzerschaft. Möglicherweise gibt es andere Unternehmen, die passende Komplementärprodukte an Ihre Nutzer verkaufen möchten – und für die Nutzung Ihrer API selbstverständlich bezahlen müssen.

Bei der Rückgewinnung Ihrer Investitionen aus der ersten Phase ist der Zeitpunkt von kritischer Bedeutung. Mark Zuckerberg ist davon überzeugt, dass *Facebook* nie so groß gewachsen wäre, wenn schon früher großflächig Werbung angezeigt worden wäre. Die Website wäre dann nicht mehr cool gewesen. Auch wenn sich der jüngste Milliardär der Welt hier möglicherweise in falscher Bescheidenheit übt, spricht er ein wichtiges Problem an. Beginnen Sie zu früh damit, Geld von Ihren Nutzern zu verlangen, entgeht Ihnen möglicherweise Umsatz, weil Sie Neukunden abschrecken. Beginnen Sie allerdings zu spät damit, sind Ihre Investitionen möglicherweise größer als Ihre späteren Einnahmen; schließlich sind Sie auch dem Risiko von neuer Konkurrenz ausgesetzt. Um den richtigen Zeitpunkt auszuwählen, sollten Sie tiefgehende Berechnungen und Marktforschung anstellen. Im Zentrum dieser Forschung steht die Frage, welche Lebensdauer Ihre App haben wird und wie lange Sie brauchen, um Nutzer zu zahlenden Kunden zu machen.

■ 4.4 Grenzen des Lock-In

Es gibt Softwaremodelle, bei denen Lock-In-Strategien gar nicht funktionieren. Andere wiederum profitieren von einer Lockerung der Daumenschrauben. Adobe konnte seinen proprietären PDF-Standard durchsetzen, indem es Endverbrauchern ein kostenloses Programm zum Lesen von PDF-Dokumenten anbot. Nur für das Erstellen der Dateien mit dem Adobe Acrobat und anderen Adobe-Produkten verlangte das Unternehmen Geld. Nach einigen Jahren machte Adobe PDF zu einem teilweise offenen Standard, behielt aber Teile für sich. Heute kann jeder Nutzer *Word*-Dokumente als PDF sichern; um aber die volle Kontrolle über die PDF-Qualität zu haben, muss man immer noch Adobe Acrobat kaufen. So konnte Adobe sicherstellen, dass PDF der Standard für originalgetreue Dokumente bleibt, und trotzdem einen Teil der Lock-In-Vorteile bewahren.

Schwieriger wird die Situation bei Casual Games, also Computerspielen wie *Angry Birds*, die schnell zu erlernen, aber auch schnell durchgespielt sind. Hier gibt es einen kleinen Lock-In-Effekt, falls Freunde ihre High-Scores online vergleichen und in einem Wettbewerb stehen. Zu langfristigen Kunden macht dies die Spieler allerdings nicht.

Auch bei simplen und bereits bezahlten Apps wie etwa einer Wetteranzeige ist es schwierig, Wechselkosten auszumachen. Solche Mini-Apps können Kunden zwar binden, aber keine weiteren Umsätze erzielen. Haben Sie eine solche App entwickelt, können Sie möglicherweise Kooperationen oder gar Fusionen mit anderen Apps eingehen, um die Funktionalität zu erweitern. Oder Sie bieten die App auch für andere Plattformen an und bringen treue Nutzer bei einem Plattformwechsel dazu, die App erneut zu erwerben.

 Lessons Learned

Lock-In schafft langfristige Kunden und Zahlungsströme.

Wenn Sie Wechselkosten ausnutzen, können Sie das Ertragspotenzial Ihrer App vervielfachen.

Wechselkosten treten in den meisten Apps auch ohne Zutun auf.

Sie können winzig sein und beispielsweise nur in Gewöhnungseffekten bestehen, oder aber so enorm wie bei den Netzwerkeffekten von Milliarden von *Skype*-Nutzern. Wechselkosten zu erkennen und auszunutzen, ist oft der Schlüssel zum Erfolg in der App-Store-Ökonomie.

Die Liste der möglichen Ausprägungen von Wechselkosten bietet einen Anhaltspunkt, Ihre App zu optimieren.

Lesen Sie sich die Liste noch einmal durch und brainstormen Sie im Team zu möglichen Wechselhürden Ihrer App. Sie werden vielleicht auf einige zusätzliche Faktoren stoßen, denn die Liste erhebt keinen Anspruch auf Vollständigkeit.

Die Einführung einer App unter Ausnutzung von Wechselkosten benötigt Zeit und Geld.

Sie müssen gewillt sein, Kapitalgeber zu suchen, die Ihre Investitionsphase stützen. Und Sie benötigen Geduld, um die Beziehung zu Ihren Nutzern zu vertiefen.

Um die Höhe der Investitionen und die Dauer der Investitionsphase zu bemessen, müssen Sie handfeste Kalkulationen anstellen.

Weil die Lock-In-Strategie vor allem langfristig wirkt, ist es noch wichtiger als sonst, dass Sie konkrete quantitative Ziele ansteuern.

5 Netzwerkeffekte

Stellen Sie sich vor, Sie haben ein Telefon, aber niemanden, den Sie anrufen könnten. Nachdem Alexander Graham Bell Ende des 19. Jahrhunderts das Telefon erfunden hatte, haben sich die ersten Besitzer des Geräts genau in dieser Situation befunden. Ohne Freunde, Bekannte oder zumindest Geschäftspartner, die man anwählen kann, ist das Telefon eine hübsche Spielerei, aber praktisch wertlos. Sein Wert entsteht erst durch das Netzwerk an Telefonanschlüssen, das sich mit der Zeit entwickelt hat. Mit jedem zusätzlichen Bekannten, der nun auch ein Telefon besitzt, steigt der Nutzen für unseren fiktiven Telefoninhaber. Wir sprechen in diesem Zusammenhang von positiven Netzwerkeffekten oder Netzwerk-Externalitäten.

In physischen Netzwerken, wie dem Telefonnetz, sind die Teilnehmer tatsächlich miteinander verbunden, daher kann man sich ein solches Geflecht leicht vorstellen. Aber auch virtuelle Netzwerke, wenngleich unsichtbar, haben die gleichen Effekte auf den Wert von gekauften Leistungen und Produkten. Denn wie interessant wäre schon *Facebook*, wenn Sie dort niemanden als Freund hinzufügen könnten? Das Netzwerk von *Facebook* (Bild 5.1) ist enorm groß und deswegen enorm wertvoll.

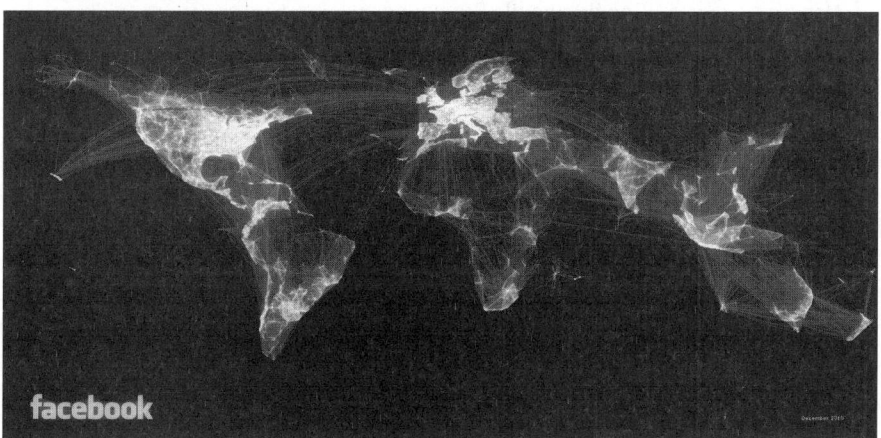

BILD 5.1 Die Weltkarte der *Facebook*-Verbindungen zeigt eindrucksvoll, wie groß ein virtuelles Netzwerk sein kann. (Bild: Paul Butler, CC-SA)

Ob es sich nun um ein physisches oder ein virtuelles Netzwerk handelt, die fundamentalen ökonomischen Charakteristika bleiben gleich: Der Wert, sich zu einem Netzwerk zu verbinden, hängt direkt mit der Zahl der anderen Teilnehmer zusammen (Shapiro & Varian, 1999). Die Nutzer einer App bilden ebenfalls ein virtuelles Netzwerk. Auch wenn Sie mit Ihrer App keine direkten Verbindungen zwischen den Nutzern herstellen, wie bei einem Multiplayer-Spiel, sind die Nutzer miteinander verbunden. Warum das so ist, erfahren Sie im Lauf dieses Kapitels. Zunächst möchte ich Ihnen die Netzwerkeffekte anhand einiger Beispiele außerhalb der App-Store-Ökonomie näherbringen.

Kollektive Wechselkosten

Große Netzwerke sind für Nutzer attraktiver als kleine. Sehen Sie sich die iOS Plattform an: Alle iPhone-Nutzer sind Teil des iOS-Netzwerks. Apple ist für dieses Netzwerk verantwortlich. Das Unternehmen hat das Netzwerk aufgebaut und muss es so verwalten, dass es weiter wächst. Im Gegenzug profitiert Apple von jedem Zuwachs des Netzes.

Deshalb kontrolliert Apple sein Ökosystem so akribisch. Die Gestaltung von iPhone-Software und -Zubehör unterliegt Apples Diktat, und wer iPhone-Klone verkauft, wird verklagt. Trotzdem ist das Netzwerk sehr stark abhängig von Anbietern im App-Store, denn der Wert der Plattform wird von vielen potenziellen Kunden an der Zahl der verfügbaren Apps gemessen. Für Apple ist es von zentralem Interesse, dass potenzielle Kunden viele hochqualitative Apps für ihr Gerät vorfinden. Daher kommuniziert Apple aktiv, wie wichtig und großartig der App-Store ist. Diese Kommunikation dient nicht nur dazu, Kunden mehr emotional als rational von der Qualität der Apps zu überzeugen, sondern soll auch Entwickler motivieren, für die Plattform zu arbeiten und so auch Teil des Netzwerks zu werden.

Zu einer anderen Plattform zu wechseln, verursacht die im letzten Kapitel eingeführten Wechselkosten. Diese Wechselkosten steigen mit der Größe des Netzwerks (Bild 5.2) für jeden einzelnen Teilnehmer, aber vor allem für alle Teilnehmer im Kollektiv. Ein einzelner Umsteiger allein nützt einer Konkurrenzplattform wenig. Um eine alternative Plattform attraktiv zu machen, müssten eine große Zahl von Entwicklern und eine große Zahl von Nutzern wechseln. Die kollektiven Wechselkosten (Shapiro & Varian, 1999) wären enorm. Diese Wechselkosten müssen zu den Kosten der alternativen Plattform hinzugerechnet werden. Dadurch wird die Konkurrenz-Plattform teurer als die etablierte, auch wenn sie real billiger sein mag.

Als Entwickler werden Sie zwar wahrscheinlich nicht gerade App-Plattformen entwickeln, aber dieses Beispiel lässt sich auch einfach auf kleinere Projekte anwenden. So versucht auch die Foto-Sharing-App *picplz*, Nutzer (die Fotos hochladen) sowie Programmierer (die angeknüpfte Anwendungen bereitstellen) zu gewinnen.

Im Umkehrschluss muss der Anbieter einer alternativen Plattform mit einem deutlich niedrigeren Verkaufspreis aufwarten, sonst bleiben alle Beteiligten ihrer Plattform treu. Die kollektiven Wechselkosten behindern neue Anbieter auf dem Weg zum Erfolg. Wenn Sie diese Informationen nun mit der Realität vergleichen, bestätigt sich die Theorie: Google möchte Anführer am Markt für mobile Betriebssysteme werden. Um gegen die Netzwerke von Apple und RIM anzukommen, muss der Suchmaschinenriese enorme Wechselkosten ausgleichen. Daher bietet Google das Android-Betriebssystem den Handyherstellern kostenlos an. Bis jetzt hat diese Strategie funktioniert, denn Google ist derzeit Platzhirsch im Smartphone-Revier.

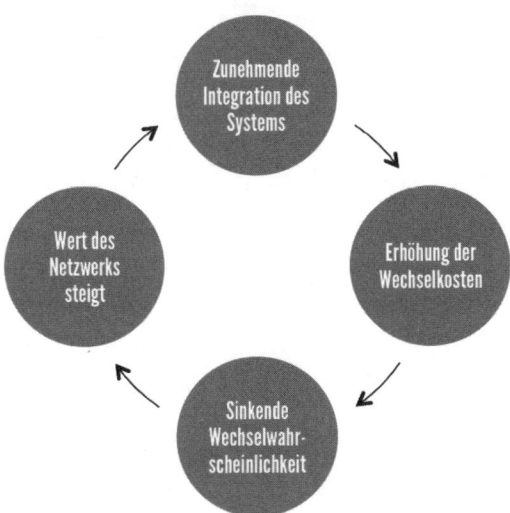

BILD 5.2 Der Lock-In-Kreislauf.
(Grafik: Mayerhofer nach Pallas, 2011)

Positives Feedback

Nachdem Sie in den vorhergehenden Kapiteln gelernt haben, dass jede App den größtmöglichen Nutzen für den Kunden bieten sollte, ist Ihnen die Bedeutung eines großen Netzwerks bereits bewusst. Der Netzwerk-Effekt ist aber noch wichtiger, als Sie vielleicht denken.

Denn wer hat, dem wird gegeben: Durch Netzwerkeffekte wird ein Kreislauf ausgelöst, der wiederum Ihr Netzwerk exponentiell wachsen lässt. Ihr Produkt wird stärker und stärker, während die anderen Anbieter immer kleiner werden. Dieses Phänomen heißt positives Feedback. Ich erkläre die Funktionsweise an einem Beispiel, das jeder kennt: *Microsoft Windows*.

1983 wurde von Microsoft eine Software mit dem Namen *Interface Manager* vorgestellt, der die erste grafische Benutzeroberfläche für *DOS* darstellte. Die Entwickler sprachen ständig von Fenstern, also entschloss man sich später, die Software in *Windows* umzubenennen. *Microsoft Windows 1.0* wurde am 20. November 1985 veröffentlicht; es war aber kein großer Erfolg, da es so gut wie keine Anwendungen dafür gab.

Erst fünf Jahre später gelang Microsoft mit *Windows 3.0* der Durchbruch. Das System war mit neuen technischen Feinheiten wie Virtual Memory gespickt, war rückwärts kompatibel bis *DOS* und hatte ein überarbeitetes User Interface, bei dem sich Microsoft einiges vom Hauptkonkurrenten Apple abgeschaut hatte. Die reichhaltige *Windows*-API zog zahlreiche Entwickler an, und das Angebot an Software von Drittanbietern wuchs schnell. Auch die Userbasis von *Windows* vergrößerte sich, denn der Markt für IBM-PCs explodierte. Microsoft ist dabei auch auf einer anderen Netzwerkeffekt-Welle geritten: Durch die offene Architektur des IBM-PCs wurde die Technologie von fast allen Hardware-Herstellern binnen kürzester Zeit übernommen und verdrängte fast alle anderen Systeme vom Markt.

Der Markt für Betriebssysteme unterliegt mehreren Netzwerkeffekten. Je mehr Entwickler Software für das Betriebssystem schreiben, desto interessanter wird es für die Nutzer. Umgekehrt wird ein Betriebssystem für Entwickler attraktiver, wenn es mehr Nutzer gibt, die ihre Software potenziell kaufen können. Dieser Tatsache sind Sie sich als App-Entwickler sicherlich bewusst. Auch das Wachsen der Nutzerzahl an sich hat Vorteile für die Nutzer. Sie können zunehmend leichter Programme und Dateien austauschen, finden schneller Hilfe bei Problemen und kennen sich auch mit dem Computer des Kollegen aus dem Nachbarbüro aus. Gerade in Unternehmen ist eine einheitliche IT-Landschaft äußerst wichtig, da die Mitarbeiter regelmäßig technischen Support und Updates benötigen. Und auch Ihre Arbeit wird in einem großen Netzwerk einfacher: Für die Entwickler steigt mit der Zahl der anderen Marktteilnehmer die Zahl an verfügbaren Programmierwerkzeugen und Informationen, es bildet sich eine bessere Distributionsinfrastruktur, und der Erfahrungsaustausch zwischen den Programmierern wird einfacher.

Zurück zu Microsoft: Mit *Windows 3.0* begannen ein Kreis von positivem Feedback und der weltweite Siegeszug des kalifornischen Unternehmens. Immer mehr Entwickler zogen immer mehr Nutzer an (Bild 5.3). Verstärkt wurde dieser Trend durch die bekannten Lock-In-Effekte: Die Entwickler kannten die *Windows*-API und wollten sich nicht mit neuen Programmiersprachen auseinandersetzen, während die Nutzer die Benutzung von Windows erlernt hatten und bei einem Wechsel zu Apples *Macintosh* all ihre gekaufte Software verloren hätten. Der Wert von *Windows* stieg durch die erhöhte Nutzerzahl an, was immer weitere Nutzer anzog, wie Sie in Bild 5.3 sehen können. Je mehr *Windows*-Kunden es gab, desto mehr neue kamen hinzu. Ende der 1990er-Jahre gab es fast nur noch *Windows*-Nutzer.

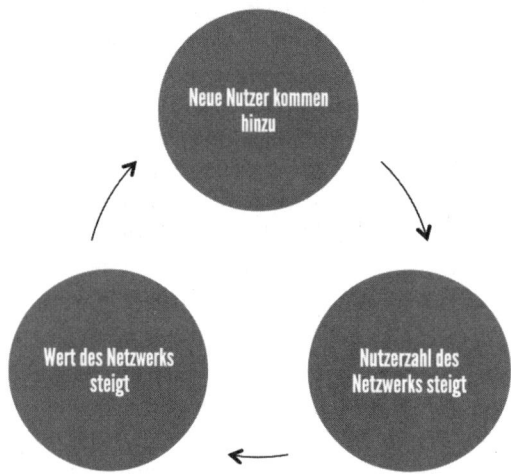

BILD 5.3 Visualisierung des Netzwerkeffekts. (Quelle: Pallas, 2011)

Gleichzeitig begann für Apples *Macintosh*-Plattform ein Kreislauf negativen Feedbacks. Nutzer und Entwickler wanderten zum Marktführer ab. Die geschlossene Architektur wirkte hier als Verstärker. Inkompatible Hard- und Software bewegte viele dazu, sich gegen die Plattform zu entscheiden. Apple ging beinahe bankrott. Der Mac konnte unter anderem deswegen gerettet werden, weil Microsoft sich in einem Vergleich 1997 dazu bereit erklärte, *Microsoft Office* für Macintosh zu veröffentlichen. Auch andere Standards wie PCI und USB wurden später von Apple übernommen, bis die Computer mit dem Wechsel zur x86-Architektur quasi baugleich mit *Windows*-Computern wurden.

Lange Zeit hatte Microsoft einen Marktanteil von über 90%. Neue Mitspieler wie Linux konnten nie größere Marktanteile gewinnen, obwohl das Betriebssystem sogar kostenlos zur Verfügung steht. Denn positives Feedback macht die Starken stärker und die Schwachen schwächer.

In diesem Kapitel haben Sie bis jetzt vermittelt bekommen was Netzwerkeffekte sind und warum sie für Ihre App-Unternehmungen so interessant sind. Sie wissen jetzt, dass der Hauptgrund für Netzwerkeffekte im kollektiven Lock-In der Nutzer steckt, der zu einem Kreislauf von positivem Feedback führt. Nun werden wir uns genauer mit den zwei verschiedenen Arten der Netzwerkeffekte auseinandersetzen und nach konkreten Möglichkeiten suchen, dieses ökonomische Prinzip in Ihrer App anzuwenden.

■ 5.1 Direkte Netzwerkeffekte

Produkte, deren Nutzen mit sich mit dem Wachstum der Nutzerbasis verstärkt, unterliegen direkten Netzwerkeffekten. Weil nur eine Gruppe von Beeinflussern aktiv wird, spricht man von einseitigen Märkten.

E-Mail ist ein solcher einseitiger Markt. Selbst in Zeiten von YouTube-Apps und Wikipedia ist die Kommunikation via E-Mail immer noch der meistgenutzte Dienst im Internet; noch vor dem World Wide Web. Ein standardisiertes System ermöglicht es jedem, der es möchte, einen E-Mail-Dienst zu eröffnen und damit Zugang zu Hunderten Millionen Empfängern zu bekommen. Als 1984 in Deutschland die erste E-Mail versandt wurde, war der Nutzen des Systems allerdings noch sehr eingeschränkt. Ohne potenzielle Empfänger ist der Nutzen dieses Produkts gleich null. Inzwischen benutzen Hunderte Millionen von Menschen E-Mail und bilden einen extrem starken Lock-In-Effekt. Es wäre heute undenkbar, ein alternatives E-Mail-Netzwerk aufzubauen. Etwas, was früher durchaus versucht wurde: In den Anfangsstunden bemühten sich die großen Internetprovider, geschlossene, untereinander konkurrierende E-Mail-Netzwerke zu etablieren. Gott sei Dank scheiterten diese Pläne, und heute bekommen Sie von jedem Provider eine E-Mail-Adresse ausgehändigt, mit der Sie Nachrichten überallhin versenden können.

Die Wachstumskurve in Netzwerkmärkten

Social Networks repräsentieren aktuell Dienste, die fast am stärksten von Netzwerkeffekten abhängig sind. *Twitter* und *Facebook* sind in den letzten Jahren rasant gewachsen, während andere Netzwerke wie *StudiVZ* und *MySpace* mit Nutzerabwanderung zu kämpfen haben. Erinnern Sie sich: Netzwerkeffekte stärken die Starken und schwächen die Schwachen. Mit jedem zusätzlichen Bekannten, den Sie auf *Facebook* „adden" können, steigt für Sie der Nutzen des Dienstes. Umgekehrt sinkt der Nutzen von *MySpace*, wenn Ihre Freunde das Netzwerk verlassen und die Accounts Ihrer Freunde verstummen.

Facebooks Entwicklung in Bild 5.4 zeigt die klassische Lebensgeschichte von Netzwerkmärkten. Zunächst wächst die Zahl der Nutzer vergleichsweise langsam, da eine kritische Masse erreicht werden muss, bevor die Netzwerkeffekte richtig greifen. Danach schlägt sich positives Feedback meist in exponentiellem Wachstum nieder. Seit Anfang 2010 scheint sich die Sättigungsphase anzukündigen, denn der Anstieg setzt sich eher linear fort. In der Sättigungsphase wird das Wachstum schließlich allmählich abflachen. Doch das macht nichts: *Facebook* konnte durch Netzwerkeffekte binnen weniger Jahre zu einem milliardenschweren Unternehmen aufsteigen.

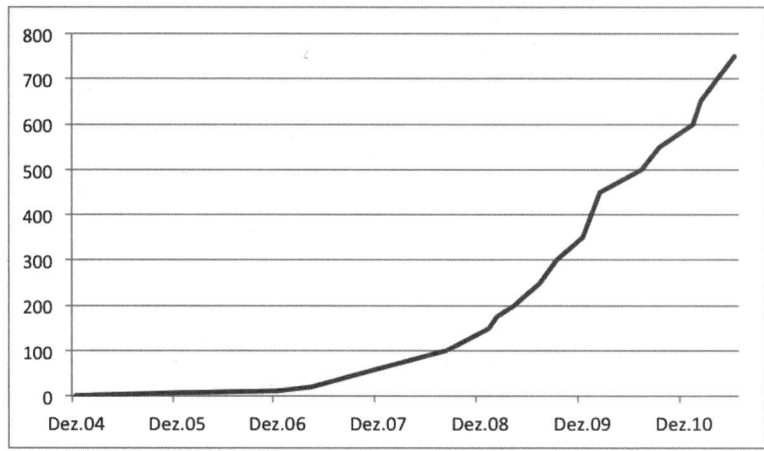

BILD 5.4 *Facebooks* Wachstum anhand der Zahl der aktiven User in Millionen.
(Quelle: offizieller Facebook-Blog)

◼ 5.2 Indirekte Netzwerkeffekte

Während in den einseitigen Märkten des letzten Abschnitts nur eine Gruppe für den Wert des Netzwerks verantwortlich war, nämlich die der Nutzer, hängt der Erfolg des Netzwerks in zweiseitigen Märkten von einer weiteren Partei ab.

Auch diese Netzwerkeffekte begegnen uns jeden Tag. Besitzen Sie eine EC-Karte? Wahrscheinlich ja. Möchten Sie Geld abheben, gehen Sie einfach zum nächstgelegenen Geldautomaten, und schon werden die Scheine ausgespuckt. Ganz so simpel ist es leider nicht, denn die deutschen Banken machen das Abheben schwieriger, als es sein müsste. An den eigenen Geldautomaten kann man kostenlos Geld beziehen, während dies an fremden Geräten eine Gebühr von bis zu zehn Euro kostet. Als Homo oeconomicus möchten Sie diese Gebühr sparen und müssen zwei Häuserblocks weiter laufen, wo der günstigere Automat auf Sie wartet. Der Wert der EC-Karte steigt und fällt mit der Größe des Geldautomaten-Netzwerks. Da die Zahl der Automaten so wichtig ist, haben sich viele Banken zu Netzwerken zusammengeschlossen. Die Deutsche Bank, Commerzbank und HypoVereinsbank sind beispielsweise Mitglied in einem Netzwerk mit dem eindeutigen Namen Cash Group und betreiben zusammen 9000 Geldautomaten. Das Bankcard-Servicenetz der Volks- und Raiffeisenbanken zählt sogar 19 000 Automaten.

Das Netzwerk von Geldautomaten unterscheidet sich in seiner Beschaffenheit fundamental von einem Telefonnetzwerk. Der Wert des Telefons ist direkt an die Zahl der Teilnehmer im Telefonnetz gekoppelt. Der Nutzen für die Bankkunden steigt im Gegensatz nicht automatisch, wenn sich die Zahl der Bankkunden erhöht. Stattdessen benötigen die Nutzer das Wachstum eines Komplementärguts, die Geldautomaten. Daher spricht man hier von indirekten Netzwerkeffekten oder zweiseitigen Märkten. Der Plattformanbieter, die Bank, muss sich um das Wachstum beider Gruppen kümmern: Ohne Geldautomaten bleiben die Kunden aus und ohne Kunden lohnt es sich nicht, Geldautomaten zu betreiben.

Auch die Netzwerkeffekte aus unseren Betriebssystem-Beispielen sind indirekte. Windows und iOS benötigen einerseits Nutzer und andererseits Software, um ihren Wert zu steigern. Der Netzwerk-Kreislauf unterscheidet sich etwas von dem einseitiger Märkte, wie Sie in Bild 5.5 erkennen können.

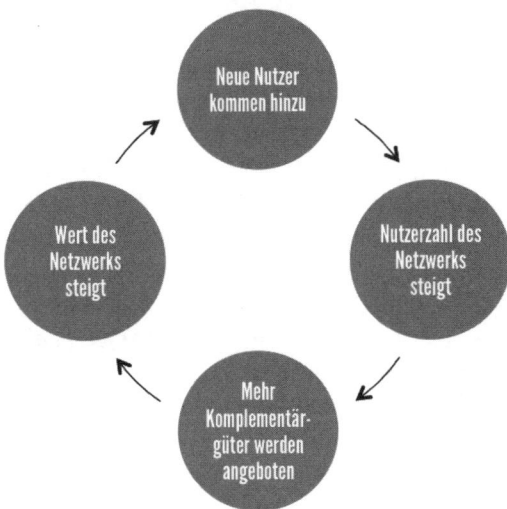

BILD 5.5 Visualisierung des indirekten Netzwerkeffekts. (Grafik: Mayerhofer nach Pallas, 2011)

■ 5.3 Wie können Sie in Ihren Apps Netzwerkeffekte erzeugen?

Profitiert Ihre App von direkten Netzwerkeffekten? Wahrscheinlich ja, denn jede Software kann von einer größeren Zahl von Nutzern profitieren. Selbst wenn Sie nur ein Jump'n'Run-Spiel anbieten, das über keinerlei Internet-Funktionalität verfügt, profitieren Ihre Spieler von weiteren Mitspielern. So finden sich für beliebte Spiele viele Tipps und Walkthroughs im Internet, falls der Spieler einmal nicht weiterkommt. Auch Freunde, die dasselbe Spiel spielen und einem mit Rat zur Seite stehen, zählen zu den positiven Netzwerkeffekten. Und nicht zuletzt wirkt sich eine große Nutzerbasis auch auf das Image Ihrer App aus. Ein wichtiger Faktor von Netzwerkeffekten ist die Erwartung der Kunden, dass eine große Nutzerbasis Indiz für eine großartige App ist.

In unserem Beispiel sind die Netzwerkeffekte allerdings noch vergleichsweise schwach ausgeprägt. Man kann diese steigern: Da Sie nun über die Wichtigkeit von Netzwerkeffekten Bescheid wissen, sollten Sie in Ihrer App Netzwerkeffekte forcieren.

5.3.1 Spiele und Netzwerkeffekte

In Spielen erzielen Sie Netzwerkeffekte, wenn Spieler einen Mehrwert durch zusätzliche Mitspieler erhalten. Ihr Spiel profitiert davon, wenn die Nutzer Beziehungen aus der realen Welt in Ihr Spiel überführen oder dort neue Beziehungen eingehen. In den letzten Jahren hat sich das Internet zu einem „Social Web" entwickelt. Computerspiele sind auf einem ähnlichen Weg. Social Games sind auf dem Siegeszug. Egal, ob Facebook-Spiele im Netz oder ein gemeinsamer Spiele-Abend vor der Wii: Man spielt gemeinsam, denn das macht mehr Spaß. Nachfolgend nenne ich einige Möglichkeiten, Spiele „sozialer" zu machen und so User dazu zu animieren, weitere Mitspieler zu akquirieren.

Spieler-Netzwerke

Der Anschluss an Spieler-Netzwerke wie Apple Game Center, OpenFeint, Plus+ oder Steam Community erzeugt für die Nutzer einen Anreiz, auch ihre Freunde zu Spielern zu machen. Nutzer können ihre Bekannten in diesen Pattformen als Freunde hinzufügen und Mehrspieler-Runden starten. Außerdem können die Freunde ihre High-Scores miteinander vergleichen. Je mehr Freunde ihre Höchstleistungen veröffentlichen, desto interessanter wird es, im Wettstreit anzutreten. Und damit wird es auch interessanter, Ihr Spiel zu nutzen und weiterzuempfehlen.

Die Integration einer solchen Plattform ist vergleichsweise einfach. Alle Anbieter stellen ausführliche Dokumentationen und meist auch ein SDK bereit. Informieren Sie sich vor der Wahl eines Anbieters gründlich über Vor- und Nachteile. Wichtigstes Kriterium für Entwickler ist die Reichweite der Plattform, denn die meisten Nutzer sind nicht in mehreren Netzwerken aktiv. Abseits der Reichweite kann für Ihre App auch interessant sein, welche Möglichkeiten der Integration die Plattform bietet. Neben der Nutzung von klassischen Ranglisten sollten Sie kreativ werden und weitere Funktionen anbieten, um die Bindung der Nutzer zu erhöhen. Je nach Plattform haben Sie verschiedene Möglichkeiten:

- **Einladungsfunktion**
  Bieten Sie den Nutzern an, eine automatische Einladung zum Mitspielen an ihre Freunde zu schicken.

- **Multiplayer-Integration**
  Lassen Sie die Nutzer Mehrspieler-Sitzungen für Echtzeitspiele starten. Wichtig ist eine solche Funktion auch bei rundenbasierten Spielen, da die Mitspieler eine automatische Benachrichtigung bekommen, wenn sie wieder am Zug sind.

- **Spieler-Chat oder-Foren**
  Kommunikation fördert die Bindung der Nutzer. Bieten Sie also integrierte Chats oder Foren an, in denen sich Spieler austauschen können.

- **Verwaltung von In-App-Purchases**
  Einige Plattformen übernehmen die Organisation Ihrer In-App-Purchases, was Ihnen eine Menge Arbeit ersparen kann.

- **Virtuelle Güter, Währungen und Downloadable Content**
  Diese erhöhen nicht nur die Variationsmöglichkeiten für den Spieler, sondern sind ein direkter Gewinn für Sie. Auf die Bedeutung von In-App-Items gehen wir in diesem Kapitel später noch genauer ein. Eine starke Plattform kann Ihnen dabei helfen, diese Funktionalität einzuführen.

- **Achievements**

  Darunter versteht man Levels, Gegenstände oder andere Boni, die in einer App freigespielt werden können. Eine gute Plattform veröffentlicht die Leistungen der Spieler prominent und schafft so einen zusätzlichen Anreiz, sich intensiver mit einem Spiel auseinanderzusetzen.

- **Action Replays**

  Mit OpenFeint können Sie eine Funktionalität implementieren, bei der die Spieler ihre besten Leistungen als Video oder Animation herzeigen können. So entsteht ein zusätzlicher sozialer Belohnungseffekt für die Spieler, und auch der Dialog zwischen den Teilnehmern wird gefördert, da sie sich so gegenseitig Tipps für die beste Strategie geben können.

- **Social Media Integration**

  Die automatische Veröffentlichung von aktuellen Leistungen in Social Networks freut viele Spieler und verschafft gleichzeitig Ihrer App eine große Portion Aufmerksamkeit.

All diese Features können Sie selbstverständlich auch ohne eine Plattform implementieren. Um ein tatsächlich einzigartiges Spielerlebnis zu bieten, sollten Sie ohnehin über Funktionen nachdenken, die über die vorgefertigten Angebote hinausgehen.

Ihrer Kreativität sind dabei keine Grenzen gesetzt. Wie wäre es zum Beispiel mit einem Duell-Modus, in dem Spieler ihre Freunde im Zweikampf herausfordern können? Oder Sie ermöglichen Turniere, in denen per K.O.-System der absolute Sieger einer Gruppe gekürt wird.

Bauen Sie Funktionen, die das soziale Engagement Ihrer Spieler erhöhen sollen, möglichst gut sichtbar in Ihre App ein. Wenn Sie zum Beispiel nach jeder beendeten Runde die High-Scores der Freunde einblenden, erhöht das den Konkurrenzkampf und die Nutzungsdauer Ihrer App.

Orientieren Sie sich für die soziale Belohnung der Spieler auch an gut funktionierenden Online Communities. Diese nutzen die psychologischen und soziologischen Strukturen der Online-Interaktion besonders gezielt für das weitere Wachstum ihrer Plattform. Auszeichnungen für außergewöhnlich aktive und wertvolle Nutzer werden beispielsweise beim Bloggernetzwerk *Huffington Post* sehr prominent dargestellt: In Form von sogenannten Badges können alle anderen Teilnehmer sofort sehen, welche Leistungen ein Mitglied bereits erbracht hat. Zusätzlich sind die Befugnisse des Nutzers direkt an seine bisherige Arbeit in der Community geknüpft.

Auch Sie sollten überlegen, wie Sie besonders erfolgreiche Spieler motivieren können, ohne jedoch die Anfänger zu verschrecken. Dieser Balanceakt ist nicht einfach, birgt aber einen unschätzbaren Vorteil für Sie: Hat sich ein Spieler seine Lorbeeren verdient, ist bei ihm der Lock-In zusätzlich zu den anderen Netzwerkeffekten nämlich besonders hoch. Schließlich ist er in Ihrem Spiel vielleicht schon ein virtueller General – wer möchte eine solche Reputation verlieren?

In-Game-Items

Sie können Netzwerkeffekte in Computerspielen erzeugen oder verstärken, indem Sie In-Game-Items anbieten, die verschenkt und getauscht werden können. Das sind zum Beispiel nützliche Gegenstände oder andere Ressourcen, die das Spiel vorantreiben. Solche Funktionen verbessern die Spielqualität tatsächlich, wenn Sie die soziale Interaktion fördern. Allerdings sollten Sie es mit solchen Maßnahmen nicht übertreiben, damit sich die Nutzer nicht belästigt fühlen.

Wenn Sie bei *Facebook* registriert sind, haben Sie sicher schon einmal von *FarmVille* oder *MafiaWars* gehört. Hinter diesen Spielen steht Zynga, der größte Anbieter von Spielen, die über das soziale Netzwerk *Facebook* gespielt werden. Zyngas Mission ist es, „Menschen durch Spiele zu verbinden". Das wird dem geneigten *Facebook*-Nutzer schnell klar, wenn er von seinen Freunden täglich Einladungen zu den genannten und vielen weiteren Spielen erhält.

Ein Genre dieser „Sozialen Spiele" nennt sich Virtual World Game. Ziel des Spiels ist, eine Art von Landschaft zu beispielsweise einer Farm (*FarmVille*) aufzubauen. Dabei sind die Ressourcen (FarmCoins) zum Aufbau, die durch Bestellen des Landes mit der Zeit produziert werden, stark eingeschränkt. Um im Spiel schneller voranzukommen, benötigt man „Nachbarn", das sind Freunde, mit denen man sich im Spiel verbindet. Durch Hinzufügen von Nachbarn lässt sich auch die Farm vergrößern. Wer in dem Spiel schnell vorankommen will, benötigt viele Freunde und/oder muss für echtes Geld Ressourcen von Zynga kaufen. Das Ergebnis haben Sie vielleicht bereits am eigenen Leib erfahren: Die Spieler werden dazu gedrängt, möglichst viele Freunde auf *Facebook* zum Mitspielen zu animieren. Ob Sie diese Technik, künstliche Netzwerkeffekte zu schaffen, gutheißen oder nicht, für Zynga ging die Rechnung jedenfalls auf: Am Höhepunkt 2010 spielten jeden Monat mehr als 80 Millionen Nutzer *FarmVille*. Und Zynga, das erst 2007 gegründet worden war, erzielte im selben Jahr einen Rekordumsatz von 850 Millionen Dollar.

Weniger aggressiv geht zum Beispiel *flower garden* von Noel Llopis an die Sache heran. Spieler können sich gegenseitig ganz ohne Druck Gutscheine für die zentrale Ressource „Düngemittel" zuschicken (Bild 5.6). Da auf die Spieler hierbei kein Druck ausgeübt wird, ist der Netzwerkeffekt aber deutlich geringer als bei *FarmVille*.

BILD 5.6 Im Spiel *flower garden* lassen sich per In-App-Purchase gekaufte Ressourcen an andere Spieler verschenken. (Screenshot: Llopis)

Klassischer Mehrspieler-Modus

Egal, für welches Gerät Sie Ihr Spiel programmieren, es hat Internetzugang. Die Zeiten, in denen Online-Spiele etwas für hartgesottene Zocker von Ego-Shootern waren, sind lange vorbei. Trotzdem verfügen gerade in den mobilen Plattformen viele Spiele über keine Mehrspieler-Funktionalität.

1. **Endlosspiel in virtuellen Welten**

   Die Erfolgsgeschichte von Titeln wie *World of Warcraft* sollte den Online-Verweigerern zu denken geben. Bei dem Spiel handelt es sich um ein sogenanntes Massively Multiplayer Online Role-Playing Game; die wenig einprägsame Abkürzung dazu heißt MMORPG. Bei diesen Rollenspielen tummeln sich Tausende von Spielern in derselben Spielwelt und kämpfen entweder mit- oder gegeneinander. In *World of Warcraft* verabreden sich die Spieler regelmäßig zum gemeinsamen Kämpfen mit dem Ziel, Erfahrungspunkte zu sammeln. Ein endgültiges Spielziel gibt es nicht. Das braucht die Entwicklerfirma Blizzard zum Erfolg auch nicht. Mit einem jährlichen Umsatz von mehr als einer Milliarde Euro ist das Spiel eines der erfolgreichsten Unterhaltungsmedien der Welt. Durch den sozialen Anreiz sind um die elf Millionen Spieler weltweit bereit, rund zwölf Euro pro Monat zu bezahlen. Der Netzwerkeffekt wird bei *World of Warcraft* oft sogar zur Suchtfalle. Das Kriminologische Forschungsinstitut Niedersachsen attestierte in einer Studie 8,5 Prozent aller Nutzer suchtartiges Verhalten.

Bei einem so gewinnversprechenden Geschäftsmodell gibt es längst einige Vertreter in den App-Stores. Gameloft hat sich beim Spiel *Order & Chaos Online* an *World of Warcraft* orientiert, wie Sie in Bild 5.7 sehen können. Bis jetzt ist der Titel für iOS, Android und als *Facebook*-App erschienen und kostet 79 Cent pro Monat. Hier zeigt sich schnell der Vorteil des Endlosspiels: Ein großer Teil der Smartphone-Spiele kostet einmalig 79 Cent, selten findet man welche für mehr als ein paar Euro. Ein durch Netzwerkeffekte und Wechselkosten gebundener Spieler von *Order & Chaos* bringt jedoch einen Umsatz von fast zehn Euro jährlich.

BILD 5.7 Screenshot von *Order & Chaos Online* auf dem iPad. (Screenshot: Gameloft)

Zusätzliche Monetarisierungsmöglichkeiten sind einer der größten Vorteile von Social Games, die Spieler langfristig binden. Das MMORPG *Pocket Legends* für iOS und Android ist laut Hersteller Spacetime Studios das erfolgreichste mobile Rollenspiel der Welt. Hier ist das Mitspielen kostenlos. Einnahmen erzielt der Entwickler durch die virtuelle Währung „Platinum".

Nur wer im Spiel über Platinum verfügt, bekommt Zugang zu speziellen Zaubertränken, besseren Waffen oder Premium-Abenteuern. Auch diese Einnahmequelle ist langfristig angelegt und berücksichtigt zusätzlich die unterschiedliche Zahlungsbereitschaft der Nutzer. Dieses Geschäftsmodell ist so gewinnversprechend, dass sich das gesamte zehnte Kapitel damit beschäftigt.

Rollenspiele in virtuellen Welten strotzen vor Netzwerkeffekten und können Entwicklern, wenn sie einmal eine kritische Masse an Nutzern erreicht haben, enorme Umsätze bescheren. Allerdings sprechen solche Spiele nicht jeden an. Auf mobilen Geräten beispielsweise sind einfache, schnell erlernbare und kurze Spiele die beliebteste Klasse. Aber auch solche Spiele können vom Mehrspieler-Modus profitieren.

2. Der Wettkampf in Echtzeit

UNO ist laut Herstellerfirma das bestverkaufte Kartenspiel der Welt. Die Bekanntheit machte es zum idealen Kandidaten für eine App, denn die Spieler kennen die Marke und die Regeln des Spiels. Gameloft kaufte die Lizenz für das Spiel und veröffentlichte *UNO* nach und nach auf verschiedensten Plattformen. Neben Smartphones (Android, iOS, WP7, WebOS) ist das Spiel auch in den App-Stores der wichtigsten Spielekonsolen erhältlich: WiiWare, DSiWare, XBOX Live arcade und PlayStation Network. *UNO* bietet einen Echtzeit-Multiplayer-Modus (Bild 5.8) entweder über das Internet oder lokal über Bluetooth oder WLAN. Um den Anreiz zu erhöhen, können die Spieler durch die Mehrspieler-Sitzungen ihren Erfahrungslevel verbessern und Punkte sammeln.

BILD 5.8
UNO im Mehrspielermodus auf dem iPhone. (Screenshot: Gameloft)

Wenn Sie einen Echtzeit-Mehrspielermodus für Ihre App planen, sollten Sie den Spielern immer die Wahl lassen, ob sie ihre Gegner online suchen möchten oder lieber gegen ihre Freunde im selben Raum antreten. Denn die soziale Komponente und damit auch die Netzwerkeffekte sind deutlich stärker, wenn lokal (über WLAN oder Bluetooth) gespielt wird. Dabei müssen die Spieler nicht immer gegeneinander antreten. Viele Spieler möchten sich einer Aufgabe lieber gemeinsam stellen und freuen sich über kooperative Mehrspieler-Modi.

Flight Control ist ein Veteran im „Line Drawing"-Genre des Apple App Store. Im Spiel übernehmen Sie die Aufgabe eines Fluglotsen und sind dafür verantwortlich, den Flugzeugen sichere Landerouten zuzuweisen. Diese malen Sie mit dem Finger auf den Bildschirm – natürlich so, dass die Flugzeuge nicht zusammenstoßen. Entweder Sie schultern diese Verantwortung alleine, oder Sie holen einen Freund zur Hilfe: Per Bluetooth können Sie einen Mitspieler hinzufügen und die Fluglotsenarbeit auf zwei Geräte verteilen. *Flight Control* war ein voller

Erfolg und hat es vom iPhone inzwischen in zahlreiche andere App-Stores geschafft – darunter Android Market, Steam und Intel AppUp.

3. **Rundenbasierte Mehrspieler-Apps**

   Auch wenn Ihr Spiel die Kontrahenten nicht in Echtzeit gegeneinander antreten lässt, können Sie von Netzwerkeffekten profitieren. Falls Sie nicht wissen, was ein rundenbasiertes Spiel ist, denken Sie an ein Brettspiel: Während bei Echtzeitspielen alle Teilnehmer gleichzeitig Aktionen ausführen können, ist bei rundenbasierten Spielen jeder Mitspieler der Reihe nach am Zug. Dies lässt sich gut auf mobile Geräte übertragen: Die beliebten Brettspiele der letzten Jahre sind eine gern genutzte Quelle für App-Ideen.

Im Fall von *Carcassonne* diente die physische Variante nicht nur als Inspiration. Das bekannte Gesellschaftsspiel wurde komplett als iPhone- und iPad-Version umgesetzt. Neben der Möglichkeit, gegen Computergegner oder gar im Solitär-Modus alleine zu spielen, können Mehrspieler-Sitzungen lokal oder via Internet gestartet werden. Damit die Spieler bei Internetsitzungen nicht ihren Spielzug verpassen und so alle aufhalten, wird vom Gerät eine Benachrichtigung wie in Bild 5.9 angezeigt, sobald ein Spieler an der Reihe ist.

BILD 5.9 Benachrichtigung im rundenbasierten *Carcassonne*.
(Screenshot: TheCodingMonkeys)

Durch die Benachrichtigung wird der Spieler die App häufiger aufrufen. Daher sind die Benachrichtigungen ein wichtiger Faktor für Netzwerkeffekte in der App.

 Praxistipp: Freunde „rufen"

Um die Spieler dazu zu bringen, ihre Freunde zum Mitspielen zu animieren, können Sie Hürden in das Spiel einbauen, die man am besten zu zweit meistert. Gleichzeitig bieten Sie eine automatische Einladungsfunktion an, mit der die Spieler ihre Freunde bequem um Hilfe bitten können.

Kreationen uploaden

Nicht jede App ist für einen Mehrspieler-Modus geeignet. Falls Ihr Spiel also nicht in diese Kategorie fällt, können Sie Ihren Spielern eventuell anbieten, dass sie Kreationen aus dem Spiel öffentlich zur Schau stellen.

1. Kreative Leistungen

Wenn Ihre Spieler etwas bauen oder kreativ gestalten, sollten Sie deren Schöpfungen in Community-Galerien ausstellen. In *Eden – World Builder* für iOS, angelehnt an den Klassiker *Minecraft*, bauen die Spieler sich aus Würfeln ihre eigene Welt. „Ihr eigenes Eden", wie die Produktwebsite titelt. Diese künstlichen Welten, in Bild 5.10 sehen Sie so eine Welt, können die Spieler später veröffentlichen und innerhalb der App anderen Spielern zeigen.

BILD 5.10 Eine Kreation aus *Eden – World Builder*. (Screenshot: Ari Ronen)

2. Level-Editor

Wenn Sie Ihre Nutzer eigene Levels gestalten und mit anderen teilen lassen, profitiert Ihre App mehrfach. Zunächst intensiviert sich die Bindung des Nutzers, der die Levels erstellt, denn die Identifikation mit einer Sache steigt, wenn man sie selbst mitgestaltet hat. Sie nutzen mit diesen Gestaltungsmöglichkeiten aber auch die sogenannte intrinsische Motivation des Menschen: Diese treibt uns zu Leistungen an, die wir ohne eine direkte Belohnung erbringen. Wer intrinsisch motiviert ist, investiert seine Zeit und Energie aus Spaß an der Arbeit und einem möglichst schönen Ergebnis.

Dieses Ergebnis fällt dem Spieler nicht in den Schoß: Um ein gutes Level zusammenzustellen, muss er sich intensiv mit dem Spiel auseinandersetzen. Hat er das geschafft, lädt der Level-Bauer seine Schöpfung hoch und teilt sie mit den anderen Spielern. Jegliche Werbung, die er für seine Kreation macht, ist auch Werbung für Ihre App. Und zuletzt profitieren alle anderen Spieler von dem zusätzlichen Level. Denn sie können bei einer starken Community davon ausgehen, dass sie quasi endlos mit neuen Herausforderungen versorgt werden. Dies erhöht wiederum die Bindung der gesamten Spielergemeinschaft.

Spiele mit Level-Editor haben es zwar schon in die App-Stores geschafft, sie sind aber vergleichsweise rar. *Casey's Contraptions* aus der ersten Fallstudie in diesem Buch beispielsweise besitzt einen Editor. Selbstgemachte Rätsel können entweder per E-Mail verschickt oder auf die eigens eingerichtete Website http://shared.caseyscontraptions.com/ hochgeladen werden.

3. Lösungswege

In *Trainyard* müssen die Spieler komplizierte Puzzles lösen. Ziel ist es, Züge in verschiedenen Farben den Remisen der entsprechenden Farbe zuzuführen. Da nur beschränkt Platz zur Verfügung steht, erfordert dies einige Knobelei. Hat man eine Lösung gefunden, kann man diese hochladen und zur Schau stellen. Auf der Website von *Trainyard* (Bild 5.11) werden die Lösungen sortiert nach verschiedenen Kriterien angezeigt – ökonomischster Weg etwa, oder längster Weg.

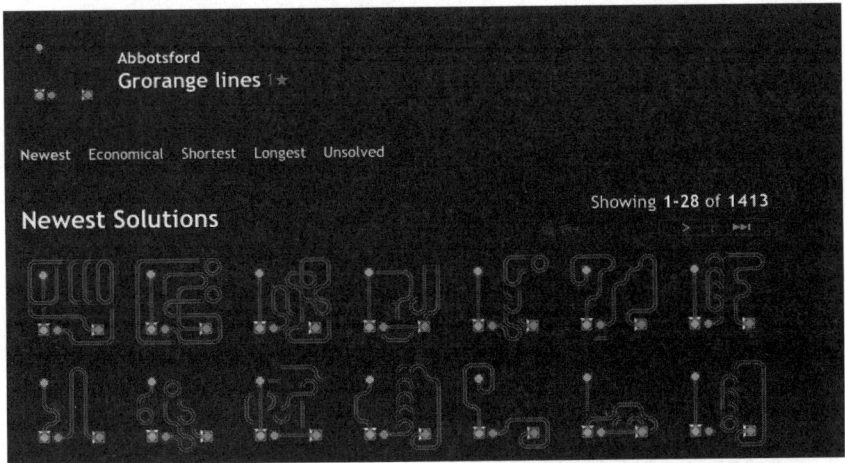

BILD 5.11 Die Website von *Trainyard* bietet eine Galerie mit Nutzer-Lösungen. (Screenshot: Mayerhofer)

5.3.2 „Normale Apps"

Bei Spielen müssen Sie nach Funktionen mit Netzwerkeffekten nicht lange suchen. Denn jede soziale Interaktion ist ein Schritt in Richtung positives Feedback. Bei Apps, die keine Spiele sind, fällt die Erzeugung oft schwerer. Hier sind Netzwerkeffekte oft so grundlegend mit der Produktidee verwurzelt, dass konkrete Tipps für die Erzeugung von Netzwerkeffekten nicht unbedingt passen. Denken Sie beim Suchen und Ausarbeiten Ihrer Idee immer an den Ursprung dieser Effekte: Der Nutzen an einem Netzwerk wächst, wenn dessen Nutzerzahl größer wird.

Im Folgenden erkunden wir einige Beispiele für Funktionalitäten, die Netzwerkeffekte auslösen können. Für Ihre App müssen Sie aber wahrscheinlich Ihre eigene Kreativität einsetzen, denn die Beispiele lassen sich meist nur auf ganz bestimmte App-Typen anwenden.

Apps, die ein Netzwerk im engeren Sinn aufbauen

Warum einfach, wenn es auch kompliziert geht? Wenn Sie Netzwerkeffekte in Ihrer App haben wollen, dann bauen Sie doch ein altmodisches Netzwerk auf.

Programme wie *Viber* oder *WhatsApp* ermöglichen Nutzern das Telefonieren bzw. Chatten über Plattformgrenzen hinweg. Und wo sich hier der Netzwerkeffekt versteckt, ist klar: Je mehr Bekannte ich anrufen oder anchatten kann, desto höher ist der Nutzen dieser Apps für mich. Mehr über *WhatsApp* lesen Sie in der Fallstudie am Ende dieses Kapitels.

Social-Apps

Genau wie bei Computerspielen ist eine soziale Komponente in Ihrer App die Eintrittskarte ins Land der Netzwerkeffekte. Nun gibt es sogar Mutige, die ein echtes Social Network in Form einer App herausbringen. *Path*, zu sehen in Bild 5.12, wagte dieses Experiment und ist als App für Android und iPhone verfügbar. Die App ist Ende 2010 gestartet und konnte bis jetzt keine nennenswerten Marktanteile erobern. Ich kann Ihnen leider auch nicht empfehlen, den

Netzwerkeffekt-Riesen *Facebook* zum Duell herauszufordern. Laut David Kirkpatrick, Autor von „The Facebook Effect", ist die *Facebook*-App mit großem Abstand die meistgenutzte App auf dem iPhone.

BILD 5.12 Das Alleinstellungsmerkmal des Social Networks *Path* ist, dass höchstens 50 Freunde hinzugefügt werden können. Und dass es ausschließlich als App verfügbar ist. (Screenshot: Path)

Statt sich mit *Facebook* anzulegen, hat *Chorus* einen ganz anderen Weg gefunden, „social" zu sein. *Chorus* ist eine innovative App für Nokia Series 60 Smartphones und iPhone, die Nutzern dabei helfen soll, neue Apps zu entdecken. Dabei wird ein Profil jedes Nutzers erstellt, und auf Basis seiner installierten Apps und seiner Bewertungen werden Apps vorgeschlagen, die für ihn interessant sein könnten. Außerdem stützt sich das System auf Social-Networking-Komponenten. Fügt man via *Facebook* oder Adressbuch Freunde hinzu, erscheinen deren App-Favoriten in einer Liste. Dies soll den Austausch der Nutzer fördern. Denn eine persönliche Empfehlung wiegt mehr als eine Berechnung des Computers. Netzwerkeffekte setzen bei *Chorus* an zwei Stellen ein: Zum einen steigt die Qualität der automatischen Vorschläge, je mehr Input der Algorithmus von den einzelnen Nutzern bekommt. Und zum anderen profitieren die User besonders von diesem Dienst, wenn ihre Freunde und Bekannten ebenfalls registriert sind und Empfehlungen abgeben. *Chorus* fristet derzeit noch ein Nischendasein, denn Netzwerkeffekte setzen erst ein, wenn eine kritische Masse an Nutzern erreicht ist. Die Zukunft wird zeigen, ob das Team von *Chorus* diese mit ihrer App erreichen wird.

Standards einführen

Standards führen zu einem genauso starken Netzwerkeffekt wie tatsächliche Netzwerke. Denken Sie zum Beispiel an Tabellen- und Textverarbeitungsprogramme. Welche fallen Ihnen spontan ein? Vielleicht ja *Microsoft Word* und *Excel*, die unangefochtenen Marktführer? Das war nicht immer so. In den 90er-Jahren musste Microsoft den bisherigen Anbieter im Markt für Tabellenkalkulatoren, *Lotus 1-2-3*, verdrängen: durch Bundling der *Office Suite* mit neuen

Computern und dem Entwicklungsvorsprung durch verzögerte Veröffentlichung von neuen Windows-APIs zum Beispiel. Heute ist *MS Office* De-facto-Standard in Unternehmen. Von neuen Mitarbeitern wird erwartet, dass Sie sich mit *Word* und *Powerpoint* auskennen, ja sogar in der Schule wird *MS Office* gelehrt. Doch nicht nur dieses verpflichtende Know-how erzeugte die lukrativen Netzwerkeffekte der Microsoft-Programme, sondern auch deren lange komplett geschlossene Dateiformate. Neueinsteiger scheiterten schon alleine deshalb, weil sich ihre Dateien nicht mit Microsofts *Office* öffnen ließen. Inzwischen veröffentlicht Microsoft die Spezifikationen für die Formate.

Proprietäre Dateiformate spielen in App-Stores bis jetzt eine untergeordnete Rolle. Trotzdem versuchen viele Entwickler, ihre App als neuen Standard einzuführen. Sie wollen eine Datei oder Ihre Kontaktdaten mit jemandem austauschen, den Sie gerade erst kennengelernt haben? Stoßen Sie Ihre beiden Telefone zusammen: *Bump*, englisch für „zusammenstoßen", ist eine App für Android und iPhone. Nutzer stoßen Ihre Handys aneinander und tauschen im selben Moment Kontaktdaten, Links oder Fotos miteinander. *Bump* soll gewissermaßen die Visitenkarte ersetzen. In Bild 5.13 sehen Sie, dass sogar Terminfindung per *Bump* möglich ist. Dabei profitieren die Nutzer von Netzwerkeffekten. Bei einem Barcamp finden Sie wahrscheinlich eine signifikant höhere Zahl an neuen Kontakten, mit denen Sie „zusammenstoßen" können, als auf einem Kongress für Rheumakissen. Es sind die Early Adopters, die für die kritische Masse verantwortlich sind, die das positive Feedback einleiten. Bei *Bump* ist die Phase des exponentiellen Wachstums Anfang 2011 angebrochen. Im Lauf dieses Jahres verzeichnete *Bump* den 50-millionsten Nutzer.

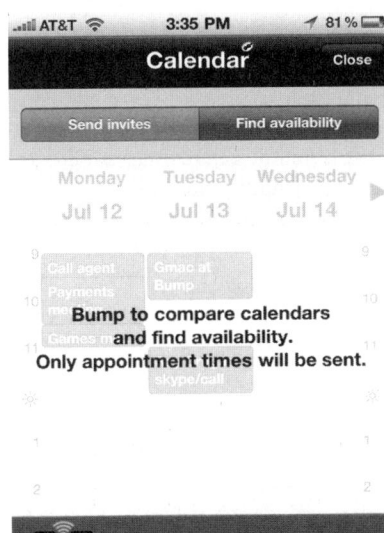

BILD 5.13 *Bump* kalkuliert den Aufenthaltsort aller „Bumps" und weiß so, welche Telefone gerade aneinandergestoßen sind. (Grafik: Bump Technologies)

Für Komplementärgüter sorgen

Erhöhen Sie Verbreitung und Nutzen Ihrer App durch Zusatztools, Integration mit anderen Apps, Einweisungsangebote und offene APIs. *Microsoft Office* hat hier eine weitere Stärke, die zu großen Netzwerkeffekten führt. Gerade durch den Status als De-facto-Standard gibt es eine Unmenge an Plugins, Makrosammlungen, Bücher und Kurse für die Bürosoftware.

Spätestens seit dem Beispiel der mobilen Betriebsysteme, bei denen die Apps die Komplementärgüter darstellen, sollte Ihnen die Bedeutung dieses indirekten Netzwerkeffekts bewusst sein.

Instapaper ist ein Tool (mit angeschlossener App), mit dem man Artikel speichern kann, um sie später zu lesen. Dabei installiert man im Browser eine kleine Schaltfläche, und per Mausklick werden die interessanten Artikel an *Instapaper* gesandt. Später kann man sie lesefreundlich aufbereitet in einem Webinterface abrufen, an seinen Kindle senden lassen oder in einer der mobilen Apps schmökern. Lesenswerte Artikel können nicht nur im Browser gesammelt werden, sondern auch in vielen Apps: Denn *Instapaper* bietet eine API an, damit Entwickler den Button „senden an Instapaper" in ihre Apps integrieren.

> *„Die Integration dieser Funktion führt zu einem zweiseitigen Markt: Je mehr Webdienste und lokale Applikationen, für die diese Funktion sinnvoll ist, sie integrieren, desto nützlicher wird die eigentliche Applikation für den Endnutzer (weil er sie überall vorfindet). Daraus resultiert, dass mehr Menschen Instapaper einsetzen, was wiederum den Anreiz für Anbieter von anderen Applikationen erhöht, diese Verbindung zu integrieren. Denn je weitverbreiteter die Nutzung von Instapaper und damit die Integration in Applikationen, desto eher kommt der Punkt, an dem das Fehlen der Integration ein Ausschlusskriterium für einige Endnutzer wird." (Weiß, 2010)*

Bis jetzt haben sich mehr als 140 App-Entwickler zur Nutzung der Schnittstelle entschlossen, und wie Sie in Bild 5.14 sehen können, macht *Instapaper* auch kein Geheimnis daraus.

Exklusiver User Generated Content

Auch wenn Nutzer in Ihrer App selbsterstellte Inhalte hochladen dürfen, sollten Sie sich auf einen harten Kampf einstellen. Der Begriff User Generated Content entstand im Zusammenhang mit dem Begriff Web 2.0, als Websites wie *Flickr* und *YouTube* rasant wuchsen. Gemeint sind mit dem Begriff jegliche Inhalte, die anstatt vom Anbieter von den Nutzern erstellt wurden. Dazu zählen Fotos, Videos, Blogeinträge, Podcasts und sogar Bookmarks.

Für Content-Netzwerke setzt das positive Feedback dann ein, wenn die Nutzer zum Suchen eines Inhalts automatisch ihr Netzwerk wählen und auf der anderen Seite die Uploader damit rechnen, nur in diesem Netzwerk von Interessenten gefunden zu werden. *YouTube* beispielsweise konnte davon profitieren, als First Mover bereits früh eine starke Nutzerbasis aufzubauen. Heute ist *YouTube* unangefochtener Marktführer und verzeichnete 2011 mehr als drei Milliarden tägliche Videoabrufe.

Auch viele Apps kämpfen um die Gunst der Uploader. In der Arena mobiler Foto-Apps ringen derzeit *Instagram* und *picplz* um die Oberhand. Beide Apps sorgen mit Farbfiltern dafür, dass langweilige Handyfotos einen neuen Anstrich bekommen, und posten die Bilder in Echtzeit in verschiedenen sozialen Netzwerken sowie in den eigenen, integrierten Plattformen der App.

Während *Instagram* ausschließlich als iPhone-App vorliegt, gibt es von *picplz* auch eine Android-App und ein Webinterface. Die Strategien der beiden Start-ups könnten unterschiedlicher nicht sein. *Instagram* war als First Mover zuerst am Markt. Doch auch als Konkurrenten auftauchen, beschränkte sich *Instagram* weiter auf die iOS-Plattform und versuchte, stattdessen mit Qualität und „Exklusivität" zu punkten. Währenddessen nutzt *picplz* die Kraft der Netzwerkeffekte voll aus und spricht eine möglichst breite Nutzerbasis an. Exklusivität scheint ein kontraproduktives Konzept zu sein, wenn doch durch Netzwerkeffekte möglichst viele Nutzer angezogen werden sollen.

Supporting iPhone and iPad apps

Over 140 iPhone and iPad apps support sending pages directly to Instapaper using the Developer API, including:

News	Feed Readers	Twitter	Other
Flipboard	Reeder	Twitter	Instacast
Zite	Reeder for iPad	Twitterrific	Seesmic
News.me	Byline	Tweetbot	Meteoric
Slate Magazine	Pulse	Tweet Library	All of Wikipedia - Offline
StumbleUpon	Pulse Mini	Osfoora	Webmail++
Hitpad	Mr. Reader	Osfoora HD	PhotoVerse
ProPublica	NewsRack	Hootsuite	Stelr (FriendFeed)
The Next Web	The Early Edition	TweetList	Delibar (Delicious, Pinboard)
News Feed Elite	NetNewsWire	SimplyTweet	Yummy (Delicious)
National Post	NetNewsWire Premium	Echofon Pro	DBD (Delicious)
ParisTech Review	NetNewsWire for iPad	Twittelator Pro	Trunkler
The Accidental News Explorer	River of News	TwitBird	Stack Up
Newspapers	Slide Reader	Summizer	favShare
More... ▼	More... ▼	More... ▼	More... ▼

BILD 5.14 Auf der Website von *Instapaper* werden kompatible Apps aufgelistet. (Screenshot: Mayerhofer)

Das Beispiel von *Facebook* lehrt aber, dass auch ein vorerst eingeschränkter Nutzerkreis Vorteile haben kann: Das soziale Netzwerk war zunächst nur für Harvard-Studenten und später nur für US-Studenten geöffnet. Die ersten Nutzer fühlten sich einem erlesenen Kreis zugehörig und wurden davon geradezu magnetisch angezogen. Dies war einer der Zünder für *Facebooks* Kreis des positiven Feedbacks. Ob diese Strategie bei *Instagram* auch funktionieren wird, bleibt freilich abzuwarten. Im Moment des Entstehens dieses Buchs lagen die beiden Apps ungefähr gleichauf.

Lerneffekte

Der Nutzen einer App steigt, je mehr Nutzer sich mit ihr auskennen, durch sogenannte Spill-Over-Effekte. Denn Nutzer geben ihr Wissen an andere Nutzer weiter und erhöhen so den Nutzen des Programms. Es ist also in Ihrem Interesse, so viel Wissen über Ihre App wie möglich an interessierte Nutzer weiterzugeben. Diese geben das Wissen dann an weniger

Interessierte weiter. Dazu bieten sich Lernprogramme, Screencasts und vor allem Userforen an.

 Praxistipp: Userforen verwenden

Durch Userforen wird die Funktion des App-Lehrers ganz einfach an Ihre Nutzer ausgelagert. Diese erklären Ihre App und geben sogar technischen Support. Bei kniffligen Fragen können Sie selbst einschreiten. Sie brauchen auch nicht viel Zeit in die Einrichtung zu investieren, denn Plattformen wie getsatisfaction.com, Uservoice oder CrowdSound ersparen Ihnen die Arbeit. Außerdem bekommen Sie durch Dienste wie diese wertvolles Nutzerfeedback und können Umfragen zum nächsten Update durchführen.

Marktplätze

Ähnlich wie bei den Plattformen für User Generated Content, buhlen die Marktplätze in Apps und anderswo um die Gunst von Händlern und Käufern. Marktplätze wie eBay und immonet.de sind zunächst im Web aktiv gewesen und bieten nun eine zusätzliche App an, um auf mehreren Geräten verfügbar zu sein. Die verstärkte Präsenz führt zu vermehrter Nutzung und kräftigt die Netzwerkeffekte. Denn der Nutzen der App steigt für die Käufer mit jedem zusätzlichen Verkäufer und umgekehrt. In Bild 5.15 sehen Sie die WP7-App der Auktionsplattform eBay.

BILD 5.15 Neben der abgebildeten App für Windows Phone 7 bietet eBay Apps für Windows, Mac, iOS, Android und Blackberry an. (Screenshot: eBay, Inc.)

Auch wenn Marktplätze ihre Wurzeln derzeit noch im Web haben, kann sich der Wind jederzeit drehen. Noch vor einigen Jahren wäre es nicht denkbar gewesen, dass Dienste wie *Instagram* und *picplz* zuerst als mobile Apps und erst später im Web erscheinen. Ähnliches ist auch für virtuelle Marktplätze denkbar.

Profitiert Google von Netzwerkeffekten?

Zum Abschluss des Abschnitts über die Suche nach Netzwerkeffekten sehen wir uns noch ein sehr populäres Produkt an, das es mehr oder weniger ohne Netzwerkeffekte an die Spitze geschafft hat: Die *Google*-Suche. Der von den *Google*-Gründern erfundene PageRank sortierte die Suchergebnisse nicht mehr nur nach Häufigkeit eines Suchworts auf der Website, sondern maß die Verbindungen zwischen den Websites, um die Relevanz jeder einzelnen Seite festzustellen. Mit dieser revolutionären Idee gelang *Google* der Durchbruch. Zu diesem Zeitpunkt spielten Netzwerkeffekte für den Dienst noch eine sehr untergeordnete Rolle. Die Suchmaschine wurde zum unangefochtenen Marktführer, und das einzige positive Feedback entstammte einem kleinen Lerneffekt und der positiven Grundstimmung gegenüber dem Produkt. *Google* schaffte es also fast ohne Netzwerkeffekte, Marktführer zu werden.

Heute hingegen strotzt *Google* nur so von Netzwerkeffekten. Tausende von Unternehmen bieten Suchmaschinenoptimierung an, damit Websites von *Google* besser gefunden werden. Das ganze Internet richtet sich nach den Algorithmen der Suchmaschine. Und auch die primäre Einnahmequelle *Googles* ist ein klassischer, zweiseitiger Netzwerkmarkt. Die Werbekunden sind hierbei die eigentlichen Nutzer, und das Komplementärgut, das sind Sie. *Google* verkauft die Klicks derjenigen, die auf *Google* suchen, und so profitieren die Werbekunden von jeder zusätzlichen Suchanfrage.

Wer hätte gedacht, dass Netzwerkeffekte für *Google* einmal eine so große Rolle spielen würden? Die Moral dieser Geschichte ist, dass sich Netzwerkeffekte in Softwareprodukten oft nur schwer oder mit viel Weitsicht vorhersagen lassen. Seien Sie aber aufmerksam und erkennen Sie Netzwerkeffekte und Chancen für solche in Ihrer App, sobald sie sich auftun.

■ 5.4 Offenheit oder Kontrolle?

Möglicherweise konnten Sie Netzwerkeffekte in Ihrer App identifizieren oder sogar nachträglich implementieren. Damit haben Sie bereits die halbe Miete. Jetzt geht es daran, den Netzwerkeffekt auch zum Erfolg zu führen. Technologien, die starken Netzwerkeffekten unterliegen, neigen zu langen Anlaufzeiten, gefolgt von explosivem Wachstum (Shapiro & Varian, 1999). Ihr Ziel ist es, die lange Vorlaufzeit erfolgreich zu meistern, um sich dann während der Wachstumsphase zurücklehnen zu können. Die erste und gleich schwierigste Entscheidung, die Sie treffen müssen, ist die zwischen Offenheit und Kontrolle.

Wollen Sie Kontrolle über Ihr App-System behalten und gestalten es proprietär? Oder entscheiden Sie sich für die „offene" Variante und machen Sie APIs und Spezifikationen für alle Welt zugänglich? Keine leichte Entscheidung. Zum Glück gibt es noch eine Menge von Schattierungen zwischen den beiden Extremen. Kontrolle macht sich bezahlt, wenn es Ihre App schaffen sollte, richtig abzuheben. Dann sind Ihre Nutzer gebunden, und Konkurrenten können nur schwer in den Markt eintreten. Andererseits erreichen Sie die kritische Masse an Nutzern schneller und einfacher, wenn Sie sich und Ihre App öffnen.

Offenheit

Sich zu öffnen ist die richtige Strategie, wenn nicht einer der Anbieter der stärkste ist oder sein kann. In so einem Fall können einzelne Marktteilnehmer nicht einfach neue Standards diktieren.

Wenn mehrere Produkte ineinandergreifen müssen, entwickelt sich meist von allein ein offener Standard. Vor der Einführung von HTML war es beispielsweise nicht möglich, Informationen schnell und einfach miteinander zu teilen.

Im Zweifelsfall ist Offenheit der sichere Weg. Wenn Sie nicht alles darauf setzen wollen, dass Ihre App aus eigener Kraft positives Feedback auslösen kann, sollte sie offen bleiben.

Wenn Sie sich für den offenen Weg entschieden haben, können Sie immer noch festlegen, ob Sie sich komplett öffnen oder eine strategische Allianz eingehen wollen. Mit einem Partner können Sie einen Standard dann gemeinsam durchsetzen.

Denken Sie bei der Wahl der richtigen Strategie immer an den Grundgedanken von Netzwerkeffekten: Wie groß ist die Wertsteigerung Ihrer App durch Netzwerkeffekte? Nur wenn der Wert signifikant mit der Größe des Netzwerks ansteigt, ist es sinnvoll, totale Kontrolle anzustreben. Ist die Wertsteigerung nur minimal, kann der Verkauf von Konkurrenzprodukten möglicherweise sogar die Umsatzzahlen erhöhen. Nämlich dann, wenn der Gesamtmarkt dadurch wächst und Ihr Marktanteil zumindest nicht schrumpft.

Kontrolle

Kontrolle ist die passende Strategie, wenn man bereits in einer starken Position ist. In einer solchen Position befinden sich Google Ads und Microsoft. In manchen Fällen stammt diese dominante Position aus überragender Qualität. Wenn Sie sich aber an das unbeliebte Windows Vista zurückerinnern, wird klar, dass sich die Marktführer einiges leisten dürfen, bevor ihre Führungsposition in Mitleidenschaft gezogen wird.

■ 5.5 Der Pinguineffekt

Eisbrecher-Kapitäne werden es kennen: Man sitzt bei der Antarktis-Erkundung auf dem Deck und beobachtet die Pinguine. Sie stehen in Gruppen auf dem Eis herum und trauen sich nicht ins Wasser zu springen, um frischen Fisch zu besorgen. Denn im Wasser lauern vielleicht schon die Fressfeinde der Pinguine auf ihr Abendbrot. „Einer der anderen soll bitte zuerst ins Wasser springen, dann können wir die Gefahr besser abschätzen", denken sie sich wahrscheinlich und warten, bis sich ein paar Todesmutige in die eisigen Fluten stürzen. Auch wenn Sie zu der Mehrheit von Menschen gehören, die noch nie Eisbohrungen in der Antarktis vorgenommen haben, verstehen Sie jetzt trotzdem, was der Pinguineffekt ist: Ein Pinguin muss den ersten Schritt machen, dann werden die anderen hinterherspringen.

Software, die von Netzwerkeffekten abhängig ist, leidet zunächst immer unter einem starken Pinguineffekt. Denn Netzwerkeffekte greifen erst, wenn eine kritische Masse an Nutzern erreicht ist. Ihre App wird erst für andere Nutzer attraktiv, wenn der zusätzliche Nutzen des geschaffenen Netzwerks den Wert Ihrer App über den Kaufpreis anhebt. Deswegen müssen Sie nach Wegen suchen, die ersten Pinguine dazu zu bewegen, Ihre App zu benutzen.

Die Problematik verstärkt sich dadurch, dass Sie mit Ihrer Netzwerk-App am besten als First-Mover in den Markt einsteigen sollten. Denn war ein Konkurrent schneller, arbeitet für ihn bereits der Kreislauf des positiven Feedbacks. Und dieser Kreislauf arbeitet dann gegen Sie. Welche Strategien können Sie also verfolgen, um so schnell wie möglich eine große Zahl von Nutzern zu mobilisieren?

Überlegenes Produkt anbieten

Der einfachste und sicherste Weg, die kritische Masse an Nutzern zu erreichen, ist eine in allen Punkten überlegene App. Umgekehrt ist eine herausragende App schon fast Voraussetzung, die kritische Masse zu erreichen.

In der Einführungsphase sind die Netzwerkeffekte mitunter vernachlässigbar schwach. Für diesen Fall sollte Ihre App genug Grundnutzen besitzen, ohne auf Netzwerkeffekte angewiesen zu sein.

Preissenkungen und Freemium

Da eine Netzwerk-App oft ein großes Stück Wachstum zurücklegen muss, bevor die Netzwerkeffekte greifen, ist ihr Wert anfänglich meist sehr gering. Diesen geringen Wert müssen Sie unter Umständen durch einen niedrigen Verkaufspreis wettmachen. Viele Anbieter verschenken ihre Apps anfangs sogar, um später, wenn die Netzwerk- und Lock-In-Effekte eingesetzt haben, Geld für ihre Leistungen zu verlangen. Die beliebteste Preisstrategie in diesem Zusammenhang nennt sich Freemium, Sie haben sie bereits kennengelernt. Dabei wird das Produkt zuerst verschenkt und später gegen Bezahlung mit Premiumfeatures angeboten. *Skype* konnte so einen Kreislauf positiven Feedbacks auslösen und hat heute Hunderte Millionen Nutzer. In Kapitel 11 erfahren Sie alles, was Sie zum Zusammenschrauben Ihrer eigenen Freemium-Strategie benötigen.

Schnittstellen anbieten

Ermöglichen Sie anderen Entwicklern, sich mit Ihrer App zu verbinden, indem Sie Schnittstellen anbieten. *Twitter* ist durch die offene API groß geworden. Heute gibt es Hunderte von *Twitter*-Clients und zahllose andere Apps, die Nutzer an den Dienst binden. Falls sich die anderen Entwickler zieren, Ihre Schnittstellen zu nutzen, können Sie auch die Flucht nach vorne antreten und fremde Schnittstellen ansteuern. *Picplz* bietet beispielsweise eine Schnittstelle an, mit der Programmierer die Fotofilter in eigenen Anwendungen einbauen können. Da die Gründer von *Picplz* sich aber nicht darauf verlassen können, dass die Schnittstelle ausreichend genutzt werden wird, integrierten sie Upload-Schnittstellen zu *Facebook*, *Twitter*, *Flickr*, *Tumblr*, *Posterous* und *Foursquare*. Ohne diese Funktion wäre die App für die meisten Nutzer wertlos.

Strategische Partnerschaften

Wie bereits angesprochen, können Entwickler, die den Mittelweg zwischen Offenheit und Kontrolle suchen, sich mit anderen Anbietern zusammenschließen. Dabei geht es nicht darum, die gesamte Geschäftstätigkeit oder Entwicklungsarbeit gemeinsam zu erledigen.

Vielmehr einigen sich mehrere Anbieter auf einen Standard oder eine Schnittstelle, damit alle Teilnehmer davon profitieren können.

Die Konkurrenten Visa und Mastercard einigten sich Ende der 1990er Jahre auf einen gemeinsamen Standard für Mikrochips auf Kreditkarten. Zuvor hatten die Anbieter verschiedene proprietäre Standards. Hätten sich die Anbieter nicht zusammengerauft, gäbe es heute vielleicht getrennte Supermarktkassen für Visa- und Mastercard-Zahler.

Bundling

Um eine höhere Reichweite zu bekommen, können Sie sich mit Ihrer App an eine andere, beliebtere App anheften. Beim Bundling werden normalerweise mehrere Apps zusammen zu einem deutlich niedrigeren Preis angeboten. Derzeit bieten die meisten App-Stores diese Möglichkeit aber nicht an. Um sich trotzdem den Weg auf die Geräte der Nutzer zu bahnen, können Sie Ihre Funktionalität zum Beispiel in die einer anderen integrieren. *iA Writer*, eine schlichte Notiz-App, synchronisiert beispielsweise alle geschriebenen Textdokumente mit *Dropbox*. So vergrößert sich mitunter das *Dropbox*-Netzwerk, ohne dass die *Dropbox*-eigene App heruntergeladen wurde. Umgekehrt suchen *Dropbox*-Nutzer vielleicht gezielt nach dieser Funktion, die von den Hunderten anderen Notiz-Apps nicht angeboten wird. So profitiert *iA Writer* auch direkt von den Netzwerkeffekten, die *Dropbox* groß gemacht haben.

Kundenerwartungen schüren

Möglicherweise der wichtigste Faktor beim Starten einer Netzwerk-App sind die Erwartungen der Nutzer. Können Sie das Nutzer-Sentiment so beeinflussen, dass Ihre App als „die Zukunft" angesehen wird, lösen Sie bisweilen eine Self-fulfilling Prophecy (selbsterfüllende Prophezeiung) aus. Darunter versteht man eine Vorhersage, die sich deshalb erfüllt, weil diejenigen, die an die Prophezeiung glauben, sich – meist unterbewusst – aufgrund der Vorhersage so verhalten, dass sie sich erfüllt (Smith & Mackie, 2000). Auf die App-Store-Ökonomie angewandt, bedeutet das: Eine App, von der die User vermuten, dass sie zum Standard werden könnte, wird auch zum Standard. Nachdem die Nutzer erwarten, dass die App zukünftig durch Netzwerkeffekte eine starke Wertsteigerung erfahren wird, kaufen sie die App schon früh und bilden so selbst die Grundlage für die Netzwerkeffekte. Umgekehrt kauft niemand die App eines Anbieters, dem vorausgesagt wird, dass sein Netzwerk austrocknen wird.

Es handelt sich hierbei um klassische Zyklen positiven beziehungsweise negativen Feedbacks, die Sie ausnutzen sollten. Klassischerweise kommunizieren IT-Konzerne vor einem Launch immer, wie revolutionär ihr neues Produkt sein wird, um die Konkurrenz zu schwächen. Zwei Monate vor dem Verkaufsstart des HP Touchpad sagte der Europa-Chef von Hewlett-Packard, Eric Cador: „In der PC-Welt, mit weniger Möglichkeiten, die HP-Produkte von unseren Mitbewerbern zu differenzieren, wurden wir die Nummer eins. In der Tablet-Welt werden wir besser als Nummer eins. Wir nennen es die Nummer eins plus." (übersetzt aus: The Telegraph, 21. Mai 2011) Im August 2011, weniger als sieben Wochen nachdem das TouchPad in den Vereinigten Staaten eingeführt wurde, kündigte Hewlett-Packard an, Hardware-Geräte mit webOS einzustellen.

Solche großmundigen Ansagen sind eine klassische Strategie in der Branche, denn jedes Unternehmen weiß, dass sich Kundenerwartungen schnell in die Realität übertragen. Als App-Store-Unternehmer sollten Sie sich in der Kommunikation ebenso optimistisch verhalten und können ruhig dick auftragen. Eine solide App brauchen Sie aber trotzdem, denn auch die beste Kommunikation kann über ein schwaches Produkt nicht hinwegtäuschen. Auch das beweist die peinliche Episode um das Touchpad von HP.

Lock-In über mehrere Geräte verstärken

Die meisten Apps, die von starken Netzwerkeffekten profitieren, finden Sie auf mehr als einem Gerät. Klar, denn ein Netzwerk, das nur auf Android-Handys anzutreffen ist, wächst nur innerhalb der Grenzen der Plattform. Deswegen ist es sinnvoll, eine solche App so schnell wie möglich auf verschiedenen Plattformen anzubieten. *Skype* bietet Apps für zahlreiche Plattformen an: Herkömmliche Computer, mobile Geräte und sogar Fernsehgeräte finden sich in der Liste. Durch diese Verfügbarkeit werden die Netzwerkeffekte von *Skype* weiter ausgebaut.

Planen Sie also frühzeitig die Expansion in weitere Plattformen und sichern Sie sich die wertvollen Nutzer, bevor die Konkurrenz zuschlägt.

Webdienst starten

Neben zusätzlichen Apps können Sie auch einen Webdienst starten, der die Funktionalität Ihrer App in den Browser bringt. In der Vergangenheit haben viele Netzwerk-Apps den umgekehrten Weg genommen. Zuerst wurde ein Webdienst gestartet und später kam eine komplementäre App dazu. Aber die Bedeutung der App-Welt ist inzwischen so groß, dass viele Entwickler es wagen, zunächst mit einer App zu starten und das Web-Interface erst später zu bauen.

Die Entwickler der App *Mehr-Tanken* (Bild 5.16) sind diesen Weg gegangen. Mithilfe ihrer App lassen sich Kraftstoffpreise vergleichen und die günstigste Tankstelle in der Umgebung finden. Angelpunkt der App sind mobile Apps für iPhone und Android – das Webinterface ist eher Beiwerk. Das lässt sich auch daran erkennen, dass die Apps über weitaus mehr Funktionen verfügen, wie das Speichern von Präferenzen und Favoriten oder Anzeigen einer Landkarte. Die App profitiert von einem Netzwerkeffekt, denn je mehr Nutzer mithilfe der App Preise melden, desto verlässlicher sind die Ergebnisse. Um die notwendige Nutzerbasis schnell aufzubauen, ist die App kostenlos – mit kostenpflichtigen Premiumfunktionen als In-App-Purchase.

BILD 5.16 *Mehr-Tanken* für Android.
(Screenshot: webfactor media UG)

Importfunktionen

Um den potenziellen Überläufern die Entscheidung einfacher zu machen, können Sie Daten aus einer fremden App importieren. Dadurch umgehen Sie möglicherweise den Lock-In-Effekt, den die andere App ausübt. Wenn Sie zum Beispiel den Firefox-Browser installieren, werden Sie beim ersten Start gefragt, ob Sie die Lesezeichen aus Ihrem alten Browser importieren möchten.

Einladungs-Funktion

Die Wichtigkeit der Einladungs-Funktion habe ich in diesem Kapitel schon mehrfach betont. Neben den klassischen Wegen, auf denen man Freunde zur Nutzung einer App auffordern kann, können Sie Ihre App auch mit einer Geschenk-Funktion ausstatten. Möglicherweise sind Ihre Nutzer so dringend auf der Suche nach Mitspielern, dass sie in Kauf nehmen, die App für einen ihrer Freunde zu bezahlen. Alternativ können Sie verschenkte Apps günstiger anbieten als auf normalem Weg gekaufte.

■ 5.6 Das Henne-Ei-Problem

Was war nun zuerst, Henne oder Ei? Diese vermeintlich nicht zu beantwortende Frage spielt bereits in philosophischen Erörterungen in der Antike eine Rolle. Aristoteles zerbrach sich den Kopf über die Entstehung des Lebens:

> *„Wenn da ein erster Mensch war, so muss er ohne Vater und Mutter geboren worden sein; dies aber widerspricht der Natur. Denn es kann kein erstes Ei gegeben haben, aus dem ein Vogel geschlüpft ist, denn dann müsste es einen ersten Vogel gegeben haben, der das Ei gelegt hat."*

Heute wissen wir, dass kleine Dinosaurierbabys bereits Millionen Jahre vor dem ersten Huhn aus Eiern geschlüpft sind, das Henne-Ei-Problem begegnet uns in anderer Form. Als Programmierer hatten Sie es sicher schon öfter mit Zirkelbezügen zu tun. Und auch Produkte, die indirekten Netzwerkeffekten unterliegen, sind dem Henne-Ei-Problem unterworfen: Der Betreiber eines Einkaufszentrums braucht Kunden und Läden, die Miete zahlen. Ohne Läden kommen keine Kunden und ohne Kunden werden sich keine Läden ansiedeln. Womit soll der Betreiber also beginnen? Zuerst Kunden anwerben oder sich um Läden bemühen?

Sollten Sie als Anbieter in einem zweiseitigen Markt vor dem Henne-Ei-Problem stehen, gibt es einen Ausweg: Stimmung erzeugen. Überzeugen Sie die Öffentlichkeit oder zumindest Ihre Zielgruppe davon, dass Ihre Anwendung die App der Zukunft ist. Erinnern Sie sich an Bild 5.5, den Kreislauf des indirekten Netzwerkeffekts. Wenn die Ladenmieter in unserem fiktiven Einkaufszentrum davon ausgehen, dass demnächst viele Kunden ankommen werden, steigt die Zahl der Mieter. Umgekehrt werden mehr Einkäufer erscheinen, wenn sie hören, dass sich neue Geschäfte ansiedeln.

Überlegen Sie zunächst, welche der beiden Gruppen, die Sie anziehen wollen, am ehesten als Pioniere in Ihr junges Netzwerk eintreten würden. Diese müssen Sie locken, genau wie die hungrigen Pinguine. Selbstverständlich gibt es auch natürliche Einschränkungen: Ladenbesitzer werden eine längere Vorlaufzeit benötigen als Einkäufer, genauso wie App-Entwickler im zweiseitigen Markt von Apps und Endgeräten.

Sprechen Sie zunächst die Gruppe von Teilnehmern an, die entweder für Ihr Netzwerk wertvoller oder aber leichter zu akquirieren sind. Ihr erstes Mittel der Ansprache ist die Kommunikation. Sie können aber auch Anreize schaffen, die Sie notfalls bezahlen müssen. Google hat etwa in der Vergangenheit auf Developer-Events kostenlose Android-Handys an Entwickler und Journalisten ausgehändigt, um den Android Market voranzubringen.

Wenn die Gruppe der potenziellen Teilnehmer überschaubar ist, können Sie die möglichen Partner auch direkt ansprechen. *Zinio* bietet eine App für iOS, Android und das Web an, mit der man aktuelle Magazine kaufen und am Gerät lesen kann. Dafür arbeitet *Zinio* direkt mit den großen Verlagen zusammen und handelt gute Konditionen aus. Ist erst einmal eine große Userbasis geschaffen, werden weitere Verlage ganz von selbst kommen – so die Strategie.

■ 5.7 Fallstudie: WhatsApp Messenger – Erkennt WhatsApp Inc. alle Potenziale?

Der *WhatsApp Messenger* von WhatsApp Inc. (Bild 5.17) ist ein Plattform-übergreifendes Chatprogramm für iPhone, Android, BlackBerry sowie Nokia. Der Nutzer kann damit Kosten für SMS einsparen, da zur Übertragung eine Internetverbindung genutzt wird.

BILD 5.17 Screenshots von *WhatsApp* auf allen verfügbaren Plattformen. (Screenshot: Mayerhofer)

WhatsApp Inc. wurde 2009 von zwei Yahoo-Veteranen gegründet: Jan Koum war zuvor für kritische interne Teile der Yahoo-Infrastruktur verantwortlich, und Brian Acton war Vice President of Engineering. Die App tauchte am 16. Juli 2009 zum ersten Mal für 0,99 Dollar im Apple App Store auf und war zunächst ausschließlich für iPhone verfügbar. Die erste Resonanz war nur mäßig, und die App schaffte es nicht in die Top-50-Listen. Erst als die App im September 2009 vorübergehend kostenlos angeboten wurde, kam der Durchbruch. Obwohl die App kurze Zeit später wieder kostenpflichtig wurde, kletterte sie bis Weihnachten auf Platz eins der Social-Networking-Apps in 39 Ländern und allen wichtigen Kernmärkten. Später erschienen Apps für Android, Blackberry, Nokia S60 und Symbian, die im Gegensatz zur iPhone-Variante im ersten Jahr kostenlos sind und danach 1,99 Dollar jährlich kosten.

WhatsApps Kernfunktion ist der Chat zwischen mobilen Geräten. Neben herkömmlichen Textnachrichten können auch Sprachmemos, Bilder und Ortsdaten versandt werden. Nachrichten werden vom Server entgegengenommen, und falls ein Nutzer gerade offline ist, wird eine Push-Benachrichtigung an sein Gerät versandt. Dadurch erreicht *WhatsApp* die Verlässlichkeit von herkömmlichen SMS. Nutzer müssen keinen Account anlegen, sondern werden mit ihrer Telefonnummer registriert. *WhatsApp* gleicht dann das Adressbuch des Telefons mit allen registrierten Nummern ab und fügt die bekannten Kontakte automatisch hinzu. Dadurch senkt *WhatsApp* die Einstiegsbarriere erheblich. Leider veröffentlicht *WhatsApp* keine Nutzerzahlen.

Mitbewerber

WhatsApp war eine der ersten Chat-Apps im iTunes App Store, was dem Unternehmen einen deutlichen First-Mover-Vorteil sicherte. Trotzdem ist die Konkurrenz groß.

1. **Skype (kostenlos)**
   Skypes Plattform hat mit Apps für PC, Smartphones und TV das breiteste Geräteportfolio. Neben der Chatfunktion liegt der Schwerpunkt von *Skype* auf Telefon- und Videoanrufen. Mit *Skype*-Guthaben lassen sich auch herkömmliche SMS meist zu günstigeren Tarifen versenden. Durch diese Funktion werden herkömmliche Telefone in das Netzwerk integriert.

2. **eBuddy Messenger (kostenlos)**
   eBuddy ist eine Online-Plattform, die es dem Nutzer ermöglicht, sich in verschiedene Instant-Messaging-Zugänge gleichzeitig einzuloggen. Unterstützt werden die Chatprotokolle von Windows Live, Yahoo!, AIM, Google Talk, ICQ, Facebook, Hyves und Myspace. Neben dem browserbasierten Interface existieren Apps für Android, Symbian und iOS. Nachrichten werden wie bei *WhatsApp* vom Server angenommen und Offline-User benachrichtigt. *eBuddys* Stärke ist die Konzentration verschiedener Plattformen in einer App. Statt ein eigenes Netzwerk aufzubauen, nutzt das Unternehmen die enormen Nutzerzahlen bestehender Instant-Messengers. Auf die Netzwerke von *WhatsApp* und *Skype* hat die App dagegen keinen Zugriff. Größter Nachteil der App sind große Einstiegsbarrieren, da für jede der gewünschten IM-Plattformen ein separater Account beim Plattformbetreiber erstellt werden muss.

3. **BlackBerry Messenger (kostenlos)**
   BlackBerry Messenger ist eine proprietäre Instant-Messenger-Anwendung die auf jedem BlackBerry-Gerät vorinstalliert ist und die Nachrichtenübermittlung zwischen BlackBerry-Nutzern ermöglicht. Kontakte müssen manuell hinzugefügt werden. Nutzer können Text, Bilder und Ortsdaten versenden.

4. **Apple iMessage (kostenlos)**
   iMessage ist eine App von Apple für iPod touch, iPhone und iPad, mit der Nachrichten zwischen diesen Geräten versandt werden können. Das *iMessage*-Feature wurde in die ursprüngliche SMS-Anwendung auf dem iPhone integriert. Versendet man eine SMS an

einen iPhone-Nutzer, wird die Nachricht automatisch kostenlos via *iMessage* zugestellt. *iMessage* nutzt wie *WhatsApp* das integrierte Telefonbuch und unterstützt ebenfalls Text, Bilder und Ortsdaten.

Fragen:

1. Abgesehen von Netzwerkeffekten, welche Wechselkosten entstehen für Nutzer von *WhatsApp*?
2. Analysieren Sie die Stärken und Schwächen von *WhatsApps* Konkurrenten. Welche Faktoren begünstigen *WhatsApps* Netzwerk und welche könnten zur Bedrohung werden?
3. Was bedeutet die Einführung von *iMessage* für *WhatsApp*?
4. Wie kann das Unternehmen der Einführung begegnen?
5. Welche Maßnahmen würden Sie *WhatsApp* empfehlen, um
   a) die Kundenbindung zu vertiefen?
   b) die Einnahmen zu erhöhen?

 Lessons Learned

Netzwerkeffekte sind bei Apps die Regel.

Eine der wichtigsten Besonderheiten bei Informationsgütern ist ein positiver externer Effekt, der als Netzwerkeffekt bezeichnet wird. Das Prinzip ist simpel: Je mehr Nutzer eines Systems es gibt, desto größer ist der Nutzen für den Einzelnen.

Enorme Wechselkosten verhindern, dass Nutzer ein starkes Netzwerk verlassen.

In Netzwerkmärkten wirkt ein Lock-In-Effekt, der alle Nutzer als Gesamtheit betrifft. Um den Wechsel zu einer anderen Plattform attraktiv zu machen, muss nicht nur ein Nutzer das Netzwerk verlassen, sondern am besten alle gleichzeitig.

Ein Produkt, das Netzwerkeffekten unterliegt, muss zunächst eine kritische Masse an Nutzern erreichen.

Das Wachstum in Netzwerkmärkten folgt einem Muster: Zunächst wächst die Nutzerbasis, bis eine Schwelle erreicht wird. Danach setzt starkes, exponentielles Wachstum ein, bis der Markt gesättigt ist. Damit Sie diese Schwelle erreichen, muss Ihre App auch ohne aktive Netzwerkeffekte genug Wert für den Nutzer haben.

Durch Netzwerkeffekte wird ein Kreislauf positiven Feedbacks in Gang gesetzt.

Positives Feedback macht die Starken stärker und die Schwachen schwächer. Daher ist es wichtig, dass Sie so schnell wie möglich die entscheidende Netzwerkgröße erreichen.

In Spielen erzeugen Sie Netzwerkeffekte, indem Sie eine soziale Komponente einführen.

Nur wenn Ihre Nutzer ein Spiel gemeinsam spielen, steigt sein Wert mit der Nutzerzahl. Gemeinschaftliche Funktionen lassen sich bei den meisten Spielen relativ einfach implementieren.

Wenn Sie eine neuartige App einführen, müssen Sie sich zwischen Offenheit und Kontrolle entscheiden.

Wählen Sie eine hohe Kompatibilität, schwächen Sie Ihren Lock-In und machen damit Ihr Netzwerk verwundbar. Andererseits ist es viel schwieriger, ein geschlossenes Netzwerk bis zur kritischen Masse anwachsen zu lassen.

Um in Netzwerkmärkten bestehen zu können, sind Verbündete von Vorteil.

Als Strategie zwischen Offenheit und Kontrolle bieten sich strategische Partnerschaften an, in denen Sie einen Teil Ihres Netzwerks gegen höhere Erfolgschancen eintauschen.

In zweiseitigen Märkten müssen Sie zuerst eine der beiden Marktseiten aktivieren.

Haben Sie es mit zwei getrennten Gruppen zu tun, die Ihrem Netzwerk beitreten müssen, gibt es meist eine Seite, die zuerst aktiviert werden muss, damit die andere nachfolgt.

Die Erwartungen der Nutzer sind für das Erreichen der kritischen Masse entscheidend.

Konsumenten schätzen Apps, die eine große Verbreitung haben. Sie werde Ihre App nur dann nutzen, wenn sie davon überzeugt sind, dass andere ihnen folgen werden. Sie müssen also die natürliche Skepsis der Nutzer mit allen verfügbaren Mitteln minimieren und sie zum Sprung in Ihr Netzwerk motivieren.

6 Redakteure, Reviews und Ranglisten – der Launch-Buzz

Anfang 2011 veröffentlichte Apple[1] die Liste der erfolgreichsten Apps seit Beginn des iTunes App Stores. Auf Platz eins der bezahlten Apps findet sich *Doodle Jump*. Als App-Store-Unternehmer kennen Sie die App wahrscheinlich. Denn Sie ist nicht nur auf dem iPhone dauerhaft beliebt, auch im Windows Phone 7 Marketplace, Android Market und der BlackBerry App-World findet man sie auf den vorderen Plätzen der Ranglisten. Seit der Veröffentlichung 2009 wurde das 99-Cent-Spiel mehr als zehn Millionen Mal heruntergeladen.

Das Spiel selbst, zu sehen in Bild 6.1, ist schnell erklärt: Sie hüpfen mit einer vierbeinigen langschnauzigen Kreatur, dem „Doodler", eine unendliche Reihe von Plattformen empor, ohne herunterzufallen. Je höher Sie den Doodler bringen, desto mehr Punkte gibt es.

BILD 6.1 Einfachheit ist eine der Erfolgszutaten von *Doodle Jump*. (Screenshot: Lima Sky)

Doodle Jump ist ein Indie-Erfolg, wie er im Bilderbuch steht: Die zwei Brüder Igor und Marko Pušenjak wollten zusammen etwas Spaßiges unternehmen, das im besten Fall Markos Einkommen sichern würde. Dieser lebt in Kroatien und verdiente damals etwa 800 Euro im

---

[1] Ich würde an dieser Stelle gerne auch auf andere App-Stores eingehen. Nur leider liegt eine solche Liste von Google, Microsoft und Co. nicht vor.

Monat. Als bekennende Computerspieler sahen sie die iPhone-Plattform als ihre Chance. Die beiden gründeten zusammen die Firma Lima Sky, die bis heute nur sie beide als Mitarbeiter hat. Beide arbeiten auch immer noch von zu Hause aus. Marko weiterhin aus Kroatien und Igor aus New York.

Nach moderatem Erfolg mit *iBubbleWrap* verfolgten die beiden die Strategie des schnellen Markteinstiegs. (Fast Company, 2010) Sie brachten viele Apps auf den Markt, um zu sehen, bei welchen sich die Weiterentwicklung lohnen würde. Im Lichte dieser Strategie begann die Entwicklung von *Doodle Jump*. Und wie viele erfolgreiche Entwickler haben die Pušenjaks das Spiel nicht selbst erfunden. *Doodle Jump* basiert auf dem kostenlosen *PapiJump*, zu sehen in Bild 6.2.

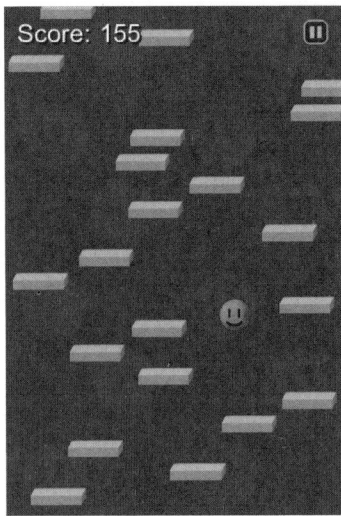

BILD 6.2 *PapiJump* auf dem iPhone. Veröffentlicht zehn Monate vor *Doodle Jump*. (Screenshot: SunFlat)

Offensichtlich erkannten die Brüder die Wichtigkeit von detailverliebter, polierter Grafik und liebenswerten Charakteren. Genau das, was *PapiJump* fehlte, wollten sie in ihre App stecken und heuerten daher einen freien Illustrator an. Die Kosten für den Illustrator waren die einzigen, die bei der Entwicklung von *Doodle Jump* anfielen.

Um ihre App zu bewerben, mussten sie selbst Hand anlegen. Sie kontaktierten alle möglichen Blogs, die über Apps berichteten, und fragten höflich, aber hartnäckig nach einer Rezension. Am Ende wurden sie sogar vom einflussreichen Gadget-Blog Gizmodo erwähnt (All Things Digital, 5. 4. 2010).

Um im App-Store eine höhere Sichtbarkeit zu erreichen, veröffentlichten sie in kurzen Abständen Updates, was damals eine Platzierung in der „Kürzlich veröffentlicht"-Kategorie bedeutete. Diese Strategie funktioniert heute nicht mehr.

Zu guter Letzt hatten die Pušenjaks das Glück, „den Freund eines Freundes" zu kennen. Nämlich einen, der bei Apple arbeitete und dafür sorgte, dass *Doodle Jump* einen „Feature Slot" bekam.

Eine simple, aber gut aussehende App, gut koordinierte Maßnahmen zur Förderung der Sichtbarkeit und eine gute Portion Glück waren alles, was es zum Erfolg von *Doodle Jump* brauchte. Einige Monate später schaffte es die App auf den ersten Platz der bezahlten Apps und ließ sich seither nie lange aus den Ranglisten vertreiben.

■ 6.1 App-Store-Rankings – ein sicherer Weg zum Erfolg?

Wir können zumindest annähernd nachvollziehen, wie *Doodle Jump* es geschafft hat, den App-Olymp zu erklimmen. Die viel interessantere Frage ist, warum es die App geschafft hat, so lange auf den oberen Plätzen zu verweilen. Die Marketing-Aktionen der Entwickler, wie Rezensionen in App-Blogs, haben nur eine beschränkte Lebensdauer. Und es ist auch davon auszugehen, dass die Kernzielgruppe die App irgendwann gekauft hat. Dann müssten die Verkaufszahlen doch abebben.

Die Lösung zu dieser Frage finden Sie im vorhergehenden Kapitel – sie nennt sich **positives Feedback**. In App-Stores werden die meistverkauften Apps auf den prominentesten Plätzen präsentiert. Die meisten Nutzer geben an, neue Apps vor allem in den Ranglisten zu suchen. Es ist also kein Wunder, dass eine höhere Platzierung in den Ranglisten automatisch zu höheren Verkaufszahlen führt. Positives Feedback macht die Starken stärker – oder in unserem Beispiel die Sichtbaren reicher. Hohe Verkaufszahlen sorgen nicht nur für die gute Sichtbarkeit in den Ranglisten, sondern auch für die Sichtbarkeit außerhalb von App-Stores: in Form von Medienberichterstattung, Mundpropaganda und Präsenz in Social Networks.

Der direkteste und bestgenutzte Kanal, eine App zu präsentieren, ist der App-Store selbst. Dort wird eine App nicht nur in den Suchergebnissen, sondern auch auf Start- und Kategorie-Seiten angezeigt. Zum einen in Form von redaktionellen Auswahllisten, in denen die App-Store-Betreiber besonders interessante Apps präsentieren, zum anderen in den bereits angesprochenen Rankings der erfolgreichsten Apps. Für viele Developer ist die Sichtbarkeit in den App-Stores so attraktiv, dass sie sich ganz darauf verlassen, über diesen Kanal genug Aufmerksamkeit zu bekommen. Dies erhöht den Druck, im App-Store gute Platzierungen zu erhalten, und führt zu einer gefährlichen Spirale, die ich in vorigen Kapiteln schon angesprochen habe.

Und wieder die 99-Cent-Problematik

Wer mehr Apps verkauft, steht in den Rankings ganz oben. Günstige Apps werden tendenziell öfter gekauft als teure, und so erhöht sich durch einen niedrigeren Preis die Sichtbarkeit in den App-Stores. Mit dieser These im Hinterkopf starten viele Entwickler ihr Produkt mit einem niedrigen Preis oder senken ihren Preis schnell auf das Minimum ab. Selbst in den Anfangsstunden der App-Stores war dies schon eine sehr riskante Strategie. Heute, wo Zigtausende Apps im Wettbewerb um hundert Ranglistenplätze kämpfen, ist es wirtschaftlicher Selbstmord. Natürlich gibt es auch Apps, die bei 0,99 Dollar oder gar weniger ihren idealen Verkaufspreis haben. Jedoch ist diese Strategie für die meisten Anbieter einfach nicht rentabel.

Kein Zweifel, das ultimative Ziel jedes App-Anbieters muss es sein, in den Rankings ganz nach oben zu klettern. Tauchen Sie aber wider Erwarten nicht in den Ranglisten auf, sollten Sie schnell zu einer weniger aggressiven Preisstrategie wechseln. Dann nämlich sind die absoluten Verkaufszahlen für Sie irrelevant. Es geht nur um den Gesamtumsatz (der in einigen App-Stores übrigens ein eigenes Ranking besitzt), und der ist dann meistens höher, wenn der Preis nicht am Boden liegt. Wenn Ihre App etwa eine bestimmte Zielgruppe anspricht, können Sie meist einen viel höheren Preis verlangen als den Ranglisten-Kampfpreis von einem Dollar und erzielen trotzdem einen höheren Gesamtumsatz. Dann müssen Sie allerdings Ihre Sichtbarkeit auf andere Weise erzeugen. Im Lauf dieses und des folgenden Kapitels beschäftigen wir uns daher mit der Kommunikationspolitik (Bild 6.3), dem wohl bekanntesten Teil des Marketing-Mix. Mit den Tipps aus den Kapiteln können Sie starke Werbekampagnen für Ihre App erstellen und müssen sich dabei nicht nur auf die Möglichkeiten verlassen, die Sie direkt in App-Stores vorfinden.

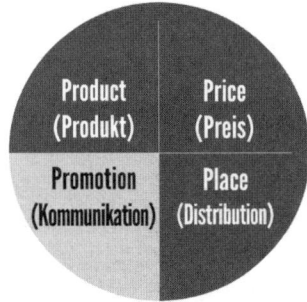

BILD 6.3 Kommunikation oder Promotion im Marketing-Mix.

◼ 6.2 Der Launch-Buzz

Die ersten Verkaufswochen einer App verlaufen meist nach demselben Muster. Direkt nach dem Verkaufsstart explodieren die Verkäufe. User haben die Ankündigungen zur App gelesen, Blogs veröffentlichen ihre Reviews, und die App taucht in der Liste der neuen Apps im Store auf. Mit etwas Glück gibt es auch gleich zum Start einen der begehrten, redaktionell ausgewählten Logenplätze. Danach flacht das Interesse allerdings ab. Die Verkaufszahlen schrumpfen exponentiell und pendeln sich schließlich bei deutlich niedrigeren täglichen Verkäufen ein.

Der Entwickler David Frampton teilt einige seiner Verkaufsanalysen aus 2010 und 2011 mit uns. 2008 gründete er das Ein-Mann-Entwicklerunternehmen Majic Jungle Software in Wellington, Neuseeland. Seither entwickelt er erfolgreich Spiele und andere Apps für iPhone und Mac. Seine erfolgreichsten Apps sind *Chopper*, bei der Sie einen Helikopter durch ein Krisengebiet manövrieren müssen, und die überarbeitete Version *Chopper 2* (Bild 6.4). Besonders *Chopper 2* fuhr im Apple App Store ein solides Ergebnis ein und stand in vielen Ländern auf den vordersten Ranglisten-Plätzen.

Bild 6.5 zeigt den Umsatz, den Frampton in der Einführungsphase von *Chopper 2* erzielte. Die App wurde von Bloggern und Spielern heiß erwartet und erreichte den Höhepunkt im US App Store für iPhone am 30. Juli mit Platz 11 aller verkauften Apps.[2]

---

[2] Während Umsätze und Verkaufszahlen meist für die App Stores verschiedener Länder akkumuliert werden, ist dies für die Ranglisten-Platzierung nicht möglich. Daher wurde bei diesem Beispiel der USA Store für iPhone gewählt. Die App konnte beispielsweise im iPad Store in Estland weitaus bessere Ergebnisse liefern. Jedoch ist die Marktgröße im Vergleich zu den USA äußerst gering.

BILD 6.4
Der Helikopter in *Chopper 2*
wird durch Neigen des
Geräts gesteuert.
(Screenshot: Frampton)

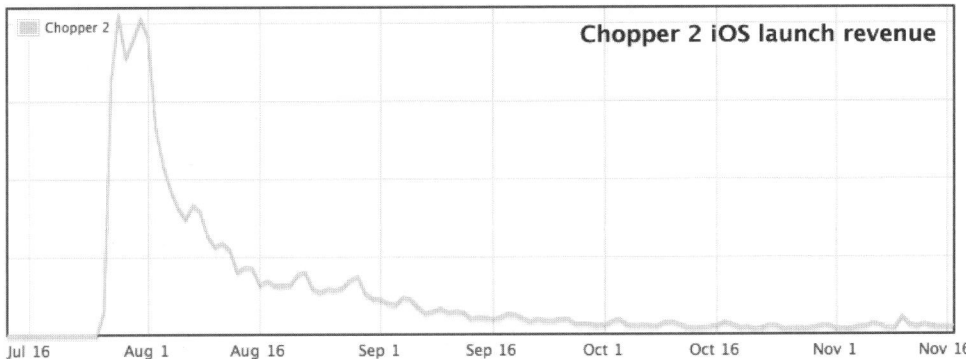

BILD 6.5 Die ersten vier Monate des Verkaufs von *Chopper 2* (ohne Skalierung). (Grafik: Frampton)

Zum Vergleich sehen Sie in Bild 6.6 die Platzierung in den Ranglisten im selben Zeitraum, aufgezeichnet von appannie.com. Dadurch lässt sich erkennen, dass der Unterschied im Umsatz auch drastische Auswirkungen auf die Platzierung hat. Einen Monat später, am 30. August, waren die Verkaufszahlen bereits auf ein Achtel des Höchstwerts gesunken. Gleichzeitig befand sich die App nur noch auf Platz 136 der Rangliste. Drei Tage später verließ sie endgültig die gut sichtbare Top-200-Liste.

Viele Entwickler machen den Fehler, die Verkäufe der ersten Tage auf das Jahr hochzurechnen. Sie fühlen sich bereits wie App-Store-Millionäre und denken, sie könnten sich gemütlich zurücklehnen. Das positive Feedback aus einer guten Ranglisten-Platzierung ist stark – ohne diese Dynamik wären die Verkäufe mit Sicherheit bereits früher zurückgegangen. Die erste Welle der Käufer wurde durch den Buzz rund um den Launch getrieben. Danach haben die interessierten Blog-Leser die App allerdings bereits gekauft und werden das wohl kaum ein zweites Mal tun. Stattdessen setzen nun die Verkäufe an jene Käufer ein, die sich an der Rangliste orientieren und die App dort entdeckt haben. Im Fall von *Doodle Jump* ist das positive Feedback so stark, dass die App sich gar nicht aus den Ranglisten vertreiben lässt. Meist ist es aber so, dass positives Feedback nur den unausweichlichen Rückgang der Verkäufe verzögert.

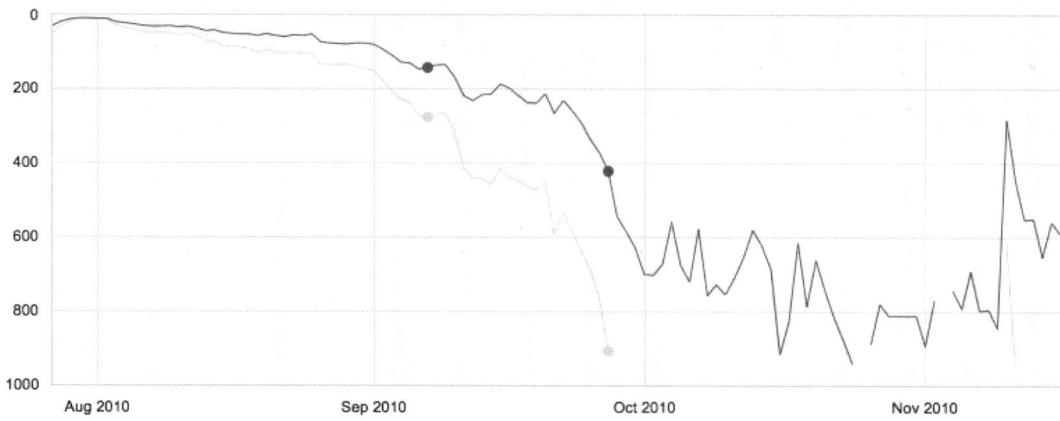

BILD 6.6 Die Platzierung von *Chopper 2* im US App Store (iPhone). Der niedrigere Graph zeigt die Platzierung im gesamten Store, der höhere den Rang in der Spiele-Kategorie. Lücken im Graphen bedeuten eine Platzierung außerhalb der Top 1000. (Screenshot: Mayerhofer)

Zwei Lehrstücke sollten Sie aus dieser Mini-Fallstudie ziehen:

1. Um das positive Feedback zu entfachen, benötigen Sie eine möglichst hohe Platzierung zum Verkaufsstart. Daher sollten Sie aktiv daran arbeiten, gerade die Launch-Phase besonders erfolgreich zu machen.

2. Nach der Launch-Phase können Sie sich nicht mehr auf die Macht des App-Stores verlassen. Stattdessen sind Sie dann selbst Ihres Glückes Schmied.

Beide Punkte verlangen nach einer starken Kommunikationsstrategie. Für diese benötigen Sie einen genauen Plan und eine gute Portion Geduld. Statt Ihre App schnellstmöglich auf den Markt zu werfen, sollten Sie lieber noch eine Woche abwarten und die letzten Vorbereitungen für Ihre Publicity abschließen. In diesem Kapitel widmen wir uns ausschließlich den Maßnahmen rund um den Verkaufsstart Ihrer App. Im nächsten Kapitel erfahren Sie dann, welche Aktionen in der Zeit nach dem Launch empfehlenswert sind.

■ 6.3 Sales-Pitch vorbereiten und testen

Auch wenn Sie nicht wie ein Vertreter von Tür zu Tür gehen, um Ihre App anzupreisen, sollten Sie einen Sales-Pitch vorbereiten. Darunter verstehen wir eine geplante Präsentation, um ein Produkt zu verkaufen. Stellen Sie sich vor, Sie müssten einem potenziellen Kunden in 15 bis 20 Sekunden so viel über Ihre App erzählen, dass er ein überzeugter Käufer wird. Wenn Sie bedenken, dass der Kunde möglicherweise noch nie von Ihrer App gehört hat, ist das keine leichte Aufgabe.

Der erste Eindruck zählt

Sie haben nur eine Chance, mit Ihrer App einen guten ersten Eindruck zu machen. Wählen Sie daher nicht nur Ihr wichtigstes Alleinstellungsmerkmal, sondern auch die plakativste Art und Weise, Ihre USP zu präsentieren. Sie sollten einen prägnanten kurzen Satz wählen, der die wichtigsten Informationen enthält und Lust darauf macht, mehr zu erfahren. Wenn es darum geht, in kurzer Zeit viele Informationen oder gar Emotionen zu vermitteln ist es sinnvoll, sich der Sprache der Bilder zu bedienen. Daher zähle ich zum Sales-Pitch nicht nur einen kurzen Text, sondern auch die visuellen Aushängeschilder Ihrer App: Icon und Screenshots.

Bild 6.7 und Bild 6.8 zeigen zwei solcher Icons und wie sie die Aussage des geschriebenen Sales-Pitchs unterstreichen. Auf die besondere Rolle von Icons gehen wir in Abschnitt 6.9.4 noch einmal genauer ein.

BILD 6.7 Mit der App *Commodore 64* spielen Sie noch einmal die Spiele der 80er. Wer damals C64 „gezockt" hat, fühlt sich bei diesem Icon sofort in der Zeit zurückkatapultiert. (Icon: manomio)

BILD 6.8 *Articles* verbessert das Suchen und Lesen von Wikipedia-Artikeln auf iOS-Geräten. Der Aktenschrank symbolisiert deutlich das lagernde Wissen und macht neugierig. (Icon: Sophia Teutschler)

Der erste Eindruck entscheidet darüber, ob sich ein Leser weiter mit Ihrer App beschäftigt oder das Weite sucht. Dabei ist es egal, ob in einer Pressemitteilung, auf Ihrer Website oder im App-Store selbst: Ob sich jemand mit Ihrer App länger auseinandersetzt, entscheidet er in Sekunden oder gar Sekundenbruchteilen.

Um Kunden mit kurzer Aufmerksamkeitsspanne zu erreichen, nutzen erfahrene Verkäufer eine Aussage oder Frage, die den Kunden verwundert oder gar schockiert. Der potenzielle Käufer will mehr wissen, klickt auf Ihre App, und Sie bekommen die Möglichkeit, Ihre App ausführlich zu präsentieren.

Erkennen, was die Käufer wollen

Um den Sales-Pitch erfolgreich zu gestalten, ist es wesentlich, die Bedürfnisse der Zielgruppe zu kennen. Informieren Sie sich nicht nur, was potenzielle Nutzer wollen, sondern vor allem auch darüber, was sie nicht wollen. Als Entwickler verbringen Sie Monate oder gar Jahre mit Ihrer App. Unter Umständen gefällt Ihnen deshalb ein Aspekt besonders gut, der für den Nutzer völlig unwichtig ist. Um festzustellen, welches Ihr wichtigstes Alleinstellungsmerkmal ist, benötigen Sie Input von den potenziellen Nutzern. Falls Sie vor dem Launch schon Marktforschung eingeplant haben, sollte diese Frage in den Katalog aufgenommen werden.

Damit Sie sicher sein können, dass der Pitch beim Zielpublikum ankommt, sollten Sie ihn ausführlich testen. Den richtigen Weg in der Kundenansprache zu finden ist genauso viel Kunst wie Wissenschaft. Sie werden das perfekte Rezept also nicht berechnen können. Stattdessen suchen Sie sich ein Testpublikum und sehen, wie Ihre Verkaufsargumente ankommen. Falls Sie bereits eine Website aufgebaut haben, können Sie die Tests auch damit durchführen. Erstellen Sie Werbekampagnen (mehr über Werbeanzeigen im nächsten Kapitel) mit verschiedenen Texten, Bildern oder Landing-Pages. Die Klickraten geben Ihnen dann Aufschluss darüber, welche Präsentationen die meiste Aufmerksamkeit bringen.

Auffallen durch Andersartigkeit

Sie kämpfen in Ihrem App-Store mit einer endlosen Zahl anderer Apps. Ein potenzieller Kunde, der ein paar Minuten in einem App-Store stöbert, sieht wahrscheinlich Hunderte Apps. Damit Sie im App-Wirrwarr nicht untergehen, sollte sich Ihr Sales-Pitch klar von der Masse absetzen. Formulieren Sie Ihren Slogan nicht genau wie die Konkurrenz und bauen Sie kreative Elemente in Ihre Screenshots ein, wie zum Beispiel in Bild 6.9 und Bild 6.10.

BILD 6.9 Die Screenshots der App *Finanzen.net* im Apple App Store. (Screenshot: Mayerhofer)

BILD 6.10 Die Screenshots von *Cut the Rope* im Android Market wurden anscheinend vom Hauptcharakter Om Nom angeknabbert. Geschickt ist auch der Hinweis auf den BAFTA Award im ersten Screenshot. (Screenshots: Mayerhofer)

 Beispiele für gelungene und weniger gelungene Sales-Pitches

„Jage virtuelle Geister in der echten Welt."
(SpecTrek, Outdoorspiel, bei dem Augmented-Reality-Geister per GPS und Kamera gesucht und gefangen werden müssen; Android)

Der Slogan identifiziert die App als Spiel und deutet ein Augmented Reality Feature an, das ja auch tatsächlich das stärkste Verkaufsargument der App ist.

„Digital photography never looked so analog."
(Hipstamatic, Kamera mit Filtern für iOS)

Hier wird impliziert, dass mit der Handykamera Fotos gemacht werden können, die aussehen wie aus Omas Zeiten. Wer sich angesprochen fühlt, möchte herausfinden, was es damit genau auf sich hat.

„Eine Horde ,lebenshungriger' Zombies ist im Begriff, dein Haus zu überfallen, und du hast nur ein Arsenal von 49 zombiezerlegenden Pflanzen zur Verfügung, um dich zu verteidigen."
(Pflanzen gegen Zombies, Tower-Defense-Spiel, bei dem man sich mithilfe von Pflanzen gegen angreifende Zombies verteidigt; Windows, Mac, WP7, iOS, Android, Xbox, Playstation und Nintendo DS)

Dieser Pitch ist zunächst einfach zu lang. Außerdem wiederholt er hauptsächlich die Informationen, die der Name der App bereits liefert. Dass es sich um ein Action-Spiel mit unüblicher Besetzung handelt, ist auch schon alles, was wir erfahren.

Der Pitch ist Grundlage für all Ihre Kommunikationsmaßnahmen

Bei der Planung Ihrer Kommunikationsstrategie beginnen Sie mit dem Pitch. Denn dieser ist nicht nur das Erste, was Sie Ihren Kunden entgegenschreien, sondern auch die Grundlage für alle Ihre weiteren Werbemaßnahmen. Wenn Sie später über Pressemitteilungen, Blog-Posts oder gar Textanzeigen brüten, beginnen Sie Ihre Ansprache immer mit dem Verkaufsargument, das Sie in Ihrem Pitch perfektioniert haben. Wenn wir in den nächsten Abschnitten also auf weitere Bestandteile Ihrer Strategie in der Launch-Phase zu sprechen kommen, halten Sie sich immer Ihren Pitch vor Augen.

■ 6.4 Der verzögerte Start – Zeit für Kontrolle

Die Veröffentlichung Ihrer App ist die stärkste Verkaufsphase. Und sie kommt nur einmal im Leben einer App. Daher sollten Sie die Geburt Ihrer App akribisch vorbereiten und jeden möglichen Aspekt kontrollieren. Nachdem Sie lange Zeit an Ihrem Produkt gearbeitet haben, wollen Sie lieber, dass der Tag X früher kommt als später. Denken Sie aber daran, dass Sie nur eine Chance für einen gelungenen Start haben, und vergessen sie nicht, dass sich jeder Verkauf in dieser Phase doppelt bezahlt macht. Je mehr Verkäufe Sie in Ihrer Spitzenzeit erreichen, desto stärker fällt das positive Feedback aus, das zu weiteren Verkäufen führt.

Sie benötigen zur Vorbereitung eines guten Starts vor allem Zeit. Bereits während der Entwicklung sollten Sie sich um Kommunikation kümmern und die Neugier auf Ihre App schüren. Spätestens kurz vor der App-Veröffentlichung werden Sie aber endgültig vom Programmierer oder Informationsarchitekten zum Vollzeit-Marketeer. Da sich die Situation von App zu App stark unterscheidet, ist es schwer, eine Empfehlung auszusprechen, wie lange dieser Zustand andauern sollte. Aber einige erfolgreiche Entwickler raten, in die Vermarktung der App genauso viel Zeit und Energie zu stecken wie in die Entwicklung. Vielleicht schaffen Sie es, das Marketing so effizient zu erledigen, dass das Verhältnis bei Ihrer App weniger extrem ist, die Wichtigkeit der beiden Elemente ändert sich aber sicher nicht. Gutes Marketing und eine gute App, beides ist für sich nur die halbe Miete.

Ich rede Ihnen so ins Gewissen, damit Sie Ihrer App beim Launch besonders viel Zeit schenken. In den meisten App-Stores können Sie das Veröffentlichungsdatum frei wählen. Gerade bei App-Stores mit Review-Prozess ist dies besonders wichtig, da die App sonst nach Begutachtung sofort veröffentlicht würde. Stattdessen behalten Sie lieber die Kontrolle und setzen ein Datum in der Zukunft fest, bis zu dem Sie die Vermarktung vorbereiten können. Die Zeit zwischen Upload und Veröffentlichung ist doppelt wertvoll. Einerseits ist die Entwicklung abgeschlossen und Sie können sich ganz der Bewerbung Ihrer App widmen, und andererseits können Sie ausgewählten Personen, wie Journalisten oder Testern, bereits vorab eine Version der App zukommen lassen. Dazu später nähere Informationen.

Wann ist der richtige Moment, meine App zu veröffentlichen?

Die Geschichten der App-Store-Millionäre haben uns gezeigt, wie wichtig das richtige Timing beim Launch einer App ist. *Trism* zum Beispiel startete nur so durch, weil das Spiel unter den Ersten war, die sich in Apples App Store gewagt haben. Dies ist auch das wichtigste Kriterium beim Wählen des Veröffentlichungsdatums: Seien Sie Erster. Falls Sie mit Sicherheit wissen, dass die Konkurrenz bereits an einer alternativen App arbeitet, müssen Sie Kompromisse machen. Denn dann dürfen Sie keine Zeit verlieren.

Meist wird der Veröffentlichungsdruck aber nicht so groß sein, und das heißt, Sie sollten zunächst einen realistischen Vermarktungsplan aufstellen. Kalkulieren Sie großzügig Zeit für alle Maßnahmen ein, und veröffentlichen Sie erst, wenn Sie mit Ihrer Werbe-Rundfahrt fertig sind.

Abseits dieser Grundregel gibt es verschiedene Ansätze, das Geschäft durch einen guten Launch-Termin anzukurbeln. Im Weihnachtsgeschäft werden besonders viele Elektronikgeräte gekauft, und die frischgebackenen Besitzer gehen zuerst einmal auf App-Shopping-Tour. Gerade Spiele verkaufen sich im Dezember deutlich besser. Auch am Wochenende sind die Downloadzahlen meist deutlich höher als unter der Woche, wie Sie in Bild 6.11 sehen können.

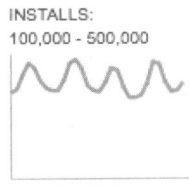

INSTALLS:
100,000 - 500,000

last 30 days

BILD 6.11 Die „Über diese App"-Box im Android Market (hier: *Doodle Jump*) zeigt in einer kleinen Grafik den Verlauf der Verkäufe in den letzten 30 Tagen. Der Anstieg zum Wochenende ist deutlich zu erkennen. (Screenshot: Mayerhofer)

Jeff Scott von 148apps.biz geht sogar so weit, die Veröffentlichung von Apple Apps konkret an Donnerstagen zu empfehlen. An diesem Tag werden in Vorbereitung auf das folgende Wochenende die „Feature"-Plätze in Apples App Stores neu vergeben. Daher biete dieser Tag für Entwickler sowie die App-Store-Redaktion die größtmögliche Wirksamkeit.

Veröffentlichungsdatum in Apples App Stores – komplizierter, als es sein müsste

Bei Apple müssen Sie das Veröffentlichungsdatum festlegen, bevor Sie wissen, wie lange der Begutachtungsprozess dauern wird. Dabei gibt es derzeit zwei Szenarien:

1. Die Begutachtung dauert zu lange und Ihr geplanter Verkaufsstart kann nicht eingehalten werden. Dann wird Ihre App veröffentlicht, sobald sie durch Apple freigegeben ist. Sie können das Veröffentlichungsdatum auch noch einmal ändern, mit einem großen Abstrich: Ihre App erscheint in der Liste der Neuerscheinungen mit dem Datum, an dem die App zugelassen wurde. Je nach Kategorie erscheinen Sie durch eine Verzögerung von einer Woche schon am Starttag erst auf der zweiten Seite, was Ihre Sichtbarkeit stark beeinträchtigt.

2. Wenn Ihre App rechtzeitig zugelassen wird, können Sie das Datum trotzdem verändern. Das für die Sortierung relevante Veröffentlichungsdatum ist dann das Datum der tatsächlichen Veröffentlichung. Sie können das Datum auch so verändern, dass die Veröffentlichung früher stattfindet.

Als iOS- und Mac-Entwickler legen Sie das Veröffentlichungsdatum also sicherheitshalber weit in die Zukunft. Falls Sie sich in der Situation Nummer eins wiederfinden, ist von einer Veränderung des Startdatums abzuraten, denn das Erscheinen bei den neuen Titeln ist der einzige garantierte Listenplatz in Apples App Stores.

■ 6.5 Previews sichern das Interesse für Ihr Produkt

Je früher Sie Ihre App bekannt machen, desto besser. Sie können die Werbetrommel rühren, sobald klar ist, dass Ihre App tatsächlich Realität wird. Auch wenn dies Monate vor dem tatsächlichen Veröffentlichungsdatum sein mag.

Medien und selbstverständlich auch Nutzer haben großes Interesse an Previews. Zeigen Sie regelmäßig Ausschnitte aus Ihrem Entwicklungsstand und bauen Sie so eine Basis neugieriger Fans auf. Passen Sie jedoch auf, was Sie veröffentlichen: Leider guckt auch die Konkurrenz bei solchen Previews sehr aufmerksam zu. Veröffentlichen Sie daher Ihr geheimes Killer-Feature erst kurz vor dem Launch, um sich einen ordentlichen First-Mover-Vorsprung zu sichern.

Wie und wo veröffentlichen Sie Ihre App-Vorschau?

1. Ihr **Entwickler-Blog,** den ich Ihnen in Abschnitt 6.10 empfehlen werde, ist die ideale Plattform, um über den aktuellen Fortschritt zu berichten. Nicht gerade täglich, aber ruhig nach jedem wichtigen Meilenstein können Sie ausführlich über geplante und bereits implementierte Funktionen sprechen. Dabei ist es für Ihre sprunghaften Leser besonders wichtig, dass Sie viele Bilder zeigen. Auch wenn Sie noch kein finales Design vorzeigen können, sollten Sie zumindest irgendwelche visuellen Reize aus dem Hut zaubern. Im Blog von Taptivate (Bild 6.12) half man sich zum Beispiel mit einem verschleierten User Interface und deutete dafür die Social-Media-Funktionen durch den Hintergrund an.

2. Da die Nutzer Ihre App noch nicht testen können, kann ein **Video** die Funktionalität am eindrucksvollsten demonstrieren. Gerade in der Schlussphase der Programmierung laufen wahrscheinlich bereits die meisten Teile der App stabil. Sie können also ein Screengrab-Video erstellen und die besten Features vorführen. Auch Taptivate war einige Zeit nach dem verschleierten Ankündigungs-Bild so weit und stellte ein Vorschauvideo (Bild 6.13) online. Ihr Video veröffentlichen Sie nicht nur auf Ihrer Website, sondern auch bei Video-Plattformen wie Youtube und Vimeo. So machten Sie es Bloggern und Nutzern von Social Networks möglich, das Video einzubinden.

3. Besuchen Sie **Messen, Conventions und Barcamps,** um Kontakte zu knüpfen und Ihre App vorzustellen. Auf solchen Veranstaltungen warten Vertreter der Presse nur darauf, frische und innovative Apps vorgestellt zu bekommen. Selbst wenn Ihre App noch nicht fertig ist, bekommen Sie auf diese Weise vielleicht erste Berichterstattung. Die gesammelten Kontakte halten Sie sich natürlich warm, damit Sie beim Launch schon auf einige feste Rezensionsmedien zurückgreifen können.

4. Kontaktieren Sie relevante Medien, sobald Sie interessante Inhalte zur Verfügung stellen können. Während der Entwicklung haben Sie vielleicht Bildmaterial, das Sie einem bekannten App-Blog exklusiv geben können. Wenn Ihre App fertig ist, aber noch nicht veröffentlicht wurde, können Sie außerdem in Ihrer Rezensionsanfrage auch um ein kleines Preview bitten. Haben Sie ein funktional und visuell überzeugendes Produkt, wird diese Anfrage oft auf offene Ohren stoßen.

Interessierte Nutzer, die vom Launch Ihrer App nichts mitbekommen, sind quasi wertlos. Bauen Sie also eine E-Mail-Funktion in Ihre Website ein, mit der sich potenzielle Fans über den Start informieren lassen können.

Three Apps Become One

August 19th, 2010 *by Oliver Cameron*   💬 **3 Comments**

There are some awesome apps out there for browsing Facebook, Twitter or LinkedIn, the only problem is they all do essentially the same thing! Why not bring all these social networks into one app and merge them with a revolutionary interface? We're talking friends, streams, profiles, comments, photos, videos and links, all in one smart and beautiful app. That's exactly what we have done with Contacts+.

Ambitious? Absolutely. Crazy? Perhaps. Awesome? Certainly!

It's not quite ready for launch yet, but it will be very soon. Check out our **teaser page** and be sure to sign up to the mailing list to know when it's available!

BILD 6.12 Die in dem Blogpost vorgestellte App *Friends* (damals noch unter dem Arbeitstitel Contacts+) bringt alle großen sozialen Netzwerke, repräsentiert durch die Gebäude im Hintergrund, an einen Platz. (Screenshot: Mayerhofer)

All Your Friends, In One Place

November 9th, 2010 *by Oliver Cameron*   💬 **20 Comments**

We have been hard at work for the past year on a brand new app for the iPhone and iPod touch, it's called **Friends** and we think it is going to revolutionise how you keep in touch with those around you. It is not quite ready to launch yet, but we have made a teaser video for you to enjoy in the meantime, be sure to **check it out!**

Friends gathers everyone you care about from all the major social networks into one place, it really is an amazing experience. You will be able to download it at the App Store really soon.

BILD 6.13 Das Vorschauvideo von *Friends* zeigte einen Monat vor Verkaufsstart den vollen Funktionsumfang der App. (Screenshot: Mayerhofer)

■ 6.6 In der Hand der Redakteure: Rezensionen entscheiden über die Zukunft Ihrer App

Vorberichterstattung ist gut, richtige Launch-Berichterstattung ist besser. Beim Start Ihrer App sollten bereits alle wichtigen Blogs und Portale informiert sein. Vielleicht interessiert man sich ja sogar außerhalb der App-Store-Szene für Ihr Produkt?

Rezensionen sind ein vergleichsweise günstiges Mittel, um an Aufmerksamkeit zu gelangen. Und eine Fünf-Sterne-Bewertung ist mehr wert als jede Bannerwerbung. Praktischerweise leben die Review-Blogs davon, Rezensionen zu veröffentlichen, und freuen sich im Allgemeinen über Angebote, Apps zu rezensieren. Die Flut an Anfragen erlaubt es den Redaktionen allerdings, wählerisch zu sein. Begutachtet wird nur, was den Leser interessiert. Einfallslose oder auch unprofessionell gestaltete Apps werden abgelehnt. Haben Sie genug Zeit damit verbracht, Ihre USP, Ihr Design und freilich auch Ihren Code zu polieren, stehen die Tore zu den Review-Websites meist aber weit offen.

Im Idealfall haben Sie durch Previews bereits einige Kontakte zu Redaktionen geknüpft. Nutzen Sie solche Verbindungen und bieten Sie beispielsweise einzelnen Portalen an, die App zuerst zu bekommen. Auch die Review-Seiten stehen miteinander im Wettstreit und möchten die besten Inhalte als Erste veröffentlichen. Wenn Sie es geschickt anstellen, bekommt Ihre App im Gegenzug für die Exklusivität einen besonders sichtbaren Platz auf der Website. Blogs wollen Content nicht nur zuerst, sie wollen auch gute Inhalte. Stellen Sie daher umfangreiches Bildmaterial zur Verfügung und verweisen Sie auf Produktvideos.

Im Normalfall können Sie das Programm-Paket per E-Mail oder privaten Download-Link zur Verfügung stellen. Beachten Sie aber, dass Sie sich dadurch einem erhöhten Piraterie-Risiko aussetzen. Selbstimplementierter Kopierschutz oder Apps, die nur eine begrenzte Zeit funktionieren, können den Schutz erhöhen. Apples geschlossene Plattform stellt eine Ausnahme dar. Wenn Sie Ihre App in der Beta-Phase zur Ansicht freigeben wollen, benötigen Sie die Geräte-ID des Rezensenten. Ist die App bereits freigegeben, können Sie sogenannte Promotion-Codes erstellen, mit denen die Rezensenten Ihre App kostenlos und vor dem Veröffentlichungsdatum aus dem Store herunterladen können. Promo-Codes haben sich als sehr praktisch herausgestellt, da weitaus weniger technische Hürden zu überwinden sind. Nutzen Sie diese Gelegenheit also aus und verteilen Sie so viele Codes wie möglich an die Presse.

 Achtung vor „gekauften" Rezensionen!

Obwohl es sehr viele seriöse Review-Blogs gibt, werden Sie im Laufe Ihrer Presse-Arbeit auch auf einige schwarze Schafe stoßen. Diese Inhaber von – meist gar nicht so gut besuchten – Blogs und Websites wollen Kapital aus Ihnen schlagen: indem sie von Ihnen eine Gebühr verlangen – angeblich für einen schnelleren Review-Prozess. In Wahrheit handelt es sich um eine Bezahlung für eine Rezension. Abgesehen davon, dass diese Praxis unehrlich ist, wird sie aber auch für Sie meist nicht die Investition wert sein. Diese Blogs sind von schlechter Qualität und ziehen daher auch vermutlich nicht sehr viele Besucher an.

Vielleicht erhalten Sie auch nach dem Launch plötzlich sehr viele E-Mails, in denen Ihnen „Journalisten" zu Ihrer tollen App gratulieren und Sie um einen Promotion-Code bitten. Der Entwickler Stephen Northcott erlebte das so. Er fühlte sich geschmeichelt und versandte viele Codes – doch es erschien nie eine Rezension. Stattdessen erhielt er weitere E-Mails von den Betreibern dubioser Review-Seiten, in denen sie ihn über ihre Anzeigenpreise und Sponsoring-Deals informierten. Schnell wurde ihm klar, dass er zuerst Werbung würde buchen müssen, bevor jemals auch nur ein einziges Wort über sein „amazing and wonderful new product" erscheinen würde. Darauf ließ er sich, auch aus moralischen Gründen, nicht ein. (Northcott, 2011)

Bitten Sie die Rezensenten auch unbedingt, sich zu melden, falls sie Fehler entdecken. Auch wenn es peinlich für Sie ist und möglicherweise mit einer mäßigen Bewertung endet, können solche Fehler passieren. Dann ist es besser, Sie haben noch einmal die Chance, Probleme zu beheben, bevor die Nutzer damit konfrontiert werden. Schießen Sie also noch ein Update nach, bevor die App überhaupt in einem App-Store erhältlich ist. Mit etwas Glück führt die rasche und umfassende Korrektur eines Fehlers, der in der Rezension angesprochen wurde, aber wenigstens zu einem „Nachdreh" der Geschichte. Ein generell wohlgesinnter Autor informiert seine Leser vielleicht über die Entwicklung, die seine Anregung angestoßen hat. Und Sie bekommen so ein zweites Mal Aufmerksamkeit und einen positiven Abschluss.

Worauf müssen Sie beim Einreichen achten?

Sie haben alle Aspekte bedacht und sind bereit, die potenziellen Reviewer zu kontaktieren? Dann sollten Sie die nun darauf achten, dass Ihr Anschreiben und die weiteren Informationen nach den Wünschen der Rezensenten gestaltet sind:

1. **Fehlerfreie App**
   Machen Sie sich nicht die Mühe, Ihre App an Rezensenten zu schicken, wenn Sie wissen, dass sie noch Fehler hat. Beta-Versionen sind hiervon natürlich ausgenommen.

2. **Vollständige Informationen**
   Den wohl wichtigsten Rat gibt Jeff Scott, Geschäftsführer von 148Apps, im Interview mit Mobile Orchard: „Wenn ich nach etwas fragen muss, mache ich das wahrscheinlich nicht und ignoriere die App stattdessen einfach." Im Eifer des Gefechts vergessen Sie vielleicht tatsächlich den Link zu Ihrer Website oder andere Kontaktdaten. Damit Sie auf keinen Fall etwas vergessen, gehen Sie die folgende Checkliste durch, bevor Sie auf „Senden" klicken.

 Checkliste: Informationen, die beim Einreichen nicht fehlen dürfen

- Handelt es sich um eine neue App oder ein Update?
- Welche Plattformen stehen zur Verfügung?
- Beschreibung
- Screenshots
- Video
- Hardware-Anforderungen bzw. Kompatibilität
- Veröffentlichungsdatum
- Preis
- Alterseinstufung
- Links zum App-Store, wenn vorhanden
- Website
- Download-Link, Promo-Code oder Passwort
- Kontaktinformationen

3. **Kurze Beschreibung**
   Fassen Sie die Eckpunkte Ihrer App kurz und prägnant bereits im Anschreiben zusammen. Denken Sie daran, dass Ihre Anfrage innerhalb der Redaktion vielleicht erst dem Zuständigen zugespielt werden muss. Falls die Kategorie Ihrer App nur durch Studieren einer achtseitigen Bedienungsanleitung zu erfahren ist, scheitern Sie vielleicht bereits, bevor Ihre App überhaupt dem verantwortlichen Redakteur zugeteilt wurde. Behalten Sie auch im

Kopf, dass die Redaktion nur begrenzte Zeit hat, sich mit Ihrem Produkt auseinanderzusetzen. Daher ist es sehr wichtig, dass die USP im Beschreibungstext sofort ersichtlich wird. Sie haben die USP im Zuge des Entwicklungsprozesses wahrscheinlich in einem kurzen Satz zusammengefasst. Nun ist der Zeitpunkt, diesen Satz der Öffentlichkeit zu präsentieren. Falls Sie unbedingt in die Tiefe gehen wollen, können Sie ein ergänzendes Dokument anhängen, das ausführlich auf die einzelnen Funktionen eingeht.

4. **Video**

„Es ist bedauerlich, aber ich habe nicht die Zeit, jede App, die herauskommt, herunterzuladen und zu testen. Ein Video anzusehen dauert nur Sekunden. Das kann darüber entscheiden, ob eine App näher angesehen wird", sagt Barbara Holbrook, Chefredakteurin von AppCraver, im Interview mit Mobile Orchard (28.09.2009). Videos ersparen den Reviewern also eine Menge Zeit im Auswahlprozess und erhöhen so Ihre Chance, erwähnt zu werden. Allerdings nur dann, wenn das Video bereits in den ersten Sekunden überzeugend ist. Genauso wie alle anderen Aspekte Ihrer App-Unternehmung sollten Sie das Video von Außenstehenden bewerten lassen und so lange verbessern, bis es perfekt ist. Falls Sie wenig Erfahrung mit Videoproduktion haben, sollten Sie sich dafür Hilfe von außen holen.

Tipps vom Insider: Ein Interview mit appgefahren-Chefredakteur Frederick Osterhoff

Anfang 2010 rief Frederick Osterhoff appgefahren.de und die dazugehörige *appgefahren*-App (Bild 6.14) ins Leben. Der Informatik-Student konnte aus dem Hobby inzwischen ein Unternehmen machen, mit einer Basis von 30 000 regelmäßigen Lesern. Der App-Fan ist selbst Geschäftsführer und verantwortlicher Redakteur und wird von einigen Bloggern in seiner Arbeit unterstützt. Im Interview gibt er Einblick in die Redaktionsarbeit und bestätigt den einen oder anderen Tipp.

BILD 6.14 Die iPhone-App von Appgefahren.
(Screenshot: Mayerhofer)

Wie viele Apps bekommen Sie im Lauf eines Monats zum Rezensieren zugesandt? Und wie viele können Sie tatsächlich rezensieren?

Frederick Osterhoff: Die Anzahl der Einsendungen ist natürlich von Monat zu Monat unterschiedlich. Wir bekommen viele Tipps von unseren Nutzern, doch auch viele Entwickler schreiben uns mit der Bitte um eine Erwähnung an. Durchschnittlich erhalten wir grob 60 Hinweise pro Tag per E-Mail. Wir schauen uns die Apps an, bilden unsere Meinung und entscheiden dann, ob wir einen Artikel verfassen oder nicht. Ich würde sagen, dass wir ungefähr 20 Prozent aller eingesandten Apps auf unserer Seite und in der App vorstellen.

Welche Art von Apps rezensieren Sie besonders gern?

Frederick Osterhoff: Gerne gesehen sind bei uns gute Spiele. In der Redaktion sind die Geschmäcker natürlich verschieden, von daher kann ich nicht für jeden einzeln sprechen. Auch ein nützliches Tool, das im Alltag hilft, wird gerne rezensiert. Generell gilt: Gut gemachte Apps sind immer gerne gesehen.

Welche Information darf man beim Einreichen auf keinen Fall vergessen?

Frederick Osterhoff: Was auf keinen Fall fehlen sollte, ist ein Link direkt in den App-Store. Es ist beispielsweise viel einfacher, sofort auf den Link zu klicken, statt den App-Namen zu kopieren, iTunes zu öffnen, den App Namen wieder einzufügen und die Suche zu starten. Außerdem ist eine Auflistung der Schlüsselfunktionen gerne gesehen. Falls vorhanden, kann ein Link zum Promo-Video gerne mitgesandt werden. Optische Eindrücke sind meistens viel interessanter als ein langer Text.

Bekommen die Programmierer eine Absage, falls die App nicht rezensiert werden kann?

Frederick Osterhoff: Aus zeitlichen Gründen können wir nicht alle E-Mails beantworten, und daher gibt es von unserer Seite aus keine Absage. Wenn wir Interesse an der App haben, fragen wir nach einem Promo-Code, sofern es um eine Bezahl-App geht. Bei Gratis-Apps entscheiden wir nach Qualität und veröffentlichen einen Bericht, meistens aber ohne E-Mail an den Entwickler. Ein Tipp von unserer Seite aus an die Entwickler: Wenn Sie uns E-Mails schicken, muss nicht immer sofort ein Promo-Code hineingepackt werden, da diese begrenzt sind. Jedoch sollten auf eine Anfrage um einen Code keine drei Tage vergehen, da die App dann schon wieder als „alt" eingestuft wird.

Haben Sie allgemeine Tipps für Entwickler, die ihre App rezensiert sehen wollen?

Frederick Osterhoff: Legen Sie die App vor der Veröffentlichung Ihren Freunden vor und schauen Sie, was sie dazu sagen. Nur die eigene Meinung reicht nicht aus, um zu sagen, wie die Qualität und das Potential zu bewerten sind. Schlüpfen Sie in die Rolle eines normalen Nutzers und sehen Sie selbst, ob die App intuitiv zu bedienen ist oder wo noch große Fehler zu finden sind.

Natürlich muss man hier zwischen zwei Welten unterscheiden: der kleine Entwickler von nebenan oder die große Entwicklerschmiede mit eigener Marketing-Abteilung. Eins ist aber sicher: Wer uns eine gute App vorschlägt, hat große Chancen, erwähnt zu werden.

Vielen Dank für das Interview, Herr Osterhoff.

Wie reagieren Sie auf negative Rezensionen?

Sie haben sich viel Mühe gegeben, Rezensionen an Land zu ziehen. Nun flattern die ersten herein, und es sieht nicht gut aus: Die Mehrheit der Rezensenten ist von Ihrer App gar nicht begeistert, manche machen sich gar über sie lustig. Da Sie ja bereits durch Previews und regelmäßigen Pressekontakt einiges an Feedback sammeln konnten, ist so eine Reaktion eher unwahrscheinlich. Auszuschließen ist es allerdings nie.

Bewahren Sie zunächst Ruhe. Handeln Sie nicht überstürzt und besprechen Sie die Situation mit vertrauten Menschen. Emotionale Reaktionen können diese Situation nur schlimmer machen. Sobald Sie sich beruhigt haben, das sollte aber besser nicht ein paar Tage dauern, bemühen Sie sich um Schadensbegrenzung und arbeiten daran, Ihre Reputation wieder aufzubauen. Sehen Sie die positive Seite: Sie wurden überhaupt rezensiert und bekommen wahrscheinlich auch eine zweite Chance, wenn Sie Ihre App nachbessern. Damit sollten Sie auch sogleich beginnen. Machen Sie eine Liste mit Kritikpunkten und fangen Sie damit an, alle Problemzonen zu beseitigen. Je früher Sie ein Update ausliefern können, desto besser.

Gleichzeitig reagieren Sie nun öffentlich auf die Kritik. Fast alle Portale, in denen Rezensionen erscheinen, haben Kommentarfunktionen, mit denen Sie auf einen Artikel antworten können. Geben Sie sich unbedingt als der verantwortliche Entwickler zu erkennen. Anonyme Gegenrede wird höchstens als Trolling (absichtliches Provozieren im Netz) angesehen, Ihrer App aber keine Hilfe sein. Zusätzlich können Sie den verantwortlichen Redakteur direkt kontaktieren. Gehen wir einige mögliche Szenarien im Detail durch:

- **Ihre App hat tatsächlich Fehler, die Ihnen entgangen waren.**
  In diesem Fall sollten Sie sich in einem Kommentar entschuldigen und Besserung geloben. Ihre ehrliche Reaktion zeigt den Lesern, dass die App auch Ihren eigenen Qualitätsstandards nicht entspricht und sie daher mit schneller Abhilfe rechnen können.

- **Der Rezensent verdreht die Fakten.**
  Auch die Schreiberlinge des Internets sind nicht vor Fehlern sicher. Möglicherweise hat der Autor etwas ganz anderes von Ihrer App erwartet. Auch wenn dann die Schuld beim schlecht informierten Journalisten liegen mag, sollte Ihnen ein solches Missverständnis zu denken geben. Denn auch Ihre Kunden überfliegen Ihre Informationsmaterialien nur kurz und können so in die gleiche Falle tappen. Möglicherweise müssen Sie Ihre Kommunikation klarer gestalten. Genau das sagen Sie jedenfalls dem Autor der Rezension – selbstverständlich direkt und nicht per Kommentarfunktion. Sollte es sich tatsächlich nur um ein Missverständnis handeln, können Sie so in den meisten Fällen eine Richtigstellung erreichen. Sollte dieser Weg nicht fruchtbar sein, können Sie später immer noch öffentlich im Kommentarbereich Stellung nehmen.

- **Die Rezension ist unfair.**
  Dies ist wohl die schwierigste und auch ärgerlichste Situation. Einerseits wollen Sie den Autor nicht verärgern, andererseits könnte Ihr Geschäftserfolg gefährdet sein, nur weil ein Rezensent gerade einen schlechten Tag hatte. Jetzt müssen Sie besonders ruhig bleiben. Ein wütender Kommentar würde nur beweisen, dass Sie keine Manieren haben – Ihre App bleibt weiterhin im Regen stehen. Ihnen stehen drei Möglichkeiten offen.

Sie können den Autor direkt kontaktieren und versuchen, einen Dialog zu starten. Lassen Sie sich die Kritikpunkte genauer erklären, dadurch müssen Sie nicht in die Offensive gehen. Danach können Sie Ihre Perspektive eröffnen und beim Rezensenten möglicherweise auf Verständnis stoßen. Falls er sich weiterhin uneinsichtig zeigt, bedanken Sie sich für seine Zeit und legen die Angelegenheit zu den Akten.

Eine weitere Möglichkeit ist die höfliche, aber bestimmte Richtigstellung in einem Kommentar. Auch hier müssen Sie diplomatisch vorgehen, um den Autor nicht zu sehr zu verärgern.

Manchmal ist es besser, solche Rezensionen als negatives Erlebnis zu verbuchen und nicht weiter darüber nachzudenken. Im Speziellen, wenn Sie vermuten, dass der Autor sich durch Ihre Beschwichtigungsversuche noch weiter herausgefordert fühlen könnte.

Haben Sie sich entschlossen zu antworten, sollten Sie sich trotzdem weiterhin Zeit nehmen und nichts überstürzen. Lesen Sie die Rezension aufmerksam durch und versuchen Sie, nicht zu viel hineinzuinterpretieren. Seien Sie in Ihrer Antwort ehrlich, ruhig und höflich. Machen Sie dem Rezensenten auf keinen Fall Vorwürfe. Egal, um welches Problem es sich handelt, am Ende Ihrer Antwort sollten Sie immer versprechen, Ihre App zu verbessern. Denn das hätten Sie ja ohnehin gemacht.

■ 6.7 Kostenlos in die erste Reihe: die „Feature"-Plätze der App-Stores

Hebt die App-Store-Redaktion Ihre App erst einmal in einen der begehrten „Feature"-Plätze, läuft der Verkauf wie von selbst. Entwickler wie David Frampton berichten gar von Umsatzanstiegen auf das Zwanzigfache eines normalen Verkaufstages, je nach Platzierung. Das ist umso beeindruckender, wenn man bedenkt, dass die auserwählten Apps meist auch zuvor keine Ladenhüter waren.

Jeder App-Store hat Logenplätze für redaktionell ausgewählte Apps. In der BlackBerry App World gibt es das App World Carousel (Ein virtuelles Karussell, an dem sich die Apps am Nutzer vorbeidrehen.), der Android Market hat seine Logenplätze auf der Startseite, und bei Apple ist es ob der Vielfalt schwer, den Überblick zu behalten. Hier gibt es von den „Mitarbeiter-Favoriten" über Apps der Woche oder gar des Jahres bis zu App Starter Kits einen bunten Mix aus redaktionellen Listen, die in verschiedenen Zeitabständen aktualisiert werden.

Die Platzierung in einer dieser Listen ist für Anbieter Gold wert. David Frampton lässt uns erneut hinter die Kulissen sehen: In Bild 6.15 sehen Sie die Umsatzentwicklung von *Chopper 2* in den ersten Wochen des Jahres 2011. Anfang Januar veröffentlichte der Programmierer die Mac-Version seines erfolgreichen Spiels. Gleichzeitig senkte er den Preis der iOS-Version (blaue Linie) von 4,99 auf 0,99 Dollar. Frampton ist davon überzeugt, dass die gute Performance am Anfang des Monats ausschlaggebend für Apples Auswahl war. In der vorletzten Januarwoche hatte Apple nämlich *Chopper 2* zum Spiel der Woche in verschiedenen Europäischen App-Stores gekürt. Laut Frampton ist „Game of the Week" der lukrativste Logenplatz in Apples App Store. Die Grafik spricht jedenfalls für sich: Obwohl die App im wichtigsten, dem US-App-Store, nicht präsentiert wurde, verzwanzigfachten sich die Umsätze kurzfristig.

Die Präsentation konnte ein halbes Jahr nach dem Start für die App noch einmal ein Umsatzfeuerwerk wie am ersten Tag entfachen. Noch besser wäre es zweifellos gewesen, hätte die

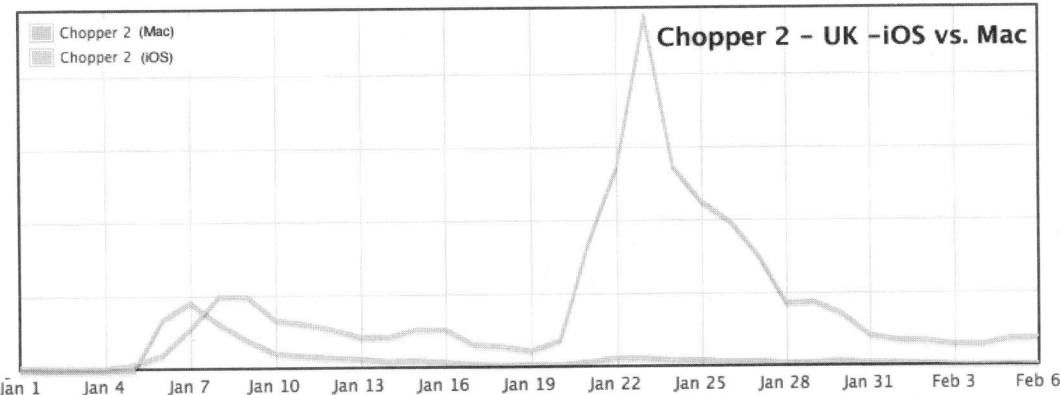

BILD 6.15 Mitte Januar 2011 wurde *Chopper 2* zum „Spiel der Woche" in vielen Ländern Europas ernannt. (Grafik: Frampton)

Auswahl der Redaktion direkt zum Launch stattgefunden. Die Welle positiven Feedbacks hätte dann wahrscheinlich noch länger angehalten. Auch der Logenplatz hatte große Auswirkungen, auch wenn dies in der Grafik nicht eindeutig zu erkennen ist. Während *Chopper 2* Ende Dezember 2010 bereits aus den Top 300 (UK) Action-Spielen gefallen war, hielt sich die App nach der Präsentation noch bis Mitte März in den Top 100.

Die Zündung für dieses positive Feedback liefert die Auswahl durch die Redaktionen. Ihr Ziel muss es also sein, den Auswahlprozess zu Ihren Gunsten zu beeinflussen. Das klingt zunächst wie ein Ding der Unmöglichkeit. Tatsächlich haben Sie verschiedene Möglichkeiten, die Situation zu Ihren Gunsten zu drehen. Dabei gibt es zwei grundsätzliche Überlegungen:

1. Ihre App muss der Redaktion (beziehungsweise dem Unternehmen) gefallen und ins Konzept passen.

2. Die Redakteure müssen Ihre App kennen, sonst können sie sie nicht auswählen.

Beachten Sie die folgenden Tipps und Tricks, erhöhen Sie Ihre Chance auf einen Logenplatz.

Die Vorzeige-App: einzigartig und beeindruckend

Wenn Sie überlegen, welche Apps den Store-Verantwortlichen ins Konzept passen, denken Sie daran, dass App-Stores um Nutzer für ihre Plattform kämpfen. Deshalb wählen sie für die prominentesten Kategorien oder gar TV-Werbespots besonders beeindruckende Apps. Sie haben gute Karten, wenn Sie mit Ihrer App die Nutzer ins Staunen bringen können. Stürzen Sie sich auf die neuesten Möglichkeiten des aktuellen SDKs. Meistens präsentieren die Betriebssystemhersteller, die (ihrer Meinung nach) wichtigsten und besten Neuerungen in den Entwicklerportalen. Achten Sie auf Ankündigungen der Hersteller, und Sie werden schnell sehen, welche Funktionen besonders stark herausgestellt werden.

Golfscape GPS Rangefinder unterstützt Golfer mit Daten zum aktuellen Kurs via Augmented Reality. Die App reizt die Hardware des iPhones voll aus und nutzt Beschleunigungssensor, GPS sowie den elektronischen Kompass. Die App glänzt auch mit einer gelungenen grafischen Gestaltung. Das findet jedenfalls Apple, denn die App wurde 2011 mit dem Apple Design Award bedacht. Der Screenshot (Bild 6.16) zeigt die Präsentation der App auf Apples Website. Die App soll Golfern das Gerät schmackhaft machen.

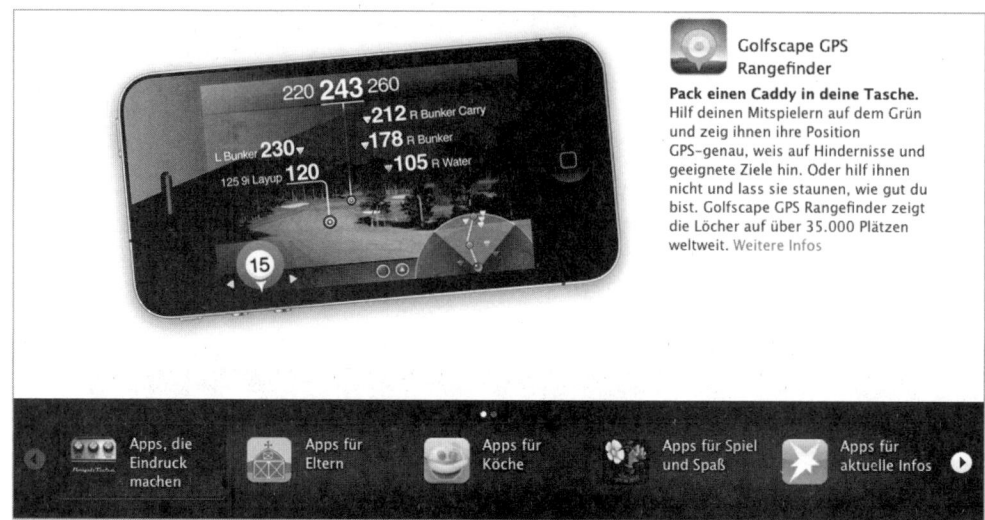

BILD 6.16 Neben der abgebildeten Erwähnung auf apple.com wurde *Golfscape GPS Rangefinder* in unzähligen Listen des iTunes App Stores, wie „Topaktuell", „Hall of Fame" und „Apps für Golfer", platziert. (Screenshot: Mayerhofer)

Herausragendes Design – das zur Unternehmenslinie passt

Dass Sie erstklassige grafische Gestaltung ausliefern, macht sich nun bezahlt. Nachdem die App-Store-Betreiber mit der Auswahl der „featured" Apps die Richtung für Nutzer und andere Entwickler vorgeben wollen, ist visuelle Überzeugungskraft sehr erfolgversprechend. Allerdings muss das Design zur Agenda des App-Stores passen. So sollten Sie beispielsweise in einer Android-App auf keinen Fall iOS-Design nachahmen. Erfahrene Android-User erkennen sofort, dass der Zurück-Button ein Überbleibsel aus der iPhone-Version ist. Für Google-Mitarbeiter sind solche Rückstände fast eine Beleidigung. Das Anpassen kann bei Portierungen anstrengend sein, aber Sie müssen sich die Zeit nehmen, das User Interface je nach Plattform zu überarbeiten. Praktischerweise bieten alle Plattformbetreiber ausführliche Style-Guides (Bild 6.17) an.

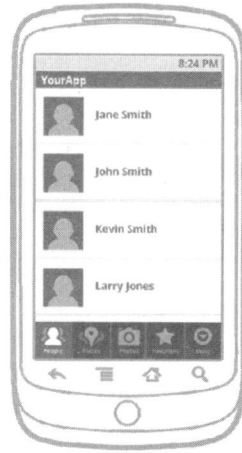

BILD 6.17
Google empfiehlt, höchstens vier Tabs zu nutzen. Diese sollten am oberen Bildschirmrand platziert werden, da sie sonst zu nahe an Androids Hardware-Buttons liegen. (Grafik: Google)

Promotion-Material, das die Qualität Ihrer App unterstreicht

Einige App-Stores fordern für die Präsentation Ihrer vorgestellten App zusätzliches Bildmaterial an. Zeigen Sie mit Screenshots und Ihrer Website, dass dieses Material hochwertig sein wird. Im Android Market müssen Sie direkt eine große Banner-Grafik (Bild 6.18) ausliefern, welche die Qualität Ihrer App transportieren sollte. Noch besser ist es selbstverständlich, wenn Sie solche Grafiken bereits im Vorfeld übermitteln können. Dann nämlich wissen die Mitarbeiter, dass sie ein Problem weniger haben, wenn sie Ihre App auswählen. Wer macht sich schon gerne unnötige Arbeit?

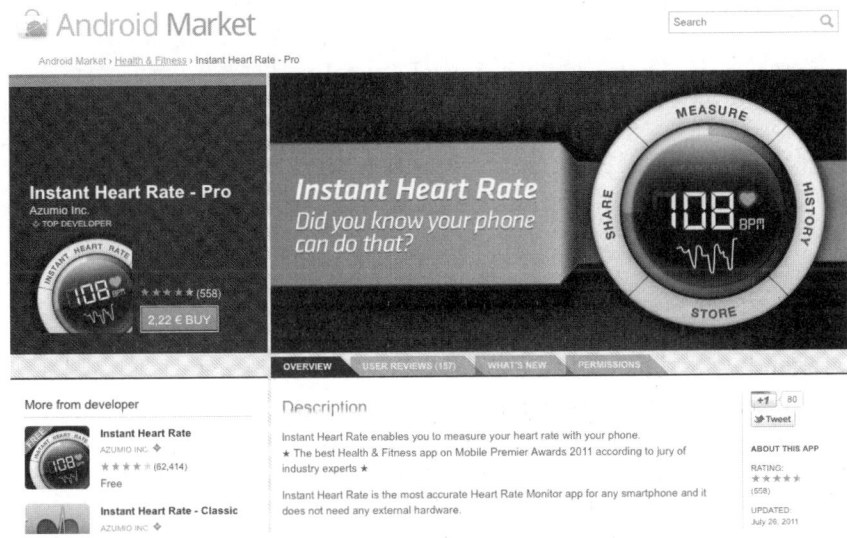

BILD 6.18 Große Werbeflächen im Android Market geben Ihnen die Chance, einen Eye-Catcher zu platzieren. (Screenshot: Mayerhofer)

Vitamin B

Nachdem Ihre App nun das Zeug zum „Feature"-Kandidaten hat, müssen Sie die Aufmerksamkeit der App-Store-Mitarbeiter auf sich ziehen. Dabei gelten im Allgemeinen dieselben Regeln wie beim Ansprechen der potenziellen Nutzer. Sorgen Sie für Sichtbarkeit, am besten in Form guter Ranglisten-Platzierungen und positiver Reviews.

Allerdings können Sie Ihrem Glück auf die Sprünge helfen. Zum Beispiel indem Sie die richtigen Leute kennen, die ein gutes Wort für Sie einlegen. Vielleicht arbeitet jemand, den Sie kennen, bei dem Unternehmen, das Ihren App-Store betreibt. Vernetzen Sie sich online und auch offline, um Kontakte zu sammeln. Nehmen Sie an Konferenzen und Messen teil und bauen Sie Ihr Netzwerk auf. Ein Publisher oder eine PR-Firma kann Ihnen helfen, an die wertvollen Kontakte zu kommen. Dieser Weg ist allerdings kostspielig. Im letzten Kapitel erfahren Sie mehr über die Zusammenarbeit mit den bezahlten Marketing-Helfern.

Auch die Pušenjaks haben einen Teil ihres Erfolgs dem „Vitamin Beziehungen" zu verdanken: Einer der beiden Brüder kannte den berühmten „Freund eines Freundes", der bei Apple arbeitet, und bekamen so die Möglichkeit, eine nette E-Mail zu schreiben. Einige Wochen später bekam *Doodle Jump* einen Logenplatz.

Gezielt Online-Werbung an App-Store-Mitarbeiter ausliefern

Der Entwickler Noel Llopis äußerte die gewagte Idee, Facebook-Anzeigen auf Apple-Mitarbeiter zuzuschneidern, um gezielt Apps zu bewerben (Mobile Orchard, 25. 9. 2009). Das Konzept ist einfach: Erstellen Sie eine Kampagne nur für Personen, die Apple, Inc. als Arbeitgeber eingestellt haben und sich in Cupertino befinden. Selbst wenn Sie vielleicht nicht den App-Store-Boss persönlich erreichen, kann es nicht schaden, innerhalb des Unternehmens bekannt zu werden.

Bewerben Sie sich für die hauseigenen App-Awards

Mal ehrlich, mit großer Wahrscheinlichkeit haben Sie keine Chance, Wettbewerbe wie die Android Developer Challenge oder den Apple Design Award zu gewinnen. Aber es kann ja nicht schaden, es zu versuchen. Abgesehen davon, ist das die Gelegenheit, sich den Redaktionsteams vorzustellen. Selbst wenn Ihre App keinen Preis gewinnt, wird der eine oder andere Mitarbeiter vielleicht zum Fan (Tipp vom Entwickler Matt Drance aus Mobile Orchard, 25. 9. 2009).

■ 6.8 Breite Verfügbarkeit

App-Stores haben den Softwaremarkt revolutioniert, Distribution war noch nie so einheitlich. Während Software früher über unzählige Kanäle und Partner ausgeliefert wurde, brauchen App-Anbieter nur eine überschaubare Zahl von App-Stores zu beliefern. Dennoch bleibt das Problem der Fragmentierung erhalten. App-Stores bieten keinen perfekt homogenen Markt, sondern teilen sich weiterhin in kleinere Segmente, die sich nach Kriterien wie Plattform, Sprache und sogar der Version des Betriebssystems unterscheiden. Nachdem Verkaufsvolumen in der Startphase auch stark mit der Verfügbarkeit zusammenhängt, sollten Sie dieser Fragmentierung so gut wie möglich entgegenwirken.

Die Haderei mit den Hardware-Antiquitäten: Gerätekompatibilität erhöhen

Einer der größten Verursacher von Fragmentierung sind verschiedene Geräte. Die Unterschiede in der Hardware äußern sich in verschiedensten Bereichen: Variable Bildschirmauflösungen, fehlende Beschleunigungssensoren und langsame Rechengeschwindigkeiten sind nur einige wenige Ärgernisse, mit denen sich Programmierer auseinandersetzen müssen. Um an eine große Userbasis ausliefern zu können, sollten Sie so viele Testgeräte nutzen wie nur möglich. Verschaffen Sie sich zunächst einen Überblick über die Geräte der Nutzer. Eine Beta-Phase kann Wunder wirken, denn die Tester bringen eine mannigfaltige Auswahl an verschiedenen Geräten mit.

Analysieren Sie die Zusammensetzung der Geräte Ihrer Zielgruppe, zum Beispiel durch die Analytics-Daten einer Ihrer anderen Apps. Auch Besucher Ihrer Website hinterlassen Geräte-Daten, die Sie mithilfe von Analyse-Tools auswerten können (Bild 6.19). Am aussagekräftigsten sind Nutzungsdaten einer Ihrer bereits erhältlichen Apps, sofern diese die gleiche

Zielgruppe anspricht. Ergänzen Sie diese Daten mit allgemeinen Geräte-Verkaufs- und Nutzungsdaten. Dadurch erhalten Sie ein recht gutes Bild über die Hardware, die Ihre App unterstützen sollte. Falls es für Sie schwierig ist, konkrete Daten zu finden, dann orientieren Sie sich an der Gesamtaufteilung der Geräte in Ihrem App-Store. Wie groß ist der Anteil der Geräte, auf denen Ihre App laufen wird? Erhöhen Sie die Kompatibilität durch Features, die sich bei schwächeren Geräten automatisch deaktivieren. Möglicherweise verliert die App für diese Nutzer dadurch an Wert. Für Sie ist es allerdings wichtiger, eine große Reichweite zu erzielen. Diesen Kuhhandel sollten Sie also eingehen.

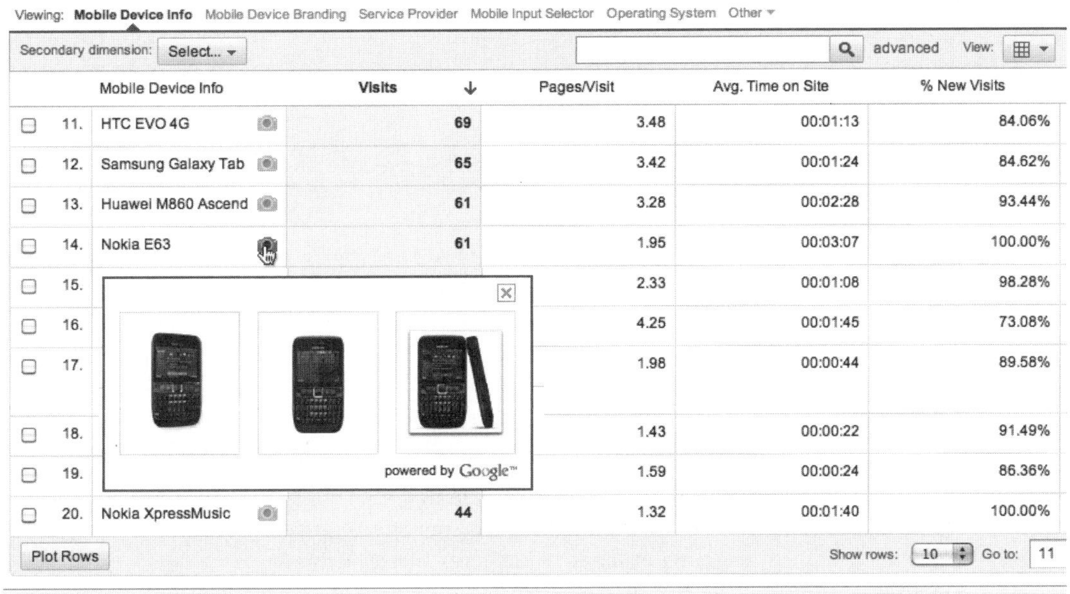

BILD 6.19 Wie die meisten Analyse-Tools bietet auch Google Analytics eine detaillierte Ansicht der Geräte der Nutzer. (Screenshot: Google)

Verschiedene OS-Versionen

Unterschiedliche Betriebssystemversionen sind bei der Entwicklung oft ein großes Hindernis. Gerade wenn Sie die Tipps aus dem vorigen Abschnitt beherzigen und die neuesten Funktionen aus dem SDK nutzen wollen, stehen Sie vor einem Dilemma: Ältere OS-Versionen unterstützen nicht nur die Vorzeige-Features nicht, sondern machen auch ganz normale Aufgaben oft komplizierter. Ganz sicher sollten Sie nicht auf innovative Lösungen verzichten, dennoch haben Sie bitte auch jene Nutzer im Kopf, deren Systeme die neuesten Spielereien nicht unterstützen. Sehen Sie sich Ihre Zielgruppe genau an und führen Sie wenn möglich auch Umfragen durch, wie viele potenzielle Kunden noch ältere Betriebssystemversionen nutzen. Auch offizielle Statistiken über die Gesamtverbreitung, wie in Bild 6.20, können sehr aufschlussreich sein.

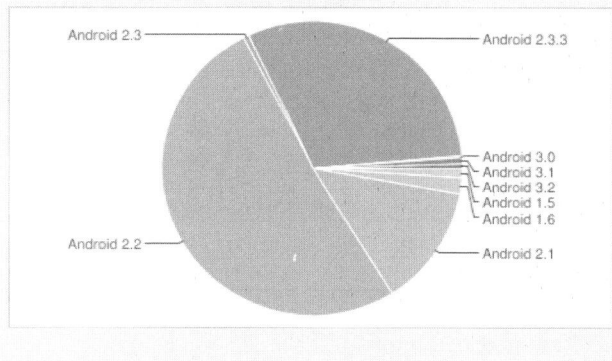

Platform	Codename	API Level	Distribution
Android 1.5	Cupcake	3	1.0%
Android 1.6	Donut	4	1.8%
Android 2.1	Eclair	7	13.3%
Android 2.2	Froyo	8	51.2%
Android 2.3 - Android 2.3.2	Gingerbread	9	0.6%
Android 2.3.3 - Android 2.3.4		10	30.7%
Android 3.0	Honeycomb	11	0.2%
Android 3.1		12	0.7%
Android 3.2		13	0.5%

BILD 6.20 Google veröffentlicht auf developer.android.com regelmäßig Daten zur aktuellen Versions-distribution. Das Bild zeigt den Stand vom September 2011. (Grafik: Google, CC-by)

Die App *Animal Phone* von Long Weekend Mobile ist ein iOS-Spiel für Kinder, die mit der App das machen, was auch „die Großen" immer tun: telefonieren. Die Anrufe gehen aber nicht an echte Kontakte, sondern an freundliche Tiere, die auf die Aktionen der Spieler reagieren. Die Entwickler fanden heraus, dass solche Apps vor allem auf iPod-Touch-Systemen genutzt werden, und deren Betriebssysteme werden von den Eltern oft nicht aktualisiert. Durch die Nutzungsdaten ihrer anderen Apps fanden die Programmierer heraus, dass iOS 3.0 (Anfang 2011) von weniger als einem Prozent der Spieler genutzt wird. Version 3.1 hatte dagegen eine deutlich größere Nutzerzahl, also entschloss man sich, die Kompatibilität bis zu dieser Version zu erhalten. Neue SDK-Funktionen wie Multitasking und neue APIs mussten berücksichtigt und umschifft werden. Durch die Berücksichtigung der älteren Versionen wurde die potenzielle Reichweite der App deutlich erhöht.

 Praxistipp: Investieren Sie in Test-Geräte

Sie sollten keine Geräte oder Betriebssystemversionen als kompatibel führen, wenn Ihre App nicht vorher auf diesen Geräten getestet wurde. Viele Bugs treten nur auf älteren Geräten auf. Neben einer großen Tester-Basis ist es meist sinnvoll, wenn Ihnen selbst möglichst viele Test-Geräte vorliegen. Falls Sie sich vor den Kosten scheuen, können Sie ältere Testgeräte auch gebraucht erwerben.

Die Kraft der Lokalisierung: Werden Sie multilingual!

Als deutschsprachiger Entwickler haben Sie ständig vor Augen, dass Apps nicht nur im Heimatland angeboten werden. Viele Anbieter aus dem angloamerikanischen Raum verabsäumen es, eine sauber übersetzte deutsche Lokalisierung ihrer App zu implementieren. In den Bewertungskommentaren zu solchen Apps findet sich in den deutschen App-Stores dann entsprechend negatives Feedback, da viele der Nutzer der englischen Sprache nicht besonders zugetan sind. Diese Situation lässt sich auf zahllose andere Sprachen übertragen. Andererseits ist es wenig verwunderlich, dass die nicht-englischen Sprachversionen oft erst spät oder gar nie erscheinen. Denn gerade kleine Entwickler müssen für jede Sprache auf das Know-how von Muttersprachlern zurückgreifen, was meist mit Kosten verbunden ist. Geld für Lokalisierungen geben sie, wenn überhaupt, erst dann aus, wenn die App bereits erfolgreich gestartet wurde. Durch dieses sicherheitsbewusste Handeln reduzieren sie allerdings die Umsätze in der Startphase, die für das positive Feedback so wichtig sind.

Gerade für Apps, die nur einige Zeilen Text enthalten, bietet eine gute Lokalisierung ein vorteilhaftes Kosten-Nutzen-Verhältnis. Aber auch umfangreichere Übersetzungen sind eine Überlegung wert. Im letzten Kapitel dieses Buchs erfahren Sie mehr darüber, wie Sie dabei auf externe Hilfe zurückgreifen können.

 Praxistipp: App lokalisieren, den Namen aber standardisieren

Damit der Launch-Buzz Ihre App weltweit erfasst, müssen Sie Verwechslungen ausschließen. Auch wenn die Bedeutung des App-Namens in Mitleidenschaft gezogen wird: Entscheiden Sie sich für einen global einheitlichen Namen. Suchen Sie deshalb nach einem Namen, der auch in anderen Sprachen verständlich ist, dann erübrigt sich eine Übersetzung ohnehin.

Bunt gemischte Plattformen

Verkaufen Sie Ihre App nur für Android, entgehen Ihnen Millionen Smartphone-Nutzer auf anderen Plattformen. Sie können sogar noch weitergehen und auch die Besitzer von herkömmlichen Computern zu den potenziellen Kunden zählen. Üblicherweise starten Entwickler mit einem System, dessen Entwicklungsumgebung sie entsprechend gut kennen. Ist eine App dann erfolgreich, wird sie nach und nach in weiteren App-Stores verfügbar gemacht. Aber auch zwischen verschiedenen App-Stores kommt es zu sogenannten Spillover-Effekten. Dieser Marketing-Fachbegriff lässt sich wörtlich mit „überschwappen" übersetzen. Und genau das ist auch gemeint: Der Erfolg Ihrer App in einem App-Store schwappt in andere über. Auch wenn App-Stores geschlossene Marktplätze sind, der Rest der Welt ist es nicht. Menschen tauschen sich über gute Apps aus, auch wenn sie verschiedene Geräte nutzen. Oder Blackberry-Nutzer stolpern über die Rezension einer Android-App. Die Gründe für den Spillover sind vielfältig.

Die Fragmentierung über verschiedene Plattformen ist mit Sicherheit jene, die am schwierigsten zu beseitigen ist. Apps müssen meist für jede Plattform komplett neu geschrieben werden, Schnittstellen unterscheiden sich stark, und auch Design und Interface lassen sich nicht eins zu eins übernehmen. Im Gegenzug schlummern hier auch die größten Umsatzpotenziale. Die Publicity, die Sie erreichen können, ist deutlich größer, wenn Ihre App in mehreren App-Stores gleichzeitig Premiere feiert.

Falls Ihnen das Risiko einer Parallel-Veröffentlichung zu groß ist, können Sie auch eine zweistufige Strategie verfolgen. Zunächst starten Sie mit der App in Ihrer Heimatplattform. Falls der Erfolg zufriedenstellend war, planen Sie die zweite Angriffswelle Ihrer App. Statt schrittweise Plattform für Plattform zu bearbeiten, konzentrieren Sie alle weiteren Produktstarts in den verschiedenen App-Stores auf einen gleichzeitigen Veröffentlichungstag. Wenn Ihre App bei Nutzern und Journalisten beliebt war, ist die Nachricht der plötzlichen Verfügbarkeit in gleich mehreren neuen App-Stores sicher berichtenswert. Zwar teilen Sie den Launch-Buzz immer noch in zwei getrennte Zeiträume auf, aber trotzdem profitiert auch die Ur-App von der zweiten Aufmerksamkeitswelle. Wenn Sie noch einmal zu Bild 6.5 zurückblättern, sehen Sie den positiven Effekt des Launchs von *Chopper 2* für Mac auf die Verkäufe der iOS-Version.

Ein Graus für Entwickler: die zerstückelte App-Store-Landschaft

App-Stores sollten die Distribution für Entwickler einfacher machen. Dennoch sind auch sie teilweise stark fragmentiert. Die App-Store-Analysten von Distimo überwachen über 60 verschiedene App-Stores. Die einzelnen Anbieter bearbeiten einen bunten Mix aus Plattformen und Regionen, wie die folgenden Beispiele verdeutlichen:

- Der Samsung App Store bietet Apps für Bada und Android in 78 Ländern an.
- Der Netzbetreiber Orange stellt in seinem „Apps Shop" Software für Android, BlackBerry, Symbian und Windows Mobile bereit und verkauft nur nach Frankreich und Großbritannien.
- T-Mobile betreibt in den USA einen eigenen Android Store und nennt ihn „Web2go".

Diese Liste lässt sich beliebig fortsetzen und zeichnet ein chaotisches Bild für die Entwickler. Sie müssen sich mit all den kleinen App-Stores auseinandersetzen und entscheiden, ob die zusätzliche Reichweite den Aufwand der Anmeldung bei einem der App-Stores rechtfertigt. Planen Sie also zum Start genügend Zeit für diese Aufgabe ein. Um dem positiven Feedback einen möglichst großen Anstoß zu geben, müssen Sie in allen Stores, die Sie gewählt haben, gleichzeitig verfügbar sein.

Eine gute Übersicht mit Filterfunktion finden Sie auf der Website von Distimo: http://www.distimo.com/appstores/

Wie bei allen aufwändigeren Maßnahmen zur Vergrößerung des Launch-Erfolgs müssen Sie auch bei der Bekämpfung von Fragmentierung Kosten und Nutzen gut abwägen. Haben Sie eine Killer-App im Ärmel, lohnt sich die Investition in ein breiteres Auftreten. Floppt Ihr Produkt allerdings, sind die Verluste bedeutend größer. Damit sind wir wieder beim Thema Marktforschung. Je mehr qualifiziertes Feedback Sie zu Ihrer App bekommen, desto eher lässt sich abschätzen, ob Ihre App das Zeug zum App-Store-Ass hat.

■ 6.9 Die perfekte Präsentation im App-Store

Wo erfahren potenzielle Nutzer von Ihrer App? Wenn sie nicht über externe Quellen wie Rezensionen oder Empfehlungen durch Freunde zu Ihrer App navigiert werden, finden sie sie im App-Store: In Listen oder mithilfe der Suche. Ein großer Teil der Apps wird so verkauft. Daher sind Ihr Auftreten im App-Store und die damit verbundene Sichtbarkeit so wichtig.

Ihr erstes Ziel ist es, den Nutzer auf Ihre Beschreibungsseite zu locken. Von dort ist es nur noch ein Klick, der Sie von einem Verkauf trennt. Dafür benötigen Sie entweder gute Sichtbarkeit in den Listen (Ranglisten oder redaktionelle) oder in den Suchergebnisseiten. Aber mit dem Gesehenwerden alleine ist es nicht getan. Was Sie dem Nutzer zeigen, muss ihn dazu verführen, gerade Ihre App anzuklicken. Dafür benötigen Sie überzeugende Texte, Bilder und auch Bewertungen. In den folgenden Absätzen gehe ich auf jeden einzelnen Bestandteil der gelungenen App-Store-Präsentation ein; vom Icon bis zur Wahl der richtigen Kategorie.

Zunächst sollten Sie verstehen, wie Nutzer in Ihrem App-Store auf Erkundungstour gehen und wie die Mechanismen in genau Ihrem App-Store funktionieren. Dazu sollten Sie alles über den Algorithmus der Suche, Zusammensetzung der Kategorien, Möglichkeiten der redaktionellen Auswahl und Darstellung der Suchergebnisse recherchieren. Die Gegebenheiten in den App-Stores ändern sich ständig, daher wäre es nicht zielführend, hier konkrete Ratschläge für eine Unzahl an App-Stores aufzulisten.

In Bild 6.21, Bild 6.22 und Bild 6.23 sehen Sie die Darstellung von Suchergebnissen in den Web-Oberflächen verschiedener App-Stores. Die Unterschiede sind leicht zu erkennen. Alle App-Stores zeigen Icon, Preis und den Namen der App an. Die Kategorie der App, Bewertungen und der Beschreibungstext sind allerdings nicht in allen Beispielen vorhanden. Solche Unterschiede müssen Sie bei Ihrer App-Store-Präsentation berücksichtigen. Im iTunes Store fehlt die Beschreibung gänzlich, weswegen Name und Icon hier noch wichtiger sind als ohnehin schon.

BILD 6.21 Darstellung der Suchergebnisse im Android Market. (Screenshot: Mayerhofer)

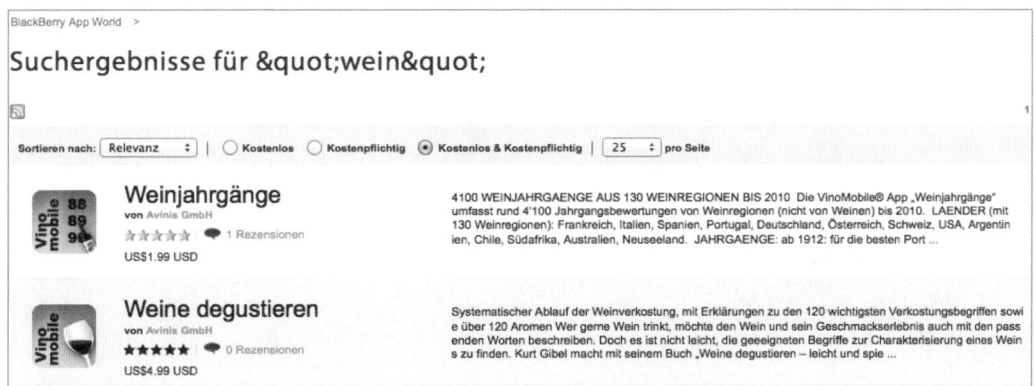

BILD 6.22 Suchergebnisse in der BlackBerry AppWorld. (Screenshot: Mayerhofer)

BILD 6.23 iTunes zeigt in den Suchergebnissen keinen Beschreibungstext an. (Screenshot: Mayerhofer)

Die Beispiele der Suchergebnisse sollen Ihnen einen ersten Gedankenanstoß geben, sich mit folgender Frage zu beschäftigen: Wie nimmt der User meine App im App-Store wahr? Klar ist, dass die Nutzer nur wenige Sekunden verstreichen lassen, bis sie den entscheidenden Klick machen. Ihr Auftreten muss also vor allem eines sein: visuell beeindruckend.

6.9.1 Der Name der App

Während der Arbeit haben Sie wahrscheinlich schon einen Arbeitstitel für Ihre App gefunden. Auch wenn Sie sich an diesen Namen bereits gewöhnt haben, sollten Sie sich noch einmal hinsetzen und einen besseren suchen. Der Name muss einige wichtige Kriterien erfüllen, die Sie am Anfang der Entwicklung möglicherweise noch nicht bedacht haben.

1. Der Name der App muss für die Nutzer **leicht zu merken** sein. Denken Sie daran, dass die Nutzer mit einer Unzahl an Apps konfrontiert sind und Ihre App zunächst nur einige Sekunden zu Gesicht bekommen.

   Im Spiel *Fruit Ninja* zerteilen Sie mit Ihrem virtuellen Schwert frische Früchte. Die lustige Spielidee wird auch im Namen transportiert; er ist kurz und einprägsam.

   ElementalKnightsOnlineTheWorld, ein MMORPG, ist am anderen Ende der Einprägsamkeits-Skala anzusiedeln. Selbst, wenn die Entwickler sich für die Verwendung von Leerzeichen im Namen entschieden hätten, bliebe er sperrig und langweilig.

   Wenn Sie in Ihrem App-Namen mehr Informationen unterbringen wollen, empfiehlt es sich, einen kurzen Namen zu wählen und durch einen Zusatz weitere Informationen zu geben. Auf dem Gerät zeigen Sie dann ausschließlich den Kurznamen an.

   WhatsApp heißt in den App-Stores *WhatsApp Messenger*, unter dem Icon auf dem Handy steht dann nur noch *WhatsApp*. Eine wichtige Zusatzinformation für Neulinge, die noch gar nicht wissen, worum es in der App geht.

2. Damit Ihre App in der Suche gefunden wird, sollten Sie nach Möglichkeit auch ein **Keyword einbauen.** Der Begriff Keyword kommt aus dem Internet-Marketing und bezeichnet Schlüsselwörter, nach denen potenzielle Kunden suchen. Die Platzierung von Keywords im

App-Titel ist nicht nur für die Suche im App-Store wichtig, sondern sie wirkt sich auch auf die Auffindbarkeit durch herkömmliche Suchmaschinen positiv aus.

Sucht jemand im iTunes App Store beispielsweise nach „Weinführer" (siehe Bild 6.23), tauchen gleich mehrere Apps auf, die dieses Wort im Titel tragen. Ganz anders ist die Situation im Android Market. Apps wie „Weinjahrgänge", die man auch als Weinführer bezeichnen könnte, haben das Keyword verschlafen, und so liefert die Suche nach „Weinführer" kein einziges Ergebnis.

3. Ein weiteres Kriterium für Ihren App-Namen sollte die **Einzigartigkeit** sein. Abgesehen davon, dass Sie rechtliche Probleme bekommen können, wenn sich der Name Ihrer App mit dem einer anderen überschneidet, ist die Verwechslungsgefahr auch für Sie ein Problem. Langfristig wollen Sie eine starke Marke aufbauen, Apps mit verwechselbaren Namen stehen sich dabei selbst im Weg. Das Beispiel von *Fruit Ninja* wird auch dem Kriterium von Einzigartigkeit gerecht.

4. Der Name Ihrer App sollte möglichst **einheitlich** in verschiedenen App-Stores und Ländern geführt werden. Die Marke Ihrer App kann nur durch konstante Präsenz wachsen. Stellen Sie sich vor, Sie haben verschiedene App-Namen für Ihre Android- und iPhone-Versionen. Wenn ein Blogger nicht explizit beide App-Stores verlinkt, kann es sein, dass Ihre App nur in einem der beiden Stores gefunden wird. Durch unterschiedliche Namen verhindern Sie also Spillover-Effekte und bremsen das positive Feedback.

Im Lichte der internationalen Präsenz Ihrer App ist dieses Thema besonders relevant, ich bin ja bereits kurz darauf eingegangen. Während einige User nur in dem Teil des Internets unterwegs sind, der in ihrer Muttersprache geschrieben ist, gibt es eine zweite Gruppe, die sich nicht viel aus Sprachbarrieren macht. Die erste Gruppe von Nutzern versteht den Namen Ihrer App unter Umständen nicht, wenn er nicht übersetzt wurde. Und die zweite Gruppe findet die App nicht, weil der Name in ihrem Heimatland anders lautet. Bei der Standardisierung des Namens sollten Sie beide Gruppen berücksichtigen. Falls Ihr Name nicht international verständlich ist, können Sie einen Teil des App-Namens übersetzen. So bleibt Ihre Marke international erhalten und der Titel Ihrer App trotzdem verständlich.

Die App *FidMe* (iOS, Android, WP7, Bada, Blackberry und Nokia), zu sehen in Bild 6.24, ersetzt Plastik-Kundenkarten. Der Name ist angelehnt an das französische Wort für Kundenkarte – carte de fidélité. Das werden die meisten Nutzer der deutschen Lokalisierung allerdings nicht verstehen. In diesem Fall hätten sich die Entwickler für einen Zusatz wie *FidMe – Kundenkartenverwaltung* entscheiden können. Die Bezeichnung ist zwar sperriger, doch die höhere Aussagekraft und das eingefügte Keyword sind wertvoller als der kurze Name.

App-Anbieter haben für die Lokalisierung des Namens verschiedene Lösungen gefunden. Die Reise-App der Münchner Entwicklerfirma FutureTap heißt im englischen iTunes App Store *Where To? – Discover your next destination*. Für andere Märkte und Sprachen wurde, um die Auffindbarkeit zu erhöhen, eine gewisse Sperrigkeit in Kauf genommen. *¿Dónde Ir? (Where To?) – GPS Points of Interest*, heißt es im Spanischen, und im Deutschen: *Wohin? (Where To?) – Intelligente, lokale GPS-Suche*. Der Name ist zwar äußerst lang, jedoch optimal für die Auffindbarkeit durch die Suchfunktion. *Where To?* war nach Angaben der Macher übrigens die erste große App, die von einem Entwicklerunternehmen verkauft wurde. FutureTap zahlte dafür im Jahr 2008 immerhin 70 000 Dollar an tap tap tap.

BILD 6.24 Auch die Screenshots aus dem Android Market sind bei *FidMe* in französischer Sprache. (Screenshot: FidMe)

6.9.2 Keywords und Tags

Der Indie-Programmierer Johannes Borchardt schreibt den Erfolg seiner Android-App *AL Voice Recorder* vor allem der Platzierung in der Suche des Android Markets zu. Lange Zeit war seine App auf den ersten Rängen, wenn man nach „Voice Recorder" suchte. Sein Geheimrezept seien gute Keywords, meint der Münchner.

Bei der Suche greifen die App-Stores auf unterschiedliche Kriterien zurück. In Apples App-Store tauchen Sie nur dann auf, wenn gesuchte Wörter im App-Namen, dem Namen der Entwickler-firma oder den vom Entwickler festgelegten Keywords auftauchen. Googles Android Market bezieht hingegen auch den Beschreibungstext in die Suche ein. Die Reihung der Suchergebnisse ist in den meisten App-Stores außerdem an die durchschnittliche Nutzerbewertung und die Zahl der Downloads gekoppelt. Wie die Algorithmen genau aussehen, verraten die Betreiber natürlich nicht. Außerdem werden die Berechnungsformeln häufig überarbeitet, sodass eine gut sichtbare App schon morgen in den Untiefen der Suchergebnisse verschwinden kann.

Mit Nutzerbewertungen befassen wir uns in Kapitel sieben, daher besprechen wir nun, wie Sie starke Keywords finden und implementieren. Bevor Sie Ihre Keywords suchen, informieren Sie sich über die aktuelle Vorgehensweise Ihres App-Stores. Falls der App-Store Ihres Vertrauens Keywords beziehungsweise Tags nutzt, können Sie relevante Suchwörter direkt angeben. Andernfalls platzieren Sie Suchwörter im Beschreibungstext, auf den wir gleich als Nächstes eingehen.

Zwei Kriterien machen Keywords für Sie attraktiv:

1. Sie werden von den Nutzern besonders oft gesucht.
2. Und/oder sie werden nur von wenigen anderen Apps genutzt. Ihre App erscheint deshalb in den Suchergebnissen ganz oben (Borchardt, 2011).

Manche Keywords werden von den Nutzern einfach nicht gesucht. Das Problem ist, dass die App-Stores keine Suchstatistiken veröffentlichen, auf die Sie zurückgreifen könnten. Nutzen

Sie stattdessen die Live-Suche, die von den meisten App-Stores angeboten wird. Tippen Sie die ersten Buchstaben Ihres Suchbegriffs ein und sehen Sie, ob der Suchbegriff ganz oben auftaucht. Die Faustregel lautet: Je weniger Buchstaben Sie eingeben müssen, bis der Suchbegriff erscheint, desto populärer ist er.

Ob Keywords oft von der Konkurrenz genutzt werden, können Sie ebenfalls sehr einfach ausprobieren: Je mehr Suchergebnisse eine Eingabe bringt, desto beliebter ist das Keyword bei den anderen Entwicklern. Wenn Sie gar keine Ergebnisse bekommen, ist entweder das Suchwort sehr schwach oder Sie haben eine einzigartige App. Ist Ihre App erst einmal im App-Store vertreten, können Sie die Qualität Ihrer Keywords schnell überprüfen. Je höher Ihre App erscheint, desto relevanter ist sie für die gesuchten Wörter. Taucht Ihre App in den Listen ganz unten auf, können Sie entweder bessere Keywords suchen oder die Relevanz erhöhen, indem Sie das Keyword häufiger platzieren. Handelt es sich um ein besonders wichtiges Wort, können Sie es beispielsweise in den App-Namen integrieren.

„Welche Keywords soll ich denn nun verwenden?", fragen Sie sich vermutlich gerade. Fangen Sie mit dem Sales-Pitch an: Auf *Golfscape GPS Rangefinder* aus Abschnitt 6.7 würden hier vielleicht die Keywords „*Golf Navigation*", oder „*Golf Scorecard*" passen. Den Firmennamen und den Namen der App brauchen Sie üblicherweise nicht in die Schlagworte aufzunehmen. Denken Sie auch daran, welche Suchanfragen Ihre USP bedient. Bei diesen Keywords haben Sie höchstwahrscheinlich weniger Konkurrenz. Für unsere Beispiel-App kommen „*Golf Augmented Reality*" oder „*Golf Assistant*" in Frage. Denken Sie auch an Suchbegriffe von Nutzern, die noch nicht so genau wissen, was sie wollen. „*Golf Help*", könnte zum Beispiel eine allgemeine Suche nach Golf-Utilities sein. Nachdem die Golf-App besonders hilfreich auf fremden Golfplätzen ist, sucht der ein oder andere auch nach „*Golf Holiday*" oder „*Golf Vacation*". Zu guter Letzt können Suchwörter auch populäre Konkurrenten oder Plattformen sein. „*SkyCaddie*" ist ein beliebter Golf-Entfernungsmesser. Allerdings handelt es sich hierbei nicht um eine App, sondern um ein getrenntes GPS-Gerät. Nutzer, die eine App suchen, die dieses Gerät ersetzt, werden mit dem richtigen Keyword fündig. Auch andere Apps können Sie in Ihre Suchwörter aufnehmen. Ein möglicher Konkurrent ist etwa „*Expert Golf*". Aber Vorsicht, versuchen Sie nicht zu offensichtlich, im Windschatten Ihrer Konkurrenz zu fahren, oder Sie können aus dem App-Store fliegen.

6.9.3 Die App-Beschreibung

Nachdem wahrscheinlich gerade Keywords für Ihre App vor Ihren Augen auf und ab hüpfen, bleiben wir gleich beim Thema. Denn die Beschreibung der App hat zwei Zielgruppen: zum einen die potenziellen Kunden, die sich die Liste der Verkaufsargumente durchlesen, um eine Kaufentscheidung zu treffen. Zum anderen die Algorithmen, welche die Relevanz Ihres Texts für Suchanfragen bewerten. Da Sie zunächst Nutzer durch Suchanfragen auf Ihre Beschreibungsseite locken müssen, darf keine der beiden Gruppen vernachlässigt werden.

Manche App-Stores berücksichtigen den Beschreibungstext bei Suchanfragen nicht. Dennoch sollten Sie darin Keywords platzieren, denn Beschreibungsseiten werden von Suchmaschinen indexiert. Suchmaschinenoptimierung (SEO) im Allgemeinen erkläre ich im nächsten Kapitel.

Aufbau des Beschreibungs-Textes

Die ersten Zeilen entscheiden meist über Klick oder Nicht-Klick. In vielen App-Stores wird der erste Satz der Beschreibung in den Suchergebnissen angezeigt. Deshalb können Sie hier den kurzen, prägnanten Satz nutzen, den Sie als Sales-Pitch definiert haben. Vermitteln Sie den Lesern so knapp wie möglich den Kern Ihrer USP.

Der weitere Text ist auch wichtig, aber hier können Sie sich mehr Zeit lassen. Wer auf Ihre App oder auf die „mehr"-Schaltfläche geklickt hat, um den gesamten Beschreibungstext zu lesen, will es genau wissen. Arbeiten Sie die wichtigsten Argumente für Ihre App von überwältigend bis erwähnenswert ab. Nachdem die Leser ihr Interesse mit fortschreitender Länge des Textes verlieren, können Sie Informationen, die keine Verkaufsargumente sind, am Ende platzieren. In diese Kategorie von Informationen fallen zum Beispiel Hardware-Voraussetzungen, Support-Hinweise oder häufig gestellte Fragen (FAQ). Denken Sie bei der Konzeptionierung Ihrer Beschreibung daran, dass viele Nutzer gerade zum ersten Mal von Ihrer App hören. Erklären Sie also alles von Anfang an und setzen Sie kein Wissen voraus.

 Checkliste: Beantwortet Ihre App-Beschreibung folgende Fragen?

- Welches Problem löst die App? Was ist die Idee dahinter?
- Wer soll die App benutzen? Ist ein Spiel beispielsweise für Anfänger oder eingefleischte Zocker?
- Warum soll der Nutzer gerade diese App kaufen und nicht die der Konkurrenz?
- Hat die App positive Rezensionen von bekannten Blogs erhalten oder gar Awards gewonnen?
- Ist alles im Preis inklusive oder muss der Nutzer per In-App-Purchase für weitere Funktionen bezahlen?

Der richtige Schreibstil

Auch der Stil Ihrer Beschreibung beeinflusst den Verkaufserfolg. Liest sich die Beschreibung holprig, trocken oder unverständlich, verlieren die potenziellen Kunden schnell ihr Interesse.

- Wie schon im Absatz über den Sales-Pitch erwähnt, sollten Sie mit einer **Einleitung aufwarten, die zum Weiterlesen animiert.** Starten Sie mit einer Aussage oder Frage, die den Kunden verwundert oder gar schockiert. Wenn Sie gleich mit den nackten Daten auf die Leser losgehen, verlieren sie das Interesse. Wecken Sie beim Leser Begeisterung, statt ihn nur zu informieren.

- Viele Entwickler haben Probleme, Ihre Beschreibung **nicht zu technisch** werden zu lassen. Hüten Sie sich vor überflüssigen Details: Erklären Sie nicht, wie etwas funktioniert, nur dass es funktioniert. Und geben Sie Ihren Text einem technisch nicht versierten Bekannten zum Lesen, um die Verständlichkeit zu prüfen.

- Verwenden Sie **einfache Sprache**, die sich **an Ihre konkrete Zielgruppe** richtet. Die Beschreibung des Ego-Shooters *N. O. V. A. 2* liest sich so: „Es ersetzt seinen Vorgänger mit schärferer Action, tödlicher Grafik und dem besten Mehrspielererlebnis weit und breit." Während die App *DATEV Anwalt* mit folgendem Satz einleitet: „‚Vor Gericht und auf hoher See' muss man stets mit plötzlich eintretenden neuen Situationen rechnen. Glücklich ist der, der seine Hilfsmittel immer dabei hat." Ihr Schreibstil sollte an die potenziellen Kunden angepasst sein.

- Damit die Beschreibung lesbarer wird, sollten Sie **Aufzählungspunkte** statt endlosen Textabsätzen nutzen. Viele Besucher, werden Ihren Text nur scannen und nicht konzentriert durchlesen. Solchen Personen sollten Sie entgegenkommen, indem Sie die wichtigsten Alleinstellungsmerkmale stichwortartig aufzählen.

Digitale Bleiwüsten verhindern dank der richtigen Formatierung

Die Vorliebe des Menschen für visuelle Reize sollten Sie auch beim Text berücksichtigen. Formatierung entscheidet darüber, ob in einem Text schnell die wichtigsten Informationen gefunden werden. Und damit auch über Lesen und Nicht-Lesen der potenziellen Käufer. Aufzählungspunkte sind ein guter Anfang, aber Sie sollten noch weitergehen.

- Die besten Ergebnisse erzielen Sie mit ganz normaler HTML-Formatierung. Mit Überschriften in passenden Größen, sauberen Textabsätzen, Betonung von wichtigen Wörtern, herausgestellten Zitaten und Trennlinien steht einer perfekten Präsentation nichts im Wege. Leider erlauben die meisten App-Stores nur unformatierten Text wie in den 90er Jahren. Sie müssen nun in den sauren Apfel beißen und mit 20 Jahre alten Tricks trotzdem eine schöne Formatierung zaubern.

- Zuerst bedenken Sie, wie viel Text angezeigt wird, bevor der „mehr"-Button angeklickt werden muss. Der lesefaule Teil Ihrer Kunden wird die App herunterladen, ohne darauf geklickt zu haben. Daher müssen Ihre ersten Zeilen besonders aussagekräftig sein. Entscheiden Sie sich im Zweifelsfall für weniger Text, wie in Bild 6.25, und fassen Sie den Hauptnutzen kompakter zusammen. Die Einleitung in Bild 6.26 wirkt auf den ersten Blick unübersichtlich und lädt nicht zum Weiterlesen ein.

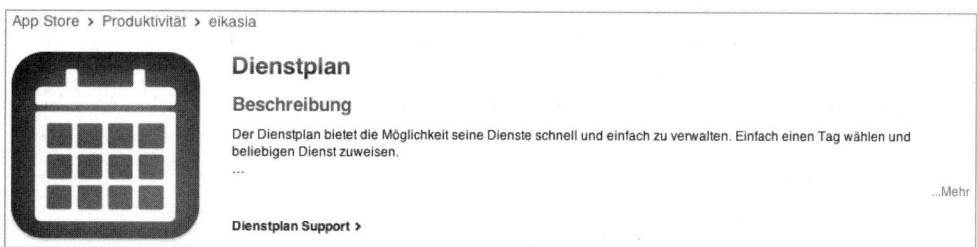

BILD 6.25 *Dienstplan* hat einen kompakten Einleitungssatz, der zum „mehr"-Lesen animiert. (Screenshot: Mayerhofer)

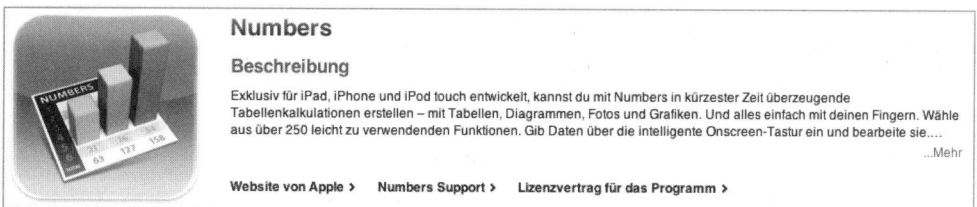

BILD 6.26 *Numbers* hingegen startet bereits im ersten Absatz mit der Verkaufsshow. Ohne Absätze werden die Funktionen aufgezählt, was die Übersicht erheblich beeinträchtigt. (Screenshot: Mayerhofer)

- Bedenken Sie bei der Formatierung auch die Darstellung in den App-Stores mobiler Geräte. Der Text sollte auch in den App-Stores auf den Zielgeräten übersichtlich dargestellt werden. Dort sind die Zeilen meist deutlich kürzer und die Absätze sehen entsprechend länger aus. Die „Text-Wurst“ von *Numbers* (Bild 6.27) schreckt auch auf dem iPhone vom Lesen ab.

bob 3G
23:03
30%
Suchen
Info
Numbers
iTunes S.a.r.l.
193 Bewertungen
7,99 €
Exklusiv für iPad, iPhone und iPod touch entwickelt, kannst du mit Numbers in kürzester Zeit überzeugende Tabellenkalkulationen erstellen – mit Tabellen, Diagrammen, Fotos und Grafiken. Und alles einfach mit deinen Fingern. Wähle aus über 250 leicht zu verwendenden Funktionen. Gib Daten über die intelligente Onscreen-Tastur ein und bearbeite sie. Erstelle beeindruckende Tabellen und Diagramme und beweg sie dann auf dem flexiblen Arbeitsbereich. Tabellenkalkulationen sehen auf dem iPad einfach großartig aus und sind auf dem hochauflösenden Retina Display des iPhone 4 und des neuesten iPod touch gestochen scharf. Numbers verwendet Smart Zoom, um automatisch in die Daten zu zoomen, wenn du sie eingibst oder bearbeitest, und auszuzoomen, wenn du fertig bist. So ist es ganz einfach auf dem
Highlights
Kategorien
Top 25
Suchen
Updates

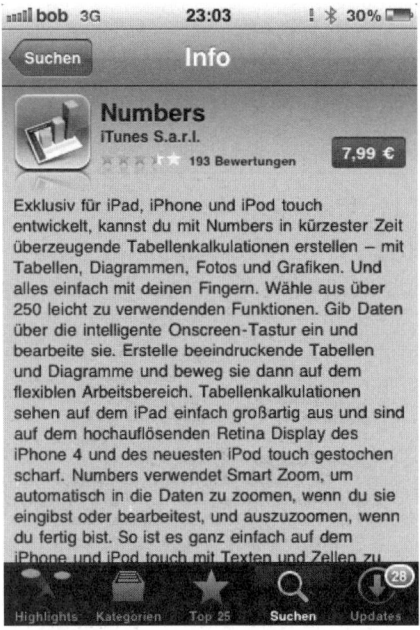

BILD 6.27 Die Beschreibung von *Numbers* im App Store auf dem iPhone. (Screenshot: Mayerhofer)

- Nachdem Sie kein HTML zur Formatierung verwenden können, bleibt Ihnen nur der Ausweg, Ihre Beschreibung über Unicode-Zeichen aufzuhübschen. Bleiben Sie aber bitte seriös und beenden Sie nicht jeden Satz mit einem ♥. Auflockernd sind dagegen Listen (✓, ◆ oder ✚), die Sternebewertung (★★★★★) oder Trennlinien (-----, ===== oder gar ▲▲▲▲▲). Durch die Verwendung von Symbolen wird Ihr Text auffälliger. Wie weit Sie dabei gehen können, hängt von der Zielgruppe ab. Ein Beispiel sehen Sie in Bild 6.28.

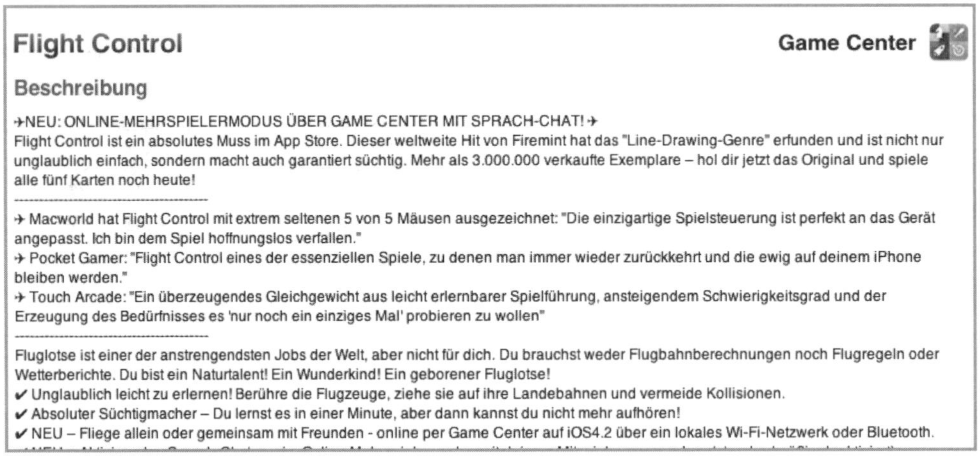

Flight Control
Game Center
Beschreibung
✈NEU: ONLINE-MEHRSPIELERMODUS ÜBER GAME CENTER MIT SPRACH-CHAT! ✈
Flight Control ist ein absolutes Muss im App Store. Dieser weltweite Hit von Firemint hat das "Line-Drawing-Genre" erfunden und ist nicht nur unglaublich einfach, sondern macht auch garantiert süchtig. Mehr als 3.000.000 verkaufte Exemplare – hol dir jetzt das Original und spiele alle fünf Karten noch heute!

✈ Macworld hat Flight Control mit extrem seltenen 5 von 5 Mäusen ausgezeichnet: "Die einzigartige Spielsteuerung ist perfekt an das Gerät angepasst. Ich bin dem Spiel hoffnungslos verfallen."
✈ Pocket Gamer: "Flight Control eines der essenziellen Spiele, zu denen man immer wieder zurückkehrt und die ewig auf deinem iPhone bleiben werden."
✈ Touch Arcade: "Ein überzeugendes Gleichgewicht aus leicht erlernbarer Spielführung, ansteigendem Schwierigkeitsgrad und der Erzeugung des Bedürfnisses es 'nur noch ein einziges Mal' probieren zu wollen"

Fluglotse ist einer der anstrengendsten Jobs der Welt, aber nicht für dich. Du brauchst weder Flugbahnberechnungen noch Flugregeln oder Wetterberichte. Du bist ein Naturtalent! Ein Wunderkind! Ein geborener Fluglotse!
✔ Unglaublich leicht zu erlernen! Berühre die Flugzeuge, ziehe sie auf ihre Landebahnen und vermeide Kollisionen.
✔ Absoluter Süchtigmacher – Du lernst es in einer Minute, aber dann kannst du nicht mehr aufhören!
✔ NEU – Fliege allein oder gemeinsam mit Freunden - online per Game Center auf iOS4.2 über ein lokales Wi-Fi-Netzwerk oder Bluetooth.

BILD 6.28 In der Beschreibung des Spiels *Flight Control* ist der Text etwas zu dicht gesetzt. Allerdings werden dezente Unicode Symbole (✈ und ✔) genutzt, was eine willkommene Abwechslung darstellt.

Praxistipp: Kalkulieren Sie die Länge der Texte für Ihren App-Store genau.

Im iTunes App Store ergeben sich beispielsweise folgende Werte (Banagale, 2010):

- Maximale Länge: 4000 Zeichen
- Anzeige, bevor auf „mehr" geklickt wird: drei Zeilen zu je maximal 120 Zeichen
- Bereich der auf dem iPhone einsehbar ist, bevor zum ersten Mal gescrollt wird: 18 Zeilen

Keywords im Beschreibungstext

Wie bereits angesprochen, ist die Beschreibung nicht nur die wichtigste Informationsquelle für potenzielle Kunden, sondern auch für Suchmaschinen. Die Suchalgorithmen können nichts mit Ihren Screenshots oder Ihrem Präsentationsvideo anfangen. Über das Ergebnis der Suchanfragen entscheidet alleine Ihr Text.

Sammeln Sie gute Keywords und benutzen Sie diese im Beschreibungstext. Platzieren Sie die Keywords so oft wie möglich und achten Sie dabei darauf, dass die Qualität für den Leser nicht darunter leidet. „Mit dieser Golf-App werden Sie schon beim nächsten Golf-Spiel zum Golf-Profi auf dem Golfplatz", bringt vielleicht Ihr Keyword „Golf" gleich vier Mal in einem Satz unter, jeder normal denkende Leser wird allerdings den Kopf schütteln.

Damit Sie die Keywords nicht mühselig in den Text einflechten müssen, sind manche Anbieter dazu übergegangen, Keyword-Spamming zu betreiben. Dabei werden die Keywords einfach am Ende des Beschreibungstexts aufgezählt. Diese Vorgehensweise ist eher nicht zu empfehlen, da Ihnen die App-Store-Betreiber über kurz oder lang einen Riegel vorschieben werden und Ihre App dann vielleicht aus dem Angebot fliegt. Außerdem irritiert diese Vorgehensweise die Nutzer.

6.9.4 Das Icon

Das Icon ist das Gesicht Ihrer App. Menschen tendieren zur Oberflächlichkeit. Studien haben gezeigt, dass wir gutaussehende Menschen automatisch für schlauer, freundlicher und aufgeschlossener halten. In der Psychologie spricht man vom Attraktivitätsstereotyp, denn Menschen denken: „Was schön ist, ist auch gut." Dies gilt auch für App-Icons. In vielen Fällen wird das Icon das Erste sein, was potenzielle Käufer von Ihrer App zu Gesicht bekommen. Sie werden die Qualität Ihrer App zunächst daran messen, ob das Icon hochwertig aussieht. Diese erhöhte Aufmerksamkeit für Icons können Sie auch nutzen, um darüber eine Botschaft zu transportieren und einen hohen Wiedererkennungswert zu erzielen. Dazu benötigen Sie nur noch eine überragende Idee und makelloses Design. Nichts schwerer als das.

Die Icon-Richtlinen der App-Stores

Bei Ihren Überlegungen zum Icon beginnen Sie mit den Ratschlägen der Betriebssystemhersteller selbst. Alle großen Anbieter bieten auf ihren Websites Richtlinien an (siehe Kasten). Diese Richtlinien sind deshalb so wertvoll, weil jede Plattform ihren eigenen Stil vorschreibt. In Bild 6.29 sehen Sie, wie sehr sich die Icon-Stile der Plattformen unterscheiden. Die Anleitungs-Dokumente enthalten meist wertvolle Tipps und gleich einige Beispiele, um Sie in eine gute Richtung zu schicken.

BILD 6.29 Die Icons der Standard-Browser von Android (links), iOS (Mitte) und WP7 (rechts) zeigen deutlich die Unterschiede in der Design-Philosophie der Plattformen. (Icons: Google, Apple, Microsoft)

Links zu den Icon-Richtlinien der einzelnen Plattformen:

- **Android:**
  http://developer.android.com/guide/practices/ui_guidelines/icon_design_launcher.html
- **iOS:**
  http://developer.apple.com/library/ios/#documentation/userexperience/conceptual/mobilehig/IconsImages/IconsImages.html
- **Mac:**
  http://developer.apple.com/library/mac/documentation/UserExperience/Conceptual/AppleHIGuidelines/IconsImages/IconsImages.html
- **BlackBerry:**
  http://docs.blackberry.com/en/developers/deliverables/17965/BlackBerry_6_icons_and_indicators_1152025_11.jsp
- **Windows Phone:**
  http://msdn.microsoft.com/en-us/library/ff637515(v=vs.92).aspx

Google verlangt von Android-Entwicklern unter anderem, dass die Icons folgende Kriterien erfüllen:

- „Die Icons sollen modern und gerne etwas schrullig sein."
- „Android Icons sollen karikativ und sehr einfach gestaltet sein. So bleiben sie auch in kleinen Größen erkennbar."
- „Die Formen der Icons können geometrisch, aber auch organisch sein."
- „Die Icons sollten eine matte Textur nutzen und niemals fotorealistisch sein."

Apples Anleitung ist etwas undurchsichtiger:

„Versuchen Sie, visuelle Reize und Klarheit der Bedeutung in Ihrem Icon in Balance zu halten. Es soll reichhaltig und schön sein und zugleich auf den Punkt bringen, was der Zweck Ihrer App ist. Außerdem ist es eine gute Idee, zu bedenken, wie Ihre gewählten Farben und Bilder in verschiedenen Kulturen interpretiert werden."

Kein Text im Icon

Ein Icon steht für ein Wort, ein Konzept oder eine Aufgabe. Wenn Sie ein Wort in Ihr Icon integrieren, das ja an sich bereits eine Idee repräsentiert, verschachteln Sie bloß Ihre Botschaft. Wenn Sie Text benötigen, damit Ihr Icon von den Nutzern verstanden wird, ist Ihr Icon nicht gut genug (Flarup, 2010). Überlegen Sie, mit welchem Symbol Sie die Kernaussage Ihrer

App transportieren könnten, ohne Worte zu benutzen. Sehen Sie sich die Icons in Bild 6.30 an. Hätte man Sie auch ohne Text umsetzen können?

BILD 6.30 Textlastige Icons aus dem WP7 Marketplace: *Pocket Recorder* und *NextGen Reader*. (Icons: Xochl Media LLC, NG)

Einzige Ausnahme für das Textverbot stellen einzelne Buchstaben dar (Flarup, 2010). Diese können als Symbol für sich stehen. Auch hierfür finden sich zahlreiche Beispiele, wie in Bild 6.31 zu sehen.

BILD 6.31 Links: die Panorama-Foto-App *Pano* im Android Market; rechts: *Instapaper* im iTunes App Store. (Icons: Debacle Software, Marco Arment)

Simpel bedeutet verständlich

Konzentrieren Sie sich auf den Nutzen der App und suchen Sie nach einem Symbol, das ihn am besten beschreibt (Bild 6.32). Icons werden in verschiedenen Größen dargestellt, oft aber mit 50x50 Pixel oder sogar weniger. Daher muss Ihr Icon auch dann noch eindeutig identifizierbar sein, wenn es sehr klein erscheint. Stopfen Sie das Icon nicht mit Hintergründen und unnötigem Bildmaterial voll. Je mehr Sie von Ihrem Design wegnehmen können, ohne dass die Aussage des Icons verloren geht, desto deutlicher ist diese Aussage erkennbar.

BILD 6.32 Aussagekräftige Icons im Android Market: *Barcode Scanner* und *Expedia Hotels*. (Icons: zxing Projekt, Expedia)

Detailreiche Icons mit Texturen

Verwechseln Sie simpel nicht mit langweilig. Solange Ihre Icons winzig sind, bleiben viele Details verborgen. Zu vielen Gelegenheiten werden die Details aber sichtbar: Nämlich dann, wenn sich Ihr Icon in voller Auflösung präsentiert. In der Web-Oberfläche des Android Market messen Icons 124 x 124 Pixel, bei Apple gar 175 x 175. Auch die Icon-Größe innerhalb der Geräte steigt immer mehr. Ab dem iPhone 4 werden Icons mit 114 x 114 Pixel angezeigt – das sind viermal so viele wie noch zu Zeiten des iPhone 3GS.

Bei der Nutzung von Details sind Ihnen keine Grenzen gesetzt. Zwei Beispiele sehen Sie in Bild 6.33. Im Icon von *MobileMe Gallery* bringt das Heranzoomen eine Holzmaserung zum Vorschein, die vorher unsichtbar war. Auch Vater und Sohn auf dem Segelboot lassen sich in der 57x57-Pixel-Version auf dem iPhone 3GS kaum erkennen. Ähnlich verhält es sich mit den Details des Icons von *Postman*, das unter anderem das Logo des Entwicklerstudios als Briefmarke trägt.

BILD 6.33
Icons von *MobileMe Gallery* (links) und *Postman* (rechts) aus dem iTunes App Store.
(Icons: Apple, Oliver Cameron)

Kulturelle Bedeutung von Farben einbeziehen

Bei allen Überlegungen, die Sie nun über Ihr Icon anstellen, darf die Wahl der dominanten Farbe nicht fehlen. Sie sollten ein festes Farbschema für Ihre App wählen, das sich nicht nur im Icon wiederfindet, sondern auch im User Interface und den Werbematerialien. Da Sie sich also wahrscheinlich einer bestimmten Farbe besonders verpflichten, sollte diese gut gewählt werden.

Weiß etwa ist in unserem Kulturkreis eine ideale Farbe. Sie steht für Vollkommenheit, Reinheit, Unschuld, Ehrlichkeit und Frieden. In anderen Kulturen, speziell in Asien, steht Weiß aber für Tod und Trauer. Eine kurze Google-Suche kann Ihnen Aufschluss über die Bedeutung Ihrer gewählten Farben geben.

Widerspiegelung des App Designs im Icon

Um den Wiedererkennungswert Ihrer App zu steigern, sollte das Icon kein vollkommen abgetrenntes Design-Projekt darstellen. Farben, Texturen und andere Details sollten sich im User Interface widerspiegeln. Vergleichen Sie etwa Icon und Menü der iPhone-App *Weightbot* in Bild 6.34.

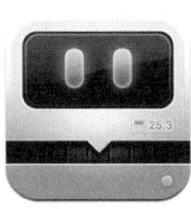

BILD 6.34
Icon und User Interface von *Weightbot*.
(Icon und Screenshot: Tapbots)

Schreiben Sie nicht ab

Sich gute Icons zur Inspiration anzusehen ist notwendig. Allerdings sollte Ihr Icon einzigartig sein und möglichst wenig mit irgendeinem anderen Icon gemein haben. Transportieren Sie die Einzigartigkeit Ihrer App auch durch die Einzigartigkeit Ihres Icons (Bild 6.35).

BILD 6.35 Unverwechselbare Icons aus dem iTunes App Store: Links das Gitarren-Helferlein *Tabtoolkit* und rechts die Tee-App *Tea Round*. (Icons: Agile Partners, We Collaborate)

Holen Sie sich Hilfe

Als Programmierer haben Sie vielleicht das Zeug zum preisgekrönten Icon-Designer. Wahrscheinlicher ist aber, dass ansprechende Gestaltung nicht Ihr Metier ist. Egal, wie knauserig Sie die Design-Entscheidungen bis jetzt getroffen haben, beim Gesicht Ihrer App hört der Spaß auf. Holen Sie sich Hilfe von jemandem, der sich auskennt. Im letzten Kapitel dieses Buchs finden Sie auch zahlreiche Tipps, wie Sie für wenig Geld an eine gut gestaltete Grafik kommen können.

6.9.5 Screenshots

Screenshots transportieren gleich mehrere Qualitäten Ihrer App: Sie zeigen die Funktionalität und auch das (hoffentlich herausragende) Design Ihrer App. Schnell zusammengeschusterte Screenshots zeigen Ihre App zwar in Action, aber Ihnen entgeht womöglich die Chance, die Ihrer Meinung nach wichtigsten Qualitätsmerkmale herauszustellen.

Betrachten Sie jeden einzelnen Screenshot wie ein Werbeplakat für Ihre App. Alle Plakate zusammen ergeben Ihre Plakatkampagne, die eine bestimmte Botschaft vermittelt.

Ihre Kunden wollen drei Schlüsselinformationen aus den Screenshots ziehen (Gordon, 2010):

1. Hat die App eine für mich akzeptable Qualität?
2. Hat die App die Funktionen, die ich suche?
3. Sieht die App aus, als wäre sie einfach zu benutzen?
4. Sehen Sie sich Ihre Screenshots also am Ende noch einmal an und überlegen Sie, ob alle drei Fragen von einem typischen Nutzer Ihrer Zielgruppe mit Ja beantwortet würden. Aber zunächst führen Sie sich die folgenden Tipps zu Gemüte.

Screenshots müssen relevant sein

Zu viele Entwickler wählen Screenshots aus den Einstellungen oder einer sehr textlastigen Stelle ihrer App. Damit verschwenden sie wertvolle Werbefläche, denn die Zahl der Screenshots ist limitiert. Zeigen Sie also die wichtigsten Funktionen und Alleinstellungsmerkmale. Nach einem Update sollten Sie die Screenshots aktualisieren und die neuen Funktionen zeigen. Sie können übrigens auch im Beschreibungstext oder im Changelog („Neue Funktionen von Version X.X") auf einen bestimmten Screenshot verweisen.

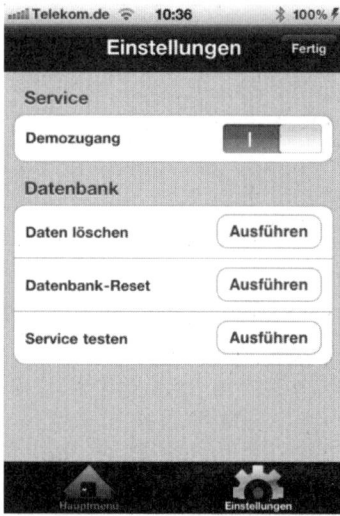

BILD 6.36 Dieser Screenshot der App *TopKontor Adressen* zeigt für den Kunden wenig relevante Informationen. (Screenshot: Beusse)

Stellen Sie wichtige Teile des Screenshots heraus

Gut gewählte Screenshots sind ein Anfang. Statt diese einfach hochzuladen, sollten Sie aber noch ein Bildbearbeitungsprogramm anwerfen und die Screenshots aufpeppen. Wenn Sie relevante Bereiche wie in Bild 6.37 markieren oder vergrößern, lenken Sie die Aufmerksamkeit der Leser nach Ihren Wünschen und machen die Bilder außerdem noch interessanter.

BILD 6.37
Die App *iA Writer* (Mac App Store) ist so simpel, dass der Nutzen ohne die Hervorhebung untergehen würde. (Screenshot: Mayerhofer)

Erklären Sie, wenn es Erklärungsbedarf gibt

Die meisten Screenshots sind selbsterklärend, vor allem, wenn Ihre App leicht zu benutzen ist. Dennoch stolpern Nutzer hin und wieder über Bilder, von denen sie nicht genau wissen, was sie damit anfangen sollen. Zeigen Sie Ihre Screenshots unbedarften Dritten und finden Sie so heraus, ob es Erklärungsbedarf gibt. Ein kleiner Untertitel wie in Bild 6.38 ist nicht viel Arbeit und kann für potenzielle Kunden kritische Informationen enthalten.

BILD 6.38 Die Screenshots von *Wunderlist* werden durch kurze Bildunterschriften näher erklärt. (Screenshot: Mayerhofer)

Screenshots nicht überladen

Hervorhebungen und zusätzliche Erklärungen sind wichtig. Wenn Sie es aber übertreiben, vergraulen Sie die potenziellen Kunden. In Bild 6.39 finden Sie eindeutig zu viele Informationen.

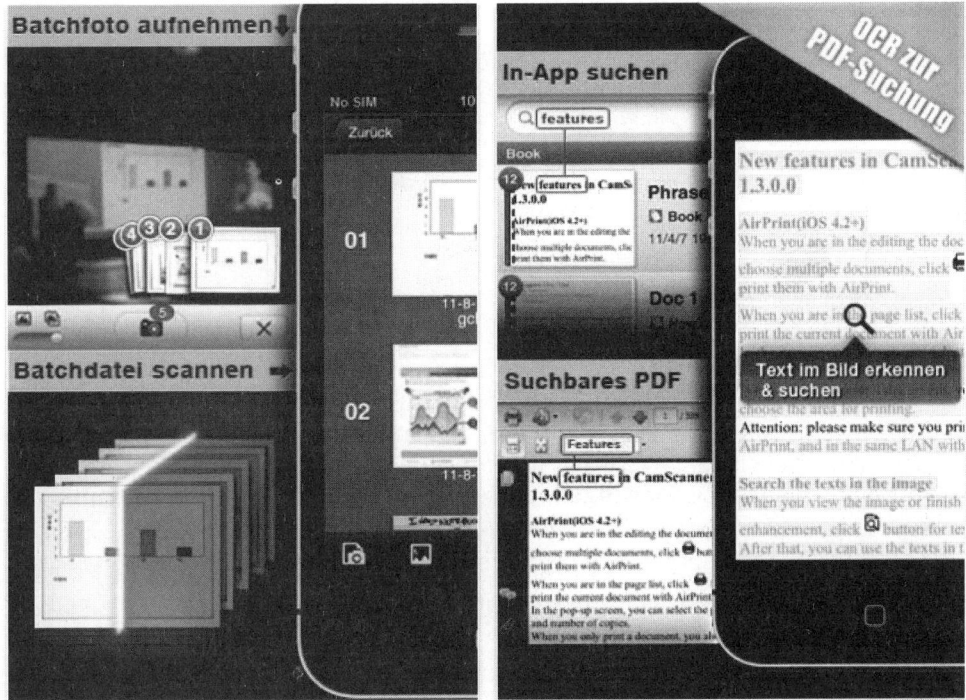

BILD 6.39 Screenshots von *CamScanner+*. (Screenshots: Mayerhofer)

Werden Sie kreativ!

Wie in allen Bereichen des Marketings geht es auch bei den Screenshots darum, außergewöhnlich zu sein. Mit kreativen und neuartigen Präsentationstechniken fallen Sie auf und erhöhen so die Chance, dass sich Nutzer mit Ihrer App näher beschäftigen. Zeigen Sie Ihre App doch in Aktion, wie es Toca Boca in Bild 6.40 tut.

BILD 6.40 Mit Toca Store können Kinder zusammen „Laden" spielen. Das transportiert auch der Screenshot. (Bild: Toca Boca)

 Screenshot-Zahl ausnutzen

Meist können Sie nur eine Handvoll Screenshots in die App-Stores hochladen. Nutzen Sie die Kapazität unbedingt bis zum Ende aus.

6.9.6 Kategorie

Bei der Entscheidung für die richtige Kategorie sind Ihnen in den meisten App-Stores Grenzen gesetzt. Denn die Regeln erlauben es nicht, dass Sie ein Ballerspiel in die Finanz-Kategorie einstellen. Dennoch gibt es viele Apps, die in mehrere Kategorien passen. Nicht umsonst erlauben etwa die Apple App Stores die Angabe von primären und sekundären Kategorien.

Die Wahl der Kategorie ist deshalb so relevant, weil Sie in den Listen der jeweiligen Kategorien erscheinen. Sowohl in der Liste der neuen Apps, als auch in der Rangliste der entsprechenden Kategorie. Falls Sie nur eine Kategorie wählen können, ist es wichtig, dass Ihre App in der Kategorie auffindbar ist, in der Nutzer Sie vermuten. Bei der Zweit-Kategorie können Sie experimentieren und auch eine weniger passende, dafür attraktivere Kategorie wählen.

Mehrere Faktoren beeinflussen die Attraktivität der Kategorien.

1. **App-Dichte**
   Kategorien unterscheiden sich stark in der Zahl der zugehörigen Apps. Meist ist die Spiele-Kategorie mit Abstand die größte. Mit einem Spiel haben Sie es also meistens besonders

schwer, in die Rangliste einzuziehen. Abhilfe schaffen Unterkategorien wie Sport-Spiele oder Gesellschaftsspiele. Je weniger Apps in einer Kategorie vorhanden sind, desto besser für Sie.

2. **Durchschnittlicher Preis**
   Business, Gesundheit und Finanzen sind traditionell Kategorien mit den höchsten Preisen. User, die hier einkaufen, sind weniger preissensibel. Ein Pluspunkt für teurere Apps.

3. **Gleichverteilung der Apps**
   Der letzte Faktor ist der Anteil des Gesamtumsatzes in einer Kategorie, den die Apps in den Ranglisten für sich beanspruchen. Nachrichten und Wetter sind Beispiele für Kategorien, in denen wenige Apps den größten Teil des Umsatzes erzielen. Ob dies nun gut oder schlecht für Sie ist, kommt darauf an, ob Sie mit einer guten Ranglisten-Platzierung rechnen oder nicht.

6.9.7 Download-Größe

Wenn Sie Ihre App ordentlich geplant und programmiert haben, ist die Dateigröße des Downloads so klein wie möglich. Falls Sie die Download-Größe nicht ständig vor Augen hatten, sollten Sie vielleicht noch einmal einen Blick auf den Code und die inkludierten Dateien werfen. Klar, Nutzer möchten möglichst kleine Apps, denn dann geht der Download schneller und es bleibt mehr Speicher am Gerät vorhanden. Unnötig große Apps sind ein Zeichen schlechter Qualität. Einige Nutzer vergraulen Sie mit einem Mega-Download vielleicht, die meisten achten aber nicht auf die Dateigröße.

Doch besonders bei mobilen Geräten kann die Größe darüber entscheiden, ob der Download überhaupt funktioniert. Aktuell werden zum Beispiel im iTunes App Store nur Apps unter 20 MB über Handyverbindung geladen. Der französische Entwickler Baptiste Benezet von faberNovel berichtet, dass seine App *RATP Premium: Subway & Bus in Paris* den größten Umsatzanstieg erlebte, als die Downloadgröße nach einem Update das 3G-Download-Limit unterschritt (readwriteweb, 17.2.1010).

■ 6.10 Website

Es gibt tatsächlich Apps, die ohne eine Website in den App-Store starten. Das ist zwar ein gewagtes Manöver, aber im Gegensatz zu Screenshots oder einem Icon ist die Website ein vergleichsweise vernachlässigbares Marketing-Instrument.

Trotzdem ist eine Website wichtiger, als Sie vielleicht denken. Sie sorgt für Präsenz in regulären Suchmaschinen, bietet weitaus mehr Informationsmöglichkeiten als die App-Stores, ermöglicht die Interaktion mit den Nutzern und schafft eine Heimat für Ihre Marke. Sie sollten zum Launch Ihrer App auf jeden Fall eine Website parat haben. Für den Start müssen Sie nicht viel Zeit investieren: Eine kostenlose Wordpress-Installation mit einer Vorlage für App-Präsentation (Bild 6.41) oder ein Konto beim Dienst App.net tut es im Notfall fürs Erste.

BILD 6.41 Die Werbeplattform rawapp bietet ein kostenloses Wordpress-Theme zur Präsentation von iPhone- und Android-Apps an. (Screenshot: Mayerhofer)

Mit diesen Angeboten kommen Sie schnell und unkompliziert zur ersten Website

- Die Blog-Software Wordpress ist von vornherein für Suchmaschinen optimiert: http://wordpress.org/ (kostenlos)
- Passende Wordpress Themes:
  - rawapps: http://www.rawappvice.com/?page_id=891 (kostenlos)
  - AppifyWP: http://appifywp.com (ab 49,00 Dollar)
  - AppCloud: http://portfolio.icreativelabs.com/wordpress/freebies/ (kostenlos)
  - MobileApps: http://newwpthemes.com/wordpress-theme/mobileapps/ (kostenlos)
- App.net bietet eine simple und vollständige Lösung zur Präsentation im Internet an. Sie haben dort zwar weniger Möglichkeiten als auf einer selbst zusammengestellten Website, allerdings ist dies sicher die Variante mit dem geringsten Aufwand: http://app.net/ (kostenlos)

6.10.1 Bestandteile der Website

Egal, ob Sie mit einer abgespeckten Version starten oder gleich das volle Programm wollen, die folgenden Funktionen sollte Ihre Website so bald wie möglich bieten.

Die Beschreibung auf Ihrer Website: schöner, ausführlicher und übersichtlicher als im App-Store

Der Beschreibungstext ist der Kern Ihrer Website, denn das Ziel bleibt weiterhin, Ihre App bestmöglich zu präsentieren. Im Gegensatz zu den limitierten Möglichkeiten können Sie sich hier ordentlich ausbreiten. Weder für die Länge noch für die Formatierung des Textes sind Ihnen Grenzen gesetzt. Sie können die Präsentation übersichtlicher gestalten und dem Besucher durch Bilder, Animationen und Videos zusätzliche visuelle Reize geben.

Auf der Beschreibungsseite im App-Store müssen Sie den Text auf eine einzige Seite quet-schen. Mit den Möglichkeiten, die moderne Websites bieten, können Sie nun die Schlüssel-funktionen auflisten und weitere Informationen per Knopfdruck einblenden. Entweder durch aufklappende Textfelder oder bei umfangreicheren Informationen durch Verlinkung auf Unterseiten. So können Sie gleich zwei Fliegen mit einer Klappe schlagen: Ihre Be-schreibung wird noch kürzer und übersichtlicher und auf Wunsch noch ausführlicher und genauer.

Die Website der App *Tea Round* (Bild 6.42) nutzt Schaltflächen, um dem Nutzer immer nur einen der vier Schritte anzuzeigen, die ihm die Funktionalität erklären.

Der Text für Ihre Website sollte sich dementsprechend auch vom Text im App-Store unter-scheiden. Machen Sie nicht den Fehler, Texte einfach nur zu kopieren, sondern nehmen Sie sich die Zeit für eine gründliche Überarbeitung.

BILD 6.42 *Tea Rounds* Website ist so simpel wie die Idee der App selbst. Sie kann nur eines: entscheiden, wer heute den Tee machen muss. (Screenshot: Mayerhofer)

Eyecandy: Icons, Videos und Screenshots

Die Kraft der Bilder ist neben der freien Textgestaltung der größte Vorteil einer Website. Wäh-rend Sie im App-Store Ihre Verkaufsargumente und Features durch Aufzählungspunkte her-ausgestellt haben, können Sie nun jedes Feature mit einem Bild illustrieren.

Wiedererkennung und Stärkung Ihrer Marke stehen ganz oben auf der Website-To-do-Liste. Platzieren Sie also Ihr Icon prominent und nutzen Sie es auch als Favicon für die Website beziehungsweise die jeweiligen Unterseiten der einzelnen Apps. Neben der Marke Ihrer App möchten Sie wahrscheinlich auch die Marke Ihrer Entwickler-Firma unterbringen. Beachten Sie dabei, den Nutzer nicht zu verwirren, und rücken Sie das Firmenlogo in den Hintergrund. Die Website von Sophiestication Software, der Entwicklerfirma der Heidelbergerin Sophia Teutschler, zu sehen in Bild 6.43, ist ein gutes Beispiel. Das Logo des Unternehmens befindet sich im Kopf der Website, ist aber in dezenten Farben und der Optik eines Abdrucks gehalten. Durch die Platzierung über den Icons der verfügbaren Apps wird dem Besucher klar, dass es sich um die Dachmarke handeln muss. Das Icon selbst ist dann deutlich größer und kräftiger gestaltet. Dabei spielt Teutschler mit der Schublade von *Articles*, die nicht wie im Icon aus einem Aktenschrank ragt, sondern aus dem braunen Kopf der Produktbeschreibung selbst.

BILD 6.43 Screenshot der Produktseite von *Articles* auf sophiestication.com. (Screenshot: Mayerhofer)

BILD 6.44 Screenshot der Webvorschau von *Articles* im iTunes App Store. (Screenshot: Mayerhofer)

Nicht nur das Icon können Sie prominenter platzieren als im App-Store, auch Screenshots müssen Sie nicht ans Ende des Texts verbannen. Bild 6.44 zeigt die Beschreibung von *Articles*, wie sie auch im App-Store zu sehen ist. Dort sind die Verkaufsargumente zwar gut strukturiert, werden aber sehr farblos aufgezählt. Auf der offiziellen Produktwebsite hingegen wird jeder dieser Punkte mit gleich zwei Screenshots illustriert. Die Seite ist dadurch zwar dreimal so lang, durch den großen Präsentationsraum werden die Features aber viel besser wahrgenommen. Umgekehrt stehen die Screenshots im App-Store ohne weitere Erläuterung. Auf Ihrer Website können Sie Screenshots dort präsentieren, wo Ihre App ist.

Denken Sie nicht nur an statische Bilder. Auch Diashows können Sie einbinden. Kleine Animationen, die durch Klicks oder Mouseover ausgelöst werden, können Funktionsweisen oft besser illustrieren als lange Erklärungstexte. Und natürlich sollten Sie auch darüber nachdenken, ein Video einzubinden. Auch das ist ein Medium, das derzeit von den meisten App-Stores nicht angeboten wird.

Verschiedene Link-Optionen

Der Nachteil der Website ist, dass die Besucher noch mehrere Klicks vom Kauf entfernt sind. Wenn Sie Pech haben, geht der eine oder andere Käufer auf dem Weg zur Zahlung verloren. Sie können Ihre Schäfchen zwar nicht bis zum letzten Schritt begleiten, aber verschiedene Hilfestellungen anbieten, Ihre App im App-Store zu finden.

1. **Der direkte Link**
   Verlinken Sie deutlich und wiederholt zu Ihrer Produktseite im App-Store. Signalisieren Sie den Besuchern bei jedem dieser Links, dass er damit Ihre Seite verlässt und in Ihren App-Store wechselt. Das gilt insbesondere für App-Stores in externen Programmen wie iTunes, die durch einen solchen Link geöffnet werden. Nutzen können Sie zum Beispiel Schaltflächen wie in Bild 6.45.

BILD 6.45 Buttons, die eine Weiterleitung zu einem App-Store ankündigen. (Grafiken: RIM, Apple, Google)

2. **QR-Codes**
   Diese zweidimensionalen Codes (Bild 6.46) können von Nutzern mit dem Handy abfotografiert werden. Nach Dekodierung werden die Besucher dann direkt auf dem Gerät zum Download weitergeleitet. Einzige Voraussetzung auf Userseite ist eine Barcode-Scanner-App. Kostenlose Tools zum Generieren der Codes finden Sie im Web zuhauf, zum Beispiel unter http://zxing.appspot.com/generator/. Oder Sie nutzen eine App wie *QR Droid* (Android) oder *Qrafter* (iOS). Als Inhalt des QR-Codes legen Sie ganz einfach den Link zu Ihrem Angebot im jeweiligen App-Store fest.

BILD 6.46 QR-Code auf der Website der Android-Version von *WinAmp*. (Screenshot: Mayerhofer)

3. **Link per SMS oder E-Mail**

Eine etwas altmodischere Variante ist es, den Installationslink per SMS oder E-Mail zu senden, so wie in Bild 6.47. Vor allem für ältere Geräte und Plattformen ist das aber oft die einzige Möglichkeit, Links zu transferieren. Nutzer tippen E-Mail-Adresse oder Telefonnummer auf Ihrer Website ein, und diese leitet die Anfrage an Ihren Mail-Server oder SMS-Provider weiter. Die meisten Content Management Systeme bieten für solche Aufgaben vorgefertigte Module.

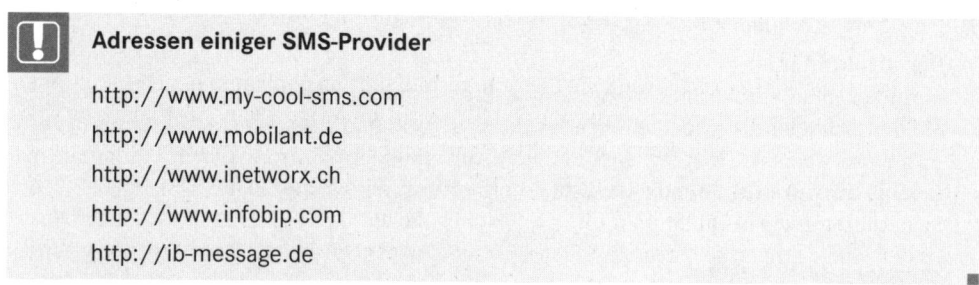

Adressen einiger SMS-Provider

http://www.my-cool-sms.com

http://www.mobilant.de

http://www.inetworx.ch

http://www.infobip.com

http://ib-message.de

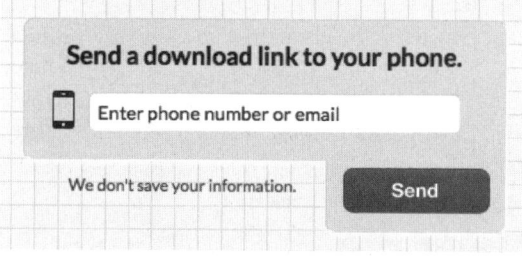

BILD 6.47 Den Link zur Video-Sharing-App *Socialcam* können Sie auf der Website des Herstellers per SMS oder E-Mail anfordern. (Screenshot: Mayerhofer)

Aktuelle Neuigkeiten oder Blog

Die statische Produktseite ist das Zentrum Ihrer Website. Sie sollten aber auch Inhalte anbieten, die sich von Zeit zu Zeit ändern. Berichten Sie über neue Funktionen, den aktuellen Entwicklungsstand und Ihre Teilnahme an Veranstaltungen. Denn Neuigkeiten motivieren die Besucher, regelmäßig zurückzukommen, außerdem werden Ihre Artikel, sofern sie interessant sind, in sozialen Netzwerken und Blogs verlinkt. Das bringt weitere Besucher und erhöht die Relevanz der Seite in Suchmaschinen.

Worüber können Sie bloggen?

1. **Entwicklungsarbeit**

   Wie Sie an Ihre Projekte herangehen und wie Sie Probleme meistern, ist für andere Entwickler, aber auch für interessierte Nutzer interessant. Sie können hin und wieder auch sehr technisch werden und sogar Codebeispiele einbauen. Generell sollten Sie aber darauf achten, dass die Einträge auch für weniger technisch Versierte interessant bleiben.

2. **Tipps für andere Entwickler**

   Abseits der tatsächlichen Entwicklung machen Sie zahllose andere Erfahrungen, die Sie mit der Welt teilen können. Sie haben lange Marktforschung betrieben, um den richtigen Preis festzulegen? Präsentieren Sie einen Teil der Ergebnisse. Auch wenn das bedeutet, dass Sie einen Teil Ihres Know-hows verschenken. Wenn es sich nicht um ein Betriebsgeheimnis handelt, das Sie über Nacht zum Millionär gemacht hat, sind solche Informationen wertvoller, wenn sie mit anderen geteilt werden. Je interessanter Ihre Erkenntnisse sind, desto mehr Zugriffe und Verweise werden Sie bekommen. Erzählen Sie auch von Ihren Erfahrungen mit dem Review-Prozess, der ersten Kundenbewertung oder dem Erfolg mit der ersten Internet-Kampagne.

3. **Eindrücke von Barcamps und Konferenzen**

   Wenn Sie unterwegs sind, treffen Sie auf viele Menschen und können entsprechend viel berichten. Die Geschichten sollten Sie nicht nur beim Abendessen Ihrer Familie, dem Partner oder dem Hund erzählen, sondern auch Ihren Lesern im Internet.

4. **Neue Versionen**

   Fans Ihrer App freuen sich, wenn sie die Ersten sind, die von geplanten neuen Funktionen erfahren. Sie können Ihre Besucher auch darüber informieren, wenn ein Update tatsächlich verfügbar ist, und die Funktionsweise der neuen Features genau erläutern.

5. **Häufige Fragen und Support-Artikel**

   Nach kurzer Zeit im App-Store quillt Ihr Postfach sicher vor Support-Anfragen über. Nachdem Sie diese Fragen selbstverständlich so schnell wie möglich beantwortet haben, verwenden Sie diese Informationen, um eine Liste der häufig gestellten Fragen (FAQ) zu erstellen.

6. **Umfragen**

   Bevor Sie neue Funktionen programmieren, haben Sie die einmalige Chance, einen Dialog mit Ihren Nutzern zu eröffnen. Lassen Sie Ihre Nutzer entscheiden, welche der angebotenen neuen Funktionen für sie am wichtigsten sind. Dadurch erhöhen Sie die Identifikation der Nutzer mit der App und können eine größere Diskussion entfachen, die sich ausgezeichnet in soziale Netzwerke ausdehnen lässt.

 Praxistipp: Neuigkeiten als RSS-Feed

Nicht nur in der App-Szene sind RSS-Reader sehr verbreitet. Bieten Sie Nachrichten unbedingt auch als Feed an. Einmal bestellt, sind Sie dauerhaft in die Nachrichtenlandschaft Ihrer Abonnenten integriert.

Newsletter-Anmeldung

Interessierte Besucher können sich via Newsletter über das Veröffentlichungsdatum einer anstehenden App informieren lassen. Sie sollten die erhaltenen E-Mail-Adressen dann auch nutzen, um regelmäßig über Updates oder Promotion-Aktionen zu informieren.

Mehr über die Rolle des Newsletters erfahren Sie in Abschnitt 6.12.

Kontaktmöglichkeit

Eine grundlegende Funktion, die viele Entwickler – möglicherweise auch absichtlich – vergessen, ist die Angabe einer Kontaktmöglichkeit. Dabei ist dies einer der wichtigsten Gründe, warum Besucher Ihre Website ansteuern. Machen Sie es Ihren Interessenten leicht und platzieren Sie den Kontakt-Link deutlich sichtbar. Sie können ein Kontaktformular nutzen, sollten aber zusätzlich auch eine E-Mail-Adresse angeben. Um sich vor Spam zu schützen, können Sie die Adresse als Bild einbauen oder das @-Zeichen weglassen: info (at) appstoreeconomy.com.

Like, Tweet und Co.: Soziale Netzwerke

Soziale Netzwerke sind Ihr Tor zur viralen Verbreitung Ihrer App. Früher hätte man auch Mund-zu-Mund-Propaganda gesagt. Fordern Sie die Besucher auf, Ihre App und Ihre Blogeinträge an ihre Freunde weiterzuempfehlen.

1. **Facebook**

   Für Ihre App richten Sie am besten eine eigene Fan-Seite ein. Klicken die Besucher dann auf „Gefällt mir“, taucht Ihre App auf deren Profil auf. Außerdem können die Besucher Ihre App in ihren Facebook-Profilen präsentieren, wenn Sie einen „Teilen“-Button anbieten. Möchten Sie die Facebook-Aktivitäten gut sichtbar anzeigen, empfiehlt sich die „Facepile“-Funktion, zu sehen in Bild 6.48. Mit diesem Plugin können User Ihre App nicht nur „liken“ sondern sehen auch, welche ihrer Freunde bereits Fan der App sind. Eine vollständige Liste der verfügbaren Facebook-Plugins finden Sie unter: http://developers.facebook.com/docs/plugins/

BILD 6.48
Das Facepile-Plugin, hier auf der Website von *Tap Tap Revenge*, hätte auch dem Website-Design angepasst werden können. (Screenshot: Mayerhofer)

2. **Twitter**

   In welchen sozialen Netzwerken Sie unterwegs sein möchten, ist eine strategische Entscheidung. Einerseits wollen Sie so viele Nutzer in Ihrer Zielgruppe durch Social Media erreichen wie möglich. Andererseits sollten Sie nur in Netzwerken angemeldet sein, in denen Sie auch aktiv mit den Nutzern kommunizieren. Als Ergänzung zu Facebook bietet sich zunächst Twitter an.

   Auch hier stehen einige Plugins zur Verfügung, die Sie in Ihre Website einbauen können. Die wichtigsten sind der Follow- und der Share-Button (Bild 6.49). Mit dem ersten werden Besucher zu Followern. Das bedeutet, dass sie in Zukunft alles zu lesen bekommen, was Sie auf Twitter von sich geben. Es entsteht eine dauerhafte Beziehung, von der Sie lange profitieren werden. Der Share-Button ermöglicht es den Besuchern, eine Meldung über Ihre App zu twittern. Hierfür können Sie eine Nachricht vorfertigen.

BILD 6.49 Follow-Button (links) und Share-Button (rechts). (Screenshot: Mayerhofer)

Auch Twitter bietet eine Website mit verfügbaren Plugins an: https://dev.twitter.com/docs/twitter-for-websites

3. **Andere soziale Netzwerke**
Die Zahl an Diensten, die Sie auf Ihrer Website einbinden können, ist unüberschaubar. Im Prinzip ist es empfehlenswert, mehrere Möglichkeiten einzubauen, mit denen die Besucher Ihren App-Fund teilen können. Allerdings lassen zu viele Buttons Ihre Website schnell unübersichtlich werden. Wenn vor lauter Social Networks Ihre App selbst unsichtbar wird, haben Sie es übertrieben. Sie können zusätzliche Buttons auch hinter einem Aufklapp-Menü verstecken. Die Sharing-Plattform „AddThis" (Bild 6.50) bietet ein Plugin an, das zusätzliche Dienste erst nach einem Klick auf den Button „+" anzeigt.

BILD 6.50
AddThis bietet ein Plugin für alle gängigen Social Networks und Bookmarking-Dienste an. (Screenshot: Mayerhofer)

 Social Media sollte selbstverständlich sein

Die Kürze dieses Abschnitts spiegelt in keiner Weise die Wichtigkeit wider, die Sie Social-Media-Aktivitäten für die Vermarktung Ihrer App beimessen sollten. Da Sie als Entwickler vermutlich selbst zu den Early Adopters und Digital Natives gehören, wäre es jedoch weniger sinnvoll, an dieser Stelle sämtliches Wissen auszurollen, das man in diesem Bereich ansammeln kann – und als Unternehmer auch muss. Denn Sie bewegen sich vermutlich schon wie ein Fisch im Wasser in verschiedensten sozialen Netzwerken und wissen genau, wie wichtig der persönliche Kontakt über Twitter, Facebook oder Google+ für die Kommunikation mit Nutzern ist. Auch vernetzen Sie sich dort mit anderen Entwicklern und können wichtige, strategische Partnerschaften anbahnen. Erinnern Sie sich: Die beiden erfolgreichen Entwickler von *Casey's Contraptions* aus dem ersten Kapitel haben sich über Twitter kennen und schätzen gelernt.

Sie sollten Ihre verschiedenen Profile auch dazu nutzen, Ihre Fangemeinde ständig über die Entwicklung der App auf dem Laufenden zu halten, wertvolles Feedback von Usern einzuholen und auf Kritik sofort einzugehen, Aktionspreise zu bewerben

und Updates anzukündigen. Die Basisstation bleibt bei den verschiedenen satelli-
tenhaften Präsenzen im Internet natürlich immer Ihre Website. Alles, was Sie in
sozialen Netzwerken unternehmen, sollte auch Ihrem Shop, Ihrem Blog oder Ihrer
Produktseite indirekt dienen.

Es würde dieses Kapitel um das Zehnfache vergrößern, wenn ich nun auf alle Dos
und Don'ts der Social-Media-Arbeit eingehen würde. Die meisten Dinge werden für
Sie so selbstverständlich sein wie Zähneputzen. Sollten Sie dennoch das Gefühl
haben, dass Sie auf diesem Gebiet noch Nachhilfe brauchen, blättern Sie weiter
zum Literaturverzeichnis. Dort finden Sie einige Bücher, die Ihnen das nötige
Wissen kompakt vermitteln können.

Support-Bereich

Auch wenn Sie sich zum Ziel gesetzt haben, eine selbsterklärende App zu produzieren, die
keine technischen Mängel hat, werden Nutzer auftauchen, die Ihre Logik nicht verstehen,
Bugs entdecken oder einfach nur Aufmerksamkeit wollen. Für jede Software ist ein Support-
Bereich ein absolutes Muss. Denn dadurch werden Ihre Support-Antworten für andere Nutzer
sichtbar und Sie müssen nicht zehnmal am Tag dieselbe Antwort per E-Mail verschicken.
Außerdem können sich Nutzer gegenseitig helfen, was Ihnen eine Menge Arbeit abnimmt und
nebenbei Ihre Website belebt. Eine Support-Plattform ist außerdem eine wichtige Informationsquelle, wenn es um Funktionserweiterungen geht, denn User stellen dort auch sogenannte Feature-Requests, also Anfragen für neue Funktionen.

Die simpelste Variante ist ein Hilfe-Bereich, den Sie selbst verwalten. Sie veröffentlichen dort
Antworten auf häufig gestellte Fragen, die Sie per E-Mail zugesandt bekommen haben. Diese
Option scheint auf den ersten Blick den geringsten Aufwand zu bedeuten, allerdings müssen
Sie regelmäßig manuelle Updates einpflegen, was schnell zu einem Berg von Arbeit führen
kann. Außerdem fehlt ihr die wertvolle Komponente der Interaktivität.

Weitaus mehr Möglichkeiten haben Sie durch die Einbindung einer spezialisierten Support-
Plattform, wie Zendesk (Bild 6.51) oder Get Satisfaction. Dank dieser Lösungen können Soft-
ware-Anbieter Support-Portale betreiben, die vollständig durch die externen Dienstleister verwaltet werden. Nutzer diskutieren dort Probleme, schlagen Ideen vor und stimmen über die
beste Lösung ab. Sie können in die Konversationen eingreifen, Vorschläge umsetzen und
Informationen durch statistische Auswertungen gewinnen.

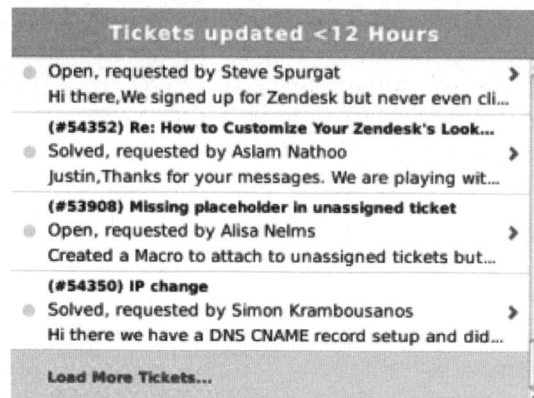

BILD 6.51
Ansicht der offenen Problemfälle in
Zendesk auf dem BlackBerry.
(Screenshot: Zendesk, Inc.)

Pressebereich

Der Pressebereich einer Website ist die erste Anlaufstelle für Journalisten, die mehr über Ihre App erfahren möchten. Genau wie Ihre potenziellen Kunden sollten Sie auch Vertreter der Presse von der überragenden Qualität Ihrer App überzeugen. Die ersten Informationen wird sich der interessierte Journalist also auf Ihrer Produktseite holen. Im Pressebereich können Sie dann weitere Informationen geben, die für Nutzer weniger interessant sind. Außerdem sollten Sie es den Schreibern leichtmachen, über Ihre App zu berichten, indem Sie Bilder und Texte vorbereiten und zum Download anbieten. Bild 6.52 zeigt den gesamten Pressebereich der Outdoor-Navigations-Plattform *komoot*, der nicht nur vollständig, sondern vor allem übersichtlich ist. Alle verfügbaren Inhalte werden auf einer Seite angezeigt, und Interessierte können per Textanker direkt zur relevanten Stelle springen.

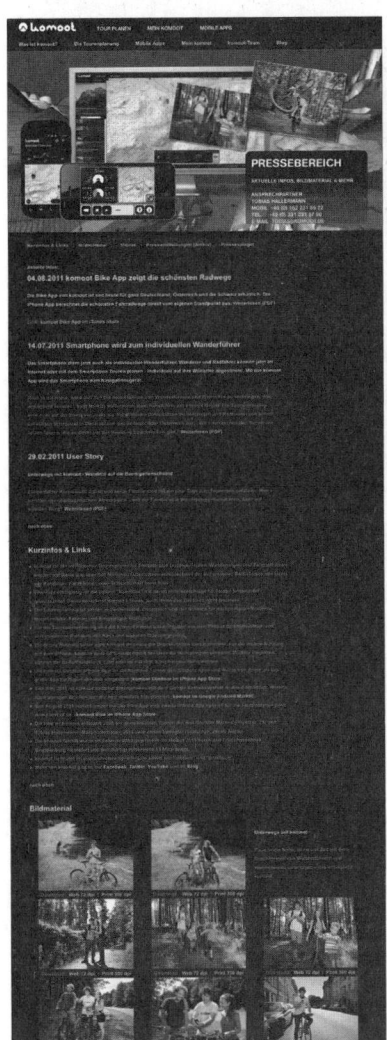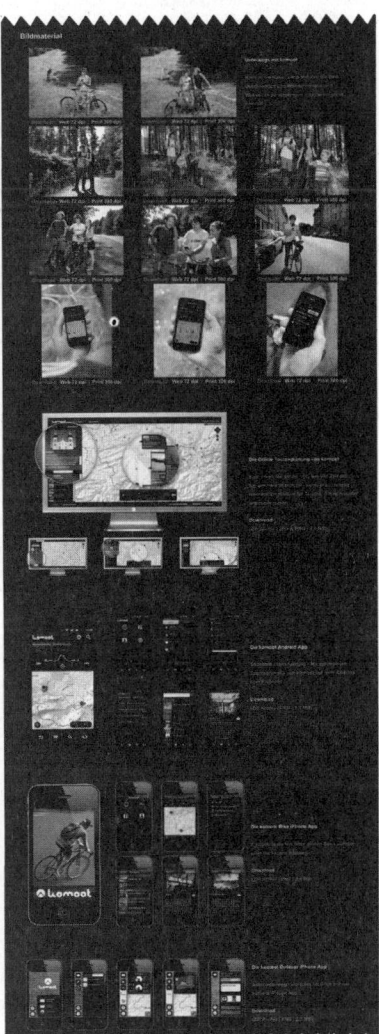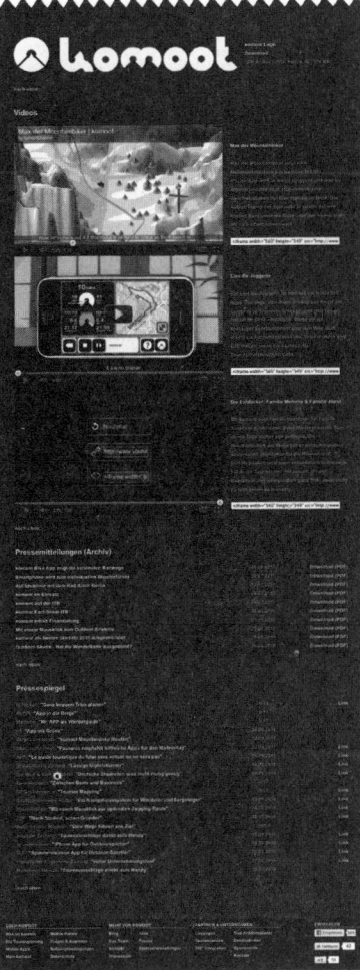

BILD 6.52 Der Pressebereich der Tourenplanungs-App *komoot* ist sehr umfangreich. (Screenshot: Mayerhofer)

Was darf in Ihrem Pressebereich nicht fehlen?

1. **Kontaktdaten des Pressebeauftragten**
   Die erste und allerwichtigste Information sind die Kontaktdaten des Verantwortlichen. Eine E-Mail-Adresse ist ein guter Anfang, aber Sie sollten für dringende Anfragen auch eine Telefonnummer angeben. Auch in *komoots* Pressebereich stehen die Kontaktdaten an erster Stelle (Bild 6.53).

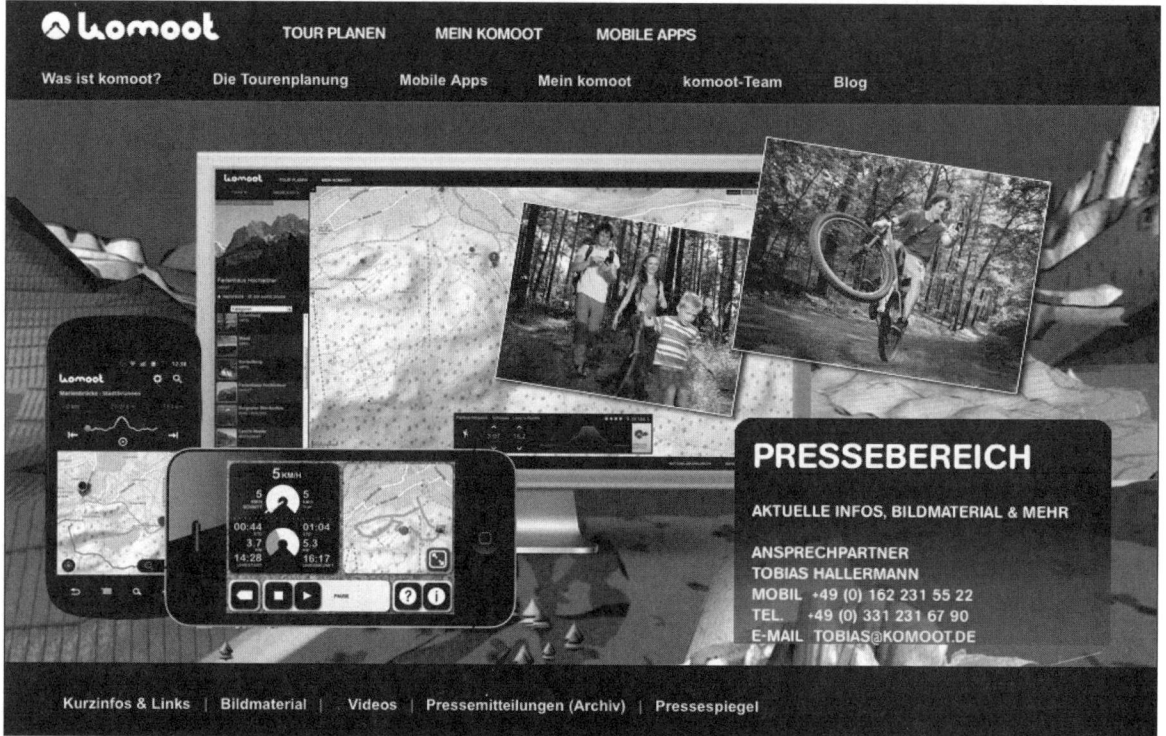

BILD 6.53 Kopf des Pressebereichs von *komoot*. (Screenshot: Mayerhofer)

2. **Eine kurze Darstellung Ihres Unternehmens, Ihrer App und Ihrer Person**
   Erzählen Sie in wenigen Sätzen, am besten sogar nur stichwortartig, was die wichtigsten Informationen für die Pressevertreter sind. Bedenken Sie dabei, dass der Schreiber nur begrenzte Zeit hat und den Großteil der Informationen nicht im Kopf behalten wird. Konzentrieren Sie sich daher auf die Punkte, die Sie unbedingt in der Berichterstattung sehen wollen. Die Liste mit Kurzinfos und Links ist im *komoot*-Pressebereich ein wenig zu lang geraten, aber trotzdem noch vorbildhaft (Bild 6.54).

3. **Pressemitteilungen**
   Die letzten Pressemitteilungen sollten Sie – nach Aktualität sortiert – in einer kurzen Liste zum Download anbieten. Falls Sie noch mehr Pressemitteilungen haben, verlinken Sie auf eine Presse-Archiv-Seite. Wie Sie eine gelungene Pressemitteilung verfassen und verteilen, behandeln wir in Abschnitt 6.11. Auch *komoot* listet eine Reihe von Mitteilungen im Pressebereich auf (Bild 6.55).

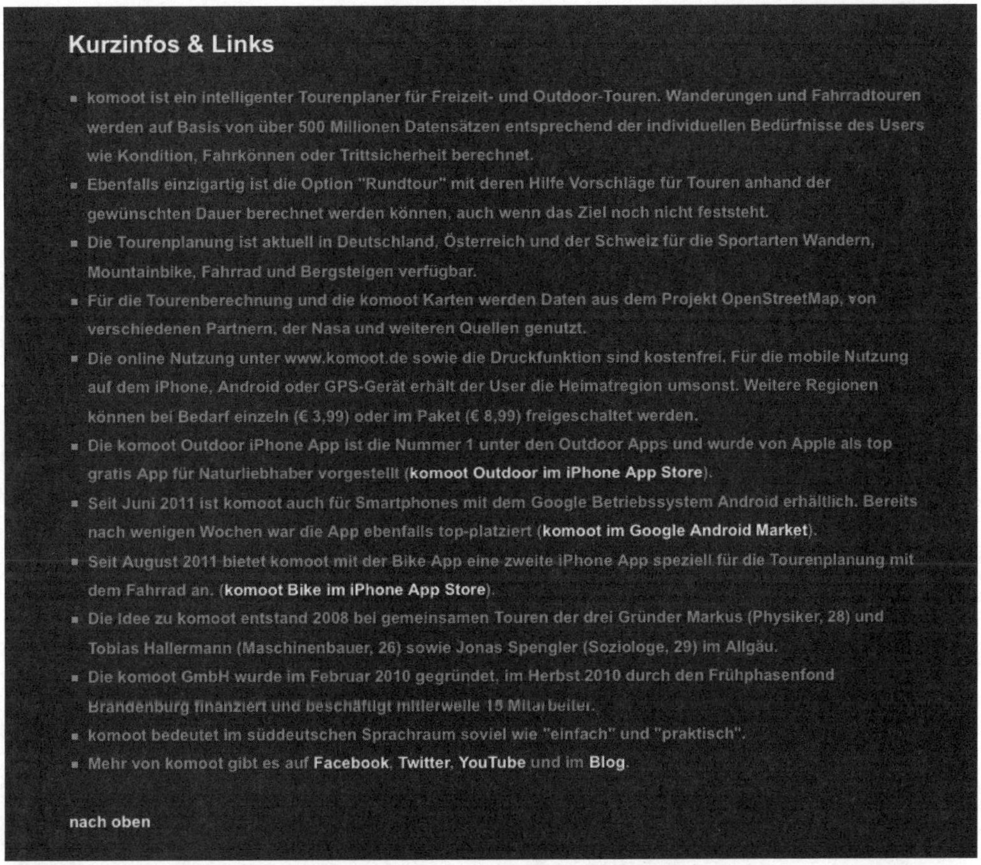

Kurzinfos & Links

- komoot ist ein intelligenter Tourenplaner für Freizeit- und Outdoor-Touren. Wanderungen und Fahrradtouren werden auf Basis von über 500 Millionen Datensätzen entsprechend der individuellen Bedürfnisse des Users wie Kondition, Fahrkönnen oder Trittsicherheit berechnet.
- Ebenfalls einzigartig ist die Option "Rundtour" mit deren Hilfe Vorschläge für Touren anhand der gewünschten Dauer berechnet werden können, auch wenn das Ziel noch nicht feststeht.
- Die Tourenplanung ist aktuell in Deutschland, Österreich und der Schweiz für die Sportarten Wandern, Mountainbike, Fahrrad und Bergsteigen verfügbar.
- Für die Tourenberechnung und die komoot Karten werden Daten aus dem Projekt OpenStreetMap, von verschiedenen Partnern, der Nasa und weiteren Quellen genutzt.
- Die online Nutzung unter www.komoot.de sowie die Druckfunktion sind kostenfrei. Für die mobile Nutzung auf dem iPhone, Android oder GPS-Gerät erhält der User die Heimatregion umsonst. Weitere Regionen können bei Bedarf einzeln (€ 3,99) oder im Paket (€ 8,99) freigeschaltet werden.
- Die komoot Outdoor iPhone App ist die Nummer 1 unter den Outdoor Apps und wurde von Apple als top gratis App für Naturliebhaber vorgestellt (**komoot Outdoor im iPhone App Store**).
- Seit Juni 2011 ist komoot auch für Smartphones mit dem Google Betriebssystem Android erhältlich. Bereits nach wenigen Wochen war die App ebenfalls top-platziert (**komoot im Google Android Market**).
- Seit August 2011 bietet komoot mit der Bike App eine zweite iPhone App speziell für die Tourenplanung mit dem Fahrrad an. (**komoot Bike im iPhone App Store**).
- Die Idee zu komoot entstand 2008 bei gemeinsamen Touren der drei Gründer Markus (Physiker, 28) und Tobias Hallermann (Maschinenbauer, 26) sowie Jonas Spengler (Soziologe, 29) im Allgäu.
- Die komoot GmbH wurde im Februar 2010 gegründet, im Herbst 2010 durch den Frühphasenfond Brandenburg finanziert und beschäftigt mittlerweile 15 Mitarbeiter.
- komoot bedeutet im süddeutschen Sprachraum soviel wie "einfach" und "praktisch".
- Mehr von komoot gibt es auf **Facebook**, **Twitter**, **YouTube** und im **Blog**.

nach oben

BILD 6.54 Kurzinfos und Links im Pressebereich von *komoot*. (Screenshot: Mayerhofer)

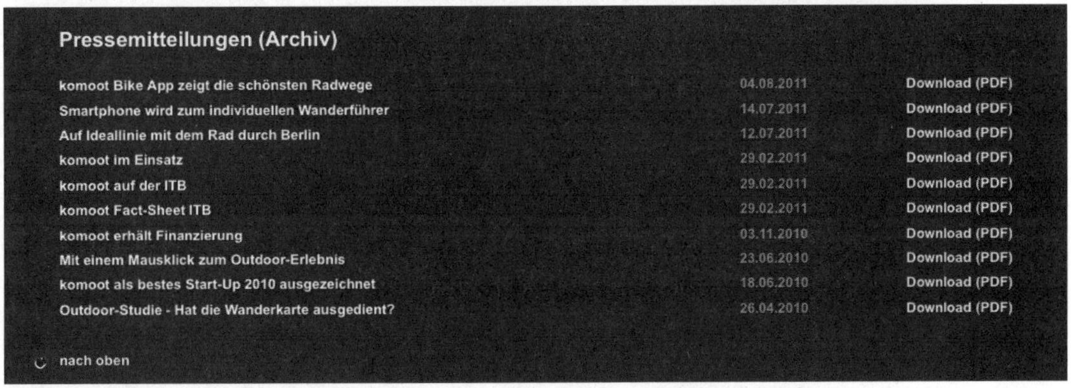

Pressemitteilungen (Archiv)

komoot Bike App zeigt die schönsten Radwege	04.08.2011	Download (PDF)
Smartphone wird zum individuellen Wanderführer	14.07.2011	Download (PDF)
Auf Ideallinie mit dem Rad durch Berlin	12.07.2011	Download (PDF)
komoot im Einsatz	29.02.2011	Download (PDF)
komoot auf der ITB	29.02.2011	Download (PDF)
komoot Fact-Sheet ITB	29.02.2011	Download (PDF)
komoot erhält Finanzierung	03.11.2010	Download (PDF)
Mit einem Mausklick zum Outdoor-Erlebnis	23.06.2010	Download (PDF)
komoot als bestes Start-Up 2010 ausgezeichnet	18.06.2010	Download (PDF)
Outdoor-Studie - Hat die Wanderkarte ausgedient?	26.04.2010	Download (PDF)

nach oben

BILD 6.55 Pressemitteilungen im Pressebereich von *komoot*. (Screenshot: Mayerhofer)

4. **Screenshots**

Beinahe jeder Artikel über Ihre App wird einen oder mehrere Screenshots enthalten, damit sich die Leser besser vorstellen können, worum es geht. Screenshots sind daher in Pressebereichen von Apps das meistnachgefragte Bildmaterial und sollten entsprechend viel Aufmerksamkeit bekommen. Bieten Sie eine reichhaltige Auswahl an Bildern Ihrer App-Plattformen und -Funktionen an. Denken Sie auch daran, dass ein Artikel auch nur eine bestimmte Funktion Ihrer App behandeln kann, und versuchen Sie daher, eine möglichst vollständige Sammlung der Screenshots auszuliefern. Stellen Sie die Screenshots als Einzelbilder, aber auch gesammelt in einem Zip-Archiv zum Download bereit. Diese Vorgehensweise hat auch *komoot* gewählt (Bild 6.56).

BILD 6.56 Screenshots im Pressebereich von *komoot*. (Screenshot: Mayerhofer)

5. **Weitere Bilder**

Screenshots sind perfekt geeignet, um die Funktionalität Ihrer App zu transportieren. Doch sie können Ihre App dem Leser nicht auf emotionale Weiser näherbringen. *komoots* Apps sind praktisch und bieten innovative Funktionen für Wanderer und Biker. Was aber viel wichtiger ist: Sie können damit Abenteuer in der Natur erleben und müssen sich nicht mehr um die Details sorgen. Die Erlebnisse, die Nutzer mit Ihrer App haben werden, lassen sich durch Screenshots schwer darstellen. Veröffentlichen Sie deshalb auch Fotos Ihrer App im Einsatz, wie *komoot* in Bild 6.57.

BILD 6.57 Das Bildmaterial im Pressebereich von *komoot* zeigt die App in verschiedenen Szenarien (Radfahren, Wandern, Wald, Stadt, Single, Freunde, Familie), damit immer ein passendes Bild zum Artikel vorhanden ist. (Screenshot: Mayerhofer)

6. **Videos**

Ein Video kann auch den Lesern eines digital veröffentlichten Artikels am schnellsten und eindrucksvollsten vermitteln, worum es in Ihrer App geht. Bieten Sie im Pressebereich alle Videos, die Sie produziert haben, als Download und Link zum Einbetten an (Bild 6.58).

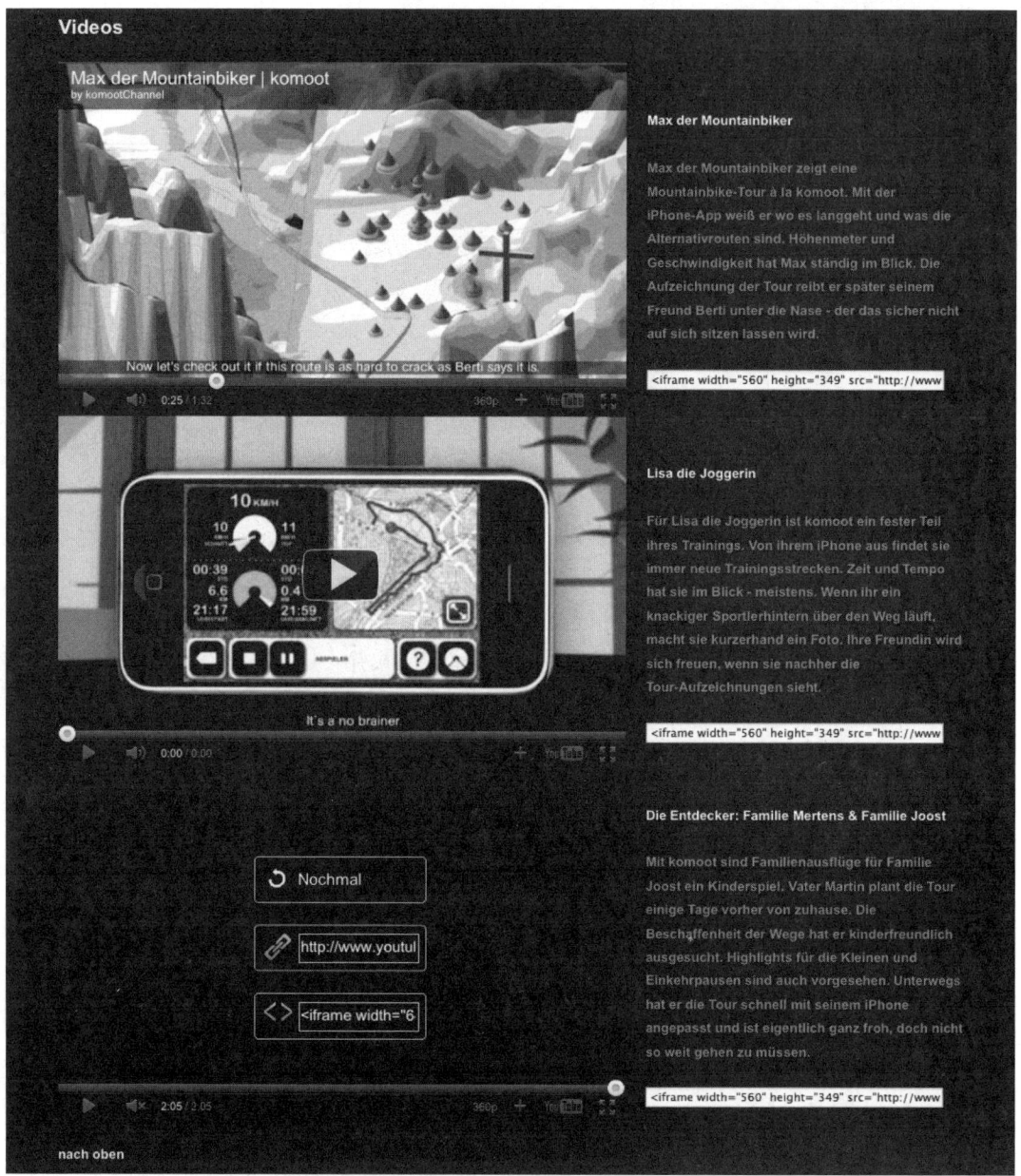

BILD 6.58 Videos im Pressebereich von *komoot*. Die Filme werden leider nur zum Einbetten, aber nicht zum Download angeboten. (Screenshot: Mayerhofer)

7. **Presseverteiler**

Wenn Sie Ihre Pressemitteilungen verschicken, ist jede zusätzliche Journalisten-Adresse Gold wert. Sammeln Sie die Adressen interessierter Journalisten mit einem kleinen Formular im Pressebereich.

8. **Pressespiegel**

Sammeln Sie alle aktuellen Veröffentlichungen und verlinken Sie auf die Artikel. Vergessen Sie nicht, immer die Publikation und den Zeitpunkt der Veröffentlichung zu nennen (Bild 6.59). Und seien Sie nicht wählerisch, wenn es um die Zusammenstellung der Links geht. Listen Sie große Tageszeitungen genauso auf wie kleine Blogs. Denn gerade die Blogger freuen sich über die Verlinkung und werden dann gerne wieder über Ihre App schreiben.

Pressespiegel

fit for fun: "Ganz bequem Trips planen"	9-11	Link
ALPIN: "App in die Berge"	9-11	
Madame: "Mr. APP als Wanderguide"	9-11	
c't: "App ins Grüne"	20.06.2011	
Vorarlberg Heute: "komoot Mountainbike Routen"	10.05.2011	
Rheinische Post: "Pausanio empfiehlt hilfreiche Apps für den Maifeiertag"	30.04.2011	Link
AFP: "Le guide touristique du futur sera virtuel ou ne sera pas"	11.03.2011	Link
Süddeutsche Zeitung: "Lässige Gipfelstürmer"	09.03.2011	Link
Die Welt & Welt kompakt: "Deutsche Studenten sind nicht mutig genug"	03.02.2011	Link
Euro Magazin: "Zwischen Beats und Business"	2-11	
GEO Informatics: "Tourism Mapping"	1-11	Link
Deutschlandradio Kultur: "Ein Navigationssystem für Wanderer und Bergsteiger"	13.01.2011	Link
Handelsblatt: "Mit einem Mausklick zur optimalen Jogging-Route"	18.10.2010	Link
ZDF: "Noch Student, schon Gründer"	16.10.2010	Link
Auto & Reise Magazin: "Viele Wege führen ans Ziel"	10/10	
Allgäuer Zeitung: "Tourenvorschläge direkt aufs Handy"	09.09.2010	Link
Gründerszene: "iPhone App für Outdoorsportler"	09.09.2010	Link
B.Z.: "Spannende neue App für Outdoor-Sportler"	03.09.2010	Link
Frankfurter Allgemeine Zeitung: "Voller Unternehmungslust"	17.04.2010	Link
Münchner Merkur: "Tourenvorschläge direkt aufs Handy"	15.03.2010	

nach oben

BILD 6.59 Pressespiegel im Pressebereich von *komoot*. (Screenshot: Mayerhofer)

Analysieren Sie Ihre Besucher mit einem Tool

Ein weiterer Vorteil einer Website gegenüber dem App-Store sind die Klickstatistiken. Sie können genau erfassen, wie Ihre Besucher auf Ihre Website kommen und was sie sich angesehen haben, bevor sie eine Kaufentscheidung fällen.

1. **Zugriffsquellen**

Bei all den Vermarktungsaktivitäten, die Sie im Internet betreiben, ist es ohne ein Tool kaum nachzuvollziehen, wie erfolgreich die einzelnen Maßnahmen sind. Durch Zugriffsstatistiken erfahren Sie, ob Ihre Besucher auf einen Link in Ihrem Newsletter oder in einem Review auf einem Blog geklickt haben. Sie finden heraus, welche Maßnahmen besonders erfolgreich waren, und können die schlechter laufenden Aktionen einsparen oder verbessern.

Für das Tracking Ihrer Website steht Ihnen eine Fülle an Tools zur Verfügung. Das bekannteste ist Google Analytics (Bild 6.60). Sie können aber auch auf alternative Anbieter wie Clicky oder Piwik (Open Source) zurückgreifen.

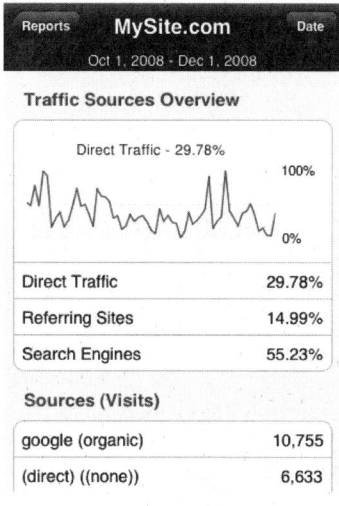

BILD 6.60 *Analytics App* ist eine iOS-App, die mit Google Analytics gesammelte Daten anzeigt. (Screenshot: AnalyticsApp.com)

2. **Verhalten auf Ihrer Website**

Sie haben eine großartige Website zusammengestellt. Das denken Sie zumindest. Analyse-Daten zeigen Ihnen knallhart, welche Seiten Ihrer Website von den Besuchern links liegen gelassen werden und welche am häufigsten dafür verantwortlich sind, dass Nutzer Ihre Website wieder verlassen, ohne Ihre App gekauft zu haben.

Nutzen Sie also die Tracking-Daten, um Ihre Website kontinuierlich zu verbessern. Insbesondere sollten Sie nachschauen, welche Seiten am häufigsten angesehen werden, bevor eine Kaufentscheidung getroffen wird. Ändern Sie dazu die Gestaltung von Zeit zu Zeit, um zu sehen, wie die Veränderungen die Klicks beeinflussen.

3. **Conversions**

Wenn Ihre Besucher auf den App-Store-Link klicken, können Sie einen ersten Erfolg verbuchen. Die Zahl dieser Klicks ist für Sie zwar schon relevant, aber viel wichtiger ist, wie viele Besucher im App-Store dann tatsächlich auf den Kaufen-Button klicken. Wenn Sie es schaffen, aus einem Besucher einen Kunden zu machen, spricht man von Conversion. Um Informationen hierüber zu bekommen, können Sie das Affiliate-Programm Ihres App-Stores nutzen, sofern eines angeboten wird. Nebenbei steigern Sie so auch Ihre Einnahmen.

In Apples App-Stores müssen Sie sich beispielsweise beim Dienstleister TradeDoubler anmelden und bekommen ab sofort vier bis fünf Prozent des durch Ihre Links generierten Umsatzes ausbezahlt. Außerdem können Sie für jeden einzelnen Link einsehen, wie viele der Besucher tatsächlich kaufen und wie viele es sich noch einmal anders überlegen.

Bietet Ihr App-Store kein Affiliate-Programm an, das ist derzeit etwa im Android Market der Fall, müssen Sie die Conversions mithilfe eines Code-Schnipsels in Ihrer App messen. Einige Werbeportale wie Millennial Media und Tracking-Dienste wie mobileapptracking. com bieten Tracking-Methoden an, die Sie auch für Ihre Website nutzen können.

Haben Sie erst einmal eine Tracking-Methode implementiert, können Sie für jede Zugriffs-quelle einen eigenen Tracking-Link erstellen. Dadurch erfahren Sie, welcher Ihrer Kanäle, ob nun Facebook-Seite, Newsletter oder Website, das beste Kosten/Nutzen-Verhältnis und die beste Conversion-Rate hat.

Passende Domain

Investieren Sie ein paar Euro in eine offizielle Domain. Adressen wie members.internetprovider.de/app wirken unseriös und vergraulen Ihre Nutzer. Denken Sie auch darüber nach, für jede App eine getrennte Domain zu mieten.

Lokalisierung

Nachdem Sie sich entschieden haben, Ihre App in verschiedenen Sprachen anzubieten, sollten Sie unbedingt auch Ihre Website mehrsprachig gestalten. Eine Website in nur einer Sprache vermittelt Besuchern, dass auch die App nur in dieser einen Sprache erhältlich ist.

Umfangreiche Website-Texte übersetzen zu lassen, kommt unter Umständen teurer als die Arbeit an der Lokalisierung der App selbst. Denken Sie trotzdem bitte erst gar nicht darüber nach, fremdsprachige Texte von automatischen Übersetzern oder Bekannten, die „Französisch mal in der Schule hatten", überarbeiten zu lassen. Rechtschreibungs- und Grammatik-Fehler sind für die Besucher ein klares Zeichen für eine unprofessionelle App. Stattdessen können Sie die Texte in den fremdsprachigen Versionen der Website kürzen und so Übersetzungskosten sparen. Ein Bild sagt mehr als tausend Worte, und mit aussagekräftigen Screenshots kann Ihre Website den kürzeren Beschreibungstext sicher verkraften.

Mobile Version

Für die Early-Adopter-Zielgruppe der App-Nutzer ist eine mobile Webseite ein absolutes Muss. Kaufentscheidungen für die App werden oft direkt auf dem mobilen Gerät getroffen. Eine Website, die sich auf Handys oder Tablets nicht gut anzeigen lässt, ist daher oft schon ein Ausschlusskriterium.

Viele Entwickler verzichten derzeit noch darauf, ihre Website für diese Zielgruppe zu optimieren. Gerade deshalb sollten Sie diesen Aufwand nicht scheuen. Wenn Sie einer der wenigen Anbieter mit diesem Angebot sind, haben Sie einen strategischen Vorteil gegenüber der Konkurrenz.

Ihre mobile Website sollte automatisch erkennen, wenn sie mit einem mobilen Gerät angesteuert wird, und eine entsprechend optimierte Version darstellen. Die Website der iPhone-App *Keypoint* ist ein sehr treffendes Beispiel. Vergleichen Sie die Screenshots der Web-Version (Bild 6.61) und der mobilen Version (Bild 6.62).

Der Designer der Website hat einen großen Wiedererkennungswert beider Versionen erzielt. Aufgrund des kleineren Bildschirms sollten auch Sie Ihre Inhalte etwas reduzieren. Planen Sie die mobile Website bereits von Anfang an ein, damit Sie Inhalte und Gestaltung darauf abstimmen können.

BILD 6.61 Die reguläre Website von keypointapp.com. (Screenshot: Mayerhofer)

BILD 6.62 Die für mobile Geräte optimierte Version von keypointapp.com. (Screenshot: Mayerhofer)

6.10.2 So wird Ihre Website zum Power-Tool

Mit diesen einfachen Tipps können Sie die Effektivität Ihrer Website weiter optimieren.

Sichern Sie sich die Aufmerksamkeit von oberflächlichen Lesern

Nur wenige Ihrer Besucher werden jedes Wort Ihrer Beschreibung studieren. Die meisten werden die Texte nur überfliegen, während sie hinunterscrollen. Sie hüpfen von Wort zu Wort und lassen den Kontext im Kopf entstehen. Deswegen sollten Sie diesen Lesern anzeigen, welches die wichtigsten Wörter und Sätze in Ihren Texten sind.

- Heben Sie wichtige Textstellen **fett**, *kursiv* oder *farbig* hervor.
- Wählen Sie Überschriften, die Spannung erzeugen, und geben Sie mit aussagekräftigen Unterüberschriften weitere Informationen.
- Halten Sie Ihre Texte linksbündig statt im Blocksatz.

- Verwenden Sie Aufzählungslisten, um Argumente aufzuzählen.

- Nutzen Sie Symbole (wie in Bild 6.63), damit sofort ersichtlich wird, worum es in einem Absatz geht. Beim zweiten Überfliegen entsteht so ein Wiedererkennungseffekt.

- Vermeiden Sie längere Absätze. Vor allem, wenn der Text die volle Breite der Website aus-nutzt, entsteht so schnell eine unübersichtliche Buchstabensuppe.

- Lockern Sie die Gestaltung durch Text-Boxen und eingeschobene Bilder auf.

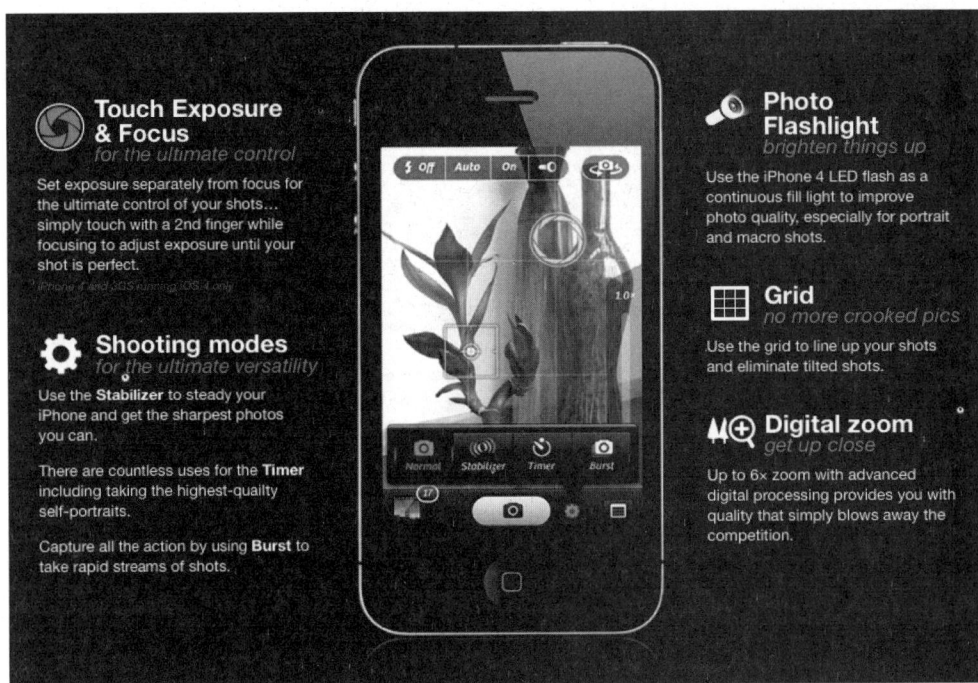

BILD 6.63 Die Website von *Camera+* für iPhone zeigt neben jedem aufgelisteten Feature ein Symbol zur Wiedererkennung. (Screenshot: Mayerhofer)

Stellen Sie nur eine App heraus

Auf jeder Seite und vor allem der Startseite Ihrer Website sollten Sie nur eine App präsentie-ren. Meist führt das Herausstellen einer einzelnen App zu höheren Umsätzen als die Kombi-nation mehrerer. Wenn Sie versuchen, jeden Besucher zufriedenzustellen, können Sie in der Beschreibung nicht besonders tief schürfen. Konzentrieren Sie sich stattdessen auf eine ein-zelne App, ist es ein Leichtes, alle Funktionen und Vorteile zu erklären.

Stattdessen können Sie die Links zu Ihren anderen Apps mit aussagekräftigen Titeln verse-hen. Nennen Sie dabei ruhig die Zielgruppe. Zum Beispiel: „komoot Outdoor – GPS Navigation für Moutainbike-Touren, Wanderungen und Bergtouren".

Transportieren Sie die Einfachheit Ihrer App auch mit Ihrer Website

Eines der wichtigsten Verkaufsargumente für Softwareprodukte ist die einfache Nutzung. Wenn Ihr Nutzer bereits Probleme hat, sich auf Ihrer Website zurechtzufinden, wie soll es dann in der App weitergehen? Die Besucher nutzen die Usability Ihrer Website als Indikator für die Usability Ihrer App. Daher muss Ihre Website vor allem eines sein: simpel.

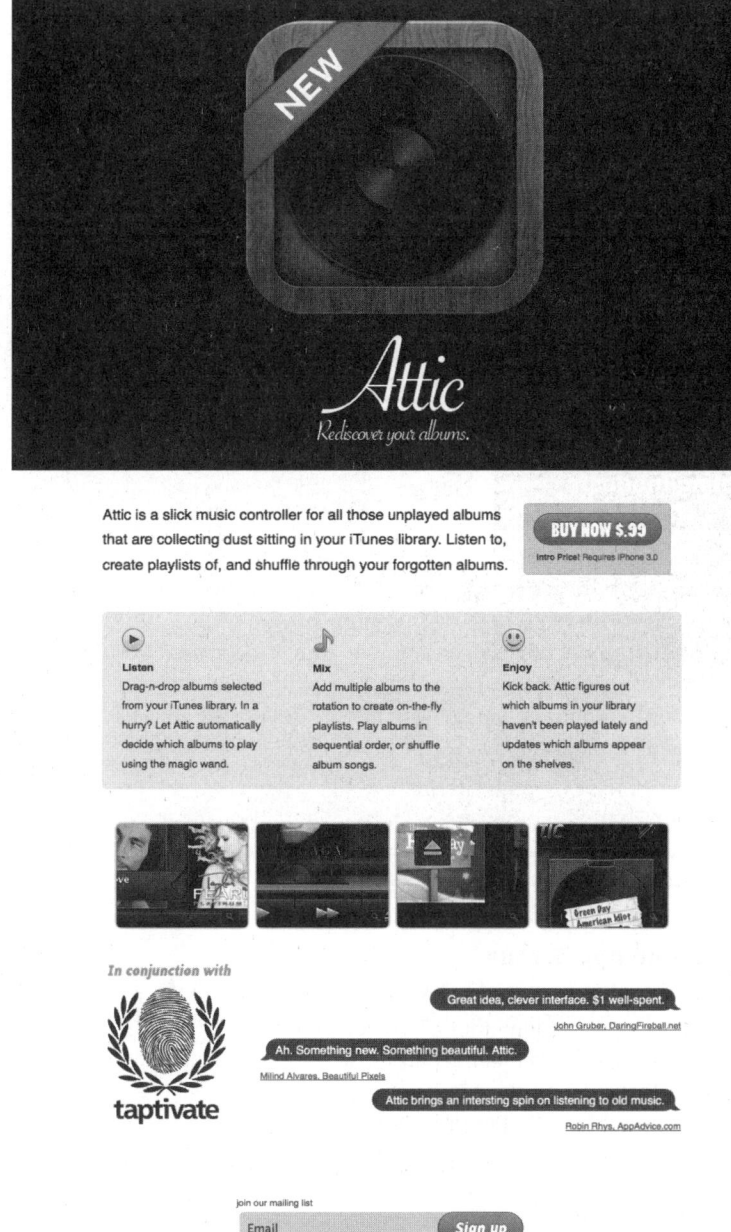

BILD 6.64 Die Website von *Attic*, einer iPhone-App zum Wiederentdecken von Alben in der Musikbibliothek des Nutzers. (Screenshot: Mayerhofer)

Bei all den notwendigen Funktionen kann es oft eine Herausforderung sein, eine Website reduziert aussehen zu lassen. Verbannen Sie alle Funktionen, für die es sinnvoll ist, in die Fußzeile. Die benötigte Sprache und Version (Desktop, Handy oder Tablet) der Website sollten automatisch erkannt werden, dadurch sparen Sie Platz. Zusätzliche Inhalte können Sie in aufklappenden Text-Boxen oder Unterseiten verstauen. Das Wichtigste ist allerdings schnörkelfreies Design, für das Sie unter Umständen einen erfahrenen Webdesigner brauchen. Websites wie die von *Attic* in Bild 6.64 lenken die Aufmerksamkeit des Lesers auf das Wesentliche, indem alles Unwesentliche weggelassen wird.

6.10.3 Suchmaschinenoptimierung

Ohne Suchmaschinen wäre es für uns quasi unmöglich, die Inhalte im Internet zu finden, die wir gerne finden würden. Besucher brauchen nur ein paar Keywords einzutippen, und schon landen Sie auf Ihrer Website. Nein, so einfach ist es bekanntlich leider nicht. Ihre Website muss der Suchmaschine gefallen, und dafür müssen Sie zunächst Energie in die Suchmaschinenoptimierung (SEO) stecken.

Wie Suchmaschinen arbeiten

Um an der Suchmaschinenkompatibilität Ihrer Website zu arbeiten, ist es zunächst wichtig, dass Sie verstehen, wie Suchmaschinen arbeiten. Nachdem Google mit Abstand die wichtigste Suchmaschine ist, sehen wir uns diese genauer an. Google nutzt, wie alle Suchmaschinen, einen speziellen Algorithmus, um Suchergebnisse zu erzeugen und vor allem zu bewerten. Einige Fakten über diesen Algorithmus hat Google mit uns geteilt, andere wurden von Websitebetreibern durch Ausprobieren analysiert. Viele Details sind aber unbekannt, außerdem ändert sich das System laufend.

Google nutzt automatische Programme, Spider oder Crawler genannt, die sich regelmäßig alle Seiten im Internet ansehen und einen riesigen Index mit Websites und den dazu passenden Schlagworten erstellen. Was Google so erfolgreich gemacht hat, ist die Reihung der Suchergebnisse nach gewissen Kriterien. Dazu nutzt Google den hauseigenen PageRank-Algorithmus, der jeder Website eine Relevanz-Punktezahl zuteilt. Drei Faktoren beeinflussen den PageRank:

1. **Die Häufigkeit und Position der Keywords innerhalb der Seite.**
   Für eine gute Bewertung sorgen unter anderem Keywords im Titel, der URL und in den Meta-Tags sowie häufige Verwendung der Keywords im Textkörper.

2. **Das Alter der Website**
   Je länger eine Seite existiert, desto relevanter sind die Inhalte für Google.

3. **Die Zahl der Links von anderen Websites, die auf die Seite führen.**
   Dies ist der wichtigste Faktor. Je mehr andere Seiten auf Ihre verweisen, desto wichtiger ist sie. Selbst Verlinkungen zwischen den Unterseiten einer Website beeinflussen den PageRank positiv. Links von Websites mit hohem PageRank sind wertvoller als Links von Websites, die Google als weniger relevant einstuft.

Der beste Weg, Ihre Sichtbarkeit in Suchmaschinen zu erhöhen, ist, gute Inhalte zu veröffentlichen, die viele Verlinkungen bekommen. Am besten von bekannten Seiten mit gutem Page-

Rank. Auch hier wirkt positives Feedback: Je besser Ihre Google-Platzierung, desto mehr andere Seiten werden auf Sie aufmerksam und verlinken Ihre Inhalte. Dies führt zu einer noch besseren Platzierung.

Gute Platzierungen bekommt man nicht über Nacht

Nachdem Sie Ihre Website gestartet haben, werden Sie schnell feststellen, dass die Platzierung in Suchmaschinen bedrückend ist. Bei der Suche nach relevanten Keywords erscheint Ihre Website erst auf der fünften Seite. So weit klickt sich quasi niemand durch. Keine Sorge, in den Suchmaschinen aufzusteigen braucht seine Zeit, und wenn Sie aktiv an Ihrem Page-Rank arbeiten, werden Sie bald Ergebnisse zu sehen bekommen. Damit Ihre Website zum Launch-Buzz viele Besucher anzieht, ist es empfehlenswert, schon einige Monate zuvor mit dem Bloggen anzufangen und eine Reputation bei den Suchmaschinen aufzubauen.

Die Website auf die Bedürfnisse der Suchmaschinen ausrichten

Wenn Sie die folgenden Tipps beherzigen, ist Ihre Website fit für Suchmaschinen. Sie können selbstverständlich immer noch aktiv an der Auffindbarkeit Ihrer Seite arbeiten.

1. **Seitentitel – sichtbar und unsichtbar**

   Der „Title Tag" ist ein der wichtigste Informationsquelle für Crawler. Hinter diesem Namen versteckt sich nicht die Überschrift des Beitrags, sondern die Überschrift einer Seite. Dieser Titel steht ganz oben im Browserfenster und im Tab des Browsers. Außerdem erscheint er als Überschrift der Google-Ergebnisse. Wählen Sie diesen Tag also bewusst so, dass er für Menschen und Maschinen gleichermaßen interessant ist. Praktischerweise wird in den meisten Content Management Systemen automatisch der Beitragstitel gefolgt vom Titel der Website als Title Tag gesetzt. Wählen Sie für einzelne Beiträge nach Möglichkeit aussagekräftige Überschriften und nicht solche, die nur neugierig machen sollen. Falls es einmal nicht anders geht, können Sie zumindest im Title Tag relevante Keywords zu Ihrem Beitrag platzieren. Übrigens sollte auch die URL den Seitentitel enthalten.

2. **Interne Links**

   Die Spider der Suchmaschinen stöbern sich Link für Link durch Ihre Website. Ist eine Seite nicht ausreichend verlinkt, kann sie übersehen werden. Links innerhalb Ihrer Website sind zunächst für die Leser wichtig, die so auf verwandte Themen hingewiesen werden oder nähere Erklärungen zu einem Begriff bekommen. Zusätzlich wird auch der Wert der internen Seiten von den anderen Seiten beeinflusst, die auf sie verweisen. Falls beispielsweise Ihre Startseite von den Suchmaschinen besonders gut bewertet wird, geht ein Teil der Reputation auf die von dort aus verlinkten Unterseiten über. Daher sollten Sie zum Beispiel ein textbasiertes Menü haben, das alle wichtigen Unterseiten oder Kategorien beinhaltet. Verweise auf interne Seiten können Sie, außer im Textkörper Ihrer Beiträge, auch in der Fußzeile oder Sidebar unterbringen.

   Wichtig sind nicht nur die Links selbst, sondern ihr Text. Oft sehen Sie Sätze wie „Weiterführende Informationen finden Sie hier." Ob in diesem Beispiel der ganze Satz verlinkt ist oder nur das Wort „hier", beide Varianten enthalten wenig relevante Informationen für Suchmaschinen. Setzen Sie stets Keywords in den Link-Text, mit denen Sie Nutzer auf Ihre Seite locken wollen. Schreiben Sie also zum Beispiel: „Lesen Sie in meinem Beitrag von letzter Woche, wie Sie Ideen für eine erfolgreiche App sammeln".

Überprüfen Sie Ihre Website regelmäßig auf tote Links. Führen Ihre Links ins Nichts, nehmen Ihnen das Leser wie Suchmaschinen gleichermaßen übel. Um nicht abgewertet zu werden, können Sie Tools zur Analyse der Linkstruktur nutzen und tote Links umgehend entfernen.

Suchmaschinen mögen Links, die im Text Keywords enthalten. Dies kann vor allem bei internen Links, aber auch bei Links zu externen Seiten mit gleichem Thema relevant sein und eine kleine Steigerung bei der Platzierung bringen.

3. Hervorhebungen

Suchmaschinen verstehen Ihren Text nicht und können daher schwer feststellen, welche Textstellen besonders wichtig für die Suchenden sind. Helfen Sie nach, indem Sie Textstellen und Keywords für Leser und Suchmaschinen hervorheben. Schreiben Sie Wörter mit dem <strong>-Tag fett. Auch andere Hervorhebungen wie „kursiv" und „unterstrichen" haben positive Auswirkungen

4. Überschriften

Um Ihre Texte zu gliedern, sollten Sie korrekte HTML-Überschriften nutzen. Diese werden im Code mit dem <h1>-Tag, Unterüberschriften mit <h2>, <h3> usw. gekennzeichnet. Viele Websites nutzen einfach größere Schriften oder gar Bilder als Überschriften. Durch diese Maßnahmen kann die Suchmaschine aber keine Struktur erkennen. Den Keywords der Überschriften wird von den Crawlern besondere Bedeutung beigemessen.

5. Keine Bilder, Flash-Elemente, Frames

Das Verwenden von Bildern als Überschriften erlaubt Ihnen, die Schriftart Ihrer Wahl zu benutzen, hat aber drastische Auswirkungen auf die Suchmaschinenplatzierung. Bilder können von Crawlern nicht gelesen werden und werden daher nicht berücksichtigt. Bilder, die nur Text beinhalten, sollten Sie gar nicht verwenden. Andere Bilder hingegen schon. Denn sie machen Ihre Seite attraktiver und helfen schließlich auch beim Verkaufen Ihrer App. Damit Suchmaschinen diese Bilder interpretieren können, sollten Sie Keywords im Dateinamen und dem alternativen Text verwenden. Der alternative Text versteckt sich im ALT-Attribut <img alt="…"> und wird dann angezeigt, wenn sich ein Bild nicht laden lässt.

Ebenfalls nicht lesbar für Spider sind Flash-Elemente und Websites mit Frames. Verzichten Sie darauf und konzentrieren Sie sich lieber auf jede Menge suchmaschinenlesbaren Text.

6. Externe Links im Rahmen halten

Verlinkungen auf andere Websites sind wichtig für die Besucher, aber auch Suchmaschinen haben nichts dagegen, zu sehen, dass Sie sich vernetzen. Wenn Sie aber zu viele Links auf eine Seite packen, wird Ihre Seite als bloße Linksammlung abgestempelt und ihre Bewertung sinkt. Fünf externe Links sind genug, mehr sollten Sie auf einer Seite nicht unterbringen. Klar, dass Sie diese Regel nicht immer beherzigen können. Tun Sie es, wo es passt.

7. Regelmäßige Inhalte

Genau wie Ihre App sollten Sie auch Ihre Website fortlaufend erweitern und verbessern. Laden Sie Ihre Seite einmal hoch und rühren sie nicht mehr an, identifizieren die Suchmaschinen sie schnell als Schnee von gestern. Veröffentlichen Sie stattdessen regelmäßig neue Inhalte, belohnen Sie die Suchmaschinen mit besseren Platzierungen, denn dadurch steigt in ihren Augen der Nutzen Ihrer Website.

Sie denken jetzt vielleicht: „Oh Gott, schon wieder ein Marketing-Projekt, das Tage, wenn nicht Wochen in Anspruch nehmen wird." Daher verschone ich Sie mit weiteren SEO-Tipps.

Die gibt es nämlich wie Sand am Meer. Mit den aufgezählten Maßnahmen haben Sie eine solide Grundlage gelegt. Später, wenn der Stress des Launch-Buzz verflogen ist, können Sie mit den weiterführenden Links im Kasten tiefer in die Materie eintauchen. Suchmaschinenoptimierung ist eine hervorragende Methode, die Verkäufe wieder anzukurbeln, wenn Sie aus den Ranglisten verschwunden sind.

 Mehr Tipps und Informationen zur Suchmaschinenoptimierung

- Grundlagen, häufig gestellte Fragen und eines der informativsten Internetforen zum Thema hat die Marketing-Agentur Abakus: http://www.abakus-internet-marketing.de/

- Warum sich nicht direkt an der Quelle bedienen? Google bietet den „Search Engine Optimization Starter Guide" kostenlos als PDF an: http://www.google.com/webmasters/docs/search-engine-optimization-starter-guide.pdf (englisch)

- Ausführlich informiert auch die Agentur SEO-united.de: http://www.seo-united.de/sitemap.html

SEO ist ein durchaus umfangreiches und komplexes Thema, daher kommt auch Hilfe durch eine spezialisierte Agentur in Frage. Wie auch bei anderen Outsourcing-Themen erhalten Sie weitere Hinweise im letzten Kapitel des Buchs.

6.10.4 Die Website als Vertriebskanal

Vor der App-Store-Ära war die Website der wichtigste, wenn nicht einzige Vertriebskanal für Software von Indie-Developern. Auch wenn App-Stores für viele Entwickler ein neues Kaliber der Distribution bedeuten, ist ein Mini-App-Shop auf Ihrer Website eine interessante Option. Der erste Vorteil liegt auf der Hand: Sie müssen keine Umsatzbeteiligung abdrücken. Außerdem können Sie den Downloadprozess frei nach Ihren Wünschen gestalten und unterliegen nicht den Regeln eines App-Stores. Zuletzt kürzen Sie meist den Weg bis zum Download ab und verhindern so, dass Käufer es sich noch einmal anders überlegen.

Trotz dieser Vorzüge sollten Sie gut abwägen, ob Sie einen Shop anbieten wollen. Zwar sparen Sie sich die Umsatzbeteiligung der App-Stores, ganz ohne Transaktionskosten können Sie den Vertrieb aber nicht über die Bühne bringen. Je nach Zahlungsmethode und Höhe der Umsätze werden beim Payment-Anbieter (z. B. Paypal oder ClickandBuy) Gebühren zwischen zwei und zehn Prozent fällig. Wahrscheinlich werden Sie Ihren Web-Store nicht selbst programmieren. Hier können Sie zwar auch auf kostenlose Lösungen zurückgreifen, aber meistens müssen Sie mit weiteren Kosten rechnen. Zu guter Letzt schlagen die Hosting-Kosten für den Download zu Buche.

Neben den externen Kosten sollten Sie auch Ihre eigene Arbeit einkalkulieren. Das Aufsetzen und Betreiben eines eigenen Distributionskanals erfordert viel Zeit und Nerven. Wenn Nutzer nur vereinzelt auf diese Möglichkeit zurückgreifen, lohnt sich der Aufwand mit größter Sicherheit nicht. Wägen Sie also gut ab und sorgen Sie, falls Sie sich für einen Web-Shop entscheiden, dafür, dass dieser zum App-Store-Launch zur Verfügung steht.

■ 6.11 Pressemappe und -mitteilung

Neben dem direkten Kontakt mit Bloggern, die mit Rezensionen für kostenlose Aufmerksamkeit sorgen, können Sie sich auch der klassischen Formen der Pressearbeit bedienen. Gerade wenn Sie Medien ansprechen wollen, die sich nicht auf den App-Markt eingeschossen haben, sind Pressemitteilung und Pressemappe die richtigen Werkzeuge.

Berichterstattung außerhalb der App-Szene kann unter Umständen enorme Reichweiten ermöglichen. Haben Sie eine innovative App, deren Nutzen sich auch Menschen, die keine oder nur wenige Apps nutzen, vermitteln lässt, kann es schnell passieren, dass Sie auch in traditionellen Medien Erwähnung finden.

Bereiten Sie also eine Pressemitteilung vor, die Sie direkt an Pressevertreter schicken, aber auch auf Ihrer Website und in Presseportalen zum Download anbieten können. Egal ob der Redakteur einer Tageszeitung oder Hobby-Blogger, alle benötigen frische Inhalte, über die sie schreiben können. Wenn Sie es schaffen, Ihre Pressemitteilung kurz, freundlich und relevant zu halten, steht dem einen oder anderen Artikel nichts im Weg.

Der Aufbau der Pressemitteilung

1. **Die Überschrift:** Sie entscheidet oft darüber, ob die Pressemitteilung gelesen oder direkt gelöscht wird. Zählen Sie daher prägnante Punkte auf und bedienen Sie sich der Tricks des Sales-Pitchs, indem Sie Aussagen oder Fragen verwenden, die den Redakteur verwundern.

2. **Der erste Absatz** sollte die wichtigsten Informationen enthalten, denn während der Redakteur ihn liest, entscheidet er bereits, ob Ihre App berichtenswert ist.

3. Im eigentlichen **Text der Pressemitteilung** können Sie sehr sachlich werden. Wer bis hier liest, hat sich wahrscheinlich entschieden, über Sie zu berichten. Achten Sie darauf, alle wichtigen Funktionen und Eckdaten einzubauen, und vermeiden Sie plumpe Werbebotschaften.

4. Im **Abschluss** der Pressemitteilung platzieren Sie Links mit weiterführenden Informationen und vor allem den Pressekontakt inklusive Telefonnummer und E-Mail-Adresse. Außerdem können Sie auf Bild- und Videomaterial in Ihrer Pressemappe hinweisen.

5. Die **Pressemappe** können Sie als den Anhang der Pressemitteilung ansehen. Darin bündeln Sie alle verfügbaren Presseinformationen. Gedruckte Pressemappen werden verschickt oder bei Pressekonferenzen verteilt. Als Online-Unternehmer stellen Sie lieber eine digitale Pressemappe bereit. Verpacken Sie alle Texte und Bilder in eine große Zip-Datei, die Sie zum Download anbieten.

Tipps für die Pressemitteilung

1. Wenn Sie den Namen des Empfängers kennen, **sprechen Sie Ihn persönlich an.** Dies zeigt, dass es sich nicht um eine Mitteilung handelt, die wahllos an Hunderte Empfänger versandt wurde.

2. **Machen Sie es den Schreibern einfach.** Während einige Empfänger sich die Mühe machen werden, zusätzliche Quellen aufzustöbern und einen fundierten Bericht zu schreiben, gibt es andere, die ganze Absätze direkt aus der Pressemitteilung übernehmen. Steht

die Mitteilung nur als PDF zur Verfügung, gestaltet sich das Kopieren oft sehr schwierig, da die Formatierung den Text zerstückelt. Bieten Sie zusätzlich zum PDF den Text auch unformatiert an. Am besten packen Sie ihn direkt in den Textkörper der E-Mail.

3. Gibt es irgendwelche **kleinen Geschenke** zu Ihrer Pressemitteilung? Das können etwa Einladungen zu geschlossenen Beta-Versionen oder exklusive Veröffentlichungsrechte sein. Alles, was dem Journalisten einen zusätzlichen Wert bietet, kann dazu verführen, Ihre App vorzustellen (Stamatiou, 2007).

4. Denken Sie beim Versenden der Pressemitteilung auch an die verfügbaren **Sprachen** Ihrer App. Deutschsprachige Medien sollten eine deutsche Mitteilung bekommen und englischsprachige eine auf Englisch.

5. Ihre Pressemitteilung ist der Vorschlag, über ein interessantes Thema zu schreiben, **keine plumpe Werbesendung.** Versuchen Sie also nicht, Ihre App den Redakteuren zu verkaufen, sondern suchen Sie nach Geschichten, die Ihre App interessanter machen. Gibt es zum Thema Ihrer App gerade öffentliche Diskussionen, an die Sie anknüpfen könnten? Oder vielleicht haben Sie eine kleine Geschichte, wie Ihre App einem Beta-Tester das Leben gerettet hat? Solche Geschichten machen aus einer einfachen App-Präsentation einen lesenswerten Artikel.

Wann verschicken Sie Ihre Pressemitteilung?

1. Starten Sie mit der Aussendung **nicht, bevor die App genehmigt wurde** beziehungsweise sie in der finalen Version vorliegt. Falls sich der Verkaufsstart doch noch verzögert, verärgern Sie Journalisten und Leser gleichermaßen.

2. Journalisten lieben **Exklusivität.** Wenn die großen Portale bereits über Ihre App geschrieben haben, werden die kleineren Blogs kein Interesse mehr haben. Denn dann sieht es so aus, als hätten sie nur abgeschrieben. Achten Sie daher darauf, die Mitteilung zeitgleich an alle potenziellen Berichterstatter zu schicken.

3. Sie sollten auch nicht nur überlegen, wann Sie eine Pressemitteilung versenden, sondern bei welchen Empfängern das überhaupt sinnvoll ist. Passt das Thema zum Medium? Eine Reise-App können Sie neben den üblichen App-Blogs selbstverständlich auch Reise-Blogs, -Magazinen und -Portalen vorstellen. An einen Motorsport-Blog brauchen Sie eine solche Pressemitteilung aber nicht zu schicken.

Presseanfragen schnell beantworten

Genau wie offene Anfragen sollten Sie auch Rückfragen zu Ihrer Presseaussendung prompt beantworten. Sonst verliert der Redakteur schnell die Geduld. Außerdem hinterlassen Sie einen guten Eindruck, wenn Sie den Schreibern ihre Arbeit einfach machen. Bei der nächsten Presseanfrage haben Sie so wahrscheinlich eine höhere Chance, wieder das Interesse der Redaktion zu wecken.

■ 6.12 Mailings und Newsletter

Aussendungen an die Presse sind nicht die einzige Möglichkeit, E-Mails zur Kommunikation zu nutzen. Wenn Sie es schaffen, einen starken E-Mail-Verteiler aufzubauen, können Sie potenzielle Kunden direkt informieren und von den Vorteilen Ihrer App überzeugen.

Um auf Nummer sicher zu gehen, suchten sich die Entwickler der iPhone-App *Voices* einen Partner, den Publisher tap tap tap. Der Vorteil einer solchen Kooperation sind das Marketing-Know-how und die Kontakte des Publisher-Unternehmens. tap tap tap entwickelte eine sehr einfache und effektive Strategie für den Launch der App (Ryu, 2009). Am Tag der Veröffentlichung wurde die App mit einem gigantischen Newsletter beworben. Das war zunächst alles, was für die Vermarktung getan wurde. Positives Feedback sollte den Rest erledigen.

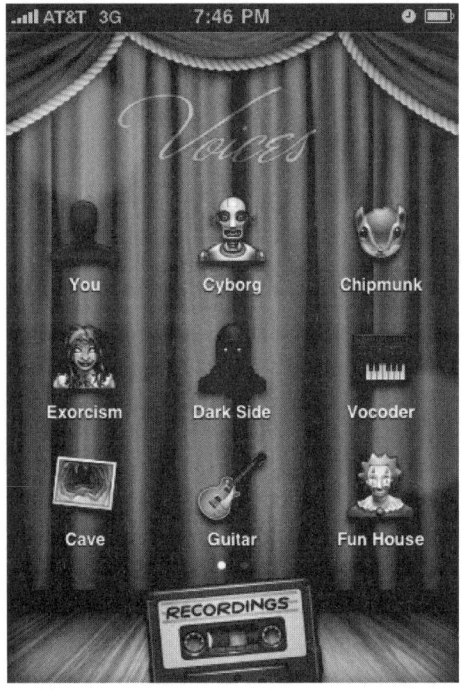

BILD 6.65 Mit *Voices* können die Nutzer ihre Stimme verzerren lassen und lustige Gespräche aufzeichnen. (Screenshot tap tap tap)

Praktischerweise betreibt das Team von tap tap tap auch das Portal MacHeist, über das mithilfe von Mitmach-Aktionen regelmäßig Software im Bundle verkauft wird. Die Seite erfreut sich großer Popularität, und so erreichte die Aussendung über den Start von *Voices* 600 000 Newsletter-Abonnenten und über 100 000 Twitter-Follower. Im Newsletter bot MacHeist außerdem einen kostenlosen Download der App *Voice Candy* an – allerdings nur für Nutzer, die einen Tweet absetzten, in dem es sich um *Voices* drehen sollte. Durch diesen Schachzug wurde der Launch sogar zum „Trending Topic" auf Twitter. Binnen weniger Tage landete die App auf Platz eins der bezahlten Apps im iTunes App Store in zahlreichen Ländern und erreichte am Höhepunkt 18 000 Downloads pro Tag. Sichtbarkeit auf den Ranglisten schlug sich in Aufmerksamkeit in Blogs und auf Websites nieder, auch das ist positives Feedback.

Aussendungen per E-Mail sind ein sehr effektives Marketing-Instrument, da Sie darin im Gegensatz zu fast allen anderen Kommunikationsmitteln aktiv auf potenzielle Käufer zugehen können. Auch wenn Ihre Mailing-Liste wahrscheinlich keine halbe Million Abonnenten hat, kann eine Aussendung enorme Auswirkungen haben. Sammeln Sie daher schon früh die Adressen der interessierten Besucher und gehen Sie vielleicht sogar eine Kooperation mit einem anderen Unternehmen ein, dessen Mail-Verteiler eine größere Reichweite hat.

Für Ihr Mailing ist perfektes Timing unentbehrlich. Ihre App sollte bereits erhältlich sein, sonst klicken die Empfänger ins Leere. Gleichzeitig ist es aber wichtig, dass die App brandneu ist, damit Sie die volle Wucht des Launch-Buzz mitnehmen können. Im Idealfall bekommen Ihre Kontakte die Aussendung also exakt gleichzeitig mit der Veröffentlichung.

■ 6.13 Fallstudie: Faces – ein Launch-Disaster mit Happy End

Faces ist eine Foto-App für iOS, in der man mit Hilfe von über 200 Gegenständen das Gesicht einer Person zu einer lustigen Grimasse oder einer neuen Persönlichkeit machen kann: Pirat, Clown oder Alien mit spitzen Ohren und goldenen Zähnen. Vielleicht kennen Sie das Prinzip noch von Ihrem allerersten Kamera-Handy, mit dem man sich zum Beispiel hinter Gitterstäben oder mit verrückten Hüten fotografieren konnte. Produziert und vermarktet wurde die Entertainment-App von tap tap tap, dem Unternehmen, das auch als Publisher für fremde Angebote aktiv wird. *Faces* kostete bei der Einführung im iTunes App Store am 19. Juli 2011 nur 0,99 Dollar und dann zum regulären Preis 1,99 Dollar.

Im Gegensatz zu tap tap taps erfolgreicher Rätsel-App *The Heist*, die am ersten Tag fast 90 000 Verkäufe schaffte, konnte man *Faces* nur als Griff ins Klo bezeichnen: Die Fotospielerei wurde beim Launch nur 750 Mal gekauft. Nun machte man sich bei tap tap tap fieberhaft daran, die Wurzel des Problems zu finden. Für den Produzenten Michael D'Ulisse kamen mehrere Schuldige in Frage:

- **Der Launch-Zeitpunkt**
  tap tap tap launchte *Faces* einen Tag nach dem App Store Release über ihr bereits erwähntes Netzwerk MacHeist. Leider kam am 20. Juli 2011 aber noch eine Attraktion in den App-Zirkus, die dem kleinen Foto-Clown die Show stahl: Apples neues Betriebssystem, Lion. Gut gebrüllt, Löwe.

- **Das Icon**
  Über das Icon waren sich die Projektverantwortlichen von vornherein uneinig: Einer fand, dass es einer ähnlichen Vorgänger-App gleichen sollte – *Voices*. Der Produzent war dagegen, da die Verkäufe von *Voices2* ihn nicht überzeugten.

Sie ließen also drei verschiedene Grundvarianten (Bild 6.67) vom Designer David Lanham entwerfen, darunter eines mit drei verkleideten Gesichtern, das vom Aufbau her an *Voices* erinnerte (Bild 6.66). Die Entwürfe wurden dann so lange überarbeitet, umgeworfen (Bild 6.68) und zerredet, bis ein Kompromiss entstand: das Icon mit zwei lustig ausgestatteten

Gesichtern aus Bild 6.69. Über 160 E-Mails hatten zu dieser Lösung geführt, doch niemand war wirklich glücklich damit. Hauptsache, nicht mehr darüber reden müssen, dachten sich die Icon-Kontrahenten.

BILD 6.66 Das Icon der Stimmverzerrungs-App *Voices* sollte auch *Faces* als Grundlage dienen. (Icon: tap tap tap)

BILD 6.67 Zur Auswahl standen den Entwicklern drei verschiedene Grundmotive: Eine Schatztruhe mit verschiedenen Verkleidungssachen, ein verrückter Schnauzbartträger und ein Icon mit drei verzierten Gesichtern, das ähnlich aufgebaut war wie das Icon der App *Voices*. (Icons: tap tap tap)

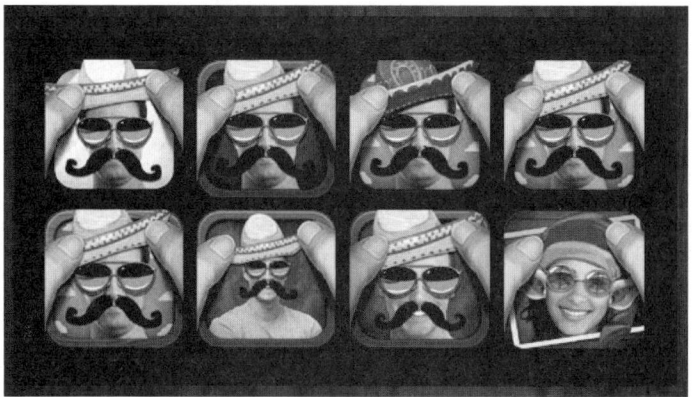

BILD 6.68 Zwischenzeitlich kam auch eine vierte Idee auf. Das Icon sollte mit den sichtbaren Daumen gleich die Funktion der App zeigen: Fotos mit Gegenständen zu verzieren. (Icons: tap tap tap)

BILD 6.69 Die Idee der drei verkleideten Gesichter wurde schließlich auf zwei Gesichter reduziert. Mit dem Icon ganz rechts im Bild startete *Faces* im iTunes App Store. (Icons: tap tap tap)

▪ Das **Icon** war aus ihrer Sicht nicht gut, und auch mit den **Screenshots** wie in Bild 6.70 sowie dem **Namen** im App Store waren die Entwickler sehr unzufrieden. Es gab also mehrere Baustellen für den Produzenten Michael D'Ulisse, der die unrühmliche Aufgabe hatte, die App zu retten.

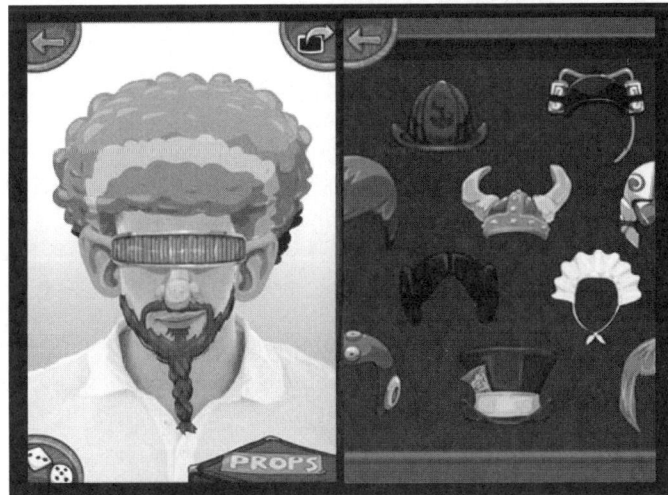

BILD 6.70
Die Screenshots für die erste Version von *Faces*. (Screenshots: tap tap tap)

Zwischenfragen

Bevor wir die Geschichte von *Faces* weiter verfolgen und uns ansehen, was Michael verändert hat, denken Sie über folgende Fragen nach:

1. Wie finden Sie das Icon mit den zwei Gesichtern?

2. Welchen Icon-Entwurf hätten Sie gewählt und warum?

3. Die App hieß zu einem früheren Zeitpunkt, noch vor dem Launch, *Photo Fun!*. Die Entwickler entschieden sich aber, sie *Faces ~ fun with photos* zu nennen. Welche Überlegung könnte hinter diesem Schritt gesteckt haben?

4. Warum, glauben Sie, war Michael aber auch mit dem Launch-Namen *Faces ~ fun with photos* nicht zufrieden?

5. Halten Sie die ursprünglichen Screenshots, die Sie in Bild 6.70 sehen können, für geeignet? Hätten Sie daran etwas verändert?

6. Glauben Sie, dass der vergleichsweise geringe Erfolg von *Faces* nur mit den Faktoren zu tun hatte, die sich Michael D'Ulisse für das Update vorgenommen hat? Erkennen Sie weitere Hindernisse für die Vermarktung?

Viele kleine Änderungen – so wurde *Faces* noch zum Erfolg

Das Icon veränderte Michael zu einer simpleren Variante mit nur einem großen, lustigen Gesicht: Ein Mann in Fisheye-Optik mit dicken Augenbrauen, Knollnase, verrückter Brille und Schnauzbart (Bild 6.71) Das fiel sehr viel stärker ins Auge, fand er.

BILD 6.71
Aus einem ganz frühen Entwurf wurde schließlich das neue, endgültige Icon-Design.

Auch **den Namen** knöpfte er sich vor: Der ursprüngliche Titel *Photo Fun!* war wohl damals zugunsten der besseren Auffindbarkeit im App Store verworfen worden. Denn die Worte „Photo" und „Fun" sind nicht gerade ungewöhnliche Kandidaten im bunten Karussell der Entertainment-Apps. Trotzdem steckte etwas sehr Gutes in *Photo Fun!*: Es sagte prinzipiell dasselbe aus wie der kompliziertere Anhang „~ fun with photos", noch dazu auf eine sehr einladende Weise: „Kauf dir diese App und du wirst sehr viel Spaß mit Fotos haben. Spaß, Spaß, Spaß!" Und in der Suchergebnis-Übersicht des App Stores würde die kürzere Zeile „Photo Fun!" nicht mehr so blöd abgeschnitten werden wie bisher, zu sehen in Bild Bild 6.72. Michael änderte den Namen der App also in *Faces ~ photo fun!*

BILD 6.72
Im Gegensatz zum früheren Titel wird der Name *Faces ~ photo fun!* in der Übersicht vollständig dargestellt. (Screenshot: tap tap tap)

Als Nächstes widmete er sich den **Screenshots**. Ihm gefiel das blasse Lila des Hintergrunds nicht, vor dem die Gegenstände gezeigt werden, mit denen man sein Foto „verschönern" kann.

Vor dem Launch war die Farbe noch von Rot auf Lila verändert worden, da sie mit den verschiedenen bunten Gegenständen nicht so brach. Michael entschied sich trotzdem, das knallige Rot wieder einzuführen – aus farbpsychologischen Gründen: Rot errege den Nutzer mehr und würde *Faces* mehr Aufmerksamkeit verschaffen.

Auch betonte der alte Screenshot in seinen Augen viel zu wenig die **USP der App**: die vielen Gegenstände, die der Nutzer zum Verzieren zur Verfügung hat. Darum packte er den neuen Screen voll mit Gegenständen und fügte sogar einen kleinen Hinweis im rechten, oberen Eck ein: „100s of props" – also „hundreds of props". Der Unterschied wird in Bild 6.73 sehr deutlich.

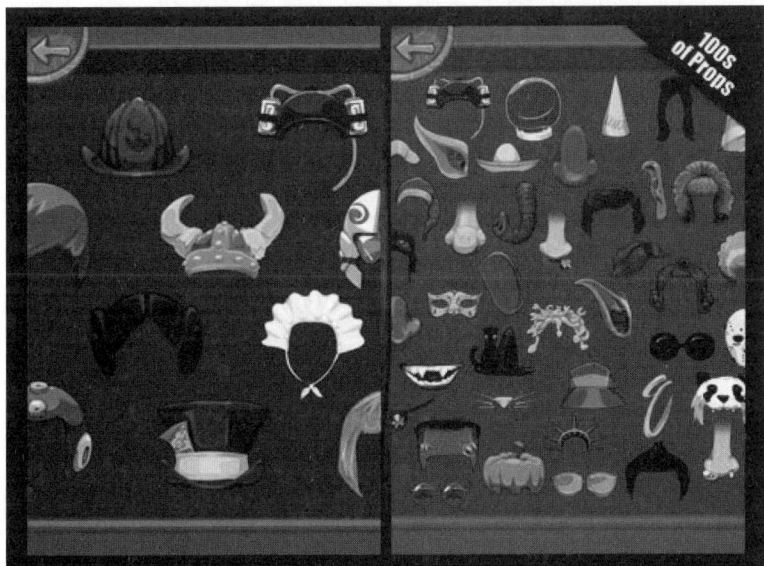

BILD 6.73 Links ist der ursprüngliche Screenshot zu sehen. Rechts die überarbeitete Variante mit rotem Hintergrund, mehr Verkleidungsgegenständen und einem Hinweis auf die USP der App. (Screenshot: tap tap tap)

Dafür entrümpelte er, wie in Bild 6.74, die Screenshots der Beispiel-Gesichter, um dem Nutzer noch etwas mehr vom originalen Foto hinter der Verkleidung zu zeigen.

BILD 6.74
Links ist ein altes Beispiel für die Verkleidungsmöglichkeiten in *Faces* zu sehen, rechts die überarbeitete Variante. Michael D'Ulisse legt offensichtlich Wert auf winzige Details. (Screenshot: tap tap tap)

Pures Glück: das App-Store-Feature

Alle diese Änderungen waren zwar wohlüberlegt, aber auch in gewissem Maße Bauchentscheidungen von Michael, die er nach seinem Design-Geschmack traf. Unter normalen Umständen wäre es auch einem erfahrenen App-Vermarkter sehr schwer gefallen, das Ruder noch herumzureißen: *Faces* war aus sämtlichen Ranglisten gefallen und verzeichnete sieben Tage nach dem Launch nur noch 26 Verkäufe weltweit. Das schnelle Rettungs-Update hätte also genauso gut in den Tiefen des App Stores versinken können, und alle Mühe wäre umsonst gewesen.

Dass dieses Beispiel für eine Fallstudie jedoch besonders gut geeignet ist, haben wir auch Apple zu verdanken: Während das neue Update eingereicht wurde und die Apple-Mitarbeiter es prüften, präsentierte der App Store *Faces ~ fun with photos* sehr prominent. Das führte natürlich zu einem Anstieg der Verkäufe, und die App kletterte bis auf Rang 24 in der Kategorie Entertainment und Rang 180 in der Gesamtliste. Der wahre Ansturm auf die App begann jedoch erst, als das Update freigeschaltet wurde: Innerhalb von 24 Stunden lag die „neue" App *Faces ~ photo fun!* auf Platz 8 in der Entertainment-Rangliste und in der allgemeinen, weltweiten Rangliste auf Platz 59. Für tap tap tap ist dieser späte Erfolg (Bild 6.75) dennoch eine bittere Lehre, denn der Publisher ist bessere Zahlen gewohnt. Wenigstens konnte Michael D'Ulisse aus einem totalen Flop noch einmal eine solide App machen.

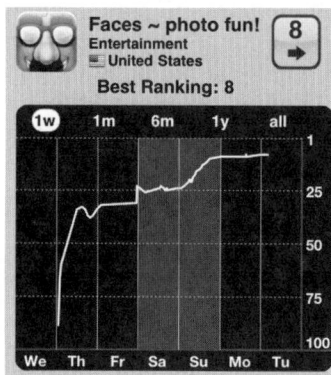

BILD 6.75 Erst nach der Präsentation durch Apple und das Update des Icons rettete tap tap tap die Verkaufszahlen von *Faces*. (Screenshot: tap tap tap)

Es handelt sich hierbei natürlich nicht um ein wissenschaftlich fundiertes Experiment, doch dieser plötzliche Anstieg der Verkäufe nach dem Design-Update lässt einen Schluss zu: Icon, Screenshots und Titel sind wichtige Faktoren für den Erfolg Ihrer App. Geben Sie sich Mühe und scheuen Sie sich nicht, etwas Schlechtes über Bord zu werfen.

Lessons Learned

Sichtbarkeit entscheidet über Erfolg oder Misserfolg Ihrer App.

Auch eine großartige App wird ihr Verkaufspotenzial nie erreichen, wenn sie von den potenziellen Kunden nicht gesehen wird. Daher sollten Sie auf die Vermarktung Ihrer App genauso viel Energie verwenden wie auf die Programmierung.

Positives Feedback treibt die Verkäufe der App-Store-Ranglisten an.

Die beliebtesten Apps bekommen die sichtbarsten Plätze in den App-Stores. Dadurch werden sie wiederum am häufigsten gekauft. Manche Apps schaffen es daher, sich monatelang an der Spitze der Ranglisten zu halten.

Der Verkaufsstart von Apps verläuft nach einem vorhersehbaren Muster.

In den ersten Tagen nach dem Start explodieren die Käufe normalerweise. Danach sinken sie langsam ab, und mit jedem Tag sinkt die Sichtbarkeit in den Ranglisten. Nachdem die Apps aus den Ranglisten ausgeschieden sind, pendeln sie sich meist auf einem niedrigeren Niveau ein und können dieses längere Zeit halten.

Um das positive Feedback möglichst effektiv zu entfachen, müssen Sie in der Startphase eine hohe Platzierung erreichen.

Nachdem die Verkäufe nach den ersten Tagen langsam abnehmen, wirkt eine höhere Platzierung am Anfang als Multiplikator. Hohe Start-Platzierungen führen noch lange nach der Einführung zu höheren Umsätzen. Daher sollten Ihre Bemühungen rund um die Sichtbarkeit Ihrer App besonders in der Startphase sehr intensiv sein.

Um Ihre App an den Mann zu bringen, brauchen Sie einen guten Sales-Pitch.

Präsentieren Sie daher die wichtigsten Alleinstellungsmerkmale möglichst plakativ. Diesen Sales-Pitch können Sie dann für alle Kommunikationsmaßnahmen benutzen.

Um den Verkaufsstart optimal auszunutzen, müssen Sie sich Zeit lassen.

Sobald Ihre App vollendet und ggf. vom App-Store genehmigt wurde, müssen Sie Geduld zeigen. Veröffentlichen Sie Ihre App erst, nachdem Sie ein Feuerwerk an Kommunikationsmaßnahmen vorbereitet haben.

Ihr Kommunikations-Aktionsplan zum App-Launch sollte den Großteil der folgenden Maßnahmen beinhalten.

- Previews Ihrer App auf Messen und Websites
- Rezensionen in Blogs und anderen Medien
- Verfügbarkeit für verschiedene Plattformen und Geräte sowie Übersetzung in mehrere Sprachen
- Optimieren von App-Name, Beschreibungstext und allen weiteren Texten auf Such-Schlüsselwörter
- Verwendung eines Icons, das ins Auge sticht, eines Beschreibungstexts, der alle wichtigen Funktionen schnell vermittelt, und eines eingängigen App-Namens
- Erstellung einer Website, die für Leser und Suchmaschinen gleichermaßen optimiert ist

- Versenden einer Pressemitteilung
- Versenden eines Newsletters an potenzielle Kunden

Apps, die von der App-Store-Redaktion auf einen Logenplatz gesetzt werden, erhalten einen immensen Umsatzzuwachs.

Die sogenannten Feature-Plätze können unentdeckte Apps zu Kassenschlagern machen und die Position erfolgreicher Apps weiter stärken. Mit den Maßnahmen in Abschnitt 6.7 können Sie Ihrem Glück auf die Sprünge helfen.

Eine ansprechende Website ist die Visitenkarte Ihrer App außerhalb der App-Stores.

Mit sinkender Sichtbarkeit im App-Store steigt die Wichtigkeit einer attraktiven Website. Potenzielle Nutzer stoßen durch Suchmaschinen auf Ihre Website, auf der Sie Ihre App möglichst vollständig und gleichzeitig übersichtlich präsentieren. Nutzen Sie dabei die große Gestaltungsfreiheit, um Ihre App ins rechte Licht zu rücken.

Eine Website, die nicht gefunden wird, ist unsichtbar.

Um in Suchmaschinen gut sichtbar zu sein, sollten Sie sich mit dem komplexen Thema Suchmaschinenoptimierung auseinandersetzen. Den Grundstein zu Ihrer SEO-Strategie legen Sie vor dem Launch. Wenn Sie später mehr Zeit haben, betreiben Sie eine aktivere Form der Suchmaschinenoptimierung.

Um Kunden und Journalisten zu erreichen, empfehlen sich Newsletter und Pressemitteilungen.

Die meisten anderen Kommunikationsmittel zielen darauf ab, dass Kunden zu Ihnen kommen. Durch Aussendungen kommen Sie in die Position, aktiv auf mögliche Interessenten zuzugehen.

7

Das Leben nach dem Buzz – langfristige Sichtbarkeit in und außerhalb von App Stores

Die Entwicklung und die Arbeit rund um den Verkaufsstart sind vorbei, und wenn Sie alles richtig gemacht haben, sind Sie jetzt vor allem eines: erschöpft. Bevor Sie also mit den langfristigen Kommunikationsmaßnahmen starten, gönnen Sie sich eine Pause. Ein ausgebrannter App-Vermarkter ist ein schlechter App-Vermarkter. Die Maßnahmen in diesem Abschnitt sind wichtig, müssen aber nicht alle am ersten Tag umgesetzt werden.

Nach einem hoffentlich fulminanten Start schrumpfen die Umsätze Ihrer App langsam. Das ist normal und kein Grund zur Sorge. Mit geschickter Kommunikation können Sie langfristig höhere Umsätze erzielen, auch wenn Sie vielleicht nicht mehr in den Ranglisten vertreten sind. Außerdem können Sie Ihre kommunikativen Anstrengungen zu bestimmten Zeitpunkten, etwa zur Veröffentlichung eines Updates, bündeln und so eine zweite Zündung für positives Feedback erreichen. Nach einiger Zeit, es kann sich je nach App um Monate oder Jahre handeln, werden die Verkäufe Ihrer App ganz aufhören. Mit der richtigen Portion Sichtbarkeit werden Sie den Lebenszyklus Ihrer App aber verlängern.

■ 7.1 Ein Update zu einem zweiten Launch machen

Ganz egal, ob der Verkaufsstart Ihrer App sich in gut sichtbaren Ranglistenplätzen niedergeschlagen hat oder ob Sie mit dem ersten Ergebnis unzufrieden sind: Zur Veröffentlichung eines großen Updates bekommen Sie eine zweite Chance.

Neue Features, neue Kunden

Damit ein Update für einen zweiten Launch-Buzz geeignet ist, muss es sich um eine fundamentale Überarbeitung handeln. Reine Fehlerbehebung wird auf wenig Interesse stoßen. Wenn Sie stattdessen neue Features in Ihre App integrieren, die noch mehr unterstreichen, wie innovativ Ihre App ist, können Sie Aufmerksamkeit erregen. Falls Sie Ihr Update von langer Hand planen, beziehen Sie folgende Überlegungen ein:

- Seit Ihre App veröffentlicht wurde, haben die aktuellsten Endgeräte wahrscheinlich **neue Hardwarefunktionen** erhalten. Wenn Sie die neueste Hardware unterstützen, erfreuen Sie eine wichtige Gruppe von Nutzern: die Early Adopters.

Nach der Vorstellung des iPhone 4 war für die Entwickler klar, dass in Zukunft Apps mit viel größerer Bildschirmauflösung gefragt sein werden. Der Vorteil der iOS-Plattform ist, dass die Programmierer sich nur an einer Handvoll identischer Geräte orientieren müssen. Um die neue Hardware auszunutzen, veröffentlichte Gameloft im Juli 2010 ein Update zum Ego-Shooter *N. O. V. A.* (Bild 7.1) mit höherer Bildschirmauflösung und Gyroskop-Unterstützung. In den folgenden Wochen kämpfte sich die App vom 60. Platz auf den 16. in der hart umkämpften Action-Kategorie vor.

BILD 7.1
Ein Screenshot von *N. O. V. A.* aus der Produktpräsentation im iTunes App Store. (Screenshot: Gameloft)

- **Funktionen, die Sie weggelassen haben,** weil sie zu viel Zeit erfordert hätten, können Sie nun endlich berücksichtigen. Auch Funktionen, für die damals gängige Geräte zu langsam gewesen wären, können Sie jetzt vielleicht realisieren.

- Wenn Sie ein großes Update ausrollen, haben Sie auch die Gelegenheit, die **Zielgruppe zu überdenken.** Falls Sie glauben, eine kritische Masse an Nutzern erreicht zu haben, können Sie zum Beispiel die Nische Ihrer App ausweiten. Falls die App beim Zielpublikum nicht gut ankam, können Sie die Zielgruppe auch vollkommen neu definieren. Aber Vorsicht: Nachdem Ihre App bereits Kunden in der bisher definierten Zielgruppe hat, kann eine Richtungsänderung großen Ärger auslösen. Gehen Sie also sicher, dass der Zusatznutzen des Updates größer ist als die Nachteile, die den bisherigen Nutzern entstehen. Falls Sie das nicht sicherstellen können, sollten Sie statt eines Updates eine zweite App mit anderer Ausrichtung veröffentlichen.

- Sie müssen selbstverständlich nicht so weit ausschweifen und können ganz **einfach mehr Funktionen integrieren** oder Ihre **Funktionen verbessern** und so Ihre USP weiter herausarbeiten.

Die erfolgreiche Photo-Sharing-App *Instagram* (iOS) bekam im September 2011, ein Jahr nach der Ersteinführung, ein großes Update, das passenderweise die Versionsnummer 2.0 führt. Die Entwickler haben sich einige Aspekte der App vorgenommen und einer Generalüberholung unterzogen. Unter anderem wurde der mehrstufige Prozess, ein Bild aufzunehmen und später einen Filter darüberzulegen, zu einem einzelnen Schritt zusammengefasst. Die verfügbaren Filter wurden erweitert und neu programmiert, sodass sie nach Angaben der Entwickler bis zu 200 Mal schneller angewandt werden. Außerdem wurde die Auflösung der aufgenommenen Bilder drastisch erhöht. Um das Update abzurunden, wurde auch das Icon (Bild 7.2) der App leicht überarbeitet, um mit ihm einen moderneren Eindruck zu erwecken.

Die Maßnahmen im Zuge dieses Updates lohnten sich für *Instagram*. In vielen Märkten konnte die App das beste Ranglistenergebnis seit der Einführung verzeichnen. In Deutschland sprang die App vom 89. auf den sechsten Platz der iTunes App Store Gesamtwertung.

BILD 7.2
Das Icon von *Instagram* vor (links) und nach (rechts) dem Facelift. (Grafiken: Burbn, Inc.)

Die bessere App: poliert, fehlerfrei und schöner

Ihre Chancen auf einen zweiten App-Store-Frühling sind beim Update auch deswegen größer, weil Sie Ihre App optimieren konnten. Durch Feedback von Rezensionen und App-Store-Bewertungen haben Sie erfahren, welche Teile Ihrer App die Öffentlichkeit als Schwachstelle ansieht.

Auch wenn Sie versucht haben, Ihre App von Anfang an fehlerfrei auszuliefern, sind Ihnen vielleicht ein paar **Bugs** entgangen. Durch die Rückmeldungen der User sollten Sie inzwischen auch den letzten Fehler gefunden und beseitigt haben. Bauen Sie nur keine neuen ein, wenn Sie sich um weitere Features bemühen.

Rückmeldungen zum Design Ihrer App sind sicher seltener als die zu technischen Problemen. Aber auch Kritik an Ihrer grafischen Gestaltung sollten Sie ernst nehmen. Falls Sie die Nutzung Ihrer App mithilfe von Tools, die ich im zweiten Kapitel schon einmal angesprochen habe, genau überwachen, wissen Sie jetzt auch, welche Buttons von den Nutzern gerne übersehen werden, und können diese anders platzieren.

Bei Websites ist es üblich, in regelmäßigen Abständen einen **visuellen Relaunch** durchzuführen. Das bedeutet, das Informationsdesign wird grundlegend überarbeitet und an Nutzergewohnheiten angepasst, und auch optisch wird die Seite aufgefrischt. Sie kennen es selbst: Websites, die seit zehn Jahren gleich aussehen, wirken altbacken. Genauso verhält es sich mit Apps. Im Zuge eines funktionellen Updates sollten Sie also eventuell auch Ihr User Interface auffrischen. Falls die Änderungen im Design tiefgreifend sind, kann der visuelle Relaunch auch Hauptbestandteil Ihres großen Updates sein. Denn die Nutzer denken sehr visuell. Ein frisches Interface an sich vermittelt bereits Fortschritt, ohne dass neue Funktionen von den Nutzern erkannt werden.

Lehren aus dem ersten Versuch

Selbst wenn Sie beim Start Ihrer App versucht haben, alle Kommunikationsmaßnahmen perfekt umzusetzen, sind Ihnen wahrscheinlich Fehler unterlaufen. Abgesehen davon ist jede App und vor allem jede Zielgruppe anders. Sie haben inzwischen ausführlich Feedback bekommen und wissen, welche Aktionen besonders gut funktioniert haben und welche Ihnen wenig gebracht haben.

Mit diesem Wissen können Sie sich nun daran machen, die Werbekampagne für Ihr Update noch besser zu gestalten.

Vorbereitung und Umsetzung des Update-Launchs

Wie schon bei der Erstveröffentlichung legen Sie nicht sofort los, sondern betreiben Marktforschung. Da Ihnen nun eine große Menge an Informationen vorliegt, können Sie sich bei der Recherche auf sekundäre Marktforschung beschränken.

- Lesen Sie (noch einmal) alle **Rezensionen, Nutzerbewertungen und Foreneinträge** zu Ihrer App. Sammeln Sie dabei nicht nur Informationen zu den Schwächen und Stärken Ihrer App, sondern auch zu den Eigenschaften der Nutzer. Lassen Sie sich dabei bitte nicht von vernichtenden und respektlosen Aussagen verärgern. In Foren warten die Schreiber oft mit schockierender Arroganz auf, die einfach an Ihnen abprallen sollte.

- Analysieren Sie noch einmal Ihre **Konkurrenz.** Seit dem Konzept Ihrer App haben sich wahrscheinlich auch die Mitbewerber weiterentwickelt. Wie sehen die Nutzer die Veränderungen der Konkurrenz?

- Sehr aufschlussreich sind meist auch **Preis-Analysen.** Wenn Sie mit Preiserhöhungen oder -senkungen experimentiert haben, können Sie bereits abschätzen, welcher Preis für den Update-Buzz ideal ist. Oft starten Anbieter die Verkäufe rundum erneuerter Versionen mit einem Aktionspreis. Ob das in Ihrem Fall sinnvoll ist, entscheiden Sie anhand des historischen Datenmaterials. Mehr Informationen zur Preisstrategie folgen im nächsten Kapitel.

- Sehen Sie sich auch an, in welchen **Ländern und Sprachen** Ihre App überdurchschnittlich gut abgeschnitten hat. Vielleicht können Sie im Zuge des Updates eine weitere Lokalisierung einbauen? Sie sehen außerdem, welches die größten Märkte für Ihre App sind, und können Ihre Promotion-Aktivitäten in diesen Ländern intensivieren.

- An den konkreten **Nutzungsdaten** Ihrer App erkennen Sie, ob Ihre Kunden zu langfristigen Nutzern werden oder die App nach der Installation schnell links liegen lassen. Außerdem wissen Sie nun, welche Funktionen besonders beliebt sind. Die populären Features können Sie im Update noch weiter verbessern und in den Werbemaßnahmen besonders hervorstellen.

- **Website-Statistiken** sind ein guter Indikator für die Sichtbarkeit Ihrer App. Welche Zugriffsquellen haben Ihre Nutzer? Sind genug Blogs und andere Websites darunter, oder müssen Sie Ihre Präsenz dort noch ausbauen? Überdies erfahren Sie, durch welche Suchworte Nutzer auf Ihre App gestoßen sind. Wenn Sie Ihr Analysetool richtig konfiguriert haben, sehen Sie auch, welche Suchwörter zu den meisten Conversions geführt haben. Diese Information ist essentiell bei der Überarbeitung Ihrer Keywords im App-Store.

Haben Sie alle Informationen zum Update gesammelt und die Programmierung des Updates abgeschlossen, können Sie Ihre Werbeaktivitäten starten. Dabei orientieren Sie sich an genau den Punkten, die Sie im vorigen Kapitel zum Launch-Buzz gelesen haben. Wieder ist es wichtig, dass Sie alle Aktivitäten zeitgleich ausführen, damit Ihre App in den ersten Tagen besonders oft heruntergeladen wird. Die resultierende Ranglistenplatzierung löst dann positives Feedback aus, und Sie können einige Zeit vom Erfolg der ersten Tage zehren.

■ 7.2 Cross-Promotion

Unter Cross-Promotion (wörtlich übersetzt: überkreuzte Werbung) versteht man die Nutzung eines Produkts als Werbeträger für ein weiteres Produkt. Dabei können die Produkte von verschiedenen Firmen vertrieben werden. Um Cross-Promotion handelt es sich zum Beispiel, wenn Sie Reklame für den neuesten Zeichentrickfilm auf den Getränkebechern Ihrer bevorzugten Fast-Food-Kette finden. Die Produkte können aber auch aus ein und demselben Haus stammen. Etwa wenn die Verpackung von Pfanni-Kartoffelpüree dazu raten würde, mit Rama-Margarine zu verfeinern (beide Marken gehören zum Unilever-Konzern). Der Vorteil dieser Maßnahmen liegt ganz klar im Preis. Während Werbeplätze anderswo teuer gekauft werden müssen, können die Konzerne hier die eigene Präsenz nutzen oder mit anderen Unternehmen Werbeplätze tauschen.

Im Supermarkt begegnet uns Cross-Promotion ständig, aber auch in der App-Store-Ökonomie ist sie ein beliebtes Mittel, um die Verkäufe anzukurbeln. Haben Sie bereits eine erfolgreiche App, liegt es nahe, dort Werbung für Ihre anderen Apps zu machen. Sie können genau wie die großen Konzerne auch Partnerschaften mit anderen Entwicklern anstreben und Werbeplätze tauschen.

Mit Cross-Promotion, die zur App passt, erreichen Sie durchschnittlich **deutlich höhere Klickraten** als mit normalen Anzeigen. Mit einem Budget von 3000 Euro für Bannerwerbung auf einer großen Website konnte die Agentur faberNovel nur vier Verkäufe der App *RATP Premium: Subway & Bus in Paris* zu je 1,59 Euro einfahren. Die Häufigkeit, mit der die Anzeige angeklickt wurde (Click-Through-Rate), lag bei nur 0,07 %. Mit einer später geschalteten Cross-Promotion-Kampagne erreichte das Unternehmen eine mehr als achtfache Klick-Through-Rate von 0,59 % (Benezet, 2010). Auch andere Entwickler berichten von überdurchschnittlich guten Klickraten bei Cross-Promotion. Der Grund für den großen Erfolg ist die geringe Streuung (also die konzentrierte Zielgruppe): Nutzer, die Ihre Werbung sehen, besitzen ein passendes Endgerät und haben zumindest schon einmal eine App installiert. Sie interessieren sich für eine bestimmte Art von App und kaufen daher vielleicht auch eine verwandte oder komplementäre App dazu. Nutzer wollen Apps. Während Sie als Anbieter im App-Store mit der Sichtbarkeit kämpfen, plagen sich Nutzer damit, gute Apps ausfindig zu machen. Sind die Nutzer von der Qualität Ihrer App überzeugt, werden sie in Zukunft bereitwillig noch mehr Apps von Ihrer Entwickler-Marke beziehen.

Der zweite große Vorteil von Cross-Promotion ist der Preis. Diese Art der Werbung **kostet Sie normalerweise gar nichts.** Entgangene Erlöse (Opportunitätskosten) für bezahlte Werbung, die Sie an Stelle der Cross-Promotion schalten könnten, sind meist relativ gering, da Cross-Promotion von den Nutzern oft nicht als klassische Werbung wahrgenommen wird. Nutzer empfinden Werbung für andere Apps als weniger aufdringlich. Daher lässt sie sich nicht beliebig mit anderen Werbeeinblendungen austauschen. Aufgrund der großen Akzeptanz können Sie Cross-Promotion auch in kostenpflichtigen Apps nutzen. Andere Werbeeinblendungen führen bei solchen Apps oft zu Protesten der Nutzer. Auch die Art der Platzierung spielt eine Rolle. Werbebanner stören den Nutzer eher als serviceorientierte Verweise wie „Neuigkeiten von Entwickler XY" oder „Mehr Apps entdecken".

Durch Cross-Promotion **profitieren Sie** von jedem App-Verkauf **doppelt.** Mit jeder verkauften App sehen zusätzliche Nutzer Ihre Empfehlungen. Mit der Reichweite Ihrer Werbung steigen dann hoffentlich auch die Verkäufe Ihrer Apps. Und die beinhalten wieder Werbung für Ihre anderen Apps. Kommt Ihnen dieser Kreislauf bekannt vor? Auch mit Cross-Promotion können Sie einen Kreislauf positiven Feedbacks starten.

Ohne Ärger mit Partnern: Cross-Promotion in eigenen Apps

Die einfache und schnelle Variante von Cross-Promotion ist Werbung für neue Apps innerhalb der eigenen Apps. In Ihrer ersten App bauen Sie einen Verweis auf eine oder mehrere weitere Apps ein. Das setzt natürlich voraus, dass Sie zumindest zwei Apps besitzen. Wenn Sie also noch immer an Ihrer ersten App knabbern, können Sie guten Gewissens zum übernächsten Absatz weiterspringen.

Bei der Integration der Cross-Promotion sollten Sie darauf achten, dass die Inhalte nicht starr programmiert sind, sondern aus dem Internet bezogen werden. So können Sie Ihre Kampagnen hin und wieder abändern. Erstens sollten Sie die Formulierung und Gestaltung der Einblendung ändern, damit die Nutzer nicht Hunderte Male eine identische Werbung sehen. Und zweitens können Sie Veränderungen Ihrer eigenen Situation berücksichtigen. Zum Beispiel können Sie auf Sonderangebote hinweisen oder eine neue App ankündigen, die es zum Start der Cross-Promotion noch nicht gab.

Cross-Promotion mit großer Reichweite durch die Einbindung fremder Apps

Wenn Sie sich entscheiden, Ihre Cross-Promotion-Aktion nicht im Alleingang durchzuführen, bedeutet das für Sie vielleicht mehr Arbeit, diese Vorgehensweise hat aber auch einige Vorteile. Durch ein größeres Netzwerk von Apps rotieren die angezeigten Empfehlungen, und die Nutzer erhalten dadurch eine größere Varianz. Einem Nutzer ein und dieselbe Anzeige hundertmal zu zeigen ist wenig sinnvoll. Wenn er mit der App, die Sie ihm verkaufen wollen, nichts anfangen kann, wird er auch beim 101. Mal nicht zuschlagen. Durch wechselnde Einblendungen in mehreren Apps erreichen Sie mehr Nutzer und somit oft auch mehr Verkäufe.

Aber wie kommt Werbung für Ihr Angebot in die App von anderen Programmierern? Eine Möglichkeit ist persönlicher Kontakt. Schreiben Sie einfach eine Handvoll Entwickler an, ob sie Interesse an einer Kooperation haben. Solche Partnerschaften sind nie schlecht. So können Sie diese auch zum Erfahrungsaustausch oder für gegenseitige Verlinkungen nutzen (SEO). Der große Nachteil dieser Variante ist, dass Sie nicht verlässlich nachvollziehen können, wie viele Werbeeinblendungen die einzelnen Partner erreichen. Daher können Sie auch auf professionelle Dienstleister zurückgreifen. Für Spiele der iOS-Plattform gibt es etwa den Anbieter applifier mobile. Das Unternehmen ermöglicht es den Entwicklern, ihre Werbeplätze in einen Pool mit einer großen Anzahl weiterer Anbieter zu werfen. Für jeden Klick in Ihrer App bekommen Sie einen Klick in einer anderen App.

Die Gestaltung von Cross-Promotion

Insbesondere wenn Ihre App kostenpflichtig ist, sollten Sie darauf achten, dass Ihre In-App-Promotion nicht zu aufdringlich ist. Deshalb sollten Sie die Werbung für Ihre Apps als Service für die Nutzer präsentieren. Statt sie mit Werbung zu belästigen, zeigen Sie den Nutzern Geheimtipps für Apps, die ihnen gefallen könnten.

Ein „Mehr Spiele" Button ist die Lösung, die am weitesten verbreitet ist. Diesen Button platzieren Sie im Hauptmenü und wenn möglich noch an anderen Stellen der App. Bei Spielen etwa im Pause-Menü und nach dem erfolgreichen Abschluss eines Levels. Ein Klick auf den Button bringt den Nutzer zu einer Seite, die eine App detailliert oder mehrere Apps übersichtsartig präsentiert. Diese Seite sollte nach Möglichkeit vom Server geladen werden. Dadurch können Sie nicht nur wie erwähnt den Inhalt jederzeit anpassen, sondern auch die Zahl der Abrufe zählen. Achtung: Rufen Sie auf keinen Fall eine normale Website auf, denn dazu müssen die Nutzer den Web-Browser starten – was sie als äußerst lästig empfinden.

BILD 7.3
Der „More Games"-Button und die dahinterliegende Seite im Spiel *Pigs in Trees* von Pan Vision. (Screenshots: Mayerhofer)

Alternativ können Sie auch eine Zeile mit Neuigkeiten einblenden. Der Entwickler Markus Nigrin (2010) testete diese Methode mit Erfolg an seinen Spielen für Kinder (u. a. *Baby's Animal Show*, Bild 7.4).

Nigrin ist von der Methode deshalb so begeistert, weil die Nachrichten an die Nutzer nicht nur Werbe-Charakter haben müssen und so auf große Akzeptanz stoßen. Mögliche Inhalte sind für ihn:

- Bewerben von neuen Apps
- Bewerben von Aktionspreisen
- Nutzer um Bewertung bitten
- Hinweise auf Bugs, weitere Informationen und Entschuldigung für die Unannehmlichkeiten

BILD 7.4
Eine Nachrichten-Zeile in der App *Baby's Animal Show*.
(Screenshot: Mayerhofer)

- Tipps und Tricks
- Begrüßungstexte und persönlicher Dank

Auch Programmierer Noel Llopis hat einen guten Tipp zur Platzierung der Buttons (Nigrin, 2010). Er sagt, Nutzer wären geradezu darauf konditioniert, alles anzuklicken, was die rote, runde Markierung (Bild 7.5) trägt, die man von Updates oder neuen E-Mails auf dem iPhone kennt. Wenn Sie eine solche Markierung nutzen, um auf neue Apps auf Ihrer Cross-Promotion-Seite hinzuweisen, erhöht sich die Klickrate deutlich. Auch andere Markierungen wie die Aufschrift „neu" sind denkbar. Ein Beispiel für die Implementierung sehen Sie in Bild 7.6.

BILD 7.5 Die Eins im roten Kreis bedeutet, dass eine ungelesene E-Mail vorliegt.
(Screenshot: Mayerhofer)

BILD 7.6
Jetpack Joyride von Halfbrick positioniert einen deutlichen Anreiz, auf „News" zu klicken. (Screenshot: Mayerhofer)

Natürliche Cross-Promotion

Bevor wir den Abschnitt über Cross-Promotion hinter uns lassen, gehe ich kurz auf die Wechselwirkung von Apps ein, die ganz ohne Ihr Zutun entsteht. David Framptons iOS-Spiele *Chopper* und *Chopper 2* haben Sie bereits im letzten Kapitel kennengelernt. Als der Neuseeländer *Chopper 2* veröffentlichte, erhöhten sich auch die Verkaufszahlen des ersten Teils sprunghaft (Bild 7.7). Und das, obwohl Frampton keine Hinweise oder Verlinkungen zu *Chopper* einbaute.

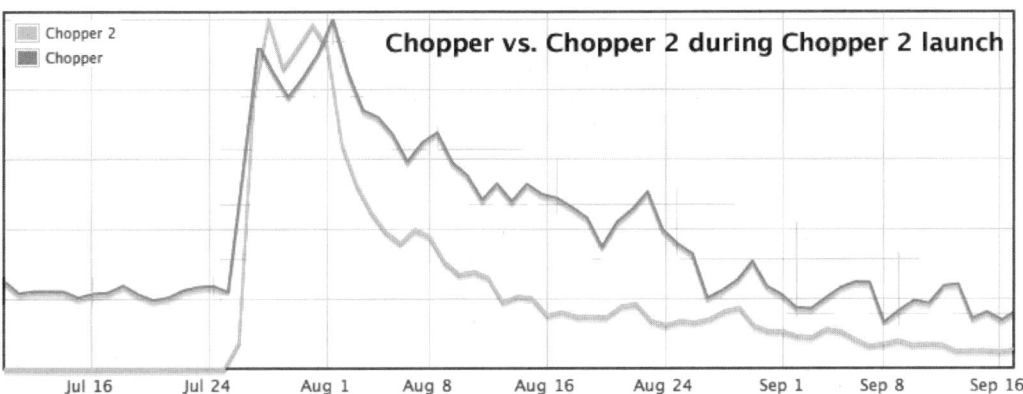

BILD 7.7 Die Verkäufe von *Chopper* und *Chopper 2* im Vergleich. Die Graphen sind zur besseren Vergleichbarkeit angeglichen worden und unterliegen unterschiedlicher Skalierung. (Grafik: Frampton)

Frampton vermutet, dass Nutzer, denen *Chopper 2* gefallen hat, nun auch den ersten Teil ausprobieren wollen. Auch der ähnliche Name könnte eine Rolle spielen, so Frampton. Beide Apps tauchen in der Suche auf, wenn nach „Chopper" gesucht wird.

Dieses Beispiel soll Sie nicht dazu ermuntern, auf aktive Cross-Promotion zu verzichten. Vielmehr möchte ich Ihnen zeigen, welche Ausstrahlung eine überzeugende App für Ihr gesamtes App-Portfolio haben kann.

■ 7.3 Aktionspreise

Ein sehr beliebter Weg, wieder Leben in eingeschlafene App-Verkäufe zu hauchen, sind zeitlich begrenzte Preissenkungen: Der Preis wird für wenige Tage deutlich gesenkt und danach wieder angehoben. Preisgesenkte Apps werden oft als „on sale" bezeichnet, und ein Hinweis findet sich nicht selten auch im App-Icon (Bild 7.8).

Meist handelt es sich um eine Preissenkung von 50% oder mehr. Einige Anbieter stellen ihre App auch völlig kostenfrei zur Verfügung. Die temporäre Preissenkung um 100% ist zweifellos die mit der größten Breitenwirkung. Doch muss eine solche Aktion vorher exakt kalkuliert werden. Nicht zuletzt, weil der vom Kunden wahrgenommene Wert der App durch solche Promotion-Aktionen in Mitleidenschaft gezogen werden kann.

BILD 7.8 Das Suchwort „sale" liefert zahllose Ergebnisse. Hier vier Apps auf der Suchergebnisseite des iTunes App Stores. (Screenshot: Mayerhofer)

Kurzfristige Aktionspreise nützen Ihnen auf zwei Ebenen. Durch die Maßnahme kann die **Sichtbarkeit einer App sehr schnell vergrößert** werden. Blogs berichten gerne über Preissenkungen, Nutzer empfehlen sie weiter, und es gibt zahlreiche Portale und Apps, die sich ausschließlich darauf spezialisiert haben, über Preissenkungen zu informieren. Selbst ohne diese neue Aufmerksamkeit sollte die Zahl Ihrer Verkäufe ansteigen. Ob Sie so viel verkaufen, dass sogar Ihr Gesamtumsatz steigt, hängt stark von Ihrer App und der Zielgruppe ab. Man spricht in diesem Zusammenhang von Preiselastizität, über die Sie in Kapitel 9 mehr erfahren. David Barnards Experiment aus Kapitel 2 ergab, dass der Nachfrageanstieg nicht ausreicht, um den geringeren Stückpreis zu rechtfertigen. Andere Erfahrungen machte der Entwickler Mark Johnson, als er den Preis seiner App *Hit Tennis* von 1,99 auf 0,99 Dollar senkte. Er machte keine Werbung für den Aktionspreis, da er ausschließlich den Einfluss des Preises auf Käufer testen wollte, die über seine App stolperten. Die Preisänderung machte sich bezahlt: Johnson konnte seinen Gesamtumsatz nicht nur halten, sondern sogar steigern.

Gleichzeitig stieg auch die **Ranglistenposition** von Johnsons App, was weitere Kunden anzog. Dies ist ein wichtiger Faktor, der die Sichtbarkeit im Zuge eines Aktionspreises signifikant verbessert. Da Ihre Verkäufe durch den niedrigeren Preis ansteigen, könnte Ihre App die Rangliste bis nach ganz oben emporklettern. Während sich die Entwickler über die Auswirkungen auf den Gesamtumsatz uneinig sind, scheint die Situation in den Ranglisten eindeutig: Haben Sie eine solide Ausgangsposition, verbessert die kurzfristige Preissenkung Ihre Position drastisch. Genau wie zum Launch-Buzz können Sie einige Tage auf einer höheren Position verweilen und noch weiter von der besseren Sichtbarkeit profitieren, wenn Sie den Preis längst wieder erhöht haben. Früher oder später pendelt sich das Verkaufsvolumen aber wieder auf einem niedrigen Niveau ein.

Neben der höheren Sichtbarkeit profitieren Sie noch auf einer weiteren Ebene von der Preissenkung. Interessierte Kunden, die sich **aufgrund des zu hohen Preises** dazu entschieden haben, Ihre App nicht zu kaufen, **werden nun zugreifen.** Da Sie zum Normalpreis mit diesen Kunden gar kein Geschäft gemacht hätten, ist jeder Verkauf zu einem niedrigeren Preis ein zusätzlicher Umsatz für Sie, auch wenn er nur zum niedrigeren Preis erfolgt. Kunden die Apps zu unterschiedlichen Preisen zu verkaufen ist eine gewiefte Strategie, die Sie in Kapitel 9 ausgiebig studieren können.

■ 7.4 App-Wettbewerbe gewinnen

In Kapitel 6 habe ich App-Awards als Mittel beschrieben, die Aufmerksamkeit von den App-Store-Mitarbeitern zu gewinnen. Diese Wettbewerbe sind aber auch abseits dieser Strategie für Ihre Sichtbarkeit relevant.

Warum es für eine App großartig ist, einen Preis zu gewinnen, brauche ich Ihnen wahrscheinlich nicht zu erzählen. Zunächst sind die meisten Wettbewerbe mit einem satten Preisgeld dotiert. Durch die Berichterstattung erreicht Ihre App aber auch eine große Sichtbarkeit, was die Downloads ankurbelt. Und nicht zuletzt ist eine Auszeichnung ein sehr gutes Verkaufsargument. Der Hinweis auf einen Award im Beschreibungstext oder den Screenshots hat schon vielen Kunden die Kaufentscheidung erleichtert.

Wie gewinnt meine App einen Preis?

Die meisten Apps können gar keine Preise gewinnen. Nicht weil sie so schlecht wären, sondern weil sie gar nicht zu den Wettbewerben eingereicht werden. Der erste Schritt zum App-Award ist also **Selbstvertrauen.**

Eine auszeichnungswürdige App benötigen Sie aber trotzdem. Wenn Sie die Tipps dieses Buchs bis jetzt befolgt haben, stehen die Chancen, dass Ihre App dieses Kriterium erfüllt, gar nicht schlecht. Vielleicht haben Sie nicht die beste App der Welt, aber das macht nichts. Klar, um den Oscar Ihrer Plattform zu gewinnen, sollten Sie neue Qualitätsstandards setzen. Es gibt aber auch eine Menge **kleinerer Wettbewerbe,** die nicht von den immer gleichen Nasen gewonnen werden. Die größten Chancen haben Sie, wenn Sie einen **Nischen-Wettbewerb** finden, der zu Ihrer App passt. Zwei Awards, denen die Nische nicht eng genug sein konnte, sind Apps4Berlin und Apps for Development. Beides waren einmalige Veranstaltungen, die besondere Apps zu einer ganz bestimmten Problemstellung suchten. Apps4Berlin war der Name des Kreativwettbewerbs der Berliner Senatsverwaltung für Wirtschaft, Technologie und Frauen. Insgesamt wurden 15 Apps ausgezeichnet und mit Geld und Sachpreisen bedacht. Unter den Gewinnern fanden sich beispielsweise CityGuide-Apps, FixMyStreet-Dienste, mit denen Bürger lokale Probleme in der Infrastruktur melden können, oder auch Hilfen für behinderte Menschen. Beinahe jede vierte Einsendung wurde ausgezeichnet. Apps for Development war der App-Wettbewerb der Weltbank. Hier mussten die Entwickler eine App bauen, die offene Statistik-Daten der Weltbank nutzte. Bei beiden Wettbewerben mögen Sie wahrscheinlich den Kopf schütteln und sich fragen, mit welcher Wahrscheinlichkeit ein Entwickler eine so spezielle App im Portfolio hat. Damit haben Sie zwar recht, möglicherweise ist es für Sie aber lohnenswert, eine existierende App anzupassen und in einer Version anzubieten, die zu einem solchen Wettbewerb passt. Wenn Ihre Wettbewerbs-App dann lediglich ein kleines Nischenpublikum anspricht, erreichen Sie vielleicht nur geringe Umsätze, aber die mögliche Publicity und das Preisgeld sind nicht zu verachten.

Damit eine Jury Sie überhaupt in die nähere Auswahl für einen Preis nimmt, dürfen Sie die Juroren nicht beleidigen. Halbfertig zusammengeschusterte Bewerbungsunterlagen zeugen von Desinteresse an der Arbeit der Award-Organisatoren und werden ganz schnell im Papierkorb landen. Stattdessen sollten Ihre **Bewerbungsunterlagen mit der nötigen Ruhe und Blick für Details** vorbereitet werden. Mit Einreichungen zu Awards verhält es sich ähnlich wie mit Bewerbungen auf offene Jobs – Sie müssen bieten, was gesucht wird. Jeder Wettbewerb ist anders und jede Jury gewichtet andere Kriterien. Diese Tatsache ist ein Vorteil für Sie, weil dadurch verschiedenste Apps zu Gewinnern werden können. Achten Sie nur darauf, die Präferenzen des jeweiligen Wettbewerbs in Ihre Beschreibungstexte einzuarbeiten.

 App-Awards aus aller Welt

Diese Liste stellt nur einen kleinen Auszug dar und soll Ihnen zeigen, dass die Zahl der App-Wettbewerbe größer ist, als Sie vielleicht denken.

- Ericsson Application Awards (Android; http://www.ericssonapplicationawards. com/)
- Android Developer Challenge (Android; http://code.google.com/android/adc/)
- Apple Design Awards (iOS, Mac; http://developer.apple.com/wwdc/ada/)
- Global Mobile App Awards (Android, iOS, BlackBerry, Nokia; http://http://www. globalmobileawards.com/)
- „Show your App" der Messe M-Days in Frankfurt (alle Smartphone-Apps; http:// www.showyourapp.com/)
- AppArtAward (Kunstwerke im App-Format; http://http://www.app-art-award. org/)
- Best App Ever Awards (iOS; http://http://bestappever.com)

■ 7.5 Die kostenlose Testversion

Kostenlose Testversionen sind einer der ältesten Tricks in den so jungen App-Stores. Entwickler bieten eine kostenlose Version ihrer sonst kostenpflichtigen App an und versuchen so, Aufmerksamkeit für ihre App zu erzeugen. Kostenlose Versionen treten in einer getrennten Rangliste an. Steigt Ihre kostenlose Version in den Rängen nach oben, können Sie davon ausgehen, dass auch die Bezahl-Version profitieren wird.

Diese Testversionen müssen irgendwelche **Nachteile gegenüber ihren kostenpflichtigen Gegenstücken** haben. Es fehlen Funktionen, die mögliche Nutzungsdauer ist eingeschränkt oder ein Spiel besitzt nur wenige Levels. Alles, was Kunden dazu bringt, die Vollversion zu kaufen, sobald sie von der Qualität der App überzeugt sind, ist erlaubt. So können Sie zum Beispiel auch Werbung in die kostenlose Version einbauen, die in der kostenpflichtigen Variante nicht erscheint. Durch diese Vorgehensweise erzielen Testversionen Umsätze, auch wenn sie geringer sein mögen als die der kostenpflichtigen Version.

Die Probierversionen sind in den App-Stores meistens mit Lite, Free oder Trial gekennzeichnet. Bezeichnungen und Verbreitung der kostenlosen Varianten unterscheiden sich von App-Store zu App-Store. Apple etwa verbietet im Mac App Store Trials und Demos, während Microsoft seine Entwickler dazu ermuntert, kostenlose Testversionen in den WP7 Marketplace hochzuladen, die in einem dafür vorgesehenen Bereich zum Download angeboten werden (Bild 7.9).

BILD 7.9 Unter dem Kaufen-Button findet sich im Windows Phone Marketplace meist das Angebot, die App kostenlos zu testen. (Screenshot: Mayerhofer)

Durch den Siegeszug des In-App-Purchases können Sie kostenlose Versionen heute auch direkt monetarisieren. Viele Apps schalten gegen eine Zahlung die nervige Werbung ab oder erlauben es, schrittweise Funktionen hinzuzukaufen. Diese Strategie nennt sich Follow-the-Free, und ihr widmen wir uns in Kapitel 11.

Nachteile der Probier-Version

Bei allen Vorteilen hat die kostenlose Testversion auch einige Schattenseiten. Beginnen wir beim **Aufwand.** Die Zweit-Version Ihrer App muss programmiert und getestet werden. Auch müssen Sie zusätzliche Präsentationsmaterialien bereitstellen. Die größte Arbeit macht aber die Werbung für die kostenlose App. Ohne Kommunikationsmaßnahmen ist auch eine kostenlose App unsichtbar.

Denn auch bei den Gratis-Apps herrscht ein extremer **Konkurrenzkampf.** In den meisten App-Stores dominieren zwar die kostenpflichtigen Angebote. Andererseits gibt es auch App-Stores, in denen die Apps eher kostenlos sind, wie etwa der Android Market, der zu zwei Dritteln aus Gratis-Angeboten besteht (Distimo, 2011).

Durch die Testversion setzen Sie sich dem Risiko aus, potenzielle Käufer zu verlieren, die bereits mit der abgespeckten Variante zufrieden sind. Dies ist vor allem dann der Fall, wenn die **Einschränkungen nicht gut ausbalanciert** sind. Leider lässt sich der richtige Grad an Beschränkungen schwer vorhersagen.

Egal, wie viele Unbequemlichkeiten Sie einbauen, einen Teil der Kunden werden Sie immer an die kostenlose Version verlieren. Noch mehr Käufer der Kaufversion verlieren Sie, wenn Sie sich für eine werbeunterstützte Version entscheiden oder eine fast gleichwertige App anbieten, die durch In-App-Purchases finanziert wird. Auch wenn Ihr Gesamtumsatz durch diese Maßnahmen gleich bleibt, teilen Sie die Kraft beider Versionen auf: Durch die Spaltung der gesamten Downloads in gekaufte und verschenkte Apps **sinkt in diesem Fall die Ranglistenposition.**

■ 7.6 Bezahlte Werbung

Mit bezahlten Werbeeinschaltungen erreichen Sie am schnellsten ein großes Publikum. Kein Wunder, denn im Gegensatz zu den meisten anderen Maßnahmen investieren Sie in Werbung mehr als Ihre eigene Arbeit. Werbung kostet echtes Geld, und das nicht zu knapp. Besonders für niedrigpreisige Angebote der App-Store-Ökonomie sind die Anzeigen oft zu teuer. Haben Sie jedoch eine günstige Möglichkeit gefunden, Ihre App effektiv zu bewerben und zu verkaufen, können Sie sich glücklich schätzen. Dann nämlich steigen Ihre Gewinne mit jeder zusätzlichen Werbeeinschaltung an.

Die Wahl des richtigen Werbeträgers

Klassische Werbeträger wie Fernsehen, Plakate oder Printmedien sind für Apps zumeist absolut uninteressant. Im Marketing spricht man von Streuverlusten, wenn Werbung zwar Adressaten erreicht, diese aber nicht zur Zielgruppe gehören und daher keinen Kauf tätigen werden. Durch einen TV-Spot erreichen Sie zwar eine große Zahl an Personen, jedoch hat nur ein geringer Teil der Empfänger überhaupt das Gerät zur Verfügung, Ihre App zu kaufen. Einige Unternehmen wollen mit App-Werbung nicht nur potenzielle Käufer erreichen, sondern insgesamt Innovationskraft vermitteln. Für eine solche Positionierung sind die alten Offline-Medien geeignet. Hier hört die Eignung aber schon wieder auf.

Ein weiterer großer Nachteil von Werbung in traditionellen Medien ist, dass Sie nicht nachvollziehen können, wie viele Ihrer Kunden eine App aufgrund der Werbeeinschaltung gekauft haben und wie viele sie auch ohne die Maßnahme gekauft hätten. **Online-Werbung** hat den großen Vorteil des Trackings. Sie können genau nachvollziehen, welche Kampagne auf welcher Website mit welchem Motiv am erfolgreichsten ist. Am häufigsten treffen Sie im Internet auf **Bannerwerbung.** Dabei werden dem Leser grafische Elemente (Banner, siehe Bild 7.10) gezeigt, die Ihre Werbebotschaft beinhalten. Moderne Werbebanner sind meist animiert oder enthalten sogar ein kurzes Video. Weit verbreitet sind auch **Text-Anzeigen,** die beispielsweise auf Ergebnisseiten von Suchmaschinen eingesetzt werden. Klarer Vorteil der Text-Anzeige ist, dass Sie nur ein paar Sekunden brauchen, um sie zu erstellen.

BILD 7.10 Bannerwerbung auf einer großen Nachrichtenseite. (Screenshot: Mayerhofer)

Auch wenn effektive Daten rar sind, gehen die meisten Autoren davon aus (Wooldridge & Schneider, 2010), dass der größte Teil von mobilen Apps in den mobilen Varianten der App-Stores heruntergeladen wird. Entsprechend suchen und entdecken viele Nutzer Ihre Apps auch auf mobilen Geräten. Falls die Kunden Sie nicht von selbst suchen, können Sie mit **mobiler Werbung** nachhelfen. Geringe Streuverluste zählen zu den größten Vorteilen von Werbeeinschaltung auf mobilen Geräten. Nachdem der genaue Gerätetyp ausgelesen werden kann, zeigen Sie Ihre Anzeige nur Kunden an, die auch ein zu Ihrer App passendes Gerät besitzen.

Einige Anbieter mobiler Werbung

- AdMob (http://admob.com/)
- Mobclix (http://mobclix.com/)
- Medialets (http://medialets.com)
- Flurry AppCircle (http://flurry.com/)
- Millennial Media (http://millennialmedia.com/)

Einblendung, Klick oder Installation – Zahlungsmöglichkeiten für Onlinewerbung

Bei Bannerwerbung bezahlen Sie entweder für Einblendungen (z. B. zehn Euro für tausend Einblendungen), für Klicks (z. B. einen Euro pro Klick; Abk.: CPC, Cost Per Click) oder für effektive App-Installationen. Problematisch an den ersten beiden Varianten ist, dass es mit dem Einblenden und noch nicht einmal mit dem Klick getan ist. Der Klick führt den User entweder auf Ihre Website oder direkt in den App-Store. Auf dem Weg verlieren Sie einen Großteil der Interessenten. Angenommen, jeder zehnte Besucher kauft tatsächlich Ihre App. Dann benötigen Sie für einen Kauf zehn Klicks auf Ihre Bannerwerbung, was in unserem Beispiel je einen Euro kostet. Es muss sich schon um eine hochpreisige App handeln, damit es sich lohnt, zehn Euro in ein verkauftes Exemplar zu investieren. Noch gefährlicher ist **die Bezahlung pro Einblendung** (CPM, Cost Per Mille). Damit sich der Preis von zehn Euro für tausend Einblendungen lohnt (und CPC nicht günstiger ist), muss mindestens ein Prozent aller Besucher auf die Anzeige klicken. Viele Werber können von so hohen Klickraten nur träumen. Mit einer guten Kampagne können auch höhere Click-Through-Rates erreicht werden: Zum Beispiel, wenn sie auf einer Website geschaltet wird, die sich ausschließlich mit Apps wie der Ihrigen beschäftigt. Doch das ist die Ausnahme.

Klickrate und Conversion Rate können Sie erhöhen, indem Sie Ihre Werbung nur für bestimmte Zielgruppen anzeigen. Es existieren verschiedene Systeme für dieses Vorgehen: Google etwa zeigt Ihre Text- oder Bannerwerbung nur an, wenn von Ihnen gewählte Keywords auf einer Seite auftauchen. Noch genauer können Sie Ihre Zielgruppe mit Werbung auf Facebook (Bild 7.11) auswählen. Sie bestimmen dort nicht nur Alter und Geschlecht der Werbeempfänger, sondern auch persönliche Präferenzen. So können Sie Ihre iPad-Outdoor-App nur Mountainbikern anzeigen, die sich als Fan des iPads geoutet haben.

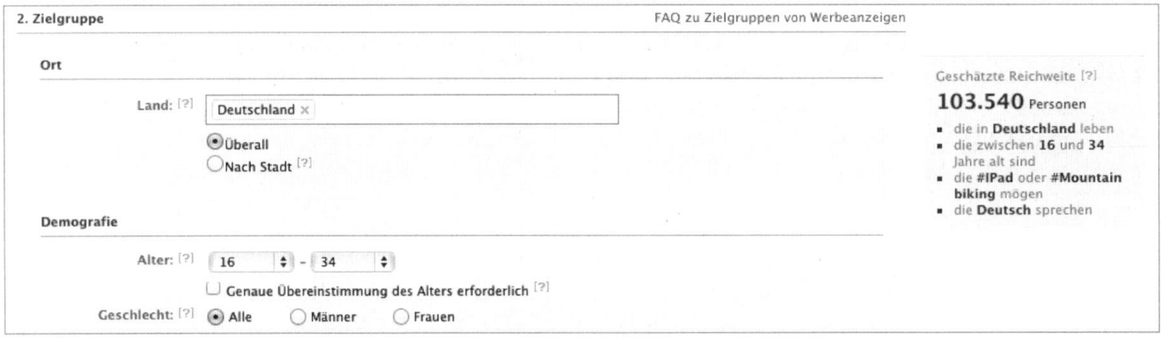

2. Zielgruppe   FAQ zu Zielgruppen von Werbeanzeigen

Ort

Land: [?]   Deutschland ×   Geschätzte Reichweite [?]

⦿ Überall   **103.540** Personen
○ Nach Stadt [?]   • die in **Deutschland** leben
                                                               • die zwischen **16** und **34**
                                                                 Jahre alt sind
Demografie   • die **#IPad** oder **#Mountain
                                                                 biking** mögen
Alter: [?]   16 ⇕ – 34 ⇕   • die **Deutsch** sprechen

☐ Genaue Übereinstimmung des Alters erforderlich [?]

Geschlecht: [?] ⦿ Alle   ○ Männer   ○ Frauen

BILD 7.11 Im Formular der Facebook-Werbeanzeigen wird die Größe der potenziellen Reichweite angezeigt.
(Screenshot: Mayerhofer)

Moment, das war noch nicht alles: War nicht die Rede von Werbung, die nach **tatsächlichen Installationen** (CPL, Cost Per Lead, oder PPI, Pay Per Install) bezahlt wird? Dies ist der sicherste Weg, an Nutzer zu kommen. Sie bezahlen für eine bestimmte Zahl von Installationen, und der Werbungsanbieter nimmt das Risiko auf sich, die Nutzer zu besorgen. Er bespielt dazu klassische Online-Kanäle, meist aber werden die Nutzer durch ein Anreizsystem dazu gebracht, die gewünschten Apps herunterzuladen. Oft bekommen App-Spieler Boni für ein Spiel in Form von virtueller Währung oder anderen Vergünstigungen, wenn sie eine bestimmte App installieren. Anbieter wie Tapjoy und SponsorPay (Bild 7.12) haben sich auf diese Art der Werbung spezialisiert. Bei vielen Entwicklern ist die PPI-Werbung sehr beliebt, denn Sie können sich damit quasi in Ranglisten einkaufen. Um diese Wettbewerbsverzerrung zu verhindern, verbietet Apple seit Ende 2011 PPI-Kampagnen mit Anreizsystemen. Durch PPI-Kampagnen können Sie sich zwar in den Ranglisten nach oben arbeiten, allerdings sollten Sie nicht darauf bauen, die angeworbenen Nutzer längerfristig zu behalten. Meist beschäftigen sich die Neukunden gar nicht mit der heruntergeladenen App, und so sind diese Nutzer für Sie meist wertlos. Ob sich die Kosten alleine für die gut sichtbare Ranglistenposition lohnen, müssen Sie selbst abwägen.

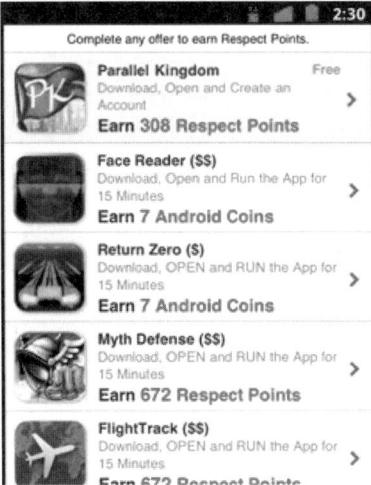

BILD 7.12 Das System von SponsorPay bietet Spielern an, verschiedene Aufgaben zu erledigen, um Gutschriften in virtuellen Währungen zu bekommen. (Grafik: SponsorPay)

Erfolge messen, nicht schätzen

Egal, für welche Werbeform Sie sich entscheiden, Ihre Kampagne muss sauber ausgewertet werden. Mithilfe von Tracking sehen Sie, welche Werbeträger, Anzeigenmotive etc. bei der Zielgruppe ankommen und am ertragreichsten sind. Bevor Sie Ihre erste Kampagne starten, sollten Sie sich klare Ziele setzen, die Sie mit der Einschaltung erreichen wollen. Überwachen Sie dabei alle Zwischenschritte der Besucher – vom ersten Einblenden der Anzeige bis zum Kauf der App. Vergleichen Sie die verschiedenen Möglichkeiten, und wenn Sie eine Herangehensweise gefunden haben, die sich rentiert, dann bleiben Sie dabei.

 Praxistipps zur Gestaltung einer erfolgreichen Online-Werbekampagne

- Ziehen Sie Blicke auf sich. Wenn Ihre Anzeige unscheinbar neben der Website steht, wird sie oft übersehen. Nutzen Sie bei Banner-Ads Animationen und auffällige Farben, um die Aufmerksamkeit des Betrachters zu gewinnen.

- Setzen Sie auf eine einfache und direkte Aussage.

- Erwähnen Sie den Preis der App, um sinnlose Klicks zu vermeiden.

- Testen Sie Werbemittel zuerst im kleinen Maßstab, um einen Indikator für ihre Wirksamkeit zu bekommen. Bedenken Sie dabei, dass automatisierte Kampagnen meist mit der Zeit von selbst optimiert werden. Auch bei einem kleinen Test-Budget sollten Sie also einen längeren Test-Zeitraum wählen.

- Bauen Sie ein aktivierendes Element in Ihre Anzeige ein. Fordern Sie etwa Ihre Besucher auf, „hier zu klicken". Die direkte Aufforderung macht einen großen Unterschied.

■ 7.7 Geklaute Apps: Umsatzkiller oder Werbemaschine?

Viele Entwickler wollen nichts davon wissen, aber App-Store-Piraterie ist an der Tagesordnung. Statistiken zur Gesamtverbreitung von raubkopierten Apps gibt es leider nicht, dafür einige Berichte von einzelnen Entwicklern. So etwa vom Studio Hexage, das für das Android-Spiel *Radiant* Piraterie-Zahlen veröffentlichte. Die Entwickler hatten ihre Download-Zahlen mit den Zahlen aus ihrem Analytics-Tool verglichen. Die App meldet sich regelmäßig beim Server des Tracking-Tools, und das auch, wenn die App raubkopiert wurde. Von gut 50 000 Nutzern waren nur 36 Pozent auch zahlende Kunden (Yarow, 2010). Noch drastischere Zahlen liefert das iPhone-Spiel *iCombat*. Hier beanspruchten die Piraten zeitweise 80 Prozent der aktivierten Apps (Sanchez-Grice, 2009).

Für Sie als Entwickler mögen diese Zahlen auf den ersten Blick erschreckend wirken. Wer verliert schon gerne vier Fünftel seiner Umsätze? Der Schaden, der durch die Piraterie tatsächlich entsteht, ist allerdings erheblich geringer. Eine geklaute App bedeutet in den meisten Fällen keinen entgangenen Umsatz, denn die Piraten hätten die App einfach nicht gekauft, wenn sie nicht auf illegalem Weg erhältlich wäre. *iCombats* Entwickler Miguel Sanchez-Grice (2009) konnte dies am eigenen Leib erfahren. Um seine App zu schützen, baute er einen Mechanismus in seine App ein, der unlautere Installationen erkennt. Nach fünf Levels im Spiel erscheint eine Fehlermeldung mit einem Button, der den Piraten auf eine Website mit dem Titel „You Jacked My App" weiterleitet. Dort trat er mit dem Besucher über folgenden Text in Verbindung:

> *"Hi if you have been directed to this page it's because we see that you have a pirated copy. While we are glad you are interested please understand that we want to continue making it better, but to do that we need people to each pay for their copy. If you want to continue using please purchase today."*

Während über zehn Prozent der Raubkopierer Sanchez-Grice' Seite besuchten, maß der Entwickler keinen einzigen Klick auf der Kaufen-Schaltfläche der Seite. Obwohl die Piraten das Spiel bereits getestet und immerhin bis zum sechsten Level gespielt hatten, war die Zahlungsbereitschaft gleich null. Nachdem Piraterie Ihre Verkäufe anscheinend nicht oder zumindest kaum kannibalisiert, brauchen Sie Ihre kostbare Entwicklungszeit nicht damit zu verschwenden, die App-Diebe aufzuhalten. Sperren Sie die Piraten nicht „aus Prinzip" aus, Ihre Zeit ist in Marketing-Arbeit besser investiert.

Anders sieht es natürlich aus, wenn die Piraten Ihnen tatsächlich Schaden zufügen. Falls die unrechten App-Versionen Ihre Server-Bandbreite belasten, müssen Sie die Piraterie unterbinden. Beobachten Sie die Zahl der Raubkopierer und schreiten Sie erst dann ein, wenn die Piraterie überhandnimmt. Analytics-Anbieter Pinch Media (Perez, 2009) berichtet, konträr zu den Meldungen einiger Entwickler, immerhin von einer Conversion Rate von 0,43% für geklaute Versionen. Wie so oft in der App-Store-Ökonomie müssen Sie den richtigen Weg für Ihre App durch Ausprobieren selbst herausfinden.

App-Klau nutzen, um zahlende Kunden zu akquirieren

Statt gegen die Piraten zu kämpfen, können Sie ihre große Zahl auch ganz einfach für Ihre Sichtbarkeit ausnutzen. Mund-zu-Mund-Propaganda ist das vertrauenswürdigste Medium, um Ihre Werbebotschaft zu transportieren. Während die Piraten wahrscheinlich nie zu zahlenden Kunden werden, sieht es mit deren Freunden ganz anders aus. Nicht jeder weiß, wie man Raubkopien installiert, und manche Nutzer haben tatsächlich ein Gewissen. Empfiehlt ein Pirat also einem potenziellen, ehrlichen Kunden Ihre App, stehen die Chancen gut, einen Verkauf zu erzielen.

Daniel Amitay (2011), Entwickler der iPhone-App *Punch 'Em! – Fight people through your camera!'* sagt: „Piraterie hat meine App-Verkäufe verdoppelt." Als die Verkäufe seiner App Ende Dezember 2010 nachhaltig anstiegen, glaubte Amitay zuerst an ein außergewöhnlich gutes Weihnachtsgeschäft. Seine Tracking-Daten verrieten ihm aber, dass die Zahl der Raubkopien seiner App kurz vor Weihnachten explodiert war. In den Wochen nach Weihnachten wurden fast 40 Mal so viele Raubkopien aktiviert wie zuvor. Vor dem Einfallen der Piraten waren Raubkopien für den Entwickler weniger relevant und lagen weit unter dem Verkaufsvolumen. Auf den ersten Blick mag es bedrohlich klingen, dass Tausende Piraten sich nach Belieben einer App bedienen, in die ein Entwickler Schweiß und Liebe gesteckt hat. Doch Amitay sah die Sache pragmatisch. Gleichzeitig mit den Raubkopien stiegen auch die regulären Verkäufe an, und zwar immerhin auf das Doppelte. Die Piraten nutzten unter anderem die Teilen-Funktion der App, mit der sie an Freunde weiterempfohlen wird. Der Entwickler sagt, seine Entscheidungen seien profitorientiert, daher habe er kein Problem mit der Piraterie, solange sie seine Umsätze in die Höhe treibe. Die Piraten zu zahlenden Kunden zu konvertieren, versuchte Amitay übrigens nicht. Eine Piraten-Blockade in einer früheren App resultierte in einer Conversion Rate von null Prozent.

App-Piraten sind Early Adopters und verbreiten Apps in rasanter Geschwindigkeit (Sanchez-Grice, 2009). Das sind perfekte Voraussetzungen, um die Piraten als Aufmerksamkeitsverstärker zu nutzen. Auch die Piraten erfahren von Ihrer App in den üblichen Kanälen. Einen Launch-Buzz müssen Sie also trotzdem mitbringen. Die Raubkopierer können dann aber tatsächlich zur Steigerung Ihrer Verkäufe beitragen.

Strategien, die Piraten doch zu konvertieren

Sollten Sie sich für den Weg entscheiden, die Piraten auszusperren, ob aus Prinzip oder um tatsächliche Verluste zu verhindern, bedenken Sie zwei wichtige Variablen: Erstens möchten Sie die Piraten möglicherweise trotzdem als Sprachrohr Ihrer App nutzen. Und zweitens können Sie versuchen, die Piraten zu zahlenden Kunden zu machen, auch wenn einige Entwickler daran bitter gescheitert sind.

Die Lösung für beide Probleme ist eine zeitverzögerte Sperrung. Die meisten Entwickler sperren den Zugang zu ihrer App von Beginn an. Dadurch nehmen sie den Piraten allerdings die Chance, eine App zu testen. Können sie die App nicht einmal ausprobieren, werden die Piraten weder eine Empfehlung an ihre zahlenden Freunde abgeben noch selbst zur Kreditkarte greifen. Daher lassen Sie die Piraten zunächst ganz in Ruhe mit Ihrer App spielen. Nach einer festgelegten Zeit, entweder der aktiven Nutzung oder seit der Installation, deaktiviert sich die App und leitet den Piraten in den App-Store um. Sind die Nutzer Ihrer App einem Lock-In-Effekt ausgesetzt? Dann ist der Wunsch, die App weiternutzen zu können, wahrscheinlich so groß, dass Sie einige der Piraten zu Zahlern machen können. Wie lange der richtige Zeitraum für die „offiziell illegale" Nutzung Ihrer App ist, lässt sich nicht pauschalisieren. Falls Ihnen dazu bereits Informationen vorliegen, sehen Sie sich die Nutzungsgewohnheiten der zahlenden Kunden an. Die Piratensperre sollte auf jeden Fall vor dem Zeitpunkt greifen, an dem die Nutzungshäufigkeit der regulären Kunden scharf abzufallen beginnt.

◼ 7.8 Zufriedene Kunden empfehlen Ihre App weiter

Ihre Aufgabe ist es nicht nur, die Sichtbarkeit Ihrer App für neue Kunden zu gewährleisten, sondern auch die bestehenden Nutzer zufrieden zu stimmen. Manche Entwickler denken, mit dem Verkauf einer App sei ihre Arbeit getan. Schließlich haben die Käufer bereits bezahlt und können, manchmal nach einer kurzen Phase, in der noch Rücktrittsrecht besteht, ihr Geld auch nicht zurückverlangen. Wenn Sie Ihre Kunden aber mit einer minderwertigen App abfertigen wollen, wird es nicht lange dauern, bis die Kraft der verärgerten Nutzerschaft zurückschlägt. Im Internet ist Ihr Ruf schneller zerstört, als Sie „App" sagen können. Bedenken Sie, dass Ihre Nutzer durch soziale Netzwerke und Foren gut vernetzt sind. Ihren Frust schreiben Sie sich von der Seele und können so eine Kettenreaktion in Gang treten, die mit vernichtenden Nutzerbewertungen im App-Store und dem sofortigen Austrocknen der Verkäufe enden kann.

Fast genauso schnell, wie Ihr Ruf im Internet ruiniert sein kann, verbreitet sich aber auch die Botschaft von einer herausragenden App. Wenn Sie es schaffen, Käufer erst zu begeisterten Nutzern und später zu eingefleischten Fans zu machen, bauen Sie eine Mannschaft kostenlosen Verkaufspersonals auf. Echte Fans wirken sich aus mehreren Gründen positiv auf Ihr App-Geschäft aus.

Vorteile einer treuen Fanbasis

- Die begeisterten Nutzer freuen sich, Ihre App zu verwenden, und machen dies im Durchschnitt häufiger als andere Nutzer. Auch werden sie viel **länger aktive Nutzer bleiben,** bevor die App irgendwann uninteressant ist. Fast alle App-Stores beziehen bei der Berechnung der Ranglisten auch die Nutzung durch die Käufer ein. Je mehr Ihre App verwendet wird, desto höher ist auch Ihre Platzierung. App-Nutzer sind eher wechselhaft und nutzen den Großteil der gekauften Apps nur wenige Tage lang, wie Sie in Bild 7.13 sehen können. Das ist schlecht für Ihre Ranglistenposition. Mit einer großen Fanbasis sorgen Sie für stetig hohe Nutzungszahlen.

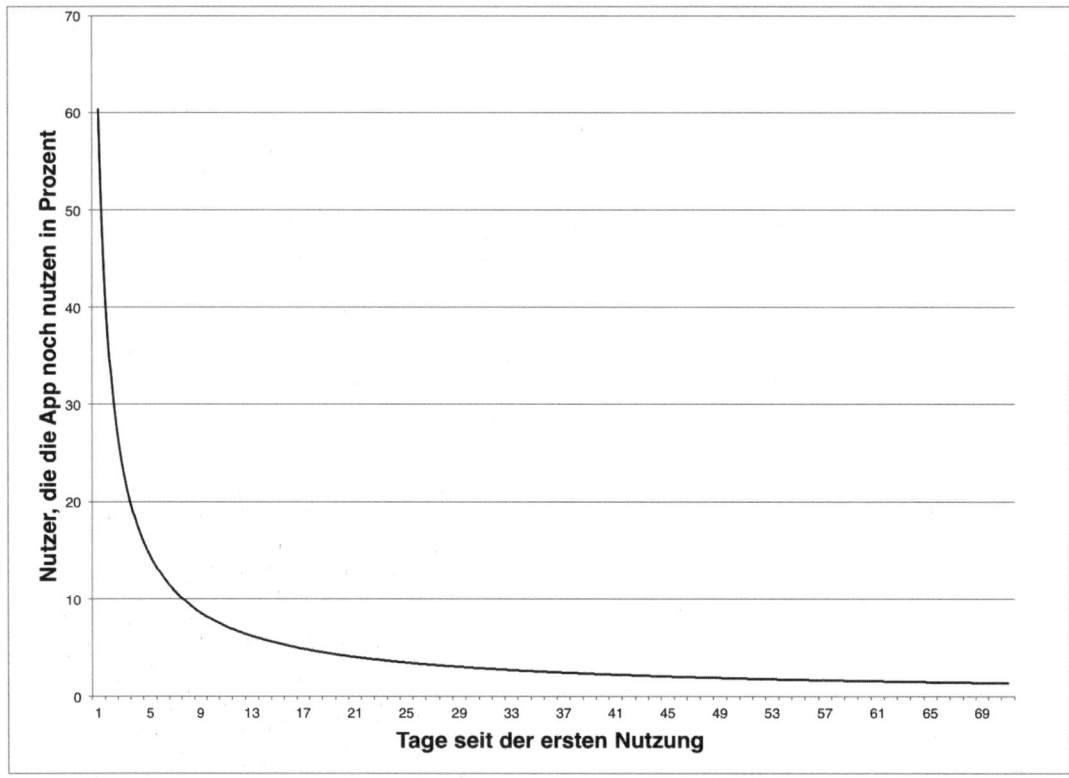

BILD 7.13 Das Sinken der Nutzung von Apps lässt sich mit einer Potenzfunktion beschreiben. Schon wenige Tage nach der ersten Nutzung werfen die meisten Nutzer die App nicht mehr an. Doch eine treue Basis ist auch noch Monate nach der Installation aktiv. (Grafik: Mayerhofer, berechnet basierend auf Daten von Pinch Media, 2009)

- **Mundpropaganda** ist der Werbekanal, dem die Nutzer am meisten vertrauen. Kein Wunder: Denn hinter der Empfehlung durch einen Freund steckt kein finanzielles Interesse, im Vergleich zu fast allen anderen Fällen, in denen einem eine App empfohlen wird. Ihre Fans reden über Ihre App, offline wie online. Ehrliche positive Kommentare auf Facebook oder Twitter bedeuten bare Münze für die App-Entwickler.

- Der Einsatz Ihrer Fans muss aber nicht im eigenen Umfeld enden. User, die Ihre App lieben, freuen sich, andere von ihren Vorzügen zu überzeugen. Klar, dass eine der ersten Stationen dazu die **Bewertungsplattformen der App-Stores** selbst sind. Engagierte Fans geben Ihnen vielleicht zusätzlich hervorragende Bewertungen in anderen Bewertungsplattformen wie Chomp.

- Treue Nutzer machen sich nicht nur bezahlt, wenn es darum geht, mit neuen Kunden Geld zu verdienen. Durch Folgetitel und In-App-Purchases können Sie auch die **Portemonnaies der bestehenden Nutzer noch einmal anzapfen.** Fans werden in der ersten Reihe stehen, wenn Sie neue Downloads anbieten. Bedenken Sie auch, dass treue Kunden vielleicht im Lauf der Zeit ein Vielfaches des App-Preises bezahlen, wenn Sie es geschickt anstellen. Später im Buch gebe ich zu diesem Thema noch einige weiterführende Tipps.

Wie Sie glückliche Nutzer bekommen.

Wahrscheinlich hatten Sie auch ohne diese Argumente geplant, Ihre Nutzer zufriedenzustellen. Jetzt, wo Sie über die Vorteile von glücklichen Kunden Bescheid wissen, sind Sie aber mehr denn je bestrebt, die Nutzer zu erfreuen. Folgende Grundregeln sollten Sie befolgen, damit Ihre Kunden glücklich werden und bleiben.

- Eines ist klar: **Eine schlechte App findet keine zufriedenen Nutzer.** Fans entstehen durch Apps mit innovativen Funktionen und Ideen. Hier macht es sich auch bezahlt, dass Sie vorher so viel in Ihre USP investiert haben. Je stärker Sie sich von der Konkurrenz differenzieren, desto größer die Identifikation der Fans mit Ihrer App.

- **Versprechen Sie in Ihrer Beschreibung nicht mehr, als Ihre App hält.** Wichtig ist auch, dass Sie häufige Missverständnisse erkennen und in Ihrem Text gut sichtbar darauf hinweisen. Sie wissen ja, dass die meisten Kunden Ihre Beschreibungstexte bestenfalls überfliegen. Nicht selten kommt es daher vor, dass Ihre Screenshots falsch interpretiert werden und die Kunden eine völlig andere App erwarten. Bauen Sie Ihr Unternehmen nicht auf verirrte Nutzer auf, die Ihnen mit schlechten Bewertungen das Geschäft verderben können.

- Apps sind für Nutzer oft **unverständlich.** Nach einem Monat zählen im Schnitt nur noch drei Prozent der Kunden zu den aktiven Nutzern. Die restlichen Apps haben entweder kein echtes Bedürfnis bei den Kunden befriedigt, oder ihr User Interface war so schlecht, dass die Nutzer schnell aufgegeben haben. Vergraulen Sie Ihre Nutzer nicht durch Apps, die ein Handbuch benötigen. Denn Handbücher gibt es in der App-Store-Ökonomie nicht mehr.

- Liefern Sie **regelmäßig Updates** für Ihre Apps aus. Dass Sie gemeldete Bugs sofort beheben, versteht sich von selbst. Doch auch wenn es gerade keine Fehler zu bearbeiten gibt, sollten Sie Ihre App weiterentwickeln und die bestehenden Nutzer mit neuen Funktionen oder Inhalten erfreuen. Nicht alle Verbesserungen eignen sich für den Verkauf als In-App-Purchase. Betrachten Sie solche Updates manchmal auch als Treue-Geschenk an Ihre Fans.

Updates zeigen außerdem neuen Nutzern, dass Ihre App immer noch weiterentwickelt wird. Wenn Sie in Ihrem App-Store eine App entdecken, die ihr letztes Update vor zwei Jahren erhalten hat, müssen Sie sich ernsthaft fragen, ob Sie noch technischen Support erwarten dürfen oder ob der Entwickler sich längst nach Südamerika abgesetzt hat.

- Bieten Sie **erstklassigen Support** für Ihre App an. Antworten Sie auf jede Support-E-Mail, die Sie bekommen, innerhalb von 24 Stunden. Wenn Sie es einmal nicht schaffen, alle Anfragen in diesem Zeitraum abzuarbeiten, senden Sie eine standardisierte Entschuldigung an die Nutzer, dass sich die Beantwortung noch verzögern wird. Wenn Sie zwei Wochen brauchen, um sich zu melden, haben die meisten Nutzer längst das Interesse verloren. Bleiben Sie in Ihren Dialogen stets freundlich und höflich, auch wenn die Kunden Ihnen nicht mit Freundlichkeit begegnen. Beantworten Sie alle E-Mails, die Sie bekommen. Auch wenn es sich um Anfragen handelt, die Sie ablehnen müssen, wie Praktikums-Bewerbungen oder unmögliche Feature-Requests. Eine vorgefertigte Antwort (die sich nicht vorgefertigt anhört) muss Ihnen jede Anfrage wert sein.

- Laden Sie Ihre Nutzer dazu ein, Ihnen zu helfen. Bauen Sie einen Button zum **Teilen** der App in **sozialen Netzwerken** ein. Oder lassen Sie Ihre User innerhalb der App **Empfehlungs-E-Mails** versenden. Bewährt hat sich auch die Bitte nach Bewertung. Fragen Sie aber nicht schon beim ersten Start danach, sondern warten Sie, bis der Nutzer zum Fan wurde.

- **Sichern Sie sich langfristige Nutzer** durch Netzwerkeffekte, Lock-In und ständige Erweiterung. Ihre App kann zu der Sorte zählen, für die die abfallende Kurve aus Bild 7.13 nicht gültig ist. *WhatsApp* etwa behält seine Nutzer für lange Zeit, und je mehr Freunde dem Chat-Netzwerk beitreten, desto größer wird die Nutzungszeit pro User. Ohne Netzwerkeffekte, dafür mit häufigen Updates, konnte *Angry Birds* die Nutzer zum Spielen animieren. Rovio veröffentlicht regelmäßig Updates mit neuen „Kapiteln", die weitere Levels enthalten. Diese Updates waren zumindest bis jetzt immer kostenlos und lockten so die Spieler wieder zurück in die App.

■ 7.9 Fallstudie: Blocfall – Sinn und Unsinn von Werbung für Ads

Der Tech-Journalist Thomas Claburn wagte Ende 2010 den Schritt in den App-Store und veröffentlichte im Alleingang seine erste App *Blocfall*. Es handelt sich um ein einfaches Spiel mit einfacher Grafik (Bild 7.14).

Im Spiel fallen rote Quadrate vom Himmel. Durch Antippen schießen Sie die Blöcke wieder in die Höhe, um zu verhindern, dass sie den unteren Bildschirmrand berühren und verschwinden. Punkte bekommen Sie, wenn Sie das jeweils am höchsten fliegende Quadrat antippen und so zur Explosion bringen. Claburn sagt, das Spiel sei zwar einfach zu erlernen, aber schwer zu beherrschen.

Der App-Store-Neuling veröffentlichte das Spiel am 12. November 2010 für 0,99 Dollar. Gleich am nächsten Tag begann Claburn damit, die App zu verschenken, um den Preis dann einen weiteren Tag später wieder zu erhöhen (App Shopper, 2011). Laut App Annie (2011) hat sich die App dadurch kurzzeitig von Platz 640 auf Platz 346 der Arcade-Spiele im amerikanischen iTunes App Store vorgearbeitet. Doch schon am 15. November fehlte jede Spur von *Blocfall* in den Ranglisten. Von einem Launch-Buzz konnte also nicht die Rede sein.

BILD 7.14 Beschreibungsseite von *Blocfall* in iTunes Preview. (Screenshot: Mayerhofer)

Nachdem der Start keine nennenswerte Sichtbarkeit erzeugt hatte, musste Claburn seine Kommunikations-Aktivitäten in der Phase nach dem Launch intensivieren. Nach zwei Wochen im App-Store startete er einen weiteren Anlauf, die App für einen Tag kostenlos zu machen. Wieder kletterte die App für einen Tag aus dem Nirwana auf Rang 543 der Arcade-Spiele. Diese Platzierung ist für die Nutzer aber nicht sichtbar, und so verschwand die App so schnell aus den Ranglisten, wie sie gekommen war.

Nicht jede Strategie kann funktionieren, also versuchte Claburn danach, Nutzer mit Online-Werbung zu gewinnen (Claburn, 2011). Insgesamt 100 Dollar zahlte er an AdMob für eine Text-Kampagne auf iPhones. Die Anzeige wurde 324 960 Mal ausgeliefert und erzielte 2000 Klicks. Das bedeutet eine Klickrate von 0,62%. Tatsächliche Conversions erzielte Claburn aber nur zwei bis drei – ein Conversion-Tracking fand nicht statt.

Nach diesem mageren Ergebnis war das Thema AdMob für den Programmierer erledigt. Danach schaltete er eine Anzeige auf Facebook. Für einen Klick bot er 1,00 Dollar. Dieses Mal wurde die Anzeige 86 940 Mal ausgeliefert und nur 23 Mal angeklickt. Die Klick-Through-Rate lag also bei nur 0,027 % – allerdings haben Facebook-Kampagnen traditionell deutlich niedrigere Klickraten. Wenn Claburn mit 2000 Klicks nur drei Downloads erreicht, müssten es laut simpler Schlussrechnung bei 23 Klicks nur 0,0345 Downloads sein. Und genauso kam es auch. Die Kampagne resultierte in null Verkäufen. Immerhin musste Claburn im Schnitt nur 0,58 Dollar pro Klick zahlen, statt den gebotenen 1,00 Dollar.

Genug der CPC-Werbung, sagte sich der Developer und schaute sich nach einer Lösung um, bei der er nur für tatsächliche Installationen bezahlen würde. Bei Flurry AppCircle wurde er fündig und startete seine erste CPI-Kampagne. 250 Dollar war der Mindesteinsatz – genug, um eine Kampagne ausführlich zu testen. Für eine Installation bot der App-Unternehmer 1,30 Dollar. Gleichzeitig erhöhte er den App-Preis auf 1,99 Dollar. Nach Apples Anteil würden ihm 1,40 Dollar bleiben, ein Nettoerlös von 0,10 Dollar pro App. Die Kampagne erzeugte 26 510 Impressions, die zu 575 Klicks führten. 64 User klickten auf der Landing-Page noch einmal und landeten auf der Beschreibungs-Seite im App-Store. Von diesen kaufte allerdings nur einer auch wirklich die App. Auch diese Kampagne floppte also, nur war der finanzielle Schaden überschaubar. 1,30 Dollar musste Claburn für die eine Installation bezahlen.

Am 14. Dezember veröffentlichte Claburn eine kostenlose, werbefinanzierte Version von *Blocfall* (Bild 7.15). Mit dem Rest der eingezahlten 250 Dollar wollte er die neue Variante bewerben. Sein Gebot für die Kampagne lag bei 1 Dollar pro Installation und war bei 100 Dollar pro Tag gedeckelt. Am ersten Tag erzielte der Entwickler 3037 Installationen. Das entspricht Kosten von weniger als vier Cent pro Download. Der niedrige Preis war zu dieser Zeit von Flurry nicht vorgesehen: Die Erfolgsrate der Kampagne war so hoch, dass die Einblendungen nicht schnell genug abgeschaltet werden konnten. Später erreichte der Entwickler „nur" noch einen CPI von 0,13 Dollar.

BILD 7.15 Screenshot der werbefinanzierten Variante von *Blocfall*. (Screenshot: Mayerhofer)

Mit den bezahlten Installationen in den Segeln schaffte es *Blocfall free* in die Top 100 der Arcade-Spiele in 31 Ländern (App Annie, 2011). Leider hielt aber auch diese Werbeaktion nicht lange vor. Einige Tage nach der Flurry-Kampagne verschwand *Blocfall* wieder aus der Top-1000-Liste und wurde seitdem nicht mehr gesehen.

Fragen

1. Wie beurteilen Sie das Design von Icon und User Interface? Wie wirkt sich dies auf die Meinung der Käufer aus?
2. Wo sehen Sie die Gründe für die schwache Ausbeute der kurzfristigen Rabattaktionen?
3. Welche anderen Kommunikationsmittel hätten Sie Thomas Claburn empfohlen, bevor er mit kostenpflichtiger Werbung beginnt?
4. Berechnen Sie Klick-Through-Rate und Conversion-Rate und Kosten pro Conversion für alle Werbemöglichkeiten, die Claburn ausprobiert hat.
5. Welche Conversion-Rate hätte er in den einzelnen Kampagnen mindestens erzielen müssen, um kostendeckend zu arbeiten?
6. Claburn hat in seiner kostenlosen Version ein Werbebanner (Bild 7.15) während des Spiels, nicht aber im Menü eingeblendet. Warum ist dies wenig effektiv?

 Lessons Learned

Nach dem Verkaufsstart verlieren Sie bald Ihren Sichtbarkeitsbonus.

Die Kommunikations-Maßnahmen, die Sie zum Start unternommen haben, sollten Sie fortsetzen. Es gibt aber auch eine Reihe weiterer Möglichkeiten, die in Kapitel 6 noch nicht aufgetaucht sind.

Neben langfristigen Promotion-Aktivitäten lohnt es sich auch, die Werbung auf einen bestimmten Zeitraum zu konzentrieren.

Auch in der Zeit nach dem Start können Sie einen Buzz kreieren, etwa zur Veröffentlichung eines großen Updates. Durch die Konzentration der Sichtbarkeit bekommen Sie viele Downloads auf einmal, was Ihre Position in den Ranglisten verbessert. Durch positives Feedback hält der Effekt einer solchen Werbeaktion noch länger an.

Wenn Sie ein Update mit einem großen Buzz veröffentlichen wollen, sollten Sie genauso vorgehen wie bei der Veröffentlichung Ihrer App.

Nachdem Sie genau wie beim Launch Ihrer App auch beim Update die Aufmerksamkeit auf einen engen Zeitraum konzentrieren wollen, bleiben die Techniken dieselben. Zusätzlich können Sie die Kommunikationsmaßnahmen durch Ihre Erfahrungen und zusätzliche Marktforschungsdaten weiter optimieren.

Durch Cross-Promotion können Sie Apps mithilfe von Apps verkaufen.

Werbung in den eigenen Apps trifft genau die richtige Zielgruppe und kostet Sie keinen Cent. Auch durch den Tausch von Werbeeinblendungen mit anderen Entwicklern entstehen keine Kosten. Zusätzlich können Sie damit die Reichweite Ihrer Cross-Promotion drastisch erhöhen.

Mit Aktionspreisen vergrößern Sie schnell den Kundenkreis und verbessern Ihre Ranglistenposition.

Auch für einen Aktionspreis müssen Sie sich ins Zeug legen und zusätzliche Sichtbarkeit herstellen. Sonst verpufft der Werbeeffekt, und das Einzige, was Ihnen bleibt, ist eine umsatzschwache Periode.

Ohne Selbstvertrauen und perfekte Bewerbungsunterlagen gewinnen Sie keinen App-Award.

Auch, wenn Ihre App preisverdächtig ist, benötigen Sie diese Zutaten, um zu gewinnen. Und selbst wenn Sie leer ausgehen, kann ein solcher Wettbewerb Ihre Sichtbarkeit nachhaltig stärken. Damit die Chancen steigen, können Sie sich auch einen Nischen-Wettbewerb suchen.

Kostenlose Testversionen motivieren manche Nutzer dazu, Geld für eine Bezahl-App auszugeben.

„Lite"-Versionen fehlen Features. Wenn Sie die Nutzer mit Ihrer App überzeugen, werden sie aufgrund der eingeschränkten Funktionalität früher oder später die Vollversion kaufen.

Bezahlte Werbung ist einfach und riskant.

Für billige Apps rentiert sich Onlinewerbung oft nicht. Kalkulieren Sie knapp und wählen Sie ein Bezahlmodell, das Ihr Risiko minimiert. Am unsichersten ist die Bezahlung nach Einblendungen, auf der anderen Seite der Risikoskala steht die Bezahlung nach Installationen.

Statt Angst vor App-Piraterie zu haben, sollten Sie die Piraten als Werbeträger nutzen.

Freuen Sie sich über den Buzz, den die Software-Diebe für Sie schaffen. Später können Sie sie immer noch aussperren und möglicherweise zu zahlenden Kunden machen.

Treue Fans stärken die Sichtbarkeit Ihrer App und sorgen für hohe Nutzungszahlen.

Wenn Sie eine ausgezeichnete App ausliefern und immer nett zu Ihren Nutzern sind, können Sie begeisterte Anhänger gewinnen. Diese empfehlen Ihre App im Freundeskreis und im Internet. Sie stärken Ihre Ranglistenposition durch ihre hohe Nutzungshäufigkeit und bescheren Ihnen große Umsätze durch kostenpflichtige Erweiterungen.

8 Ratings und Reviews

Die persönliche Empfehlung ist das Schmiermittel im Getriebe vieler kleiner Betriebe. So mancher Hausarzt hätte wohl nicht bis kurz vor seinem Tod noch treue Patienten besucht, wenn er nicht gezwungen gewesen wäre: Er war so gefragt, weil er gut war und weil die Leute das wussten. Vom Bäcker, von der Nachbarin oder dem Arbeitskollegen. In der Zeit vor dem Internet war ein guter Ruf alles, und nichts durfte ihn zerstören. Denn dann konnte man darauf bauen, dass auch der Sohn, wenn er die Praxis einmal übernehmen würde, von dieser Reputation profitieren würde. Ein gemachtes Bett.

Daran hat sich nicht viel geändert – nur die Wege, die Empfehlungen heute nehmen, sind andere geworden. Wir verlassen uns heute meistens eher auf eine Masse von anonymen Online-Rezensionen als den einzelnen Tipp unserer Lieblingsbäckerin. Bewertungen im Internet sind für viele Menschen ausschlaggebend, wenn sie sich auf die Suche nach einem Zahnarzt oder einem Orthopäden machen. Und natürlich versuchen viele Ärzte, dieses System des Vertrauens zu unterwandern: Es ist eine kleine Agenturlandschaft darum entstanden, scheinbar seriöse Bewertungen über Ärzte in Foren und Bewertungsplattformen zu platzieren.

Aber nicht nur Dienstleister werden von uns einem ausgiebigen Check unterzogen, bevor wir uns in ihre Hände begeben: Kopfhörer, Bücher, sogar Spargelschäler – wenn sie negativ bewertet wurden, bestellen wir sie nicht. Bei Geschäften auf Distanz, wenn wir „die Katze im Sack kaufen", sind Rezensionen nämlich unsere einzige Sicherheit.

Darum unterschätzen Sie bitte nie die Macht der Bewertung im App-Store: So vernichtend eine einzige negative Rezension für Ihre Umsätze sein kann, so erfreulich wirken sich auch positive Bewertungen auf die Verkäufe aus. Doch aller Anfang ist schwer:

> „Als der Mac App Store zum ersten Mal seine Tore öffnete, hatten viele Apps Probleme, Rezensionen von Nutzern zu bekommen. Auch heute haben viele Apps noch keine Sterne-Bewertungen oder Rezensionen. Im testversionslosen Vakuum des App-Stores geben Rezensionen und Bewertungen potentiellen Kunden etwas, auf dem sie ihre Kaufentscheidung basieren lassen können. Nachdem Mathemagics für Mac genug Bewertungen erhalten hatte, dass die durchschnittliche Kundenbewertung angezeigt wird, kletterte die App zehn Ranglistenplätze nach oben und blieb dort. Ich führe dies zum Teil auf die positiven App-Store-Rezensionen und die Sterne-Bewertung zurück." (Crawford, 2011; übersetzt)

Was der Entwickler Shane Crawford hier in einem Blogpost beschreibt, bringt es auf den Punkt. In den App-Stores, in denen ein potenzieller Kunde möglicherweise nur Sekunden damit verbringt, den Sinn und die Qualität einer App abzuschätzen, sind sowohl Kundenbewertungen als auch Kundenrezensionen für eine Kaufentscheidung ausschlaggebend. Haben Sie jedoch keine Angst vor diesem Kundenfeedback, sondern nutzen Sie die Kraft der persönlichen Empfehlung: Tun Sie alles in Ihrer Macht Stehende, um Bewertungen zu erhalten, die sich positiv auf Ihre Verkäufe auswirken.

Anatomie einer Bewertung

Bevor Sie sich daran machen, die Nutzer dazu zu bringen, Rezensionen zu schreiben, die Ihnen gefallen, müssen Sie alles über Bewertungen und den Bewertungsprozess wissen. Im Folgenden lesen Sie eine App-Store-übergreifende Charakterisierung.

App-Nutzer können im Normalfall erst nachdem sie eine App erworben haben, Bewertungen und Rezensionen abgeben. Für die Nutzerbewertung legen die Juroren einen Wert zwischen eins und fünf fest, der in Sternen dargestellt wird (mit fünf Sternen als Bestnote). Die **Sterne-Bewertung** ist einfach und unkompliziert, da sie vom Bewertenden meist nur einen einzigen Klick verlangt. Gerade weil sie so simpel ist, hat sie im App-Store große Bedeutung. Nutzer sehen die durchschnittliche Kundenbewertung meist schon auf der Übersichtsseite. Eine Zahl ist für Computer leicht zu interpretieren. Je höher die Bewertung, desto besser die App. Daher lassen die App-Store-Verantwortlichen die durchschnittliche Bewertung in Rang- und Suchergebnis-Listen einfließen. Die Bewertung der App kann sich mitunter merklich auf die Positionierung in diesen Listen auswirken. In manchen App-Stores können die Nutzer ihre Suchergebnisse auch ausschließlich nach Bewertung sortieren oder gar filtern lassen. Eine schlecht bewertete App erscheint also bei manchen Nutzern vielleicht gar nicht, weil sie diese herausfiltern lassen.

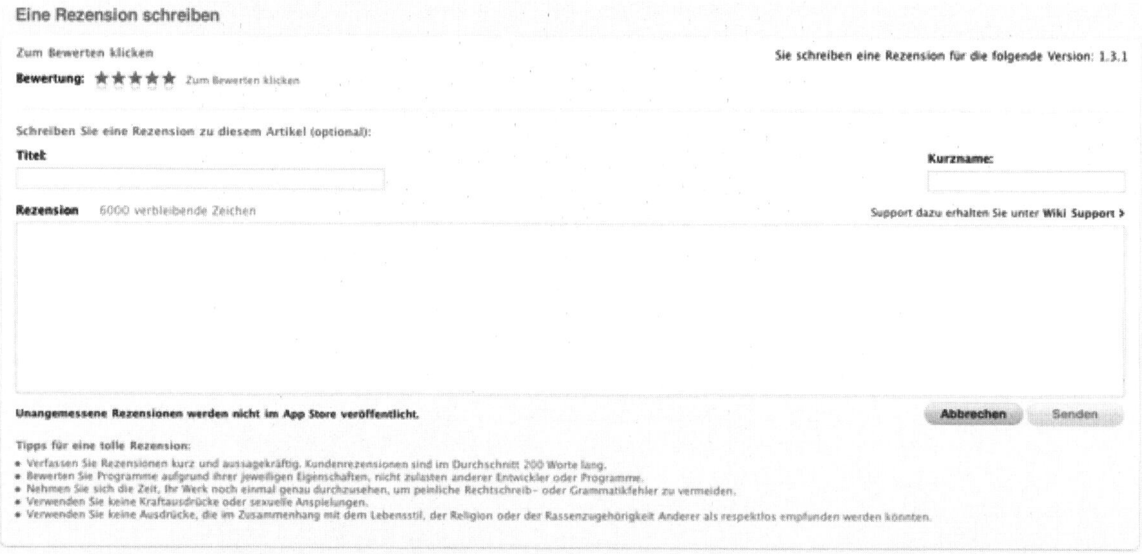

BILD 8.1 Das Bewertungsformular im Mac App Store. Elemente, die vom Bewertenden ausgefüllt werden, umfassen Sterne-Bewertung, Titel, Kurzname (Pseudonym) und Rezension. Im Formular finden sich außerdem ein Link zum Support-Angebot der App und Tipps für das Erstellen einer „tollen Rezension". (Screenshot: Mayerhofer)

Kunden-Rezensionen hingegen haben auch eine Text-Komponente. Üblicherweise geben die Nutzer zusätzlich zur Sternebewertung einen Titel und Textkörper an (Bild 8.1). Die Sterne-Bewertung wird wieder vom App-Store-Algorithmus aufgesaugt, mit dem Text kann er aber wenig anfangen. Durch die freie Textgestaltung finden Sie verschiedenste Typen von Rezensionen:

- Der Lobgesang: „Ein absolutes Must-Have!! Endlich ist es raus und das Warten hat ein Ende!"
- Der technische Defekt: „Die App funktioniert auf meinem X (Gerät) nicht mehr und stürzt seit dem Update nur noch ab."
- Der Sparefroh: „Die App ist echt richtig gut gemacht. Allerdings ist sie mit 2,99 Euro viel zu teuer."
- Der Lokalist: „Tolle App, aber leider verstehe ich kein Wort! Nur auf Englisch!!! Ein Stern."
- Der Konstruktive: „Die App ist schon recht gut. Feature XY würde ich aber gerne in der nächsten Version sehen."

Die meisten Bewertungen sind sehr kurz, und die Schreiber teilen in einem Satz mit, was sie in diesem Moment gerade über die App denken. Daher ist der Informationsgehalt für potenzielle Kunden oft sehr gering. Sehen Sie sich als Beispiel die Rezensionen von einigen Apps an und zählen Sie, wie viele Rezensionen Sie lesen müssen, bis die erste informative auftaucht. Bei den meisten Apps überwiegen Beschwerden über technische Probleme. Die Bereitschaft der Nutzer, bei Fehlfunktionen Kontakt mit den Entwicklern aufzunehmen, ist leider sehr gering. Umso ernster sollten Sie jede Meldung eines Bugs nehmen. Wahrscheinlich leiden weitaus mehr Nutzer unter dem Problem, die sich im Stillen ärgern.

Die Präsentation der Bewertungen im App-Store

Genau so, wie sie auch abgefragt werden, präsentieren die meisten App-Stores die gesammelten Bewertungen und Rezensionen. Zunächst wird die Sterne-Bewertung gezeigt, oft mit einem übersichtlichen Balkendiagramm (Bild 8.2). So wird für die Nutzer schnell ersichtlich, ob die Drei-Sterne-Bewertung daher kommt, dass es sich um eine durchschnittliche App handelt, oder ob ganz einfach die Meinungen der Bewertenden weit auseinanderklaffen. Oft können die einzelnen Bewertungsstufen angeklickt werden. So kann sich der potenzielle Käufer etwa ausschließlich Vier-Sterne-Bewertungen anzeigen lassen.

Nach den Sterne-Bewertungen folgt üblicherweise der Bereich der Rezensionen. Diese können von den Lesern als hilfreich oder wenig hilfreich gekennzeichnet werden. Diese Markierung wird unter anderem dazu genutzt, die hilfreichsten Bewertungen zuerst anzuzeigen. Meist können die Rezensionen aber auch nach anderen Kriterien wie Datum oder Bewertung angezeigt werden.

Für Entwickler besonders wichtig ist die Darstellung der Bewertungen und Rezensionen, getrennt nach Versionen. Sonst kann es passieren, dass in Rezensionen über Bugs gesprochen wird, die inzwischen längst behoben wurden. Nachdem die Nutzer-Rezensionen meist nicht bearbeitet oder kommentiert werden können, stehen so irrelevante Kritiken im Raum, die den Ruf Ihrer App schädigen. Leider ist die Sortierung nach Versionsnummer noch nicht in allen App-Stores implementiert.

BILD 8.2 Die Bewertungsbox im Android Market. Balkendiagramm und durchschnittliche Bewertung zeigen die Zahl der Bewertungen an. Es folgen die drei hilfreichsten Rezensionen. (Screenshot: Mayerhofer)

Während Rezensionen nach automatischer Prüfung normalerweise sofort erscheinen, werden Sterne-Bewertungen gesammelt, bis sich ein sinnvoller Durchschnittswert berechnen lässt. Bei Apple müssen beispielsweise mindestens fünf Bewertungen vorliegen. Bei Apple werden die Bewertungen und Rezensionen übrigens auch streng nach Ländern getrennt. Die meisten anderen App-Stores machen diese Unterscheidung nicht.

Die Möglichkeiten der Beeinflussung und Interaktion sind in allen App-Stores derzeit noch nicht existent. Wenn ein Nutzer sich über einen Fehler beschwert, der eigentlich nur auf einem Missverständnis beruht, haben Sie keine Möglichkeit, ihn zu kontaktieren.

■ 8.1 Wie wichtig sind Bewertungen wirklich?

Die Antwort auf diese Frage ist wie so oft wenig hilfreich: Es kommt darauf an. Wenn Sie sich die Topseller in einem App-Store ansehen, finden Sie sicher die ein oder andere App, die es trotz schlechter Bewertungen ganz nach oben geschafft hat. Es gibt Nutzer, die gar nicht auf Bewertungen achten, der Großteil der Kunden tut es aber. Gerade in umkämpften Marktsegmenten entscheiden sich die User oft für den besser bewerteten Anbieter. Haben Sie stattdessen das Monopol auf Ihren App-Typ, sinkt der Einfluss der Bewertungen. Auch wenn manche stärker betroffen sind als andere, jede App profitiert von positiven Bewertungen. Als integriertes Kommunikationsmittel haben Bewertungen und Rezensionen eine enorme Reichweite.

Nicht nur die durchschnittliche Bewertung ist für die Nutzer wichtig. John McAteer, Head of Retail bei Google, kümmert sich unter anderem um shopping.google.com und weiß einiges über die Rolle von Nutzerbewertungen. Die Zahl der Bewertungen hat einen viel größeren Einfluss als die Bewertungen selbst. Einstellige Zahlen beeinflussen die Einkäufe kaum. Erst wenn die Bewertungen eine zweistellige Zahl erreichen, können die Kunden beruhigt ihre Kaufentscheidung treffen (The Economist, 2009).

McAteer hat noch einen weiteren Tipp: Produkte mit perfekten Bewertungen rufen Misstrauen hervor. Ein paar schlechte Reviews unter die guten gemischt, würden Wunder wirken. Gerade genug Kritik, um zu bestätigen, dass das Produkt nicht perfekt sein kann. Das mache die Empfehlung einer App deutlich glaubwürdiger bei den potenziellen Kunden.

■ 8.2 Aktives Bewertungsmanagement

Schön und gut zu wissen, welche Bewertungen wichtig sind. Als Entwickler können Sie ja ohnehin keinen Einfluss auf den Bewertungsprozess nehmen, oder? Die App-Store-Betreiber machen es Ihnen zumindest nicht leicht. Das hat natürlich gute Gründe. Wenn die Entwickler die Bewertenden beeinflussen könnten, wären die Bewertungen schnell nicht mehr besonders vertrauenswürdig. Einige Möglichkeiten haben Sie aber trotzdem, die Situation Ihrer Bewertungen zu beeinflussen.

1. Die Einzigen, die Ihre App bewerten können, sind ihre Nutzer. Sobald die Nutzer mit Ihrer App interagieren, haben Sie die Chance, einzugreifen und sie aufzufordern, eine Bewertung abzugeben. Möglichkeiten **zur Interaktion mit den Nutzern** haben wir an mehreren Stellen im Buch bereits angeschnitten. So können Sie etwa einen Nachrichten-Bereich einrichten, einen „Bewerten"-Button in einem Untermenü vorbereiten oder den Nutzer nach einer bestimmten Zeit per Pop-Up zur Bewertung auffordern. Transportieren Sie die Nutzer dann direkt auf die Bewertungsseite. Nutzer sind bequem, das haben Sie inzwischen gelernt. Wenn Sie sie nicht bis zum Bewertungsformular begleiten, driften sie auf dem Weg dorthin vielleicht ab.

2. Überhaupt Bewertungen zu bekommen ist ein wichtiger Schritt. Ebenso wichtig ist es aber, dass die **Bewertungen positiv** ausfallen. Daher sollten Sie Strategien verfolgen, nur die zufriedenen Nutzer nach einer Bewertung zu fragen. Die erste Gruppe von Nutzern, die Sie meiden sollten, sind Neulinge der App. Nicht alle neuen Nutzer werden Sie schlecht bewerten, aber wer Ihre App schon seit längerer Zeit nutzt, ist tendenziell zufriedener mit der Leistung, die Sie erbringen. Wenn Sie Ihre Nutzer also per Pop-Up nach einer Bewertung fragen, warten Sie einige Zeit ab. Nutzen Sie das Pop-Up auch nur einmal und bedrängen Sie die Nutzer nicht, wenn sie Ihre App nicht bewerten wollen. Gibt es Stellen in Ihrer App, an denen User tendenziell besser gelaunt sind? Etwa am Ende eines schwierigen Levels? Dann gratulieren Sie dem Spieler doch zu seiner Leistung und fragen Sie gleichzeitig nach einer Bewertung.

3. Der Entwickler Santiago Lema (2011) hat die Technik perfektioniert, indem er **positive und negative Rückmeldungen voneinander trennt.** Statt die Nutzer um eine Bewertung zu bitten, fragt er, wie ihnen die App gefällt (Bild 8.3). Nutzer können entweder auf „Mir gefällt diese App!" klicken, oder sie wählen: „Es gibt ein Problem…" Melden die Nutzer ein Problem, werden sie selbstverständlich nicht auf die Bewertungsseite geschickt, sondern füllen einen Fehlerbericht aus und bekommen umgehend Feedback. Gefällt den Usern die App, bedankt sich Lema und bittet um Unterstützung. Neben der Umleitung zur Bewertungsseite können die Nutzer auch auswählen, die App im Freundeskreis bekannt zu machen. Der Grundsatz von Lemas Strategie lautet: Lass dich öffentlich loben und im Geheimen beschimpfen.

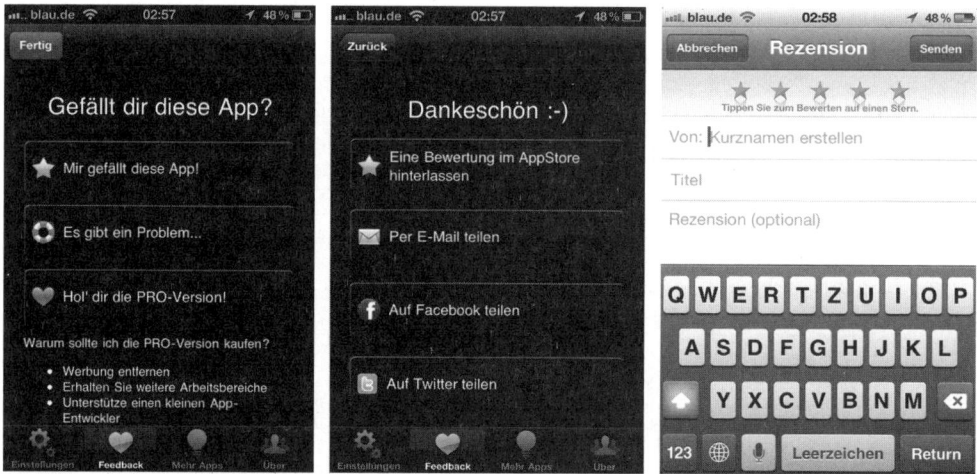

BILD 8.3 Der mehrstufige Bewertungs-Prozess in Lemas App *Rechner HD+*. (Screenshots: Mayerhofer)

4. Lema weiß, wie man mit Bewertungen umgeht. Neben seinem ausgeklügelten System, das Feedback aufzuteilen, kennt er auch die **Wichtigkeit der Sprache.** Wenn Sie Ihre Nutzer nach ihren Gefühlen zu Ihrer App fragen, machen Sie es lieber nicht in einer Sprache, die sie nicht verstehen (Lema, 2011). Alle Feedback-Seiten des Schweizers sind perfekt lokalisiert.

5. Sie werden sicher schon einmal darüber nachgedacht haben: Sind die Reviews in den App-Stores alle echt? Viele Entwickler wollten ihr Glück nicht in die Hände knallharter Nutzer

legen und haben ihre **Apps selbst bewertet.** Im kleinen Maßstab fällt so etwas nicht auf und würde keine Wellen schlagen. Aber die Entwickler waren gierig, und so gibt es viele unrühmliche Geschichten wie die von Reverb Communications:

Mitte 2009 wurde TechCrunch (Biyani, 2009) ein Dokument zugespielt, in dem die PR-Firma Reverb Communications für „Interne Nutzerbewertungen" warb. Darin wurde genau erklärt, wie das Unternehmen mit einem Team von Praktikanten gezielt App-Stores und Internetforen infiltrierte. Das Unternehmen bot positive Bewertungen im großen Stil zum Verkauf an. Dass dies bei den Journalisten von TechCrunch nicht gut ankam, ist nicht überraschend. Die Berichterstattung war vernichtend und schlug in Blogs noch weitere Wellen. Ein Glück für die betroffenen Entwickler, dass sie als Gruppe angeprangert wurden und die Möglichkeit hatten, die Schuld auf die PR-Firma zu schieben. Falls Ihnen ein solches Presse-Desaster passiert und es allein in Ihrer Verantwortung liegt, könnte es drastischer enden.

Aus genau diesem Grund rate ich Ihnen dringend davon ab, Bewertungen zu fälschen. Die meisten Entwickler fliegen damit über kurz oder lang auf und müssen danach dafür geradestehen.

6. **Lesen Sie die Rezensionen Ihrer Apps regelmäßig.** Die Tatsache, dass Reviews wie in Stein gemeißelt wirken, bringt viele Entwickler dazu, sich nicht intensiv genug mit ihnen auseinanderzusetzen. Auch wenn Sie die Bewertungen wahrscheinlich nicht ändern können, werden Sie mit den gesammelten Informationen in Zukunft schneller auf Probleme reagieren können. Außerdem bekommen Sie mit der Zeit einen sechsten Sinn für die potenziellen Beschwerden der Nutzer.

7. Entwickler haben bereits eine große Zahl an Techniken ausprobiert, um **auf Rezensionen zu reagieren.** Mit dem Account eines Freundes eine Rezension als Antwort zu verfassen zählt genauso zu den Methoden, wie E-Mail-Adressen aus den Zahlungsdaten zu extrahieren. Diese beiden Methoden sind leider etwas fragwürdig und werfen kein gutes Licht auf Sie. Weniger effektiv, dafür aber auch weniger umstritten ist die Kommunikation durch den Nachrichtenbereich in der App oder Kommentar im Beschreibungstext. Leider werden solche Antworten von den betreffenden Nutzern oft nicht gesehen.

◼ 8.3 Das Problem der Niedrigpreis-Bewertung

Der Preis ist oft ein wunder Punkt für viele Rezensenten, und er wird gerne erwähnt. Tatsächlich gibt es Fälle, in denen ein zu hoher Preis (oder einer, der als zu hoch empfunden wird) zu negativen Bewertungen und Rezensionen führt. Überraschenderweise ist es jedoch meistens umgekehrt: Billig bedeutet böse Bewertungen. Mehrere Autoren (Wooldridge & Schneider, 2010; Hughes, 2010) sprechen von einer direkten Korrelation zwischen niedrigem Preis und schlechter durchschnittlicher Kundenbewertung.

Kostenlose Apps werden oft ohne Abwägungsprozess heruntergeladen und installiert. Kein Wunder, das klarste Bild von einer App bekommt man immer, indem man sie einfach ausprobiert. Dadurch installieren viele User Apps, die eigentlich gar nicht das bieten, was sie suchen.

Verärgert über die Zeit, die sie mit der unnützen App verplempert haben, bewerten diese Nutzer die App mit einem Stern und verabschieden sich. Je niedriger der Preis, desto höher ist die Wahrscheinlichkeit, dass die Installation ohne ausführliche Recherche erfolgte. Eine verhältnismäßig teure App installieren die wenigsten, ohne sich vorher umfassend zu informieren.

 Glücklicherweise Vergangenheit: Die Lösch-Bewertung von Apple

Lange Zeit fragte Apple nach dem Löschen einer App auf dem Gerät direkt in einem Dialog nach einer Sterne-Bewertung. Unbeliebte und versehentlich installierte Apps werden besonders oft gelöscht und durch dieses System prompt mit einer schlechten Bewertung abgestraft. Währenddessen erhielten Apps, die dem Nutzer gefallen, weniger Bewertungen, denn die wurden ja nicht gelöscht. Diese Vorgehensweise bescherte vielen Apps extrem schlechte Bewertungen und wurde inzwischen glücklicherweise entfernt.

Es gibt noch einen zweiten Grund, aus dem teurere Apps tendenziell bessere Bewertungen bekommen. Sie hat mit den psychologischen Abläufen zu tun, die wir nach jedem Kauf durchmachen: Nachdem wir die Kaufentscheidung getroffen haben, suchen wir nach Bestätigung und Gründen, warum die Wahl richtig war. Manche Menschen müssen also einen Kauf vor sich selbst rechtfertigen, indem sie sich einreden, die App wäre besser, als sie es tatsächlich ist. Diese Nutzer stellen in ihren Rezensionen gerne einzelne Funktionen heraus, die ihnen besonders gefallen. Dass sie im Großen und Ganzen nicht besonders gut mit Ihrer App zurechtkommen, können diese Nutzer sich nicht einmal selbst eingestehen.

Ändern können Sie an der Veränderung der Bewertungstendenz wieder einmal nichts. Nun, da Sie darüber Bescheid wissen, können Sie diese Information aber in Ihre Preisfindung einbeziehen. Sie wissen, dass das Bewertungsmanagement gerade bei den günstigen Apps in Ihrem Portfolio mehr Aufmerksamkeit benötigt. Und was besonders wichtig ist: Sie müssen es nicht persönlich nehmen, wenn Ihre kostenlosen Apps schlechter bewertet werden als die kostenpflichtigen.

8.4 Fallstudie: The Wall Street Journal – Bewertungs-Albtraum durch schlechtes User Interface

Das Wall Street Journal (WSJ), eine englischsprachige Tageszeitung, die hauptsächlich über internationale Wirtschafts- und Finanzthemen berichtet, ist ein Paid-Content-Pionier. Während die meisten Tageszeitungen ihre Inhalte kostenlos auf Websites zur Verfügung stellen und durch Werbeeinnahmen mehr schlecht als recht finanzieren, hat das WSJ mehr als eine Million zahlende Online-Leser. Das Abonnement der Online-Version kostet in den USA 119

Dollar pro Jahr. Wer schon ein Abo der Printversion hat, zahlt immer noch 49 Dollar pro Jahr, um auch an die Inhalte der Website zu kommen. Die Zeitung versteht sich als Premium-Produkt und verlangt auch entsprechende Preise. Immerhin liegt das durchschnittliche Jahreseinkommen der Leser bei 191 000 Dollar (Biyani, 2009).

Seit April 2009 bietet der Verlag der Zeitung, Dow Jones & Company, eine iPhone-App an: The Wall Street Journal – Mobile. Die App selbst ist kostenlos, allerdings muss sich der Nutzer gleich beim Start registrieren, um Zugriff auf Inhalte zu bekommen. Hier beginnt das Chaos. Alleine um diese Zeilen zu schreiben, musste ich mich stundenlang durch das Kleingedruckte wühlen.

Nach der Registrierung haben die Leser kostenlosen Zugang zu ausgewählten Inhalten. Wer vollen Inhalt will, zahlt 2 Dollar pro Woche. Bestehende Print- UND Online-Abonnenten bekommen kostenlosen Zugang zur iPhone-App. Wer nur einen der beiden Kanäle abonniert hat, bezahlt 1 Dollar pro Woche. Verglichen mit anderen Medien greift das WSJ ganz schön tief in die Taschen der Leser. Kunden aus Europa haben es etwas besser und auf jeden Fall auch einfacher. In Bild 8.4 sehen Sie die Angebote für Deutschland. Wer 1,50 Euro für Online-Inhalte bezahlt, bekommt den iPhone-Zugang kostenlos dazu.

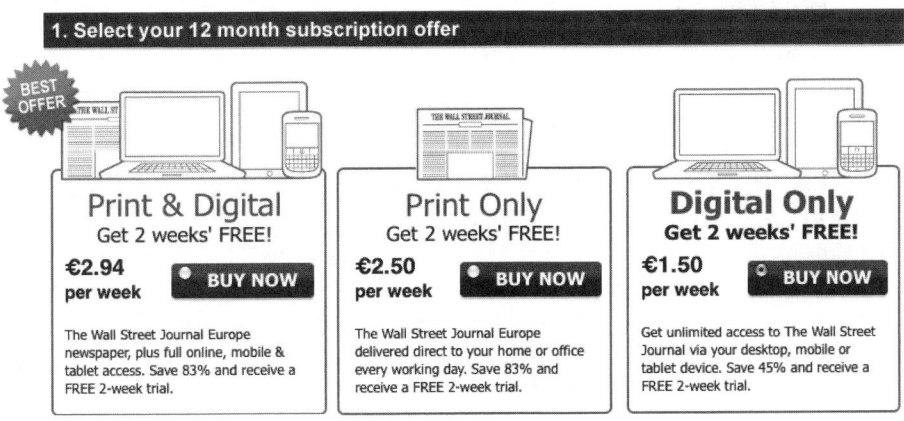

BILD 8.4 Die drei Abonnement-Varianten für Leser von The Wall Street Journal Europe. (Screenshot: Mayerhofer)

Als wäre diese relativ umständliche Preispolitik nicht schon genug, schafft es Dow Jones & Company, die Nutzer in der iPhone-App endgültig zu verwirren. Nutzer werden eingeladen, sich zu registrieren oder gleich ein Abo abzuschließen (Bild 8.5). Tippt man auf „Subscribe Now", wird man direkt in den Browser weitergeleitet, um die Formalitäten zu erledigen. Kein Wort über die Vorteile des Abos, keine Informationen darüber, dass Abonnenten kostenlosen oder zumindest günstigeren Zugang bekommen können. Über diese Tatsache stolpern die Nutzer dann im Bestellprozess. Aber so weit werden die meisten nicht mehr klicken. Bis dahin haben sie die App längst deinstalliert und schlecht bewertet.

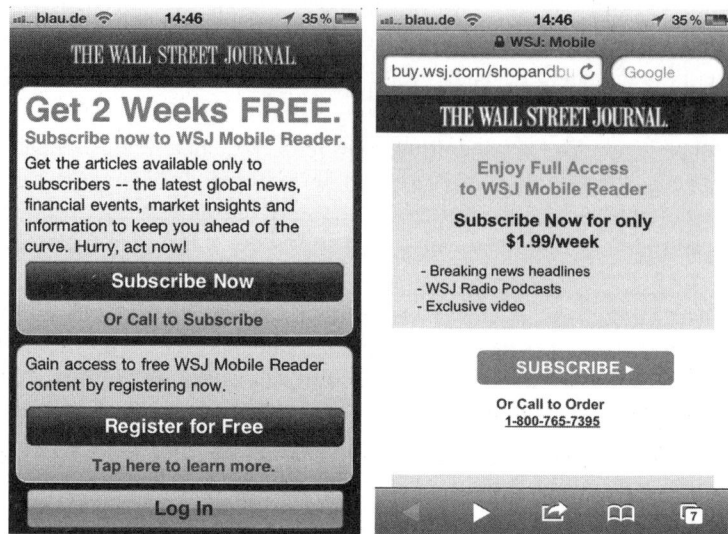

BILD 8.5 Links sehen Sie den ersten Bildschirm der App. Tippen auf „Subscribe Now" öffnet den Browser und startet den Bestellprozess rechts. (Screenshots: Mayerhofer)

Die iPhone-App des WSJ hat im US App Store über 70 000 Bewertungen mit einem Durchschnitt von nur zwei Sternen. Nutzer beschweren sich in Rezensionen, doppelt zur Kasse gebeten zu werden, und sagen, dass sie sich lieber die Browserversion statt der App angucken. Diese ist nämlich im Web-Abo inbegriffen. Bestehende Abonnenten fühlen sich betrogen und hinterlassen in ihrer Wut Bewertungen mit nur einem Stern. Dabei haben viele einen kostenlosen Zugang und wissen es nur nicht. Die zahlenden Nutzer stören sich außerdem daran, dass innerhalb der App Werbung angezeigt wird. Es sind harte Zeiten für Verleger. Internetnutzer haben sich daran gewöhnt, Inhalte kostenlos zu bekommen. In der Printausgabe des WSJ findet sich auch Werbung, dort stört sie die Leser nicht.

Die Auswirkungen einer so schlecht bewerteten App sind nicht zu unterschätzen. Als innovative Publikation braucht man ein App-Portfolio, das den Nutzern gefällt. Schlecht bewertete Apps sind meist ein Indiz dafür, dass ein Unternehmen das digitale Business nicht verstanden hat. Auch App-Käufer werden sicherlich durch die extrem schlechte Bewertung abgeschreckt.

Fragen

1. Welchen Notfallplan würden Sie Dow Jones empfehlen, um die Reputation schnell zu stabilisieren?

2. Ist es möglich, dass die Bewertungen für den Erfolg von *Wall Street Journal – Mobile* von untergeordneter Bedeutung sein könnten?

3. Diskutieren Sie, wie sinnvoll eine Schutzgebühr auf die App sein könnte.

4. Welche Möglichkeiten hat Dow Jones, aktives Bewertungsmanagement zu betreiben?

Lessons Learned

Kunden entscheiden binnen Sekunden, ob Ihre App ihr Geld wert ist.

Kundenbewertungen und Rezensionen sind im App-Store die einzigen Informations-quellen, die nicht vom Entwickler stammen. Daher sind sie ein wichtiges Entschei-dungsinstrument für die Kunden.

Die Sterne-Bewertung ist die einfachste und unüberlegteste Form der Bewertung.

Nutzer benötigen zum Abgeben dieser Bewertung nur einen Klick. Die Sterne-Bewertung ist eine einzelne Durchschnittszahl und daher von Computern interpre-tierbar. Sie wirkt sich nicht nur auf Ihren Ruf aus, sondern auch auf die Platzierung in Rang- und Suchergebnislisten.

Die Kunden-Rezension besteht aus einem kurzen Text und beinhaltet daher wertvolle Zusatzinformationen.

Die zusätzlichen Informationen nützen nicht nur den anderen Kunden, sondern können auch von Ihnen ausgewertet werden. Während Sie bei der Sterne-Bewer-tung über die Motive der Bewertenden nur mutmaßen können, werden hier konkrete Gründe angeführt.

Nicht nur die durchschnittliche Bewertung selbst ist für die Kunden wichtig.

Potenzielle Kunden bevorzugen Produkte mit vielen Bewertungen und werden bei Apps mit perfekten Bewertungen skeptisch.

Gefälschte Bewertungen fliegen auf und ruinieren Ihren Ruf.

Es gibt zahlreiche Beispiele von Entwicklern, die mit selbstgeschriebenen Rezen-sionen auf die Nase gefallen sind. Meist ist es ein Leichtes, unehrliche Bewertungen zu erkennen.

Apps mit niedrigeren Preisen erhalten im Durchschnitt schlechtere Bewertungen.

Speziell kostenlose Apps werden oft einfach heruntergeladen, um sie auszupro-bieren. Durch den niedrigen Preis sinkt der wahrgenommene Wert, und durch die fehlende Recherche erwarten User oft eine völlig andere Funktionalität von einer App. Die daraus resultierende negative Meinung schlägt sich oft in Bewertungen im App-Store nieder.

9 Der Preis ist heiß

I am rich
I deserv[e] it
I am good,
healthy &
successful

So viel Selbstvertrauen kann man nicht kaufen? Und ob: Erinnern Sie sich an *I Am Rich*? Falls Sie 2008 noch hinter dem App-Store-Mond gelebt haben, fasse ich die Geschichte kurz zusammen: Der Entwickler Armin Heinrich aus Salzgitter veröffentlichte am 5. August 2008, also knapp einen Monat nach Eröffnung des iTunes App Stores, die App *I Am Rich*. Wer die App startete, dem erstrahlte ein glühend roter Diamant (Bild 9.1). Klickte der Nutzer auf den einzigen Button, erschien das oben zitierte Mantra in großen Buchstaben. Das war alles.

BILD 9.1 Screenshot von *I Am Rich* im iTunes App Store. (Screenshot: Mayerhofer)

Diese simple App war geradezu unanständig teuer: 999 Dollar und 99 Cent wollte Heinrich dafür. Das ist der Höchstbetrag, den Apple für eine App erlaubt. Statt sich dieses Stückchen App-Ironie zu leisten, könnte man sich auch zehn Zigarren mit je einem Hundert-Dollar-Schein anzünden. Heinrich hat das Bedürfnis einer sehr speziellen Kundschaft im Beschreibungstext seiner App auf den Punkt getroffen:

> „Das rote Icon auf deinem iPhone oder iPod Touch erinnert dich (und andere, wenn du es ihnen zeigst) immer daran, dass du es dir leisten konntest. Es ist ein Kunstwerk mit keinerlei versteckten Funktionen." (übersetzt)

Für den Entwickler war die App jedoch ein Gag, eine Provokation. Er rechnete nicht damit, dass sie tatsächlich jemand kaufen würde (Ochmann, 2008). Aber da unterschätzte er den

Hunger einiger Menschen nach neuen Statussymbolen. Insgesamt acht Mal ging die App über die virtuelle Ladentheke. Zweimal verlangten die Käufer ihr Geld zurück. Die anderen sechs waren zufriedene Kunden, die Armin Heinrich nach Abzug von Apples Anteil immerhin knapp 3000 Euro einbrachten. Nachdem *I Am Rich* über Nacht enorme Medienaufmerksamkeit erlangt hatte, beförderte Apple sie kommentarlos aus dem Store. Wahrscheinlich wollte Apple negative Presse verhindern, denn die Medien waren schon im Begriff, einen Skandal aus der „Abzocke-App" zu machen (sie hatten Heinrichs Kunst wohl missverstanden). Gegen konkrete App-Store-Regeln verstieß *I Am Rich* jedenfalls nicht.

Mit Heinrichs Idee können Sie heute sicher kein Geld mehr verdienen, sie wurde schon unzählige Male kopiert. Aber das Beispiel von *I Am Rich* hilft uns, eine wichtige Überlegung der Preispolitik zu verdeutlichen: Es ist egal, ob Sie eine App für tausend Euro verkaufen oder tausend Apps für einen Euro – Sie verdienen gleich viel. Ziel der Preispolitik ist es, den Preis zu finden, zu dem Ihr Gesamtumsatz am höchsten ist, und das ist nicht automatisch der niedrigste.

Theorie

In diesem Kapitel verabschieden wir uns endgültig von der Kommunikationspolitik und wenden uns ganz dem gleichzeitig einfachen und komplizierten Thema Preispolitik zu. Nach all der harten Arbeit, die Werbung erfordert, werden Sie sich freuen, dass die Preispolitik mit viel weniger Mühen verbunden ist. Es geht vorrangig darum, die richtige Strategie zu finden: Nachdem Sie viel Kreativität und Gehirnschmalz in diese Entscheidung gesetzt haben, ist die Umsetzung ein Klacks.

Preis ist der einzige Teil des Marketing-Mix, der Geld einbringt – alle anderen Teile verursachen Kosten. Der Preis ist außerdem die Komponente, die am einfachsten zu verändern ist: Beim Preis können Sie von heute auf morgen eine 180-Grad-Wende vollziehen, was Ihnen in der Produktpolitik kaum gelingen wird. Für die meisten App-Store-Anbieter ist der Preis aber vor allem eines: ein großes Rätsel. Den häufigsten Fehler, den die Entwickler machen, habe ich in diesem Buch schon mehrmals erwähnt: Sie senken ihre Preise viel zu schnell, um mehr Verkäufe zu erzielen. Und zwar oft auf einen Preis, der für sie langfristig nicht vertretbar ist. Stattdessen sollten Sie die potenziellen Kunden davon überzeugen, dass Ihre App einen höheren Preis rechtfertigt (Armstrong et al., 2009).

BILD 9.2 Preispolitik ist eine der Grundsäulen des Marketing-Mix. (Grafik: Mayerhofer)

Ziele der Preispolitik

Sehen Sie Preispolitik nicht isoliert. Neben dem Ziel der Gewinnmaximierung können Sie mit der richtigen Preispolitik auch weitere Ziele, wie beispielsweise die Verdrängung von Mitbewerbern, den Aufbau Ihres Markenimages oder die maximale Sichtbarkeit, verfolgen. Sehen wir uns die möglichen Zielsetzungen an einem konkreten Beispiel an.

Für eine fiktive App gelten folgende Marktdaten:

Preis	Verkaufte Apps pro Woche	Umsatz
€ 0,00	5000	€ 0
€ 0,79	1000	€ 790
€ 1,59	600	€ 954
€ 2,39	500	€ 1195
€ 2,99	350	€ 1047
€ 3,99	150	€ 599
€ 4,99	40	€ 200
€ 5,49	20	€ 110
€ 5,99	10	€ 60

Wollen Sie mit Ihrer App die **größtmögliche Sichtbarkeit** erreichen, ist es wohl am sinnvollsten, Sie stellen sie kostenlos zur Verfügung. In Bild 9.3 sehen Sie das Verkaufsvolumen grafisch dargestellt. Bei einem Preis von null Euro ist die Downloadrate verständlicherweise am größten und bietet daher mit hoher Wahrscheinlichkeit die beste Sichtbarkeit. Da kostenlose Apps viel öfter heruntergeladen werden und daher auch der Kampf um die besten Plätze hart ist, können Sie eventuell mit einem moderaten Preis von 79 Cent eine bessere Ranglistenplatzierung in der etwas exklusiveren Liste der kostenpflichtigen Apps schaffen.

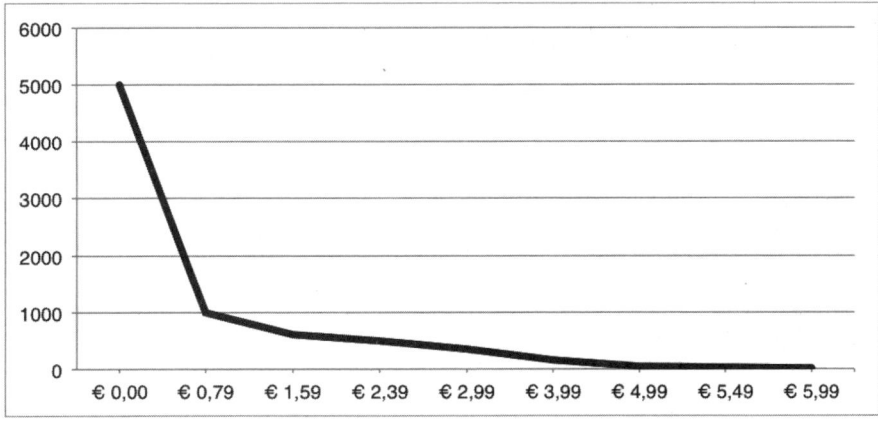

BILD 9.3 Die verkauften Apps in Stück fallen bei jeder App mit steigendem Preis. (Grafik: Mayerhofer)

Auch wenn Sie Konkurrenten verdrängen wollen – etwa in Netzwerkmärkten –, empfehlen sich die niedrigsten Preispunkte mit der entsprechend großen Reichweite. Wählen Sie diese Strategie, geht es Ihnen vorerst nicht um Umsätze. Wenn Sie später eine dominante Marktposition haben, können Sie die Preise selbst frei bestimmen.

Ganz anders sieht es aus, wenn Sie Ihren Gewinn beziehungsweise Umsatz maximieren wollen. Plötzlich geht es nicht mehr darum, die meisten Apps zu verkaufen, sondern die meisten Apps zum richtigen Preis. In Bild 9.4 sehen Sie eine Visualisierung des Umsatzes. Bei einem Preis von 2,39 Euro werden zwar nur halb so viele Apps abgesetzt wie für 0,79 Euro. Der höhere Preis kann das aber leicht kompensieren. Würde sich der App-Anbieter dazu entscheiden, für 0,79 Euro verkaufen, verlöre er ungefähr ein Drittel des potenziellen Maximal-Umsatzes.

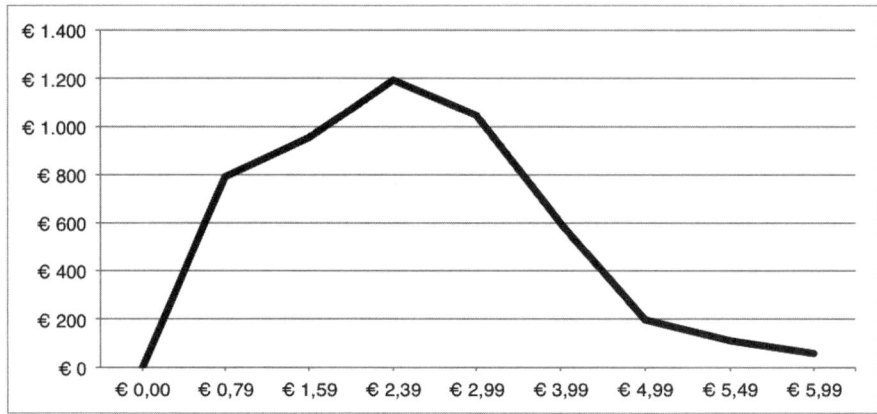

BILD 9.4 Der wöchentliche Gesamtumsatz an den verschiedenen Preispunkten. (Grafik: Mayerhofer)

Zur Erinnerung: Wir haben hier die verschiedenen Preisstrategien einer fiktiven App analysiert. Lägen Ihnen solche Daten für Ihre App vor, wäre die Preisentscheidung einfach. Leider ist es unmöglich, solche Szenarien genau zu berechnen. Der optimale Preis hängt nicht nur von der Zahlungsbereitschaft Ihrer Kunden, sondern auch von der Beschaffenheit der App, den Preisen der Konkurrenz, der App-Sichtbarkeit und vielen anderen Faktoren ab, die zu einem großen Teil außerhalb Ihres Einflussbereichs liegen.

Und trotzdem müssen Sie einen Preis festlegen. Worauf Sie diese Entscheidung beruhen lassen können, erfahren Sie im folgenden Abschnitt.

■ 9.1 Der Wert einer App – Kunden bestimmen den Preis

Sprechen Sie mit Entwicklern über Ihre Preis-Strategien, bekommen Sie die wundersamsten Argumente zu hören. Sehr beliebt ist es, einfach 99 Cent zu verlangen, „weil die anderen es auch so machen". Mitläufer zu sein ist aber keine Marketing-Strategie. Andere berechnen einen Stundenlohn, den sie auf ein potenzielles Verkaufsvolumen umrechnen. Umsatzvolumen zu schätzen ist hochgefährlich, und Kosten spielen bei der Preisfindung für Apps keine Rolle. Darauf werde ich im nächsten Abschnitt näher eingehen. Es gibt auch Entwickler, die für ihre App so viel verlangen, wie sie finden, dass ihre App wert ist. Ein interessanter

Gedanke, aber leider stimmen die Wertvorstellungen von Entwickler und Kunde nicht unbedingt überein. Von all den ungünstigen Preisstrategien ist die letzte am nächsten an der Realität. Es geht tatsächlich um den **Wert einer App.** Allerdings nicht in den Augen des Anbieters, sondern in den Augen des Käufers.

Kunden bezahlen Geld in einem bestimmten Wert für Ihre App, dafür möchten sie auch einen entsprechenden Gegenwert in Ihrer App finden. Solange der Wert für den Kunden gleich groß oder höher ist als der Preis, den Sie verlangen, erzielen Sie Verkäufe. Schlaue Verkäufer finden heraus, welchen Wert ihre App für die Kunden hat, und setzen den Preis entsprechend ihrer Zahlungsbereitschaft fest.

Meist beginnen Sie also Ihre Preisfindung damit, den Wert, den Ihre App in den Augen Ihrer Nutzer erzeugt, zu verstehen. Umgekehrt können Sie aber auch die Gestaltung Ihrer App und die damit verbundenen produktpolitischen Entscheidungen am festgesetzten Zielwert ausrichten.

Verwechseln Sie preiswert nicht mit billig. Millionen iPhone-Käufer finden, dass der Nutzen, den Software, Hardware und das Design dieses Geräts erzeugen, ohne weiteres mehr als 500 Euro wert ist. Andere Kunden geben sich mit einem günstigeren Smartphone für 200 Euro zufrieden, und wieder andere finden, mehr als 50 Euro für ein Telefon auszugeben sei Geldverschwendung. Preiswerte Apps sind also nicht billig: Sie sind für ihre Käufer mit einem guten Preis-Leistungs-Verhältnis behaftet. Sie sind ihren Preis wert.

Um herauszufinden, welche Funktionen Ihrer App welchen Wert haben, hilft wieder einmal nur **Marktforschung** (Kapitel 2). Beobachten Sie die Konkurrenz und unterhalten Sie sich mit Ihren Kunden, um es herauszufinden. In eingeschränktem Rahmen können Sie auch mit den Preisen Ihrer Apps experimentieren, um belastbare Erkenntnisse zu gewinnen.

Entscheidend für das Wertempfinden der Kunden sind natürlich die Apps der Konkurrenz. Taucht ein Anbieter mit einer ähnlichen App auf, entsteht die natürliche Tendenz der Mitbewerber, den Preis unterbieten zu wollen. Auch in anderen Geschäftsmodellen ist das nicht empfehlenswert. Im App-Store führt es zur 99-Cent-Preisschlacht, die für alle Beteiligten bitter endet. Stattdessen sollten Sie hier den entgegengesetzten Weg gehen: Schaffen Sie **Mehrwert** für Ihre potenziellen Kunden, indem Sie zusätzliche Funktionen oder Serviceleistungen verkaufen, die den anderen Anbietern fehlen. Durch diese Vorgehensweise sichern Sie sich die Treue der bestehenden Kunden, die darauf vertrauen dürfen, eine App gefunden zu haben, die immer wertvoller sein wird als die der Konkurrenz (Armstrong et al., 2009).

■ 9.2 Wieso die Kosten bei der Preisfindung keine Rolle spielen

In der klassischen Marketinglehre nehmen die Kosten einen wichtigen Platz in der Preispolitik ein. Unterhalb der Kosten darf ein Produkt auf keinen Fall verkauft werden, was der Preisfindung eine zusätzliche Dimension gibt und die Entscheidung erschwert. Glücklicherweise gehören Apps zu einer relativ neuen Gattung von Produkten, für die diese bewährten Regeln nicht gelten: die Informationsgüter. Der Begriff Informationsgüter umfasst alles, was sich digitalisieren lässt. Etwa Bücher, Musik oder Börsenkurse – und natürlich auch Software.

„Ökonomen sagen, dass die Produktion von Informationsgütern mit hohen Fixkosten, aber niedrigen Grenzkosten (zusätzliche Kosten für eine weitere Produktionseinheit) einhergehen. Die Kosten für die Herstellung der ersten Kopie eines Informationsguts können erheblich sein, aber die Kosten für die Herstellung (oder Reproduktion) zusätzlicher Kopien sind vernachlässigbar. Diese Art der Kostenstruktur birgt viele wichtige Implikationen. Zum Beispiel funktioniert kostenbasiertes Pricing einfach nicht: Ein zehn- oder zwanzigprozentiger Aufschlag auf die Stückkosten ergibt keinen Sinn, wenn die Stückkosten gleich null sind." (Shapiro & Varian, 1999; übersetzt)

In der Betriebswirtschaft unterscheidet man Fixkosten und variable Kosten. Fixkosten bleiben (zumindest ein Zeitlang) immer bestehen, egal wie viel produziert wird. Für einen Autohersteller zählen zum Beispiel die Fabrikhallen und Produktionsmaschinen zu den Fixkosten. Selbst wenn sie von heute auf morgen ihre Produktion einstellen müssten, würden diese Kosten bestehen bleiben. Variable Kosten entstehen nur, wenn auch tatsächlich produziert wird. Je mehr Autos der Hersteller bauen lässt, desto mehr Stahl und Arbeitskräfte muss er bezahlen.

Digitale Informationsgüter, ob Apps, Filme, Musik oder E-Books, verhalten sich bei den Fixkosten anders als die meisten physischen Produkte. Nahezu 100 Prozent der Fixkosten sind Sunk Costs (mehr dazu im Kasten). Die Entwicklungskosten fallen vor dem Verkauf der ersten App an, sind irreversibel und können im Normalfall nicht mehr monetarisiert werden (bspw. durch Veräußerung des Quellcodes). Scheitert eine App im App-Store, sind die Entwicklungskosten verloren. Versunken bis auf den ewigen Grund der nicht erfolgreichen Apps.

 Sunk Costs und warum man mit ihnen nicht rechnen darf

Die „versunkenen Kosten", manchmal auch als irreversible Kosten bezeichnet, sind bereits (etwa bei der Entwicklung) entstanden und unwiderruflich verloren. Dabei muss das Geld noch gar nicht geflossen sein. Auch wenn Sie einen Vertrag mit jemandem haben, aus dem es kein Entkommen gibt, sind die (zukünftigen) Auszahlungen jetzt schon Sunk Costs.

Das Fiese an den Sunk Costs ist, dass sie eigentlich nicht in Ihre Entscheidung einfließen dürfen. Wirtschaftlich sind diese Kosten völlig irrelevant.

Ein Beispiel:

Sie haben bereits 20 000 Euro (Ihre Sunk Costs) in eine App gesteckt, und sie wird überhaupt nicht gekauft. Sie sind verzweifelt, aber Ihnen wird eine Lösung aufgezeigt: Wenn Sie weitere 5000 Euro in ein Update investieren, erzielen Sie garantierte Umsätze von 10 000 Euro. Wenn Sie jetzt denken: „Oh nein, dann mache ich ja immer noch Verlust!", liegen Sie richtig. Insgesamt machen Sie mit Ihrer App 15 000 Euro Verlust, aber die letzte Aktion beschert Ihnen einen „Gewinn" von 5000 Euro. Denn hätten Sie nicht weiteres Geld in ein Update investiert, läge Ihre Gesamtverlust bei 20 000 Euro. Finden Sie sich in der Situation des frustrierten Programmierers wieder, müssen Sie aufpassen, sich in ähnlichen Situationen wirtschaftlich rational zu verhalten.

Während die Produktionskosten einer App enorm sein können, sind die variablen Kosten jedoch gleich null. Der Kaufpreis wird nach Abzug von Steuern und Umsatzbeteiligung direkt an den Anbieter ausgezahlt. Als Ausnahme ist technischer Support zu nennen, der sich auf die variablen Kosten niederschlägt (Buxmann et al., 2008). Traditionelle Preispolitik legte den Preis anhand der Kosten fest. Dabei muss jeder Preis zumindest die variablen Kosten decken, damit das Unternehmen auf Dauer keinen Verlust macht. Innerhalb einer Mischkalkulation kann es vorkommen, dass ein Unternehmen kurzfristig zu diesen Bedingungen weiterproduziert, obwohl es mit den erzielten Umsätzen nur einen Teil seiner Fixkosten decken kann.

Bei Apps sind die variablen Kosten aber gleich null, daher können Sie die Kosten nicht als Rechengröße heranziehen. Tatsächlich könnten Sie Ihre App auch für einen Cent verkaufen, denn damit sind die variablen Kosten abgedeckt. Allerdings ist es fraglich, ob Sie bei diesem Preis den optimalen Umsatz erreichen würden. Und die Entwicklungskosten dürfen Sie nicht für den Preis heranziehen, da diese Kosten in der Vergangenheit liegen. Durch Optimierung des Umsatzes holen Sie die größtmögliche Summe Geld herein. Ob Sie damit die Entwicklungskosten abdecken können oder nicht, ist für die Preisfindung unerheblich. Sollten Ihre Entwicklungskosten also weit über dem maximal möglichen Umsatz liegen, geht es für Sie nur noch um Schadensbegrenzung.

Da eine kostenorientierte Preisfindung in der App-Store-Ökonomie quasi ausgeschlossen ist, sollten Sie die bereits vorgestellte wertorientierte Preissetzung anstreben.

■ 9.3 Elastizität

Damit Sie den optimalen Umsatz finden, ist es wichtig zu wissen, wie stark die potenziellen Kunden auf eine Preisänderung reagieren. Steigt bei einer Preissenkung um 50 Prozent die Nachfragemenge auf das Dreifache, sollten Sie sich für den niedrigeren Preis entscheiden. Um die Reaktion der Nachfragemenge auf Veränderungen des Preises zu messen, nutzt man ein Maß, das Elastizität genannt wird. Je höher die Preiselastizität ist, desto stärker ändert sich die nachgefragte Menge mit dem neuen Preis.

Die Nachfrage ist elastisch, wenn kleine Preisänderungen relativ große Mengenänderungen bewirken. Die Kunden fällen ihre Kaufentscheidung offenbar sehr preisorientiert. Reagiert die Nachfragemenge kaum merklich auf Preisänderungen, so gilt die Nachfrage als unelastisch. Solche Produkte haben meist eine starke Marktposition. In Bild 9.5 sehen Sie die klassische Darstellung einer Nachfragekurve. Durch Ablesen eines beliebigen Preises kommen Sie auf die nachgefragte Menge und umgekehrt.

Die Elastizität lässt sich bei der entsprechenden Datenlage relativ einfach berechnen: Dividieren Sie die prozentuale Veränderung der Nachfrage durch die Veränderung des Preises.

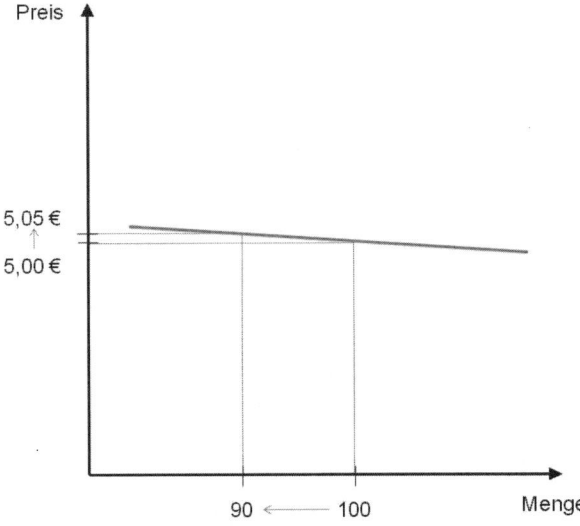

BILD 9.5
Diese Nachfragekurve ist sehr elastisch, denn eine Preisänderung bewirkt eine überproportionale Mengenänderung.
(Grafik: Wikipedia-Benutzer NPunkt, CC-by-sa)

In unserem Beispiel vom Anfang dieses Kapitels erhöhen wir etwa den Preis von 0,79 Euro auf 1,59 Euro, was einer Erhöhung von ungefähr 101% entspricht. Dadurch sinkt die Nachfrage von 1000 auf 600 Apps. Ein Rückgang von 40%. Die Rechnung lautet also −40 / 101 = −0,40. Ein Wert über −1 (zwischen 0 und −1) bedeutet eine unelastische Nachfrage (Bild 9.6). So eine Nachfrage finden Sie in der Gesamtheit normalerweise bei Lebensmitteln oder Medikamenten vor. Denn die Konsumenten müssen diese Güter kaufen. Für eine App bedeutet es, dass die Nutzer Ihre App wertschätzen und dass es keine Konkurrenzangebote zu einem niedrigeren Preis gibt. In der Situation von App-Anbietern ist es meist sinnvoll, den Preis zu erhöhen, solange die Elastizität über −1 bleibt. Darunter spricht man von elastischer Nachfrage, und die Preiserhöhung führt zu einem großen Nachfragerückgang.

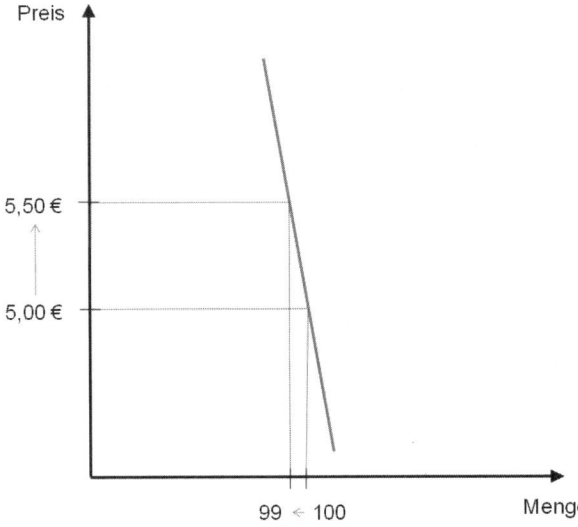

BILD 9.6
Diese Nachfragekurve ist unelastisch, denn eine Preisänderung bewirkt eine unterproportionale Mengenänderung.
(Grafik: Wikipedia-Benutzer NPunkt, CC-by-sa)

Folgende Faktoren beeinflussen die Elastizität:

- **Verfügbarkeit von Substituten.** Versetzen Sie sich in die Lage eines sparsamen Kunden: Findet er womöglich Apps, die Ihre ersetzen können? Das muss nicht unbedingt eine direkte Konkurrenz-App sein. Für manche Nutzer lässt sich ein Renn-Spiel auch mit einem Knobel-Spiel ersetzen. Schlimmer noch, vielleicht steckt er seine fünf Euro auch in ein ganz anderes Unterhaltungsprogramm und geht in den Zoo. Auch ein Papier-Block kann also ein Substitut für Ihre Notiz-App sein. Stellen Sie sich aber umgekehrt vor, es gäbe keine Papier-Blöcke mehr: Die Nachfrage nach Notiz-Apps würde explodieren.

- **Anteil am Einkommen.** Je größer der Anteil, den Ihre App dem Einkommen des Kunden wegfrisst, desto behutsamer wird er die Kaufentscheidung abwägen. Reichere App-Kunden sind weniger empfindlich: Ein gut betuchtes Ehepaar wird sein Abo in der Oper vermutlich auch dann weiter behalten, wenn es im nächsten Jahr fünf Prozent teurer ist – während andere sich bei gestiegenen Ticketpreisen ein neues Abendprogramm suchen. Wenn Sie es schaffen, Ihren wohlhabenderen Kunden eine teurere Version Ihrer App schmackhaft zu machen, können Sie deren geringere Nachfrageelastizität ausnutzen.

- **Notwendigkeit.** Bei all den Furz-Apps, die Sie in App-Stores ertragen müssen, denken Sie vielleicht, überflüssige Apps hätten es leichter. Die Preiselastizität nähert sich aber mit der Notwendigkeit immer mehr dem Wert 0. Für Furz-Apps bedeutet dies jedoch eine höchst unelastische Nachfrage. Denn wer kauft noch so eine App, wenn ihr Preis steigt?

- **Lock-In.** Egal, ob Markentreue oder Netzwerkeffekte daran schuld sind – der Lock-In-Effekt macht Kunden weniger preissensibel. Die Kunden müssen die Wechselkosten auf die Preise der Konkurrenz aufschlagen, wodurch Ihr Preis attraktiver wird.

- **Wer zahlt?** Fremdes Geld auszugeben ist viel einfacher als eigenes. Hat Ihre App vor allem Geschäftskunden, wirkt sich dies deutlich auf die Elastizität aus.

Die Preis-Elastizität der Nachfrage ist nicht unbedingt über alle Preisstufen hinweg konstant. Im Normalfall ändert sie sich zu jedem Preis, wie Sie auch sehen können, wenn Sie noch einmal zu Bild 9.3 zurückblättern.

Um zu erfahren, ob Sie Ihre Preise erhöhen oder senken müssen, um den Gesamtumsatz zu maximieren, ist ein grundlegendes Verständnis der Preiselastizität unerlässlich. Mit jeder Preisänderung verändert sich auch die Menge der verkauften Apps – manchmal leider in die falsche Richtung. Kennen Sie die Elastizität (oder können Sie sie zumindest durch Ausprobieren abschätzen), finden Sie auch den perfekten Preis.

■ 9.4 Statische Preisstrategien: Wenn der Preis in Stein gemeißelt ist

Sie haben in den letzten Absätzen erfahren, welche Faktoren den Preis beeinflussen können. Nun ist es an der Zeit, konkrete Preisstrategien zu analysieren. Klassische Preisstrategien teilen wir in zwei Kategorien ein: statische und dynamische Preisstrategien. Legen Sie den Preis fest und planen keine großen Veränderungen, haben Sie eine statische Strategie gewählt.

Wenn Sie vorhaben, den Preis mit der Zeit zu verändern, handelt es sich um eine dynamische Strategie. Sehen wir uns zunächst statische Preisstrategien an.

9.4.1 Premium-Preise

Mit einer Premium- oder Hochpreisstrategie verfolgen Sie das Ziel, langfristig überdurchschnittliche Preise zu erzielen. Damit Sie einen Premium-Preis verlangen können, brauchen Sie selbstverständlich auch ein Premium-Produkt. Der Wert Ihrer App muss, zumindest in den Augen der potenziellen Kunden, deutlich über dem der (günstigeren) Konkurrenz liegen. *1Password* verwaltet nun schon in der dritten Version die Online-Passwörter seiner Inhaber. Für eine Aufgabe, die viele ihrem Kopf überlassen, verlangt die Enwicklerfirma 40 Euro (Mac, PC) beziehungsweise 15 Euro (iOS, Android). Während viele über diese relativ hohen Preise nur den Kopf schütteln, hat *1Password* eine große Fangemeinde von zahlenden Kunden, die auf die App schwören. Kunden-Rezensionen wie in Bild 9.7 finden sich in den App-Stores zuhauf, und demensprechend gut ist die App auch in den Ranglisten positioniert.

1Password Produktivität Agile Web Solutions Erschienen 08.09.2011 39,99 € ▾	**Eines der wichtigsten Programme auf einem Mac ★★★★★**	08.09.2011

Seit der Version 2.x bin ich begeisterter Nutzer von 1Password und möchte es nicht mehr missen. Damals hatte man noch ein, zwei Logins, die man sich auch noch im Kopf merken konnte, aber in der heutigen Zeit, wo man doch mehr Dienste nutzt und nicht unbedingt einundasselbe Passwort nutzen möchte, ist 1Password ein sehr praktisches Werkzeug. Und seit der Dropbox-Integration entfällt auch der nervige WiFi-Sync mit anderen Macs und/oder iOS-Geräten.
Aber nicht nur Passwörter, auch Software-Lizenzen (gibt ja nicht alles im MAS) verwalte ich mit 1Password und die ein oder andere Notiz, die ich für schützenswert halte, landet ebenfalls im "Tresor" von 1Password. Auch der Support und die Pflege der Software seitens AgileBits ist sehr gut, so dass bei Updates einzig und allein das Reviewing durch Apple zu Verzögerungen führen kann. Klare Kaufempfehlung!

22 von 30 Kunden fanden diese Rezension hilfreich   Ein Problem melden›
War diese Rezension hilfreich? Ja | Nein

BILD 9.7 Rezension von *1Password* aus dem Mac App Store. (Screenshot: Mayerhofer)

Ein großer Vorteil dieser Strategie ist ein preispsychologischer Effekt. Durch den höheren Preis bekommen Nutzer das Gefühl, Ihre App sei wertvoller. Bei all den billigen Apps im App-Store müsse eine teurere App schon etwas Besonderes bieten, so der Rückschluss der Käufer. Haben Sie also keine Angst vor der Hochpreisstrategie. Es gibt Fälle, in denen sich die Verkäufe einer App nach einer Preissteigerung sogar erhöhten.

9.4.2 Niedrigpreisstrategie

Wenn Ihnen die Premium-Preisstrategie zu extrem ist, werden Sie auch mit der Niedrigpreisstrategie (auch Promotionpreisstrategie) nicht glücklich werden. Sie stellt das genaue Gegenteil der Hochpreisstrategie dar. Durch das Anbieten Ihrer App zum niedrigsten Preis im Markt versuchen Sie, schnell große Marktanteile zu gewinnen.

Dabei wird der Preis oft zum wichtigsten Verkaufsargument, und im Idealfall bildet sich ein Preisimage, bei dem die Kunden niedrige Preise mit Ihrer Marke verknüpfen. Denken Sie an Gründe, warum man bei Aldi einkaufen gehen sollte. Fast alle Kunden kommen wegen günstiger Preise oder Produkten, die „preiswert" sind. Aldi setzt auf ein starkes Preisimage.

Durch den niedrigen Preis können Sie unter Umständen Konkurrenten vom Markt verdrängen, neue Kundengruppen ansprechen und neue Konkurrenten am Markteintritt hindern. Andererseits haben Sie in den meisten App-Stores das Problem, dass die Preise ohnehin schon zu niedrig sind. In fast allen größeren App-Kategorien ist der Niedrigpreis-Platz bereits von einer 99-Cent-App besetzt. Bei vielen Apps, etwa Casual Games, ist eine Promotionpreisstrategie schlicht unmöglich, da der Großteil der verfügbaren Apps den niedrigsten möglichen Preis führt. Mit Ihrem niedrigen Preis sind Sie dadurch nur ein weiterer Anbieter, der zum Durchschnittspreis verkauft.

■ 9.5 Dynamische Preisstrategien: Von Penetration bis Skimming

Wenn Sie Ihre Preise mit der Zeit verändern wollen, haben Sie zwei Möglichkeiten: Entweder Sie senken einen hohen Preis ab, oder Sie erhöhen einen niedrigen Preis. Beide Strategien können sinnvoll sein, es kommt ganz auf Ihre App an.

9.5.1 Penetrationsstrategie

Beim Penetration Pricing versuchen Sie, genau wie bei der Promotionpreisstrategie durch Niedrigpreise schnell Marktanteile zu gewinnen und gleichzeitig das Marktwachstum anzukurbeln. Das funktioniert in App-Stores besonders gut, da die Sichtbarkeit in den Ranglisten durch niedrige Preise meist erhöht wird. Auch Netzwerkeffekte und Lock-In sprechen dafür, auf hohe Umsätze vorerst zu verzichten und eine kritische Masse an Kunden zu begeistern. Die Kostenstruktur von Apps mit den vernachlässigbaren variablen Kosten begünstigt eine solche Niedrigpreisstrategie: Selbst das Verschenken einer Software würde nicht zu Verlusten führen.

Die Preise können im weiteren Verlauf erhöht werden: wenn die kritische Masse erreicht ist (Ziel: Netzwerkeffekte) oder die gewünschte Ranking-Platzierung erlangt wurde (Ziel: Sichtbarkeit).

Um mit dieser Strategie erfolgreich zu sein, müssen Sie immer ein Stück unter den Preisen der Mitbewerber liegen. Wenn diese sofort ihre Angebote auf dasselbe Niveau angleichen, kämpfen Sie auf einer Ebene um die Kunden und hätten gleich einen höheren Preis verlangen können. Nachteilig wirkt sich außerdem aus, dass die Zahlungsbereitschaft vieler Kunden nicht abgeschöpft werden kann. Es gibt sicher Kunden, die Ihrer 99-Cent-App einen Wert von 5 Euro beigemessen hätten. An solchen Kunden hätten Sie 4 Euro mehr verdienen können, aber durch das Lockangebot verpufft diese Zahlungsbereitschaft. In der Produkteinführungsphase verfügt eine App über eine höhere Attraktivität – nur weil sie neu ist. Der höhere Wert führt in dieser Phase zu einer höheren Preisbereitschaft (Pepels, 2006). Bei der Penetrationsstrategie können Sie die dadurch entstehende geringe Preiselastizität nicht ausnutzen.

Ähnlichen Überlegungen wie dieser variablen Niedrigpreisstrategie folgt auch die Follow-the-Free-Strategie, über die Sie in Kapitel 11 mehr lesen.

9.5.2 Skimming

Bei dieser Strategie wird (für ein hochqualitatives Produkt) ein hoher Preis festgelegt; „to skim the cream" (Hollensen, 2011) – also um die „Sahne" vom obersten Teil des Marktes abzuschöpfen. Um diese Strategie verfolgen zu können, müssen Sie sich mit Ihrer App deutlich von den Mitbewerbern differenzieren und einige Marktsegmente müssen bereit sein, den hohen Preis zu bezahlen. Mit der Zeit werden Sie dann auf weitere Marktsegmente abzielen und den Preis schrittweise senken. Im Idealfall schöpfen Sie so die gesamte Zahlungsbereitschaft (Konsumentenrente, siehe Kasten und Bild 9.8) am Markt ab. Auch wirkt sich dieses Vorgehen meist positiv auf den wahrgenommenen Wert der App aus. Early Adopter sind im Tausch gegen neue Funktionen nicht sehr preissensibel, und gerade ein höherer Preis zu Beginn kann sie im Gefühl bestätigen, einen besonderen Kauf getätigt zu haben, der sie von der Masse abhebt. Hingegen freuen sich die sparsameren Kunden, die warten können, wenn Ihre App noch vor kurzem um einiges teurer war: Sie sind Ihrer App gegenüber von vornherein positiver eingestellt, weil sie ihren Kauf mit einem besonders guten Preis-Leistungs-Verhältnis rechtfertigen können.

 Ein Ausflug in die Mikroökonomie: Konsumenten- und Produzentenrente

Im Abschnitt über Elastizitäten haben Sie bereits die modellhafte Nachfragekurve kennengelernt. Auf dieser Kurve (in Bild 9.8 grau dargestellt) können Sie ablesen, dass mit jeder Preiserhöhung immer weniger Menschen bereit sind, Ihr Produkt zu kaufen. Gleichzeitig gibt es auch noch eine Angebotskurve (schwarz), denn auch die Anbieter überlegen sich, wie sinnvoll es ist, zu einem bestimmten Preis am Wettbewerb teilzunehmen. Je niedriger der Preis, desto weniger Anbieter finden sich. An dem Punkt, wo beide Kurven sich schneiden, herrscht Marktgleichgewicht: Zu diesem (Gleichgewichts-)Preis wird verkauft, und genau diese Gleichgewichtsmenge kann abgesetzt werden.

Da einige Kunden bereit gewesen wären, mehr für Ihr Produkt zu zahlen, haben diese sich etwas gespart. Die Summe dieser Ersparnisse wird als Konsumentenrente bezeichnet, und sie lässt sich in der Grafik sehr einfach ablesen. Denn es handelt sich bei diesem Betrag um die Fläche zwischen Gleichgewichtspreis und Nachfragekurve. Genauso haben einige Anbieter mehr Umsatz erzielt, als sie sich vorgenommen haben. Dies ist die Produzentenrente.

Ihr Ziel als Anbieter ist es, die Linie zwischen Konsumenten- und Produzentenrente nach oben zu verschieben. Sie möchten Ihre Produzentenrente vergrößern, und das geht nur auf Kosten der Konsumentenrente. Durch Skimming schöpfen Sie Stufe für Stufe die Zahlungsbereitschaft der Konsumenten ab. Eine andere Möglichkeit sind die im nächsten Kapitel vorgestellten Strategien zur Preisdifferenzierung.

Die Strategie der schrittweisen Preissenkung kennen Sie als App-Entwickler aus dem Gadget-Markt. Nicht selten kostet die neue Digitalkamera oder das neue Smartphone schon ein halbes Jahr nach Einführung nur noch die Hälfte des ursprünglichen Preises. In Bild 9.9 sehen Sie den Preisverlauf des ehemaligen Android-Flagship-Handys Samsung Nexus S. Nach sechs Monaten kostete das Gerät fast genau die Hälfte des Einführungspreises und hatte damit auch schon beinahe das Ende seines Lebenszyklus erreicht – das Nachfolgemodell Galaxy Nexus stand bereits in den Startlöchern.

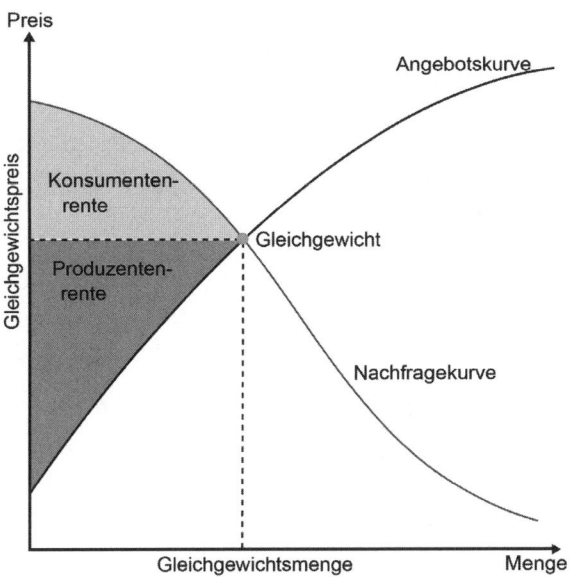

BILD 9.8 Diese Grafik zeigt alle Faktoren der ökonomischen Wohlfahrt. (Grafik: Mayerhofer & Wikipedia-User SilverStar, CC-by-sa)

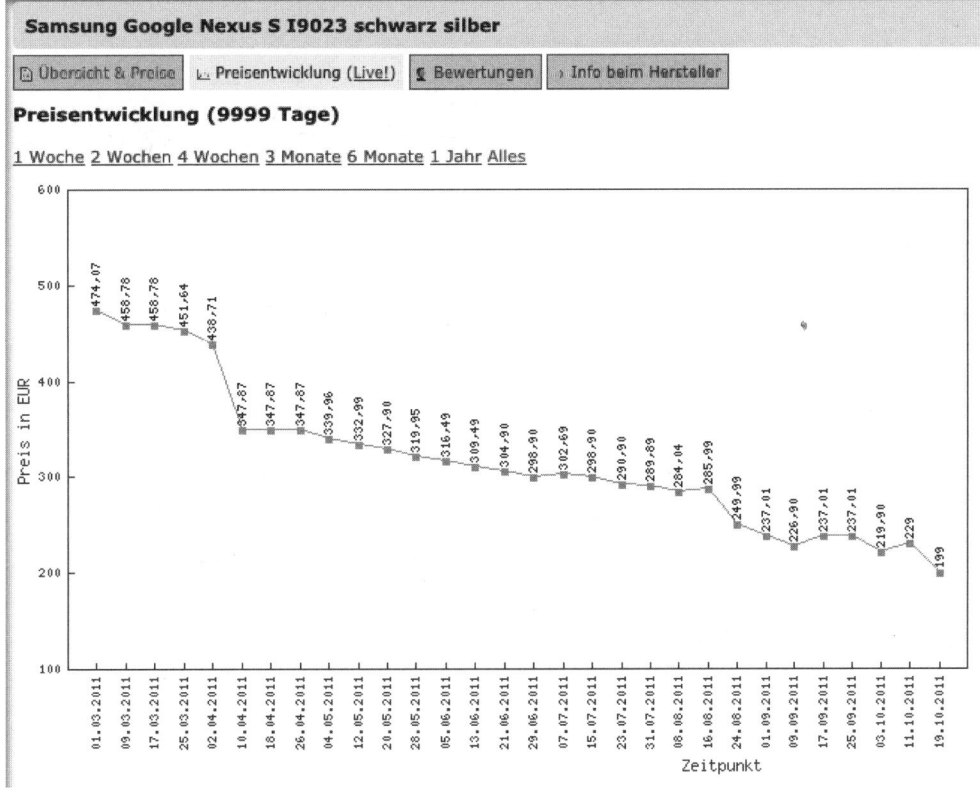

BILD 9.9 Die Entwicklung des niedrigsten gefundenen Preises für das Samsung Nexus S der Preis-Suchmaschine geizhals.at. (Screenshot: Mayerhofer)

Wenn Sie sich für die Skimming-Strategie entscheiden, sollte Ihnen die Sichtbarkeit in den Ranglisten ziemlich egal sein. Da Sie jede Stufe der Zahlungsbereitschaft nacheinander abarbeiten, werden gerade in der Launch-Phase sehr wenige Kunden bereit sein, Ihre App zu kaufen. Dadurch verpufft der Launch-Buzz und Sie können nicht oder zumindest nicht im selben Maß von positivem Feedback profitieren. Verlassen Sie sich in diesem Fall auch nicht auf die Ranglisten der umsatzstärksten Apps. Vielleicht schauen Sie sich als Entwickler diese Listen relativ häufig an, aber für die meisten Nutzer sind diese Listen eher uninteressant.

Es gibt trotzdem einige Apps, für die eine solche Strategie empfehlenswert ist. Nämlich dann, wenn deren Zielgruppe so klein ist, dass sie es ohnehin nie auf eine Rangliste schaffen würden. *Architactile Inception* für iPad aus Kapitel 3 ist so eine App. Bei einem Preis von 400 Euro können die Entwickler nicht mit signifikantem Erfolg in den Ranglisten rechnen. Andererseits ist die Ranglisten-Sichtbarkeit für eine solche Nischen-App weniger wichtig. Durch Erwähnung in einem Architektur-Magazin würde der Umsatz sicher eher in die Höhe schnellen.

Weitere Nachteile der Strategie sind höhere Entwicklungs- und Designkosten, denn die Apps müssen schließlich den hohen Preis in der Qualität widerspiegeln. Außerdem verursachen die Bewerbung und der Support, der bei Premium-Produkten nötig ist, erhebliche Kosten.

9.5.3 Aktionspreise

Die Gestaltungsmöglichkeiten von Rabatten im App-Store sind meist sehr beschränkt. Rabatt-Gutscheine oder andere Rabatte, mit denen Sie eine selektive Preisdifferenzierung durchführen können, sind nicht möglich. Wenn Sie Ihre App günstiger anbieten wollen, dann gilt dieser Preis für alle Kunden.

Viele App-Anbieter hatten in der Vergangenheit Erfolg mit kurzzeitigen Sonderangeboten, die ich bereits erwähnt habe. Fassen wir trotzdem noch einmal zusammen: Der Preis wird für wenige Tage deutlich gesenkt und danach wieder angehoben. Teilweise funktioniert diese Strategie wie das Skimming. Die Early Adopters kaufen Ihre App schon bei der Veröffentlichung, und durch die Preissenkung können Sie Kundengruppen ansprechen, die Ihrer App einen geringeren Wert beimessen. Wenn Sie den Aktionspreis also dazu nutzen wollen, neue Kundengruppen anzuzapfen, sollten Sie einige Zeit verstreichen lassen, bis Sie den Preis senken. Wie in Kapitel 7 bereits angesprochen, haben viele Anbieter die Erfahrung gemacht, dass der Anstieg im Verkaufsvolumen den niedrigeren Preis nicht ausgleichen kann.

Dafür hat der Aktionspreis einen anderen Vorteil. Denn durch den Aktionspreis kann auch die Sichtbarkeit einer App sehr schnell erhöht werden. Auch wenn die Nachfrage zu elastisch ist, um die Preissenkung rentabel zu machen, werden Sie in den meisten Fällen eine deutliche Steigerung der Download-Zahlen erreichen. Mit dieser Steigerung verbessern sich Ihr Ranglistenplatz und damit die gesamte Sichtbarkeit. Damit der Aktionspreis effektiv im Ranglisten-Algorithmus greift, sollten Sie Ihren „Sale" über mehrere Tage einplanen. Jeder App-Store kalkuliert die Ranglisten anders. Apple etwa berücksichtigt die letzten vier Verkaufstage. Der aktuelle Tag wird mit einer achtfachen Gewichtung berücksichtigt, die zwei Tage zuvor je fünffach und der am weitesten zurückliegende Tag doppelt (Perrier, 2010). Das bedeutet, dass Sie Ihren Aktionspreis für mindestens vier Tage aktivieren sollten, um den maximalen Ranglisten-Sprung zu erreichen. Es bedeutet auch, dass Sie nach dem letzten Aktionstag noch drei weitere Tage von den Verkäufen zum Aktionspreis profitieren.

Der größte Nachteil von Aktionspreisen ist der negative Effekt auf den wahrgenommenen Wert. Wer Ihre App in der vorigen Woche für den halben Preis gesehen hat, hält sie heute für überteuert. Damit der Image-Schaden so gering wie möglich ist, geben die meisten Entwickler einen (fadenscheinigen) Grund an, um die Verkaufsaktion zu rechtfertigen. Neben Klassikern wie dem Jubiläum einer App oder der Entwickler-Firma finden sich auch exotischere Begründungen wie der Verkaufsstart eines beliebigen Smartphones oder Geburtstage von Berühmtheiten.

■ 9.6 Preis und Rangliste

Sich an klassischen Preisstrategien zu orientieren, ist gut. Noch besser ist es aber, wenn man sich auch mit den App-Store-spezifischen Phänomenen auskennt, die mit dem Preis zusammenhängen.

Sichtbarkeit entscheidet in App-Stores alles: Wenn Sie bereits eine gut sichtbare Position in der Rangliste haben, verbessert sich Ihr Rang sofort, wenn Sie den Preis senken. Steht Ihre App allerdings nicht in einer Rangliste, sind die Auswirkungen der Preissenkung sehr gering.

David Frampton (2009), ein App-Store-Veteran, den ich in diesem Buch schon mehrmals zitiert habe, fasst es so zusammen: „Es ist vollkommen unintuitiv. Wenn Sie in den Charts hoch oben sind, können Sie mit einem niedrigen Preis noch höher klettern. Sind Sie allerdings außerhalb der Charts, verdienen Sie mehr, wenn Ihr Preis höher ist."

Er empfiehlt daher eine Variation des Penetration Pricing: Zum App-Launch und allen anderen Events, zu denen Ihre Ranglisten-Sichtbarkeit explodiert, senken Sie den Preis auf Ihr persönliches Minimum ab. In den meisten Fällen wird das auch das Minimum sein, das Ihr App-Store erlaubt. In der Sekunde, in der Sie aus der Rangliste verschwinden, können Sie den Preis wieder nach Belieben erhöhen. Die Nachfrage folgt dann wieder den bekannten Regeln. Dadurch, dass Sie nur noch zielstrebige Kunden ansprechen und keine Besucher, die im App-Store über Ihr Angebot stolpern, ist die Preiselastizität mit einem Schlag deutlich schwächer ausgeprägt.

Frampton schlägt vor, in der schlecht sichtbaren Phase – was für die meisten Apps die einzige Phase darstellt – mit den Preisen zu experimentieren. Während ich von zu gewagten und vor allem ziellosen Experimenten abrate, können Sie tatsächlich mehr als nur eine Strategie testen. Ändern Sie Ihren Preis nicht täglich, sondern stellen Sie einen klaren Plan auf und warten Sie auch die eingeplante Zeit ab, wenn die Verkäufe zurückgehen. Nur durch klare Grenzen können Sie verwertbare Ergebnisse aus Ihren Experimenten ziehen.

■ 9.7 Fallstudie: Geburtshelfer – Preissetzung in der Nische

Kirby Turner war Mitte 2010 mit der Performance seiner App *Geburtshelfer (Labor Mate)* bei einem Preis von 79 Cent sehr zufrieden. Die iPhone-App besetzt eine Nische in der Gesundheits-Kategorie: Mit ihr können werdende Eltern am großen Tag Dauer und Abstand der Wehen aufzeichnen. Die gesammelten Daten werden dann, wie in Bild 9.10, übersichtlich präsentiert. So können die Eltern am Tag der Tage entscheiden, wann es Zeit ist, ins Krankenhaus zu fahren. Die App war seit mehr als einem Jahr in mehreren Ländern in den Top-100-Charts in der Kategorie Gesundheit und Fitness. Vor allem die Lokalisierung der App in acht zusätzliche Sprachen ließ die Verkäufe in die Höhe schnellen (Turner, 2010).

BILD 9.10 Um *Geburtshelfer* zu benutzen, braucht man eigentlich nur einen Knopf: den Start/Stopp-Button. Das ist auch gut, denn man muss ja auch noch die Hand seiner Frau halten. (Screenshot: Turner)

Die App hat zwar eine Funktionalität, die man nur selten benötigt, das erledigt sie aber zur vollsten Zufriedenheit der Nutzer. Die aktuelle Bewertung im deutschen iTunes App Store liegt bei viereinhalb Sternen. Vielleicht liegt auch darin der Grund für den langsamen, aber stetigen Anstieg der Verkäufe, von denen Turner berichtet.

Zwei befreundete App-Programmierer-Kollegen rieten Turner irgendwann, den Preis seiner App zu erhöhen. Die Preise für Apps mit ähnlicher Funktionalität reichen von 0,00 bis 7,99 Euro, und ein höherer Preis würde die Wertschätzung der Kunden steigern, so die Berater. Trotz einiger Zweifel entschloss sich Turner, das Experiment eine Woche lang zu wagen.

Am 14. Mai 2010 verdoppelte er den Preis der App. Nach einem kurzen Umsatzanstieg sah es gegen Ende der ersten Woche so aus, als wäre die Aktion in die Hose gegangen: Die App fiel schnell aus der Top-100-Rangliste, und die Gesamtumsätze befanden sich in einem negativen Trend. Trotz der schlechten Vorzeichen entschied sich Turner, das Experiment eine weitere Woche fortzusetzen. Und siehe da: In der folgenden Woche stabilisierten sich die Verkäufe. *Geburtshelfer* erzielte nun zum doppelten Preis einen etwas höheren Gesamtumsatz. Bild 9.11 und Bild 9.12 zeigen Umsatz- und Downloadzahlen im Zeitraum 1. April bis 31. Mai 2010.

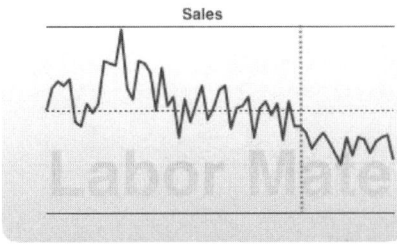

BILD 9.11 Die Downloadzahlen (absolut) gingen nach der Preiserhöhung (rote Linie) wie erwartet zurück. (Grafik: Turner)

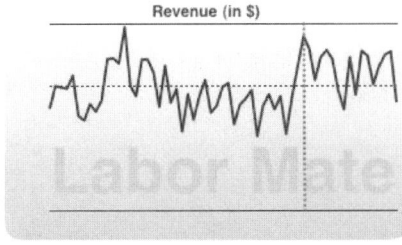

BILD 9.12 Während die Download-Zahlen klar sanken, stabilisierte sich der Gesamtumsatz leicht über dem Niveau von vor der Preisänderung. (Grafik: Turner)

Vor der Preiserhöhung waren *Geburthelfers* Downloadzahlen über einen langen Zeitraum stetig gewachsen (dieser Anstieg liegt in einem Zeitraum vor dem in Bild 9.11 dargestellten) – würde sich dieser Trend auch beim neuen Preis fortsetzen, fragte sich Turner. Einen Monat später zog er Bilanz: Im April lag der durchschnittliche Umsatz pro Tag noch bei 35 Dollar, Mitte Mai verdoppelte Turner den Preis und nahm daher in diesem Monat 37 Dollar pro Tag ein. Im Juli sanken die Umsätze wieder auf täglich 36 Dollar.

Bedenkt man den Trend, dem die Verkäufe folgten, als die App noch günstiger war und in den Ranglisten gefunden wurde, ist der Rückgang doppelt schlimm. Der Entwickler musste befürchten, dass er durch sein Experiment, das nun schon mehr als sechs Wochen andauerte, diesen Trend nachhaltig gestoppt hatte. Trotzdem hielt Turner an seinem Preis fest. Zunächst wollte er Kunden, die bereits den höheren Preis bezahlt hatten, nicht verärgern, und später plante er, seine App deutlich zu verbessern, um den Preis besser rechtfertigen zu können.

Die meisten Konkurrenten im Markt für Wehen-Timer-Apps, unter ihnen etwa *Wehenzähler* oder *Contraction Timer Deluxe*, sind im 79-Cent-Preissegment angesiedelt. Turner wollte daher ein Update ausrollen, das einen deutlichen Mehrwert gegenüber diesen Apps bieten und damit den höheren Kaufpreis seiner App rechtfertigen würde. Doch im September, mitten in den Vorbereitungen des großen Updates, änderte er seine Strategie: Statt ein großes Update auszuliefern, veröffentlichte er mehrere kleine neue Funktionen über einen Zeitraum von ein bis zwei Monaten. Gleichzeitig schickte er *Geburtshelfer* wieder auf den alten Preis-Kurs zurück. Am 1. September 2010 kostete die App wieder 79 Cent.

Danach veröffentlichte der Entwickler keine Verkaufsdaten mehr. Die Ranglisten konnte *Geburtshelfer* jedenfalls nicht mehr dauerhaft erobern. Zumindest in den meisten Ländern der Erde. In der Gesundheits-Rangliste der Niederlande findet man die App jedoch hin und wieder sogar in den Top 10, wie Sie in Bild 9.13 sehen können.

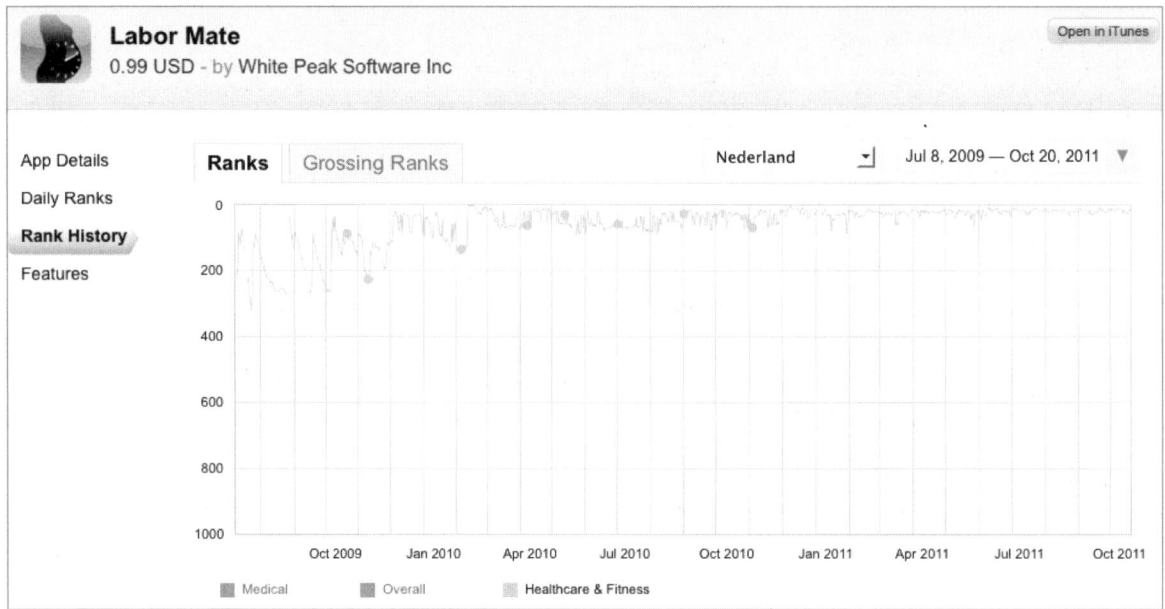

BILD 9.13 Verlauf der Ranglistenplatzierung von *Geburtshelfer* in den Niederlanden, aufgezeichnet von appannie.com. (Screenshot: Mayerhofer)

Fragen

1. Wie lief Kirby Turners Entscheidungsprozess für das Preis-Experiment ab? Wo hätten Sie zu einer anderen Vorgehensweise geraten?

2. Warum können verärgerte Kunden nach einer Preissenkung problematisch sein? Sind diese eine ernsthafte Bedrohung?

3. Welche Preisstrategie würden Sie verfolgen, wenn Sie eine Konkurrenz-App zu *Geburtshelfer* im App-Store hätten?

4. Wie wirkt sich das Wachstum des gesamten App-Stores auf Apps aus, die ihre Verkaufszahlen stabil halten können?

5. Welche Rolle kann ein Update für die Preisentscheidung spielen?

 Lessons Learned

Der perfekte Preis bringt maximale Umsätze.

Für eine erfolgreiche Preisstrategie müssen Sie das Ziel vor Augen haben: maximalen Umsatz. Ob Sie dafür tausend Apps zu je einem Euro oder eine App zu tausend Euro verkaufen, ist egal.

Ein Preis kommt selten allein.

Der von Ihnen gewählte Preis wirkt sich nicht nur direkt auf die Umsätze aus, sondern beeinflusst auch andere Eigenschaften Ihrer App: die Sichtbarkeit, das Markenimage und den wahrgenommenen Wert. Seien Sie sich also im Klaren darüber, wie sich ein bestimmter Preis auf diese Faktoren auswirken könnte.

Die Kosten spielen keine Rolle.

Informationsgüter sind anders: Sie operieren in einer Branche, die vor allem auf Know-how basiert und in der laufenden Produktion nicht von materiellen Ressourcen abhängt. Darum entstehen bei der Entwicklung einer App hohe Kosten, nicht jedoch bei jeder weiteren Kopie. Ihre hohen Grundausgaben beziehungsweise Fixkosten gehören zu den Sunk Costs und dürfen bei der Preisfindung keine Rolle spielen. Über sie können Sie den optimalen Preis für den höchsten Umsatz nicht errechnen. Da Sie auch (so gut wie) keine variablen Kosten bei der Herstellung Ihrer App einkalkulieren müssen, sind Sie in der Preisgestaltung sehr frei.

Der Wert muss stimmen.

Es ist egal, wie toll Sie Ihre App finden – wenn sie den Kunden nicht gefällt, werden Sie keine einzige verkaufen. Finden Sie heraus, welche Funktionen den Wert Ihrer App für die Kunden ausmachen und wie Sie das auf den Preis umlegen können. Preiswert muss nicht billig sein und teuer nicht überteuert. Hauptsache, Ihre App ist den Preis wert.

Es gibt sensible und unsensible Kunden.

Die Preiselastizität eines Produkts gibt an, wie stark preisorientiert seine Zielgruppe ihre Kaufentscheidung fällt. Man unterscheidet zwischen preiselastischen und preisunelastischen Produkten. Je höher die sogenannte Preiselastizität, desto stärker reagieren Ihre Kunden auf eine Änderung des Angebots.

Entweder stur oder sprunghaft.

Grundsätzlich können Sie für die Preisfindung zwischen zwei großen Strategien wählen: Bei einer **statischen Strategie** wählen Sie entweder einen Premium-Preis (Vorteil: wahrgenommener Wert) oder einen Niedrigpreis (Vorteil: Sichtbarkeit). Wenn Sie den Preis flexibel halten wollen, bietet sich eine **dynamische Preisstrategie** an. Beim Skimming senken Sie den Preis schrittweise, während er bei der Penetrationsstrategie meist erhöht wird.

Keine Position kann eine gute Position sein: für Experimente.

Eine hohe Ranglistenplatzierung wird durch einen niedrigen Preis eventuell noch besser, aber wenn Ihre App nicht gut positioniert ist, erzielen Sie mit höheren Preisen oft höhere Umsätze. Wenn Ihre App also nicht in den Ranglisten auftaucht oder auch nur gerade nicht sehr sichtbar ist, können Sie gut überlegte Experimente mit dem Preis wagen.

10 Preisdifferenzierung und die Macht von Versioning

Wenn Sie nach einer Fernreise mit Freunden zusammensitzen, denen Sie exotische Abenteuer schildern sollen, dauert es meist nicht lange, bis die eine brennende Frage gestellt wird: „Wie viel habt ihr eigentlich für eure Flüge bezahlt?" Jetzt erfahren Sie, ob Sie ein Schnäppchen gemacht haben oder einer Abzocke aufgesessen sind, denn die Reaktionen der Bekannten reichen von: „Wow, dass die Flüge gerade so günstig sind, hätte ich mir nicht träumen lassen" bis: „XY war auch gerade da und hat aber nur die Hälfte bezahlt".

Dass die unterschiedlichen Preise nicht mit Schwankungen des Kerosinpreises zu begründen sind, ist längst bekannt: Wer früher bucht, bekommt meistens deutlich niedrigere Preise. Die Fluglinien haben ein ausgeklügeltes System entwickelt, um ihre Kapazitäten auszulasten und gleichzeitig die Zahlungsbereitschaft der Kunden voll auszunutzen. Ferienurlauber, die sehr preissensibel sind, müssen sich vielleicht überlegen, den Urlaub eine Woche nach hinten zu verlegen, denn die Fluglinien senken die Preise für weniger ausgelastete Zeiträume und Strecken systematisch ab. Wer weniger bezahlen möchte, verzichtet auch auf die Möglichkeit, den Flug umzubuchen, und sitzt selbstverständlich in der Economy Class.

Geschäftsreisende stellen meist die andere Seite des Extrems dar: Oft bezahlt der Arbeitgeber die Flüge, und so ist diese Gruppe von Reisenden nicht sehr preissensibel. Sie buchen kurzfristig Flüge und zahlen alleine deswegen schon mehr. Ihr Sitz im Flugzeug hat eigentlich den gleichen Wert wie der des Frühbuchers, aber die Fluglinien nutzen die unterschiedliche Zahlungsbereitschaft aus und erheben verschiedene Preise. Um Geschäftsreisende davon abzuhalten, Touristentarife zu nutzen, müssen diese oft einen Aufenthalt über Samstagnacht beinhalten. Die wenigsten Geschäftsreisen gehen aber über das Wochenende. Die Preisdifferenzierung der Fluglinien endet da noch lange nicht: Kunden mit hoher Zahlungsbereitschaft bekommen Business- oder First-Class-Sitze für einen saftigen Preisaufschlag. Ein Business-Class-Sitz mit all den Extras mag zwar für den Kunden doppelt so viel kosten, ist aber für die Fluglinie nicht doppelt so teuer wie ein Sitz in der Economy Class.

Fluglinien fordern also für die (fast) gleiche Leistung unterschiedliche Preise. Diese Vorgehensweise nennt man Preisdifferenzierung oder Preisdiskriminierung. Indem die Zahlungsbereitschaft der verschiedenen Kundenschichten optimal ausgereizt wird, lassen sich die Gewinne deutlich erhöhen. Das Ziel des maximalen Umsatzes wird mit dieser Strategie erreicht.

Für Anbieter von Informationsgütern ist Preisdifferenzierung ein besonders wichtiges Instrument. Da die Kosten für den einzelnen Download vernachlässigbar gering sind, erzielen Sie auch bei sehr niedrigen Preisen noch Gewinn. Im Idealfall bieten Sie Ihre App, die derzeit für 2,99 Euro in Ihrem App-Store steht, jedem Käufer zu dem Preis an, den er zu zahlen bereit ist. Einem reichen Banker knöpfen Sie 500 Euro dafür ab, während Sie auch an Schüler mit einem Taschengeld von ein paar Euro für ein paar Cent verkaufen. In der App-Store-Ökonomie ist diese Strategie auch deshalb so ideal, weil Kunden Apps nicht weiterverkaufen und daher Ihre Preisstrategie nicht umgehen können.

In Bild 10.1, Bild 10.2 und Bild 10.3 sehen Sie noch einmal übersichtlich, wie Preisdifferenzierung funktioniert. In diesem vereinfachten Szenario gibt es zwei Kundengruppen. Die Preissensiblen sind nicht bereit, mehr als 99 Cent für Ihre App auszugeben, und die Zahlungsbereiten haben kein Problem, bis 2,99 Euro zu gehen. Setzen Sie einen Preis für beide Gruppen gleichzeitig fest, bleibt Ihr monatlicher Umsatz unter 300 Euro. Schaffen Sie es aber, verschiedene Preise von den beiden Gruppen zu verlangen, steigt Ihr Gesamtumsatz um 66%.

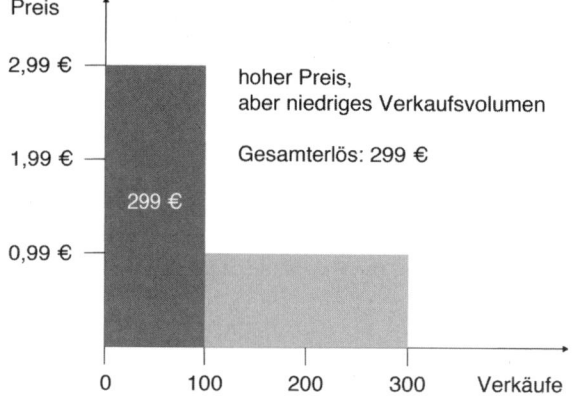

BILD 10.1
Möglichkeit 1: Sie verlangen den hohen Preis, verlieren aber alle Kunden mit niedriger Zahlungsbereitschaft. (Grafik: Mayerhofer nach Shapiro & Varian, 1999)

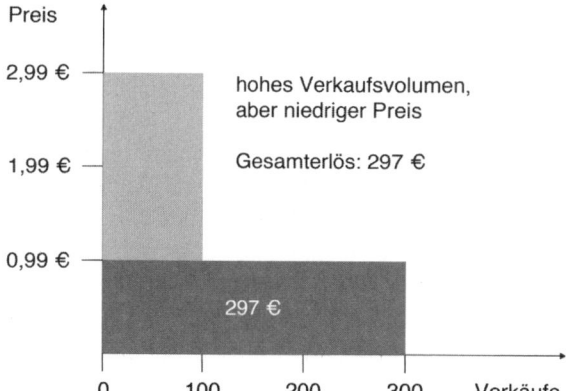

BILD 10.2
Möglichkeit 2: Sie verlangen den niedrigeren Preis, verlieren dafür aber die höheren Umsätze, die Sie bei den Kunden mit hoher Zahlungsbereitschaft erzielen könnten. (Grafik: Mayerhofer nach Shapiro & Varian, 1999)

Sie fragen sich nun mit Recht: „Wieso sollte der Banker 500 Euro bezahlen, wenn er dieselbe App auch für einige Cents haben kann? Niemand ist so dumm." Das stimmt. Wissentlich wird sich wohl niemand für die teure, aber identische Version entscheiden. Nur wenn er über andere Angebote nicht Bescheid wüsste, würde der Banker die 500-Euro-App kaufen, da dies seiner persönlichen Zahlungsbereitschaft entspricht.

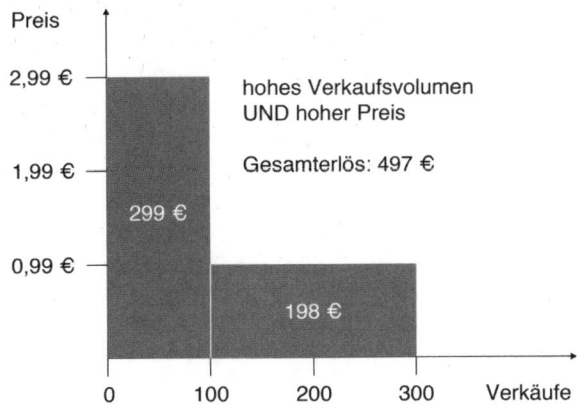

Möglichkeit 3: Sie verkaufen an die Kunden mit hoher Zahlungsbereitschaft zu einem hohen Preis und an die Kunden mit niedriger Zahlungsbereitschaft zu einem niedrigen Preis. Dadurch schöpfen Sie die volle Zahlungsbereitschaft beider Gruppen ab. (Grafik: Mayerhofer nach Shapiro & Varian, 1999)

Der große preisliche Sprung kann sich aber auch an kleinen, feinen Unterschieden bemessen. Unterschiede, die dem Schüler entweder egal sind oder die ihm egal sein müssen, weil er nur ein gewisses Budget zur Verfügung hat. Unterschiede, die dem Banker aber wichtig geworden sind, weil er sich das Beste leisten kann. Sich mit weniger zufrieden zu geben, würde wiederum ihm dumm vorkommen.

Es gibt also durchaus Möglichkeiten, ein Produkt zu verschiedenen Preisen an den Mann zu bringen. Die Idee dahinter geht auf den Ökonomen Arthur Cecil Pigou zurück, der in seinem Klassiker „The Economics of Welfare" von 1920 die Preisdifferenzierung erstmals erwähnt hat. Folgt man seinen Thesen, lassen sich daraus drei Wege ableiten, unterschiedliche Preise erfolgreich einzuführen:

- Personalisierte Preise (perfekte Preisdifferenzierung)
- Versioning (Selbstselektion)
- Gruppenpreise (Segmentierung)

In diesem Kapitel erkunden wir diese drei Möglichkeiten und analysieren, inwiefern sie sich in App-Stores umsetzen lassen.

■ 10.1 Personalisierte Preise

„Bei der individuellen Festlegung der Preise erhält jeder Konsument einen individuellen Preis, der, im Idealfall für den Anbieter, genau der Zahlungsbereitschaft der Konsumenten entspricht[.]" (Skiera & Spann, 2000)

Der Grundgedanke der Preisdifferenzierung liegt in der unterschiedlichen Wertschätzung Ihrer App. Dabei hängt der wahrgenommene Wert nicht nur von der App selbst, sondern auch von der finanziellen Situation des Käufers ab. Solange die Preiselastizität des einzelnen Käufers den Wert −1 nicht überschreitet, ist es vorteilhaft, den Preis zu erhöhen. Wie bereits erklärt, kann so die gesamte Zahlungsbereitschaft aller Käufer abgeschöpft werden. Die perfekte Preisdifferenzierung ist zunächst ein theoretisches Konstrukt, und Sie werden es nicht schaffen, personalisierte Preise für Ihre App festzulegen. Denn um sie umzusetzen, müsste der Verkäufer die genaue Zahlungsbereitschaft aller Käufer kennen. Ein für diese Art der Preisdifferenzierung gerne herangezogenes Beispiel ist das des Landarztes im 18. Jahrhundert. Damals war es gängige Praxis, das Honorar anhand der Zahlungsfähigkeit der Patienten festzulegen. Und in den letzten Jahren experimentierten einige Restaurants mit der „Pay What You Want"-Strategie: Die Gäste bestimmen selbst, wie viel sie am Ende für ihr Abendessen bezahlen wollen. Einige Gastronomen berichten zwar von unverschämten Knauserern, doch in Summe ging die Rechnung bei manchen auf, weil einige Gäste tiefer in die Tasche griffen. Im normalen Spiel von Angebot und Nachfrage, noch dazu ohne persönlichen Kontakt, ist es jedoch schwer bis unmöglich, von verschiedenen Kunden für ein und dasselbe Produkt verschiedene Preise zu verlangen – und zwar genau so viel, wie sie maximal zu zahlen bereit wären.

Das heißt nicht, dass es nicht auch im Online-Vertrieb in Ansätzen versucht würde: Internethändler sammeln die Daten ihrer Kunden so wie Eichhörnchen ihre Nüsse. Diese Daten können auch dazu genutzt werden, die Preissensibilität der Nutzer für bestimmte Produkte zu berechnen. Über Cookies werden Nutzer identifiziert und bekommen unterschiedliche Preise angezeigt. Der Onlinehändler Amazon experimentierte im Jahr 2000 in den USA mit dieser Methode (Wolf, 2000) und bot zum Beispiel neuen Kunden Bücher günstiger an als Stammkunden. Zwar fiel es den meisten Kunden nicht auf, trotzdem dauerte es nicht lange, bis die Methode aufflog. Konsumentenschützer reagierten empört, und die Praxis wurde inzwischen wieder eingestellt.

Im Internet gibt es eine weitaus verbreitetere Methode, die unterschiedliche Zahlungsbereitschaft der Kunden auszunutzen. Wer bei einem Online-Shop registriert ist, bekommt meist in regelmäßigen Abständen Gutscheincodes zugeschickt. Dabei werden einzelne Produkte oder das ganze Sortiment vorübergehend vergünstigt angeboten. Der Händler erhofft sich einerseits die verstärkte Aufmerksamkeit des Empfängers für sein Angebot, und andererseits bietet er dem Kunden einen Rabatt an, der im Idealfall seiner Zahlungsbereitschaft entspricht. So motiviert er den Kunden zu Einkäufen, die dieser gar nicht geplant hatte. Dennoch kann auch dies nicht als vollkommene Personalisierung der Preise verstanden werden, wie sie theoretisch beschrieben ist. Zwar nähern sich Online-Händler teilweise der Zahlungsbereitschaft immer mehr an – zum Beispiel, wenn sie nach einer unerhörten Gutscheinsendung zusätzliche Rabatte an zögerliche Kunden ausgeben. Doch die gesamte Spannweite der möglichen Preise können sie so auch nicht abdecken.

Leider können derzeit in keinem App-Store Preise personalisiert oder Gutscheincodes erstellt werden. Sollten Sie auf diese Preisstrategie nicht verzichten wollen, können Sie zumindest eine Kundengruppe mit solchen Methoden ansprechen: all jene nämlich, die außerhalb der strengen Grenzen der App-Stores auf Ihr Angebot stoßen. Die Fans Ihres eigenen Online-Shops etwa oder auch die Empfänger Ihres Newsletters.

Auch ein „Pay What You Want"-Modell wäre natürlich in Ihrem eigenen Shop denkbar. Die Band Radiohead setzte beim Vertrieb ihres Albums „In Rainbows" für einige Zeit auf die Spendenbereitschaft der Kunden und erhielt für das Experiment sehr viel Medienaufmerksamkeit. Eine Auswertung danach ergab jedoch, dass trotz dieses Gratisangebots die Zahl der illegalen Downloads in Tauschbörsen überwogen hatte. Zum wirtschaftlichen Erfolg des offiziellen Downloads auf der Website gibt es leider keine verlässlichen Zahlen.

Dennoch bleibt es für Sie schwierig, individuelle Preise für jeden Kunden festzusetzen.

10.2 Selbstselektion

Die Zahlungsbereitschaft Ihrer Kunden kennen Sie vermutlich recht genau, wenn Sie einen Tante-Emma-Laden in einem 50-Seelen-Dorf betreiben. In App-Stores treffen Ihre Produkte aber auf Millionen von Kunden aus aller Herren Länder. Unmöglich, die Situation all dieser Menschen zu kennen. Daher ist die zweite Möglichkeit, Preise zu differenzieren, die der Selbstselektion. Das Prinzip ist schnell erklärt: Kunden wählen selbst den Preis, der ihrer Zahlungsbereitschaft entspricht. Anbieter erreichen dies mit einer der folgenden drei Strategien:

- **Quantitative Preisdifferenzierung:** Der Preis sinkt mit der Menge, die ein Käufer abnimmt. Diese Methode kennen Sie sicher aus dem Supermarkt, wo der Kilo-Preis von Produkten meist sinkt, wenn Sie eine größere Packung kaufen. Auch bei Apps lässt sich diese Strategie mitunter umsetzen. So bietet Apple zum Beispiel das „App Store Volume Purchase Program" für Bildungseinrichtungen. Anbieter können für ihre App einen Rabatt festlegen, den Sie gewähren, wenn etwa Universitäten mehr als 20 Apps auf einmal kaufen.

- **Qualitative Preisdifferenzierung:** Hier werden die Produkte ebenso differenziert wie der Preis. In diese Kategorie fallen auch Business- und Economy-Class-Flugtickets. Verschiedene Versionen einer App zu unterschiedlichen Preisen anzubieten, wird als Versioning bezeichnet. Versioning lässt sich von allen Strategien der Preisdifferenzierung in App-Stores am wirkungsvollsten durchführen, daher komme ich später noch einmal darauf zurück.

- **Zeitliche Preisdifferenzierung:** Hier setzen Sie den Kunden zeitliche Einschränkungen als Barriere. Wer den Zeitpunkt des Kaufs selbst bestimmen will, ist weniger preissensibel und muss daher mehr bezahlen. Meist wird das Produkt ganz einfach mit der Zeit günstiger (siehe auch Skimming). Manche Anbieter geben aber auch einen Rabatt auf Bestellungen, die am Wochenende eingehen, um Geschäftskunden auszusperren. Auch der Aktionspreis aus Kapitel 8 ist eine Form der zeitlichen Preisdifferenzierung.

Mit Selbstselektion können Sie im Regelfall deutlich weniger Zahlungsbereitschaft abschöpfen als mit personalisierten Preisen (die aufgrund ihrer unerreichbaren Perfektion aber auch kein Maßstab sein sollten). Um dieselbe Wirkung zu erzielen, müssten Sie endlos viele Preisstufen anbieten, was nicht nur logistisch unmöglich ist, sondern auch die Kunden hoffnungslos verwirren würde. Dafür brauchen Sie für diese Strategie nur sehr wenige Informationen über die Kunden, weswegen sie relativ einfach umzusetzen ist.

10.3 Gruppenpreise

Kunden lassen sich mittels verschiedener Kriterien, etwa anhand ihres Einkommens oder der von ihnen genutzten Hardware, segmentieren – also in Gruppen zusammenfassen. Dabei geben die Kunden die Gruppenzugehörigkeit selbst an – sie muss also nachprüfbar sein. Prominentestes Beispiel ist sicher der Studentenrabatt. Üblicherweise gewähren Unternehmen Studenten niedrigere Preise nicht aus altruistischen Motiven. Vielmehr sind die Studenten weniger zahlungskräftig, und der Studentenausweis ist ein effektives Mittel, um diese niedrigere Zahlungsfähigkeit nachzuweisen.

In Softwaremärkten sind Gruppenpreise besonders interessant, weil die höhere Verbreitung, beispielsweise bei Studenten, Lock-In und Netzwerkeffekte nach sich zieht. So sind die Studenten später bereits an eine Software gewöhnt und kaufen dann die nächste Version zum vollen Preis. Nachdem der Wert eines Netzwerks mit der Zahl der Mitglieder steigt, können Anbieter den Wert ihrer Software durch die zusätzlichen Nutzer steigern, auch wenn diese nicht den vollen Preis bezahlen.

Abgesehen von der Segmentierung nach Einkommen, das meist mit der Zugehörigkeit zu einer sozialen Gruppe gleichgesetzt wird (Studenten, Schüler, Rentner), ist auch die räumliche Segmentierung sehr verbreitet. In einkommensschwächeren Ländern und Regionen bieten viele Unternehmen ihre Produkte günstiger an. Volkswagen wurde 1998 von der EU-Wettbewerbskommission zu einer Strafe von umgerechnet 101 Millionen Euro verurteilt, weil das Unternehmen seine Fahrzeuge in Italien günstiger angeboten hatte.

Da in App-Stores bis dato keine personenbezogene Differenzierung eingesetzt werden kann, müssen Sie sich auf räumliche Differenzierung beschränken. Dies ist zwar ebenfalls nicht vorgesehen, doch diese Hürde können Sie theoretisch umgehen, indem Sie dieselbe App mehrmals einreichen. In den Verwaltungsoptionen der Entwicklerportale lassen sich unter anderem der Preis und die Länder konfigurieren, in denen die App verfügbar sein soll. Allerdings gibt es keine seriösen Berichte, die über den Erfolg eines solchen Vorgehens berichten. Daher wird die Möglichkeit an dieser Stelle nicht weiter vertieft.

■ 10.4 Das Versioning

Nachdem personalisierte Preise und Gruppenpreise in App-Stores meist gar nicht möglich sind, müssen sich Entwickler oft auf Versioning beschränken. Zum Glück ist Versioning ohnehin eine der effektivsten Strategien.

Diese Art der Preisdifferenzierung ist eine Methode, die fast überall eingesetzt wird. Es gibt fast immer etwas an einem Angebot zu verbessern – gegen den entsprechenden Aufpreis.

Und so maximieren auch Sie Ihre Umsätze mit Versioning: Sie veröffentlichen mehrere Versionen Ihrer App, die auf verschiedene Bedürfnisse und vor allem das unterschiedliche Wertempfinden der Nutzer eingehen. Dabei ist darauf zu achten, dass die einzelnen Versionen auf die Bedürfnisse von spezifischen Kundengruppen zugeschnitten sind. Kunden wählen dann selbst die Version, die ihre Bedürfnisse am besten erfüllt und deren Wert sie für angemessen halten.

Die App *Rowmote* (Bild 10.4) von Evan Schoenberg macht iPad und iPhone zu einer Fernbedienung für Mac und Apple TV. Während die Standardversion (0,79 Euro) über Funktionen einer herkömmlichen Fernbedienung wie Play/Pause und Lauter/Leiser verfügt, kann die sogenannte Pro-Version (3,99 Euro) auch Trackpad und Tastatur ersetzen. Alle anderen Funktionen sind in beiden Versionen identisch.

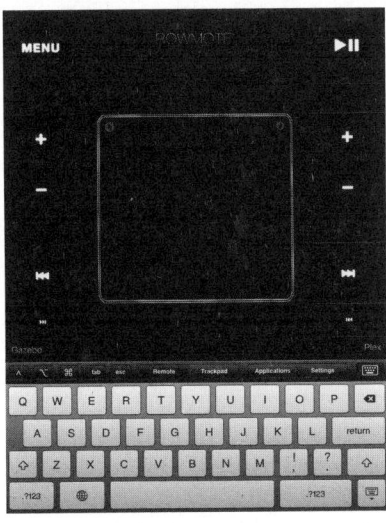

BILD 10.4 *Rowmote Pro* auf dem iPad.
(Screenshot: Schoenberg)

Nutzer können also nach ihren eigenen Präferenzen wählen. Oder anders ausgedrückt, sie entscheiden selbst, wie viel ihnen zusätzliche Funktionen wert sind. Sollte ein Kunde erst später feststellen, dass er die zusätzlichen Funktionen doch benötigt, existiert in der Standardversion ein In-App-Purchase, mit dem für 2,99 Euro[1] ein Upgrade durchgeführt werden kann.

Rowmote Pro brachte zwar solide Verkaufszahlen, schaffte es aber nie in die oberen Ränge der umsatzstärksten Länder USA, Kanada, UK, Australien, Japan, Deutschland, Italien, Frankreich und Belgien. Interessant ist auch der Vergleich mit der Standardversion, die zwar öfter gekauft wurde und so für erhöhte Sichtbarkeit in den Ranglisten der meistgekauften Apps sorgte, aber im Ranking der umsatzstärksten Apps dafür gar nicht auftauchte. Den größeren Umsatz erreicht Schoenberg also mit der fünfmal teureren Pro-Variante.

Rowmote ist ein treffendes Beispiel für Differenzierung in der Funktionalitäts-Dimension. Es gibt aber noch eine Reihe von weiteren Dimensionen, in denen die abweichenden Präferenzen der Nutzer zur Differenzierung herangezogen werden können.

Verzögerung

Hal Varian (1999) formuliert es sehr treffend: „Informationen sind wie Austern: Am wertvollsten sind sie, wenn sie noch frisch sind." Wenn Sie in Ihrer Premium-Version aktuellere Daten bereitstellen, geben Sie den Nutzern einen guten Grund, die teurere Version zu kaufen. Preissensible Kunden geben sich mit den älteren Informationen zufrieden. Ein Beispiel hierfür ist die Wertpapier-App *Börse Frankfurt*, in der Xetra-Kurse kostenfrei mit einer zeitlichen Verzögerung bereitgestellt werden, Echtzeitkurse aber kostenpflichtig sind.

---

[1] Ihnen fällt vielleicht auf, dass es günstiger ist, die Standardversion und das Upgrade zu kaufen (3,78 Euro), als die Premiumversion (3,99 Euro). Dies ist dem von Apple diktierten Preis-Tier-System geschuldet. Die Preisstufen (Tiers) werden von Apple vorgegeben und beinhalten einen festen Fremdwährungspreis. Die Preisstufe 0,79 Euro entspricht zum Beispiel 0,59 Pfund und 0,99 Dollar. Obwohl der Wechselkurs schwankt, bleiben die Preise meist gleich. In den USA sind beide Wege zur Pro-Version gleich teuer.

Anpassungsmöglichkeiten

Apps für Gelegenheits-Nutzer müssen vor allem simpel sein. Möglichkeiten, ein Feintuning vorzunehmen, stören diese Nutzergruppe sogar. Hingegen möchten Profi-Nutzer möglicherweise Interface und Funktionalitäten anpassen und sind auch bereit, dafür einen Premiumpreis zu bezahlen.

Bequemlichkeit

Es kann sinnvoll sein, die Nutzung einer App abhängig von externen Faktoren (bspw. Uhrzeit, Art der Internetverbindung, genutzte Hardware) einzuschränken. Um diese Unbequemlichkeiten abzuschalten, muss sich der Käufer für eine Premiumversion entscheiden.

Geschwindigkeit

Um Geschwindigkeitsvorteile in Premiumversionen zu erreichen, muss nicht unbedingt die Standardversion gedrosselt werden. Zum Beispiel können Premiumkunden höhere Priorität auf einem Server erhalten, der Informationen für eine App bereitstellt.

Funktionalität

Einschränken bzw. Erweitern von Funktionen ist die in App-Stores am häufigsten genutzte Dimension der Differenzierung innerhalb einer Produktgruppe. Das Beispiel von *Rowmote* fällt in diese Kategorie. Selbst Spiele, die in der Premiumversion zusätzliche Levels besitzen, differenzieren die Versionen nach Funktionalität.

Adobe Ideas (Bild 10.5) wird von Adobe Systems als digitaler Zeichenblock angepriesen, mit dem unterwegs Ideen erfasst und ausgearbeitet werden können. Die App kostet 3,99 Euro und bietet in der Grundversion bereits alle Funktionen, die zum Erstellen, Bearbeiten und Exportieren von Vektorgrafiken nötig sind. Zusätzlich kann als In-App-Purchase (0,79 Euro) die Funktionalität „Zeichnungsebenen" gekauft werden. Mit dieser Zusatzfunktion können Skizzen in bis zu 10 Ebenen angelegt werden.

BILD 10.5 Das Standard-Interface von *Adobe Ideas* auf dem iPhone. (Screenshot: Adobe)

Premiumfunktionen dieser Art von bestimmten Versionen auszuklammern, ist eine einfache, verständliche und wirkungsvolle Methode des Versionings. „If you add a fancy new feature to your software [...], make sure there is some way to turn it off" (Shapiro & Varian, 1999). Auch wenn es unmoralisch klingen mag, die besten Funktionen Ihrer App sollten sich einfach entfernen lassen, damit Sie eine funktionsarme Version erstellen können. Finden Sie heraus, welche Features für Ihre Nutzer den größten Wert haben. Wenn Sie die falschen Funktionen in der günstigeren Version belassen, fehlt für Ihre Nutzer der Anreiz, das Upgrade zu kaufen.

Technische Unterstützung

Besserer technischer Support bei Premiumprodukten ist bei Apps noch nicht sehr verbreitet. In anderen Softwarebereichen ist es aber durchaus üblich, für Premiumkunden schnellere oder direktere (bspw. Telefon- statt E-Mail-) Unterstützung anzubieten.

Dies ist die einzige der aufgezählten Differenzierungsvarianten, die sich auf die variablen Kosten niederschlägt. Bei allen anderen Dimensionen sind die variablen Kosten beim Premium-Produkt nicht höher als beim Massenprodukt.

■ 10.5 Extremeness Aversion

Es stellt sich schnell die Frage, wie viele verschiedene Versionen für eine spezifische App denn nun sinnvoll sind. In den meisten Fällen sicherlich mehr als eine.

Wenn Sie über die Anzahl der verschiedenen Versionen nachdenken, gilt es abzuwägen zwischen der besseren Ausnutzung der Zahlungsbereitschaft der User und dem Risiko, den potenziellen Kunden nur zu verwirren (erinnern Sie sich an die vielen verschiedenen Abo-Kombinationen des Wall Street Journals). Eine universelle Antwort auf diese Frage gibt es nicht. Für Sie ist es daher wichtig, Markt und Produkt gut zu kennen: Welche Kundengruppen (etwa Geschäfts- und Privatkunden) gibt es und welche Möglichkeiten der Differenzierung bietet die App?

Im Zusammenhang mit dem Versioning von Produkten ist ein psychologisches Phänomen interessant, welches die Wirtschaftspsychologen Itamar Simonson und Amos Tversky (1992) als *Extremeness Aversion* (dt. Abneigung gegen Extreme) bezeichnen. Anfang der 1990er Jahre führten sie eine Studie zu Kaufentscheidungen mit Mikrowellenherden durch (siehe Tabelle 10.1). In einem Experiment mussten Kunden eine Kaufentscheidung treffen. Dabei wurden Geräte aus verschiedenen Preissegmenten angeboten. Standen ausschließlich ein günstiger und ein mittelbepreister Ofen zur Auswahl, entschieden sich 43% der Studienteilnehmer für den etwas teureren. Wurde jedoch noch ein drittes, noch teureres Modell angeboten, stieg der Marktanteil des mittleren Produkts um 17 Prozentpunkte. Kunden vermeiden es also, das teuerste oder das billigste Produkt zu kaufen.

Wollen Sie also Ihre Kunden dazu bringen, ein Topmodell aus Ihrer Produktreihe zu kaufen, sollten Sie ein Produkt veröffentlichen, das noch teurer ist als das bisherige Premiumprodukt. Im Normalfall wechseln dadurch viele Kunden von der günstigeren zur teureren Alternative.

TABELLE 10.1 „Extremeness Aversion"-Experiment mit Mikrowellenherden. (Simonson & Tversky, 1992)

Mikrowellenherd	Gruppe 1	Gruppe 2
Panasonic II ($199,99)	nicht angeboten	13
Panasonic I ($179,99)	43	60
Emerson ($109,99)	57	27

Im Marketing ist es weit verbreitete Praxis, die Extremness Aversion von Kunden auszunutzen (Bild 10.6), jedoch scheint das Wissen nicht bis zu den Anbietern von Apps durchgedrungen zu sein. Drei angebotene Versionen einer App finden sich äußerst selten. Für die Festlegung einer Versioning-Strategie ist die Extremness Aversion ein bequemer Lösungsansatz: „Wenn Sie sich nicht entscheiden können, wie viele Versionen Sie anbieten sollen, wählen Sie drei." (Shapiro & Varian, 1999)

BILD 10.6 Microsoft bietet *Windows 7* in drei Konfigurationen an. Die teuerste Version „Ultimate" bietet einige zusätzliche Funktionen für System-Administratoren und ist daher für Privat-Nutzer meist irrelevant. Auffallend ist der verhältnismäßig geringe Preissprung von der Professional- zur Ultimate-Version. Diese wird jedoch trotzdem die Umsätze erhöhen, denn der Absatz des mittleren Angebots wird durch sie steigen. (Screenshot: Mayerhofer)

■ 10.6 Der In-App-Purchase – Ein Segen für Entwickler

Inzwischen bieten die meisten App-Stores eine Möglichkeit an, die es oft überflüssig macht, getrennte Apps einzustellen. Mit dem In-App-Purchase können Sie trotzdem einzelne Funktionen an Ihre Nutzer verkaufen. Das hat eine Reihe von Vorteilen.

▪ Sie können eine **langfristige Beziehung** zu Ihren Kunden aufbauen und einen ebenso langfristigen Umsatzstrom eröffnen. Statt neue Funktionen per Update kostenlos an Ihre Nutzer zu verteilen, haben Sie so die Möglichkeit, jedes Mal von Neuem Bezahlung zu fordern.

- Sie benötigen nur eine Version Ihrer App. Dadurch **verhindern Sie, dass Ihre Kunden verwirrt** werden, und haben im Normalfall auch selbst weniger Arbeit, da Sie nur eine App-Store-Seite betreuen müssen.

- Nur eine App im Store zu haben wirkt sich selbstverständlich auch sehr **positiv auf die Ranglisten-Position** aus. Während sich die Verkaufszahlen durch verschiedene Versionen auf mehrere Apps aufteilen und sich das sehr negativ auf die Ranglisten auswirkt, verkaufen Sie nun mehr von nur einer App, die dadurch mit vollem Schwung die Konkurrenten aus der Bahn werfen kann.

- Durch den niedrigen Preis locken Sie preissensible Kunden an. Mit der Zeit überzeugen Sie diese von der Qualität Ihrer App. Bieten Sie mehrere Apps an, müssen diese Kunden dann eine weitere App kaufen. Das **Konvertieren von Zögerern zu besonders zahlungskräftigen Kunden** wird durch In-App-Upgrades erheblich erleichtert.

Auch in den Beispielen von vorhin kommen In-App-Käufe als Mittel zur Preisdifferenzierung zum Einsatz. Gerade bei Spielen sind sie das Mittel Nummer eins, um die Einnahmen zu erhöhen. Mitte 2011 nutzten über 70% der 200 umsatzstärksten Spiele In-App-Purchases, Tendenz steigend (Distimo, 2011).

Einsatzmöglichkeiten und Arten von In-App-Käufen

Für In-App-Purchases gibt es zahlreiche Einsatzgebiete. Einige davon lassen sich durch herkömmliches Versioning nicht erreichen. Wir unterscheiden vier grundsätzliche Arten von In-App-Purchases: Inhalte, Features, Dienstleistungen und Abonnements.

Die iPhone-App *TextNow* (Bild 10.7) von Enflick, Inc ist in der Basisversion kostenlos, bietet dafür aber alle vier Arten von In-App-Käufen an. Mit der werbeunterstützten Basisversion können Nutzer kostenlos SMS-Nachrichten versenden und empfangen. Gegen Bezahlung auch Anrufe tätigen und empfangen.

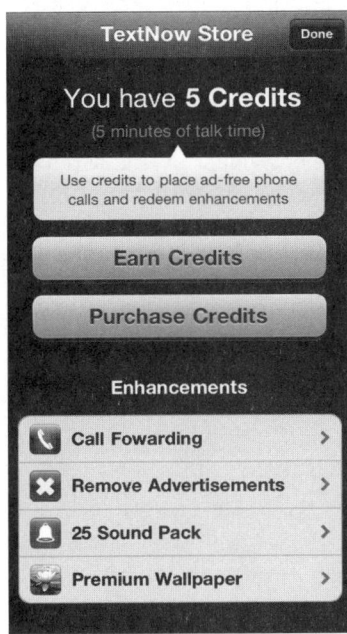

BILD 10.7 Innerhalb der App *TextNow* gibt es einen eigenen Store, in dem die In-App-Purchases präsentiert werden. (Screenshot: Mayerhofer)

- **Inhalte** können klassische Medieninhalte wie Musik, Bücher, Magazine oder Videos sein. Es können aber ebenso Zusatzlevels oder -Gegenstände in Spielen verkauft werden. In *Text-Now* gibt es zum Beispiel SMS-Töne und Chat-Hintergründe, die man freischalten kann.

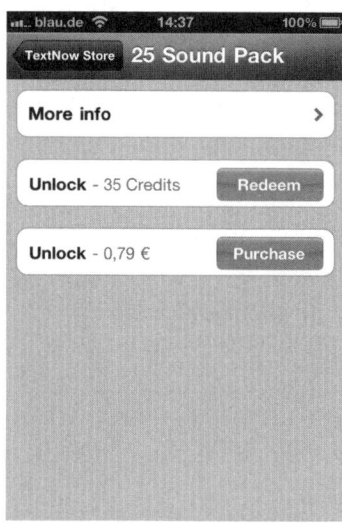

BILD 10.8 Töne und Hintergründe kosten in *TextNow* je 79 Cent. (Screenshot: Mayerhofer)

- **Features** werden meist im klassischen Versioning zur Differenzierung genutzt. Ihnen sind auch bei In-App-Purchases quasi keine Grenzen gesetzt. Neben tatsächlichen Verbesserungen, können Sie auch gegen Bezahlung Lästigkeiten entfernen. In *TextNow* können zum Beispiel die Werbeeinblendungen deaktiviert werden.

- **Dienstleistungen** unterscheiden sich grundlegend von Features, denn hier bezahlt der Nutzer nur für eine einmalige Leistung. Anwendungsmöglichkeiten reichen vom Generieren einer Steuererklärung bis zum Überspringen eines besonders schweren Levels in einem Spiel. In *TextNow* kauft man Dienstleistungen mittels Credits, die man vorher erworben hat. Mit diesen Credits können die Nutzer Anrufe zu herkömmlichen Telefonen tätigen.

- **Abonnements** sind für Anbieter noch vorteilhafter als Dienstleistungen, denn Nutzer müssen dadurch nicht nur immer wieder für eine Leistung bezahlen, sondern vereinbaren mit Ihnen, dies in regelmäßigen Abständen zu tun. In der extremsten Form ist Ihre App nur durch eine monatliche Zahlung nutzbar. Größere Nutzerakzeptanz können Sie aber erwarten, wenn Sie nur einzelne Funktionen im Abo anbieten. Nutzer bekommen in *TextNow* eine echte Telefonnummer, über die kostenlose SMS versandt und Antworten empfangen werden. Auch abgehende Anrufe haben die App-eigene Telefonnummer. Wenn die Nutzer aber einmal zurückgerufen werden, geht der Anruf ins Leere. *TextNow* verspricht Abhilfe – für 2,39 Euro pro Monat. Für diesen Betrag können die Nutzer eine Anrufweiterleitung auf ihre reguläre Telefonnummer einrichten (Bild 10.9).

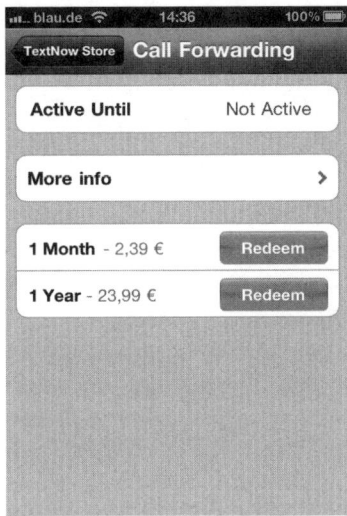

BILD 10.9 Beim Verkaufen der Anrufweiterleitung profitiert *Text-Now* vom Lock-In-Effekt, der auf die Nutzer wirkt, die ihre neue Telefonnummer bereits ausgiebig an ihre Freunde verteilt haben. (Screenshot: Mayerhofer)

Das In-App-Geschäft ist eine langfristige Strategie

Durch In-App-Purchases bauen Sie eine dauerhafte Beziehung zu Ihren Kunden auf. Wenn alles nach Plan läuft, entlohnen die Nutzer Sie für die Weiterentwicklung Ihrer App, indem sie für neue Features bezahlen. Hier profitieren Sie von psychologischen Effekten, die mit dem langen Zeitraum der Nutzung entstehen. Wenn die letzte Zahlung bereits Monate zurückliegt, ist die Hemmschwelle für erneutes Bezahlen deutlich geringer. Statt die Kosten für Ihre App zu einem Gesamtpreis zu addieren, betrachten die Nutzer die einzelnen Käufe unterbewusst getrennt voneinander. Durch Abonnements können Sie noch weiter profitieren, denn eine dauerhafte Bestellung wird zwar von vielen als unangenehm empfunden, aber die tatsächliche Kündigungsrate ist meist so niedrig, dass der Umsatz deutlich höher ist als bei normalen In-App-Dienstleistungen.

 Praxistipp: Eine gute Beziehung zum Kunden entsteht aber nicht nur durch den Kauf Ihrer App

Ihre Nutzer müssen von Ihrer App überzeugt sein und aktives Zufriedenheits-management erfahren. Veröffentlichen Sie also hin und wieder auch ein kosten-loses Update und stehen Sie bei technischen Problemen sofort zur Verfügung.

Ob im App-Store oder in der App: Rücken Sie Ihre Angebote stets ins beste Licht

Wenn Sie überlegen, wie und wo Sie Ihre In-App-Verkäufe anpreisen wollen, müssen Sie zunächst die Nutzungsgewohnheiten der Kunden nachvollziehen. An welcher Stelle ist die Wahrscheinlichkeit am höchsten? Man fragt seinen Chef besser nicht nach einer Gehaltserhö-hung, wenn dieser am Vortag von seiner Frau verlassen wurde. Genauso sollten Sie darauf achten, dass Ihre Kunden gut gelaunt in den In-App-Werbekanal stolpern. Wenn der Nutzer gerade eine lange liegen gelassene Aufgabe in Ihrer To-do-App abgehakt hat, ist vielleicht ein guter Zeitpunkt, ihm die verbesserte Listenansicht vorzustellen, die nur 79 Cent extra kostet. Der Zufall kann Ihnen zwar immer noch Misserfolg bescheren, wenn es sich um das To-do „Scheidungspapiere unterschreiben" handelte – doch im Regelfall werden Sie auf diese Art mehr Updates verkaufen.

Auch die Präsentation selbst sollten Sie nicht ohne gut durchdachte Strategie implementieren. Sie haben den Vorteil, dass der Nutzer in Ihrer App weitgehend immun gegen Ablenkungen ist. Nutzen Sie die ungeteilte Aufmerksamkeit, um den Sales-Pitch Ihres In-App-Produkts abzuspielen. Glauben Sie nicht, das Verkaufen von In-App-Leistungen wäre einfacher als das Verkaufen von Apps selbst. Nein, Sie müssen auch hier den Nutzer vom Wert Ihres Produktes überzeugen.

Wenn Sie eine große Zahl verschiedener In-App-Produkte in Ihre App integrieren, haben Sie zwei Möglichkeiten der Präsentation. Entweder Sie bauen eine Art In-App-Shop auf, wie es auch *TextNow* in Bild 10.7 getan hat. Oder Sie platzieren die Verkäufe an strategischen Stellen, damit die Kunden dazu angeregt werden, Impulskäufe zu tätigen. Dadurch kann es aber sein, dass einzelne Artikel von Kunden übersehen werden. Aus Gründen der Übersicht und auch der Fairness sollten Sie überlegen, die verfügbaren In-App-Käufe inklusive einer Preisliste auf Ihrer Website und vielleicht sogar im Beschreibungstext der App unterzubringen. Die Anzeige der In-App-Purchases lässt in vielen App-Stores zu wünschen übrig und wird von den Käufern nicht korrekt wahrgenommen.

Nachdem In-App-Käufe genauso eigenständige Produkte sind wie Apps selbst – zumindest im marketingtechnischen Sinn –, können Sie auch alle Tricks anwenden, die wir bis jetzt für Apps untersucht haben. Nutzen Sie etwa die Extremeness Aversion der Kunden aus, indem Sie drei verschiedene Alternativen von In-App-Käufen anbieten. *TextNow* folgt diesem Prinzip (Bild 10.10) und stellt drei verschiedene Mengen Credits zur Auswahl. Dadurch kaufen höchstwahrscheinlich weniger Kunden die kleinste Einheit für 1,59 Euro.

BILD 10.10 Ein Dialog wie dieser muss vor dem Verkauf von In-App-Items immer angezeigt werden. Wieso also den Platz nicht ausnutzen, und verschiedene Alternativen anbieten? (Screenshot: Mayerhofer)

■ 10.7 Grenzen des Versionings

Zu den Risiken des Versionings zählt vor allem die Kannibalisierung von Produktvarianten. Gelingt es Ihnen nicht, einen klaren Unterschied zwischen Einsteiger- und Profiversion herauszustellen, erwerben Kunden, die eigentlich einen hohen Preis für eine Profiversion gezahlt hätten, möglicherweise für weniger Geld die Einsteigerversion. Dies kann daran liegen, dass die Attraktivität der Versionen zu nah beieinander liegt.

Hal Varian hat dafür ein Beispiel aus der grauen Computer-Urzeit, in der IBM noch Drucker herstellte. IBM bot Laserdrucker in einer Standard- und in der kostengünstigeren „Series E"-Variante an. Daran sehen Sie schon, dass dies einige Zeit zurückliegen muss – heute würde man eher das bessere Modell zur „Ultimate"-Version erheben. Jedenfalls druckte der Standard-Drucker zehn Seiten pro Minute und das Einsteigermodell, das für Privathaushalte gedacht war, nur die Hälfte. Ein Testlabor des Konsumentenschutzes nahm die Drucker auseinander und stellte fest: Diese beiden Geräte sind identisch! Der einzige Unterschied war ein Computerchip, der eine Wartezeit zwischen den Druckseiten einfügte. IBM hatte ein gutes Produkt absichtlich verschlechtert.

Wenn Sie sich der Strategie des Versionings bedienen, wandern auch Sie auf einem schmalen Grat. Packen Sie zu wenig Funktionen oder Inhalte in die günstigeren Versionen, sind die Kunden enttäuscht und sauer. Upgrades verkaufen Sie dann sicher keine mehr. Schlimmer: Durch die verärgerten Kunden wird das Image Ihrer App in Mitleidenschaft gezogen. Machen Sie aber zu viele Funktionen in den Einsteigerversionen zugänglich, fehlt für die Kunden der Anreiz, die teurere Version zu erwerben. Das Problem ist wie so oft, dass Sie nicht in die Köpfe Ihrer Nutzer blicken können. Wie viel Wert messen sie den einzelnen Funktionen bei? Um dies herauszufinden, benötigen Sie ein gutes Gefühl für Ihre Kunden, viele Gespräche und auch etwas Mut zum Experiment. Bereits in der Beta-Phase sollten Sie Versionen getrennt testen lassen und die Tester zu ihren Präferenzen befragen.

Ein anderer Grund für die Kannibalisierung ist die Überforderung des Kunden mit der Auswahl an verschiedenen Versionen. Gerade in App-Stores und der dort fast endlosen Vielfalt an ähnlichen Produkten können einzelne Versionen leicht übersehen werden.

Auf Gizmodo, einem der wichtigsten Blogs für Unterhaltungselektronik, den Sie als App-Entwickler auf jeden Fall kennen sollten, wurde vor der Veröffentlichung der ersten iPad-Apps über die verwirrenden Versionsbezeichnungen nachgedacht:

> *„Ein kleinerer Kritikpunkt ist die Terminologie von Apps in all ihren verschiedenen Varianten. Der Prä-iPad-App-Store brachte uns mehrere Versionen von derselben App, je nachdem ob es sich um eine kostenlose oder kostenpflichtige Variante handelte: Lite, Free, Pro, Premium, Trial und so weiter. Stellen Sie sich das nun doppelt vor, um iPad-Apps zu kennzeichnen. Bis jetzt kennen wir HD, for iPad, iPad, XL und Deluxe. Das könnte chaotisch werden."* (Buchanan, 2010).

Abhilfe gegen Probleme bei der Sichtbarkeit schaffen Sie einerseits durch eine übersichtliche und ausführliche Produktpräsentation auf Ihrer Produkt-Website. Andererseits können Sie mittels In-App-Purchase-Möglichkeit mehrere verschiedene Upgrades in eine Version integrieren. Die Bestimmung der optimalen Versionszahl und -ausprägung erfordert gute Kenntnis des Nutzerverhaltens und der Konsumentenbedürfnisse. Je größer die Zahl der Versionen, desto größer ist das Potenzial der Umsatzsteigerung. Gleichzeitig wächst aber auch die Kundenverunsicherung.

Zuletzt gibt es auch ökonomische Faktoren, die dafür sprechen, die maximale Versionszahl oder die Anzahl der verfügbaren In-App-Käufe zu begrenzen. Für jede zusätzliche Funktion und jeden Inhalt müssen Sie Energie und also auch Geld in die Hand nehmen. Diese Kosten überschreiten irgendwann die Zahlungsbereitschaft der Kunden, und so gibt es eine natürliche Grenze, die Sie nicht überschreiten sollten.

■ 10.8 Bundling

Bevor ich das Kapitel über Preisdifferenzierung abschließe, möchte ich Ihnen noch ein weiteres Konzept vorstellen, das in der Vergangenheit für Software-Produkte sehr populär war: das Bundling (deutsch: Bündelangebot).

Der Gedanke des Bundlings folgt dem des Versionings: Nicht alle Kunden haben die gleiche Zahlungsbereitschaft für verschiedene Produkte. Kunde Müller ist bereit, für Ihre App 5 Euro und für die App eines befreundeten Entwicklers 8 Euro auszugeben. Kunde Schmidt hingegen würde für Ihre App 8 Euro und für die des Bekannten 5 Euro hinblättern. Um jeweils beide Verkaufsabschlüsse zu tätigen, müssten Sie beide Ihren Preis bei 5 Euro festlegen und würden je 10 Euro Umsatz erzielen. Anders sieht die Situation aus, wenn Sie Ihre beiden Apps zu einem Paket (oder Bündel) zusammenfassen. Dann könnten Sie für beide Apps zusammen 13 Euro verlangen und trotzdem beide Kunden zu einem Kauf bewegen. Teilen Sie die Umsätze zu gleichen Teilen untereinander auf, bekommt jeder 13 Euro.

Was ist Bundling?

Bundling ist eine Preisstrategie, bei der mehrere Produkte zu einem einzigen Produkt zusammengefasst werden und dementsprechend auch zu einem Preis verkauft werden. Sie kennen Bundling zum Beispiel von Software-„Suiten“. Normalerweise kaufen Kunden nicht Microsoft *Word*, sondern eine Office Suite, die zumindest noch *Excel* und *Powerpoint* enthält. Auch Internetprovider versuchen, Ihnen nicht nur den Internetanschluss, sondern auch noch Festnetztelefon, Kabelfernsehen und in manchen Fällen sogar Handy-Vertrag zu verkaufen. Man unterscheidet zwischen purem Bundling, bei dem die Produkte nicht separat erhältlich sind, und gemischtem Bundling, bei dem Sie weiterhin auch einzelne Produkte erwerben können. Auf iTunes können Sie etwa ein ganzes Musik-Album erwerben, aber auch einzelne Lieder. Beim gemischten Bundling behält der Kunde die Wahl, ob er vom Bundling-Angebot Gebrauch machen will.

Bundling ist besonders beliebt für Softwareprodukte, weil ja keine Kosten durch den Verkauf von zusätzlichen Einheiten entstehen. Durch das Bundling erreichen Anbieter Kunden, die nur zu einem sehr kleinen Betrag bereit gewesen wären, ihre App zu kaufen. Unabhängige Entwickler nutzen Bundling-Aktionen oft, um Aufmerksamkeit zu erreichen. Dabei werden üblicherweise Programme von verschiedenen unabhängigen Entwicklern im Bündel angeboten. Dadurch erreichen die Programmierer eine Aufmerksamkeit, die sie nie erreichen könnten, wenn sie zum Beispiel nur ihre eigene App zum Aktionspreis verkaufen würden. In Bild 10.11 sehen Sie das Angebot „Mac SuperBundle" von Nova Development, eine kurzzeitige Bundling-Aktion, wie sie für Mac Apps häufiger anzutreffen ist. Kunden bekommen zehn Apps, die im Einzelverkauf 365 Dollar kosten würden, zum Preis von 49 Dollar. Nachdem bei solchen Angeboten der Bundling-Veranstalter einen Teil der Umsätze einstreicht, sind die Pro-Stück-Umsätze der teilnehmenden Entwickler meist sehr gering.

BILD 10.11 Die Website des zeitlich begrenzten Software-Bundles „Mac SuperBundle". (Screenshot: Mayerhofer)

Das Für und Wider des Bundlings

Der größte Vorteil des Bundlings ist selbstverständlich, dass Sie die Zahlungsbereitschaft der Kunden effektiver abschöpfen können. Allerdings brauchen Sie dazu zuerst einmal Apps, die sich im Bündel verkaufen lassen. Eine Schwangerschafts-App lässt sich schwer mit einem Alkoholtester kombinieren, dafür aber vielleicht mit einer Rezepte-App. Damit Bundling in Ihrem Produktportfolio funktioniert, muss dieses stark auf eine bestimmte Zielgruppe ausgerichtet sein.

Bundling-Aktionen zusammen mit Apps anderer Unternehmen können zwar auch dabei helfen, Zahlungsbereitschaften abzuschöpfen, dienen aber meist einem anderen Zweck. Sie erreichen dadurch vor allem eine enorme Sichtbarkeit und können Ihre Nutzerbasis sehr schnell stark vergrößern. Durch eine große Anzahl von Nutzern erhöht sich selbstverständlich die Wahrscheinlichkeit, durch Mundpropaganda weiterempfohlen zu werden. Im Rahmen dieser Aktionen verkaufen Sie Ihre App auch an Kunden, die unter Umständen nie an Ihrer App interessiert gewesen wären. Ihre App an solche Kunden zu verschenken, stellt keinen Verlust dar. Stattdessen haben Sie aber die Chance, den neuen Nutzer doch von der Qualität Ihrer App zu überzeugen und ihn so zum Botschafter Ihres Produkts zu machen.

Durch die Einführung von App-Stores verlieren Bundling-Aktionen zunehmend an Bedeutung. Die Preise von Apps sinken stark, und so ist es in vielen Fällen nicht mehr möglich, ein Bundle zu erstellen, das deutlich günstiger ist als die Apps im Einzelverkauf.

Ob als unternehmensinternes Bundling oder als zeitlich begrenzte Sonderaktion zusammen mit fremden Apps: Bundling hat in App-Stores ein grundsätzliches Problem. Eine solche Strategie ist dort (zumindest bis jetzt) nicht vorgesehen. Apps, die nur in streng kontrollierten Plattformen wie dem iTunes App Store angeboten werden, sind bisher sogar gänzlich davon ausgeschlossen. Für alle anderen Apps müssen Sie Ihre Bundling-Aktivitäten außerhalb des App-Store-Angebots organisieren – zum Beispiel mithilfe eines Bundling-Veranstalters wie Nova Development. Dieser übernimmt normalerweise die Auslieferung und Abrechnung mit den Kunden. Sie müssen sich allerdings später selbst um Updates kümmern. Für manche Anbieter kann Bundling trotz dieser Einschränkung attraktiv sein. Alle anderen sollten warten, bis Bundling in den App-Stores Einzug hält.

Der kollektive Rabatt: eine Alternative zu Bundle-Aktionen

Jacob Gorban, der mit seiner Firma Apparent in der Vergangenheit selbst einige Bundle-Aktionen organisiert hat, schlägt eine neue Art der gemeinsamen Vermarktung vor (Foresman, 2010). Entwickler müssten sich zusammenschließen und einen gemeinsamen Rabatt auf ihre Apps anbieten, so Gorban. Die Sonderaktion wird aber erst gestartet, wenn sich eine bestimmte Anzahl von potenziellen Kunden angemeldet und ihre E-Mail-Adresse hinterlassen hat.

Dies kann man zwar nicht als Bundling bezeichnen, da in App-Stores die Anwendungen einzeln gekauft und so übersprungen werden können. Aber die Wirkung für die Entwickler wird sehr viel höher sein, als wenn sie die Preise einfach im Alleingang reduzieren würden. Außerdem erhalten die Entwickler eine Liste von Kunden oder möglichen Kunden, an die sie durch App-Stores nicht gekommen wären.

Lessons Learned

Die perfekte Preisdifferenzierung gibt es nicht.

Sie werden es vermutlich nicht schaffen, von jedem Ihrer Kunden genau den Preis zu verlangen, den er maximal zu zahlen bereit wäre. Trotzdem sollten Sie versuchen, mit Ihrer Preisstrategie so nah wie möglich an dieses Ideal heranzureichen und so Ihren Umsatz zu maximieren: indem Sie Ihre App einmal günstig und einmal teurer verkaufen.

Selbstselektion macht den Kunden zum König.

Diese Art der Preisdifferenzierung ist der logische Kompromiss: Kunden wählen ein Produkt zu einem Preis, der ihnen angemessen erscheint. Es gibt drei Arten, die dafür nötigen Unterschiede herzustellen: quantitative Preisdifferenzierung (also Mengenrabatte), qualitative Preisdifferenzierung (verschiedene Produkttypen) und zeitliche Preisdifferenzierung (sofortige Verfügbarkeit oder Verzögerung).

Versioning: viele Varianten einer App

Versioning ist qualitative Preisdifferenzierung: Wer das Beste oder auch einfach nur die meisten Funktionen haben will, muss den höchsten Preis bezahlen.

Menschen meiden das Extrem.

Extremeness Aversion ist die Tendenz von Menschen, sich bei drei angebotenen Optionen für den Weg der Mitte zu entscheiden. Nutzen Sie dieses Wissen, um Ihren Bestseller klug als mittleres Angebot zu positionieren.

Erst überzeugen, dann verkaufen – der In-App-Purchase

In-App-Purchases sind eine gute Möglichkeit, Nutzer erst mit einer Basis-Variante Ihrer App zu locken, von deren Qualität zu überzeugen und schließlich mit vielen Zusatzleistungen zu binden. Da der Nutzer im Idealfall viele verschiedene, kleine Käufe tätigt, hat er seine Gesamtausgaben nicht so vor Augen wie beim Kauf einer fertig zusammengestellten App. Denken Sie darüber nach, welche der folgenden In-App-Purchases Sie anbieten könnten: Inhalte, Features, Dienstleistungen und Abonnements.

Zusammen ist man weniger allein.

Wer sich mit anderen Entwicklern zusammenschließt, kann seine App im Paket verkaufen. Durch Bundling erschließen Sie neue Kundengruppen, erhalten mehr Aufmerksamkeit für Aktionspreise und sprechen auch wenig zahlungsbereite Nutzer an, ohne Ihre übliche Preisstrategie oder das Image Ihrer App zu schädigen. Bundling ist vorerst in App-Stores aber nicht vorgesehen und muss daher auf eigene Faust organisiert werden.

11

Follow-the-Free, das Verschenken von Apps

Während sich die Goldgräber in der zweiten Hälfte des 19. Jahrhunderts nach Kalifornien, Colorado und Alaska aufmachten, um reich zu werden, gab es noch einen anderen Rohstoff, der seinen Finder über Nacht zum Millionär werden ließ: Erdöl, das schwarze Gold.

Einer, der ganz besonders vom „Ölrausch" profitierte, war John D. Rockefeller. Seine Karriere begann als Buchhalterlehrling und endete damit, dass er der reichste Mensch der Geschichte wurde (Klepper & Gunther, 2007). Anfang der 1880er Jahre wurden 85% des weltweit geförderten Erdölvolumens in Pennsylvania produziert. Und wenn man zu dieser Zeit von Erdöl sprach, dann meinte man Rockefellers Öl. Zwei Drittel des Erdöls wurden exportiert, und Rockefellers Unternehmen, Standard Oil, suchte nach immer neuen Absatzmärkten (Baker, 2011).

1882 entsandte Standard Oil einen Händler namens William Herbert Libby nach China, wo er die Nachfrage nach Kerosin ankurbeln sollte. Bis zur Einführung des Automobils waren Kerosinlampen die größten Verbraucher von Erdöl. Und so war es Libbys Aufgabe, Kerosinlampen zu verteilen. Er verschenkte acht Millionen „Mei Foo"- oder „Viel Glück"-Kerosinlampen oder verkaufte sie zu Schnäppchenpreisen. Libbys Strategie war ein großer Erfolg. Die Lampen wurden in der Tat tief ins Herz von China transportiert. Bald hatte Standard Oil sowohl das Monopol auf Brennstoff durch chinesische Erdnussöl-Händler als auch das Vorurteil der Dorfpfarrer gegen Kerosin gebrochen. Rockefeller ließ die Lampen verschenken, um ihre Besitzer zu dauerhaften Kerosin-Kunden zu machen (Baker, 2011).

„Oil for the lamps of China" wurde zum Sprichwort und Motto unter amerikanischen Geschäftsleuten. Und Rockefellers Strategie sollte von nun an für immer zum Handwerkszeug des Marketing-Profis gehören, obwohl das Wort Marketing damals noch nicht erfunden war. Das Verschenken von Produkten aus Gründen des Profits ist bei Apps besonders verlockend. Denn im Gegensatz zu einer Kerosinlampe kostet Sie eine verschenkte App gar nichts.

Start-ups ohne Umsatz

Viele erfolgreiche Unternehmen der Internet-Ökonomie haben ohne Einnahmen angefangen; manche gar ohne den Hauch einer Idee, wo jemals die Einnahmen herkommen sollen. Ob Facebook, Skype oder Google: Sie alle brauchten einige Zeit, bis die ersten Dollars flossen. Diese Unternehmen verschenkten ihre Produkte und tun es zum Teil heute noch.

Erinnern Sie sich zurück an das Kapitel über Netzwerkeffekte: Das Wachstum von Produkten, bei denen die Nutzer von Netzwerkeffekten profitieren, folgt einem klaren Muster. Erst wenn eine kritische Masse an Nutzern erreicht ist, explodiert das Wachstum. Je mehr Nutzer dem Netzwerk angehören, desto größer ist der Wert eines Dienstes oder einer App. Da der Wert zu Beginn durch das kleine Netzwerk sehr gering ist, müssen sich die Anbieter etwas einfallen lassen, um den niedrigen Wert auszugleichen. Neben anderen Maßnahmen spielt dabei sehr oft der Preis eine Rolle. Der ist womöglich mit null gerade günstig genug. Als Internetnutzer wissen Sie es selbst: Es gibt so viele kostenlose Angebote, dass Ihnen schon etwas geboten werden muss, damit Sie zugreifen.

Der größte Vorteil dieser Strategie ist der Lock-In-Effekt, dem die knauserigen Nutzer ausgesetzt sind. Durch dieses Phänomen können Anbieter später viel Geld für ihre Leistungen verlangen. Das haben auch die Macher von *WhatsApp* aus der Fallstudie von Kapitel 5 durchschaut. Während sie zunächst 79 Cent für die iPhone-Variante der App verlangten, änderten sie ihre Strategie, als sie weitere Plattformen angriffen. In den App-Stores von Android, Blackberry, Nokia S60 und Symbian ist die App erst einmal gratis. Haben die Nutzer dann ein Jahr lang Kontakte gesammelt und sich an die Vorzüge der App gewöhnt, verlangt WhatsApp, Inc. eine Jahresgebühr von immerhin 1,99 Dollar (je nach Plattform ca. 1,40 Euro). Das Unternehmen profitiert doppelt: Durch den raschen Nutzeranstieg erhöht sich der Wert der App, und ein Kunde, der mehrere Jahre bestehen bleibt, bringt WhatsApp so ein Vielfaches des Preises im iTunes App Store ein.

Die zwei Stufen der Follow-the-Free-Preisstrategie

Unternehmen, die ihre Produkte zumindest zeitweise verschenken, bedienen sich der Follow-the-Free-Strategie. Ziel ist es, Kunden zuerst anzulocken, um erst später Geld an ihnen zu verdienen.

Die Vorgehensweise beinhaltet also immer zwei Schritte:

1. Zunächst wird ein Produkt kostenlos verteilt, was zu einer rasch wachsenden Kundenbasis und damit zu einem höheren Wert des Produkts durch Netzwerkeffekte führt. In dieser Phase erwirtschaften die Unternehmen meist Verluste. Die Abgabe des kostenlosen Produkts an sich verursacht zwar quasi keine Kosten, der Betrieb des Unternehmens allerdings schon.

2. Der Verkauf von ergänzenden Leistungen, Premiumversionen oder Werbung führt schließlich zu tatsächlichen Erlösen.

Das Risiko dieser Strategie ist schnell ersichtlich: Wenn Sie es nicht schaffen, eine tiefe Bindung zum Kunden aufzubauen, können Sie im zweiten Schritt keine Gewinne einholen. Bevor Sie sich also für eine Follow-the-Free-Strategie entscheiden, sollten Sie Ihre App genau analysieren. Profitiert sie wirklich von starken Lock-In- und Netzwerkeffekten? Können Sie diese Frage mit „Ja" beantworten, müssen Sie sich Gedanken über die Monetarisierung zu machen. Denn diese Apps lassen sich mit dem Freemium-Modell mit Abstand am besten vermarkten.

◼ 11.1 Freemium

Fred Wilson, ein Risikokapitalgeber, erklärte 2006 in seinem Blog „sein liebstes Geschäftsmodell":

„Geben Sie Ihren Dienst zum Nulltarif her, möglicherweise unterstützt durch Werbung, aber vielleicht auch nicht. Akquirieren Sie viele Kunden sehr effizient durch Mundpropaganda, Empfehlungs-Netzwerke, organisches Suchmaschinen-Marketing etc. Dann bieten Sie Ihrem Kundenstamm hochpreisige Mehrwertdienste oder eine verbesserte Version von Ihrem Dienst an." (Wilson, 2006; übersetzt)

Am Ende des Blogeintrags fragt Wilson die Leser nach einem Namen für diese bis dahin noch namenlose Geschäftsstrategie. Nachdem er Vorschläge wie „Heroinware" und „Crack Dealer Model" ablehnte, entschied sich Wilson für „Freemium". Die Bezeichnung ist ein Kunstwort bestehend aus „free" und „premium". Der Begriff setzte sich schnell durch und gehört heute zum Standard-Vokabular des Software-Vermarkters.

Wilson beschreibt sehr enge Kriterien für Produkte, die als Freemium bezeichnet werden dürfen. Sie sollten Web-Dienste sein, die auf allen möglichen Browsern und Betriebssystemen laufen, und die kostenlose Variante sollte immer kostenlos bleiben. Premium-Funktionen sollten nur mehr kosten, wenn dies für den Kunden nachvollziehbar ist. Er führt auch einige Beispiele an:

- **Fotodienst Flickr:** 300 MB Foto-Upload pro Monat sind kostenlos. Premiumkunden (25 Dollar pro Jahr) bekommen unbegrenzten Upload von Fotos und Videos, werbefreies Surfen und weitere Vorzüge.
- **Datei-Synchronisation Box.net:** 5 GB Web-Speicherplatz sind kostenlos. Wer mehr will, zahlt etwa zehn Dollar pro Monat für 25 GB. Geschäftskunden bekommen gegen noch höhere Gebühren weitere Funktionen wie abrufbare Versions-Verläufe.

Seit Wilson diese Grenzen definierte, hat das Freemium-Modell aber auch in der Welt der Apps Einzug gehalten. Web-Dienste haben eine noch geringere Eintritts-Schwelle für potenzielle Kunden, doch auch Apps sind sehr schnell installiert. Und Apps haben den Vorteil, dass sie den User durch ihre Präsenz auf dem Gerät immer wieder an ihre Existenz erinnern. Die Basis-Version immer kostenlos zu belassen, mag ehrenhaft und in manchen Fällen auch vorteilhaft für den Ruf Ihrer App sein. Leider ist es aber oft ertragreicher, den Nutzer anzulocken und die Falle dann beinhart zuschnappen zu lassen. Das müssen Sie mit Ihrem Gewissen und mit Ihrem Markenimage vereinbaren können.

11.1.1 Klassisches Freemium: Feature-Segen durch In-App-Purchase

Die übliche Variante von Freemium folgt dem Vorschlag von Fred Wilson. Gegen Bezahlung kann der Nutzer einzelne Premium-Funktionen oder eine komplette Premiumversion freischalten. Entweder durch eine einmalige Zahlung oder eine Abo-Funktion. Die kostenlose Version ist häufig werbefinanziert, während die Premiumversion entsprechend werbefrei ist. Dabei bietet sich für das Upgrade selbstverständlich die Möglichkeit des In-App-Purchase an. Die Strategie kann als Sonderform des Versionings verstanden werden. Die kostenlose Variante ist die günstige Einsteigerversion, und höherwertige Versionen sind nur als In-App-Purchase verfügbar.

Die kostenlose Bildbearbeitungssoftware *Photoshop Express* von Adobe Systems (Android und iOS) ermöglicht es, Bilder mit der Kamera direkt in der App aufzunehmen. Diese Funktion ist allerdings nur in Form eines In-App-Purchase verfügbar – für 3,99 Euro (nur in der iOS-Version, siehe Bild 11.1). Nutzer können zum Aufnehmen der Fotos auch die mitgelieferte Kamera-App von Apple benutzen, die Photoshop-Kamera verfügt aber über zusätzliche Funktionen wie Rauschunterdrückung und Selbstauslöser.

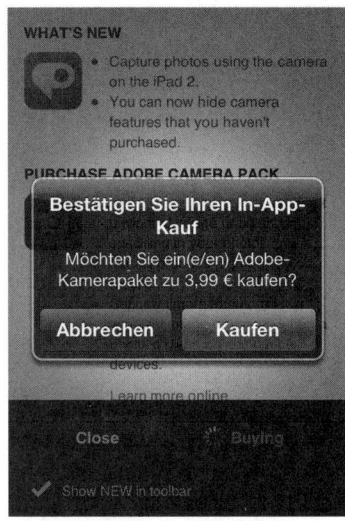

BILD 11.1 Gleich beim Start von *Photoshop Express* wird der Nutzer gefragt, ob er Interesse an den Premium-Funktionen hat. (Screenshot: Mayerhofer)

Eine Mischstrategie verfolgt das britische Unternehmen Shazam Entertainment, die Firma hinter der App *Shazam* (verfügbar für Android, iOS, Blackberry, Nokia und WP7). Mit der kostenlosen Basisversion können Nutzer unbekannte Songs erkennen. Mit der App werden einige Sekunden der Musik aufgezeichnet, zu einem Server hochgeladen und per Algorithmus einem Lied zugeordnet. Der Nutzer kann das erkannte Lied dann kaufen oder mit seinen Freunden teilen. Mit der Premiumversion *Shazam Encore* können die Nutzer zusätzlich Echtzeit-Songtexte für ihre Lieder anfordern, erhalten Empfehlungen aufgrund ihres Musikgeschmacks und müssen sich keine Werbung mehr ansehen.

Das Upgrade steht als einjähriges Abo für 2,99 Euro oder als Einmalzahlung von 4,99 Euro zur Verfügung (Bild 11.2). Alternativ kann man auch für 4,99 Euro die Premiumversion kaufen (aktuelle iOS-Preise). Freemium kann, muss aber nicht immer über In-App-Purchase abgewickelt werden. Der Vorteil der In-App-Abwicklung ist die Bündelung der Downloadzahlen. Der Vorteil der Aufsplittung ist die Präsenz in beiden Ranglisten, der bezahlten und der kostenlosen Apps.

Shazam nutzt auch Werbung, um die kostenlose Version zu subventionieren. Mehr dazu lesen Sie im Verlauf dieses Kapitels.

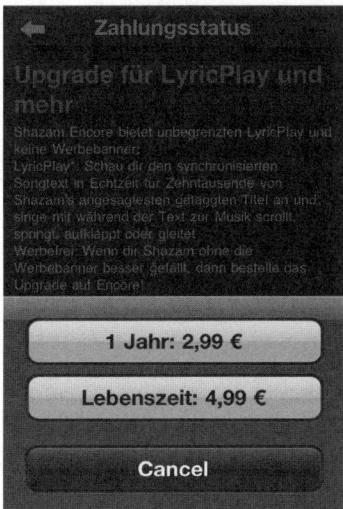

BILD 11.2 Im Optionsmenü von *Shazam* können die Premium-Funktionen bestellt werden. (Screenshot: Mayerhofer)

11.1.2 Die Gelddruck-Maschine: Freemium mit virtuellen Währungen

Eine weitere Variante der Freemium-Strategie sind virtuelle Währungen in kostenlosen Spielen. Während das Installieren und Spielen solcher Apps kostenlos ist, bekommen Spieler durch das Kaufen von virtuellen Währungen einen signifikanten Vorteil gegenüber Mitspielern oder können ohne den Einsatz der virtuellen Währung nicht in einen höheren Spiellevel aufsteigen.

Seit Mitte 2010 nahm die Zahl von Freemium-Titeln in den mobilen App-Stores deutlich zu. Fast alle großen Spielehersteller bieten inzwischen solche Spiele an. Kein Wunder, denn diese Spiele erreichen für App-Verhältnisse astronomisch hohe Umsätze. Flurry, ein Anbieter von Pay-per-Install-Kampagnen und Diensten zur App-Store-Analyse, den Sie in Kapitel 7 kennengelernt haben, legte 2010 Zahlen dazu vor: Die Erträge von Freemium-Spielen lagen im Vergleich zum herkömmlichen Verkauf deutlich höher. Im Juni 2010 generierten Freemium-Spiele im Durchschnitt 14,66 Dollar pro Nutzer und Jahr. Zuvor hatten Spiele zwischen 0,99 und 1,99 Dollar pro Nutzer eingebracht (Takahashi, 2010).

Smurfs' Village (deutsch: Schlumpfhausen), entwickelt von Capcom, ist für iOS und Android verfügbar. Das Spiel liegt in 79 Ländern auf Platz 1 der umsatzstärksten iPad-Apps und ist einer der erfolgreichsten Freemium-Titel des Jahres 2011. Ziel des Spiels ist das Aufbauen eines florierenden Schlumpf-Dorfes. Per In-App-Purchase können die Spieler sogenannte Schlumpfbeeren erwerben. Diese werden zwar nicht unbedingt benötigt, lassen sich jedoch einsetzen, um Gebäude schneller zu bauen. Im Spiel selbst kann man sie nur in sehr geringer Anzahl verdienen. Diese virtuellen Güter werden in Mengen von 3,99 bis 79,99 Euro angeboten (Bild 11.3, Auszug). Für das Anbieten der bis zu 80 Euro teuren Premiumgüter wurde Capcom mehrmals kritisiert, da vor allem Kinder sehr oft versehentlich Schlumpfbeeren kauften (Jaap, 2011). Inzwischen haben die Macher daher einige Warnhinweise in der Beschreibung der App, beim ersten Starten und auch im „Smurfberry-Shop" angebracht: „Achtung, Schlumpfbeeren kosten echtes Geld!"

BILD 11.3 Im Smurfberry-Shop: Links oben sehen Sie den Kontostand, „0 Schlumpfbeeren".
Gegen Zahlung von 80 Euro könnte dort gleich „2000" stehen. (Screenshot: Mayerhofer)

Wie bei allen Freemium-Modellen müssen Sie die richtige Balance finden, um den Nutzer zum Kunden zu machen. Ist Ihr Spiel sofort langweilig, wenn der Nutzer nicht bezahlt, verlieren Sie wahrscheinlich das Interesse vieler potenzieller treuer Kunden. Ist andererseits der Vorteil, den die Spieler durch In-App-Purchase erlangen, zu gering, fehlt der Anreiz zum Kauf. Tatsächlich ist es so, dass 97% aller Spieler nicht zu zahlenden Kunden werden (Valadares, 2011). Trotzdem sind diese Spiele so lukrativ: Fast die Hälfte der Einnahmen der 100 umsatzstärksten Apps stammte Mitte 2011 von Freemium-Spielen. Flurry hat die Zahlungsbereitschaft der Nutzer von Android- und iOS-Freemium-Spielern analysiert und kam zu einem fast schon unglaublichen Ergebnis: Die durchschnittliche Höhe von Zahlungen in Freemium-Spielen liegt bei 14 Dollar. Nutzer, die sich einmal dazu entschlossen haben, für ihre virtuelle Währung zu bezahlen, haben keine Hemmungen mehr. 5% aller Käufer zahlen direkt mehr als 50 Dollar und sind damit für 30% des Umsatzes verantwortlich (Valadares, 2011). Wenn Sie also mit Freemium-Spielen experimentieren wollen, vergessen Sie nicht, dass Sie Ihre App auf die Bedürfnisse einer kleinen Nutzergruppe mit großen Brieftaschen ausrichten sollten.

■ 11.2 Werbefinanzierung

Statt Ihren Kunden offen Geld abzuluchsen, können Sie auch einfach den Kunden selbst verkaufen. Und zwar an zahlungskräftige Werbekunden. Auch dieses Geschäftsmodell kennen Sie: Es gibt kostenlose Apps mit eingeblendeten Anzeigen. Wie bei allen Follow-the-Free-Strategien zählen für Ihren wirtschaftlichen Erfolg nicht nur die Zahl der Downloads, sondern auch die Häufigkeit der App-Nutzung (und damit der Werbungs-Anzeige) und die Klickrate der Anzeigen. Die Userakzeptanz bei kostenlosen, werbefinanzierten Apps ist relativ hoch, daher ist auch diese Form der Monetarisierung weit verbreitet.

Die Grundlagen der App-Werbung haben wir in Kapitel 7 bereits ergründet. Die Thesen aus diesem Kapitel gelten weiterhin. Egal, ob Sie der Werbende sind oder derjenige, der die Werbung verkauft: Sie müssen den Nutzer zum Klicken zu bringen.

Ein großer Berg aus Zahlen: die Bezahlung IhrerApp-Plakatwand

App-Werbung buchen Sie beim Werbungs-Netzwerk (zum Beispiel Bild 11.4) in Form von Bannern oder Textanzeigen. Diese Netzwerke bieten üblicherweise ein SDK mit einer ausführlichen Anleitung an, damit Entwickler ihre Anzeigen einbinden können. Banner bedecken nur einen kleinen Teil des Bildschirms (Bild 11.5), während „Rich Media"-Anzeigen interaktive Elemente enthalten und durch Aufklappen manchmal auch den ganzen Bildschirm einnehmen. Die Werbekunden bezahlen üblicherweise per Klick oder Installation. Entsprechend werden auch die Entwickler nach den Klicks innerhalb ihrer Apps bezahlt. Für die Entwickler ist daher vor allem die Click-Through-Rate relevant, die sie in ihrer App erreichen können. Gemessen wird der Erfolg von Werbe-Apps meist mit der Kennzahl eCPM. Während CPM (cost per mille) die Kosten für tausend Werbeeinblendungen für den Werbenden ausdrücken, zeigen die „effektiven" CPM die potenziellen Umsätze von tausend Einblendungen für den App-Anbieter an. Dadurch können Sie nachvollziehen, wie viel Sie verdienen würden, wenn Sie pro tausend Einblendungen bezahlt würden.

Ein Rechenbeispiel:

Der durchschnittliche **Preis pro Klick (CPC)** für Werbung in Ihrer App ist **85 Cent.** Nachdem die Werbeplätze üblicherweise versteigert werden, schwankt der Preis.

Sie erhalten meist einen Anteil der **Erlöse,** sagen wir durchschnittlich **35 Cent** pro Klick.

Im Schnitt klicken acht von tausend App-Nutzern auf eine Anzeige. Das bedeutet eine **Click-Through-Rate von 0,8 Prozent.**

Sie können Ihren App-Nutzern **200 000 Anzeigen** pro Monat ausliefern. Dies generiert **1600 Klicks.**

Ihr **Umsatz** mit dieser App beträgt also **560 Euro pro Monat.**

Den eCPM-Wert der App berechnen Sie, indem Sie die Gesamteinnahmen durch die Zahl der Anzeigen dividieren und mit 1000 multiplizieren. Er beträgt also **2,80 Euro.**

Mit diesem Wert können Sie zum Beispiel errechnen, wie viele Anzeigen Sie ausliefern müssen, damit Ihr Geschäft profitabel wird.

Einen wichtigen Faktor beinhaltet diese Rechnung noch nicht: Die **Fill-Rate.** Manchmal passiert es, dass ein Werbe-Netzwerk nicht voll ausgelastet ist. Dann können nicht all Ihre Anzeigenplätze beliefert werden, was sich sehr negativ auf Ihre Umsatzsituation auswirkt. Beträgt die Fill-Rate etwa nur 50%, hätten Sie statt 560 nur 280 Euro eingenommen. Nachdem Werbekampagnen oft länderbasiert geschaltet werden, kann es vorkommen, dass Sie in verschiedenen Ländern deutlich unterschiedliche Fill-Raten erreichen. Weil sich die Situation schnell verändert, wäre es zwecklos, an dieser Stelle auf aktuelle Fill-Raten einzugehen. Informieren Sie sich stattdessen vor der Wahl eines Werbe-Netzwerks in einschlägigen Entwicklerforen über die aktuellen Fill-Raten. Und scheuen Sie sich nicht, den Anbieter zu wechseln, wenn Sie mit der Leistung unzufrieden sind.

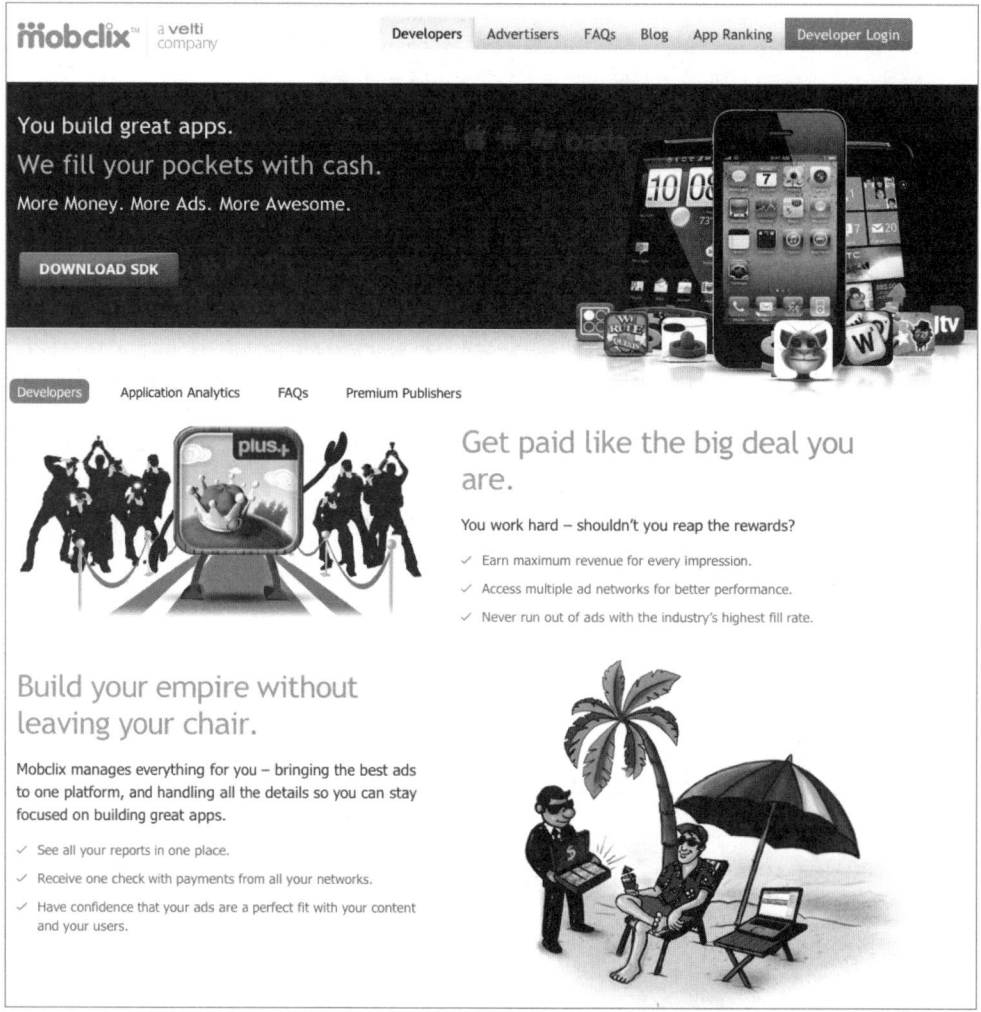

BILD 11.4 Die Betreiber der Werbe-Netzwerke (hier Mobclix) buhlen um Entwickler, die ihre Anzeigen ausliefern können. (Screenshot: Mayerhofer)

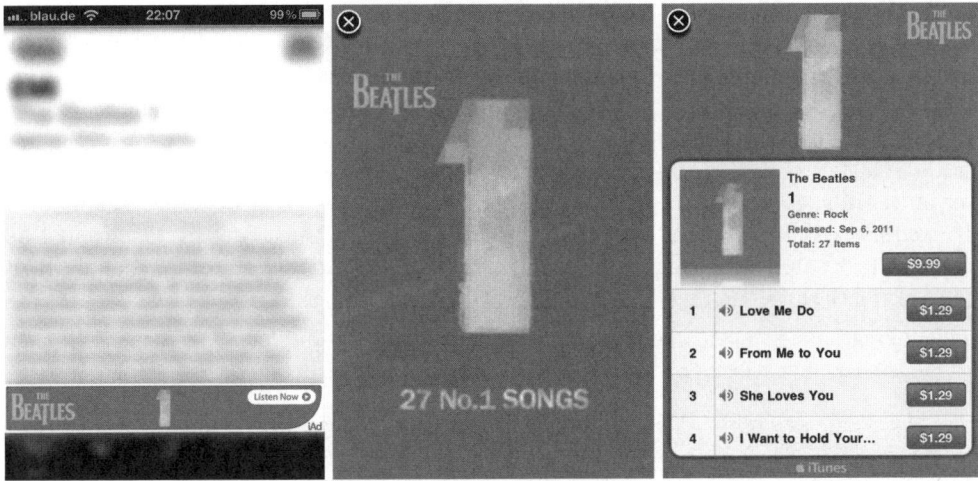

BILD 11.5 Beispiel für eine Rich-Media-Kampagne über Apples iAd-Netzwerk: Links sehen Sie ganz normale Bannerwerbung, erst durch Klicken erscheint eine Vollbild-Animation, die mit einem Einkaufsbildschirm endet. (Montage: Mayerhofer)

 Klickbetrug

Seit es Online-Werbung gibt, treiben sich mehr oder weniger erfolgreiche Klick-betrüger herum, die den Werbungs-Netzwerken Geld mit gefälschten Klicks abluchsen wollen.

Daher überwachen alle Netzwerke alle Seiten und Apps, um ungültige Klicks sofort herauszufiltern. Als Betrug gelten dabei manuelle Klicks genauso wie Klick-Pro-gramme oder Klick-Tausch-Aktionen. Wenn in einem Account verdächtige Klicks auftauchen, kann es schnell passieren, dass der Inhaber für immer vom Werbe-Netzwerk ausgeschlossen wird.

Werbung, die den Klick belohnt, ist eine gute Einnahmequelle. Werbung, die zu Käufen führt, oft eine noch bessere. Helfen Sie anderen, Abschlüsse zu machen, und verdienen Sie an frem-den Produkten. Willkommen in der Welt des Affiliate-Marketings.

Affiliate-Programme – Ihre App als Vertriebshelfer

Als wir vorher die Musik-App *Shazam* erkundeten, habe ich den wahrscheinlich wichtigsten Umsatz-Bestandteil des Unternehmens unterschlagen. Ich erwähnte ja schon, dass der Nut-zer die von der App erkannten Songs direkt in Musik-Portalen wie iTunes oder amazonMP3 kaufen kann. *Shazam* erhält dafür von den Musikhändlern eine Provision von 5 bis 10 Pro-zent. Das Unternehmen gab Anfang 2011 an, drei Millionen Songs pro Tag zu erkennen, von denen 8 bis 10 Prozent auch gekauft werden (Dredge, 2011). Obwohl einzelne Lieder meist nur um die 0,99 Euro kosten, bedeutet das für das Unternehmen eine stattliche Provisions-summe. Selbst eine pessimistische Berechnung ergibt monatliche Einnahmen von über 350 000 Euro.

Shazam hat keine exklusiven und geheimen Verträge mit Amazon und Apple, sondern ist Teilnehmer in den Affiliate-Programmen der Unternehmen. Wer eine solche Partnerschaft eingeht, erhält einen Anteil des Umsatzes von jedem Kunden, der durch einen seiner Links im Shop des Affiliate-Anbieters etwas gekauft hat. Die Zuordnung erfolgt durch eigens generierte Affiliate-Links, die eine Kennung des Teilnehmers enthalten. Der Vorteil solcher Programme für die Anbieter ist, dass sie nur für tatsächliche Umsätze bezahlen müssen. Für die Teilnehmer, auch Affiliates genannt, liegt der Vorteil in der Umsatzbeteiligung, die nicht bei Ein-Euro-MP3s aufhören muss, sondern bei Amazon beispielsweise auch hochpreisige Elektronikartikel einschließt. Außerdem können die Verweise, wie im Fall von *Shazam*, als redaktioneller Inhalt präsentiert werden und dadurch höhere Klickraten erreichen.

Affiliate-Programme stellen eine mögliche Alternative zu bannerbasierten Werbeprogrammen dar. Sie können aber selbstverständlich, wie bei *Shazam*, auch als Ergänzung eingesetzt werden.

■ 11.3 Donationware

Die edelmütige Variante von Follow-the-Free ist die spendenbasierte Bezahlung. Dabei dürfen Nutzer Ihre App kostenlos verwenden, werden aber gebeten, einen kleinen Betrag zu spenden, falls ihnen die App gefällt.

Verständlicherweise ist dies der unsicherste und am wenigsten ertragreiche Weg, eine kostenlose App zu monetarisieren. Experimente, wie das im vorigen Kapitel erwähnte von Radiohead, zeigen aber, dass auch durch freiwillige Zahlungen spendenbasierte Produkte für ihre Anbieter von Nutzen sein können.

Auch die Mitglieder des Projekts DonationCoder.com kamen in einigen Versuchen zu dem Schluss, dass Donationware genug Umsätze erzeugen kann, um den Lebensunterhalt eines Programmierers zu finanzieren. Allerdings ist es kein Geschäftsmodell für Entwickler, die schnell reich werden wollen. Vielmehr ist diese Möglichkeit für Developer geeignet, die Spaß am Programmieren haben und in ihrer Leidenschaft möglichst viel Freiheit wollen (Reichler, 2006).

■ 11.4 Kann sich ganz schön hinziehen: Der Customer Lifetime Value

Im traditionellen Software- und App-Modell verkaufen Sie Ihren Kunden eine App, der Kunde bezahlt und Sie stehen im weiteren Verlauf noch einige Zeit mit kostenlosem Support zur Verfügung. Geld fließt nur am Anfang Ihrer Geschäftsbeziehung. Wenn Sie es schlau anstellen, kauft der Kunde später die Folgeversion. Das Verkaufen von Nachfolgerversionen ist in App-Stores bis jetzt aber nicht sehr weit verbreitet.

Wenn Sie sich eines Follow-the-Free-Modells bedienen, fließen die Zahlungen erst später in Ihrem Geschäftsverhältnis. Dafür kann es sein, dass ein Kunde für längere Zeit bezahlt. Aufgrund dieser Tatsache sollten Sie sich bewusst werden, wie viel ein Kunde im Lauf der Geschäftsbeziehung ausgibt. Die Kennzahl **Customer Lifetime Value** zeigt den Wert an, den ein Kunde im Lauf seines Kundenlebens für ein Unternehmen hat. Von den Umsätzen müssen Sie hier die eventuellen Ausgaben abziehen, die in Zusammenhang mit der Bindung eines Kunden anfallen, etwa den Betrieb eines Notification-Servers. Die Kosten der App-Entwicklung selbst werden nicht berücksichtigt.

Warum ist es so wichtig, den Customer Lifetime Value zu kennen?

Sie können sich an dieser Kennzahl orientieren, wenn es um Werbeausgaben für die Nutzerakquise geht. Damit Ihre Follow-the-Free-App profitabel ist, muss der Lifetime Value größer sein als die Kosten der Nutzerakquise, die Kosten der App-Entwicklung und des App-Betriebs (Chen, 2009). Wie immer ist es schwierig, die Kosten der App-Entwicklung auf die Zahl der Nutzer aufzuteilen, da diese beliebig veränderbar ist. Die Kosten der Nutzerakquise sind dagegen meist direkt zurechenbar. Aufgrund der hohen Erträge mit Freemium-Titeln ist die PPI-Methode (Pay per Install) für diese Apps besonders beliebt. Bei einem durchschnittlichen Lifetime Value von zehn Euro oder mehr ist es für diese Unternehmen auch noch rentabel, fünf Euro für eine erfolgreiche Installation zu bezahlen.

Messbare Faktoren beeinflussen die Lifetime Value

Zwei wichtige Variablen sind vorwiegend für die Höhe der Customer Lifetime Value verantwortlich:

Die **Abwanderungsquote** ist eine wichtige Kennzahl, die angibt, wie viele der ursprünglichen Nutzer jeden Tag aufhören, Ihre App zu verwenden. Wenn Ihre Nutzer gleich nach der Installation wieder aufhören, die App zu nutzen, ist das sehr schlecht. Vor allem, weil Sie für jede Installation bezahlt haben. Ganz gleich ob mit PPI-Werbung oder mit anderen Kommunikationsmaßnahmen. Nutzer wandern von jeder App ab, die Frage ist nur, wie schnell. Bei einer täglichen Abwanderungsquote von 50% verlieren Sie die Hälfte der neuen Nutzer eines Tages bereits am nächsten Tag. Nach einer Woche bleiben Ihnen also weniger als 1% der ursprünglichen Nutzer erhalten.

Der zweite Faktor, der Ihren Erfolg bestimmt, sind die durchschnittlichen Umsätze pro Nutzer. Um sie vergleichbar zu machen, müssen sie an eine Zeiteinheit gekoppelt werden. Matthew Tubergen von der App-Agentur W3i, spricht sich daher für das Maß **„Revenue per Daily Active User" (RPDAU)** aus. Mit diesem Maß vergleicht das Unternehmen den durchschnittlichen täglichen Umsatz pro aktivem Nutzer (Tubergen, 2011). Dabei kann der Umsatz aus In-App-Käufen oder Werbeeinnahmen bestehen.

Die Abwanderungsquote gibt also an, wie lange die Beziehung Ihrer App mit Ihren Kunden andauert, während Sie mit dem durchschnittlichen täglichen Umsatz pro Nutzer kalkulieren, wie viel Ihre Nutzer ausgeben. Beide Faktoren können Sie durch geschickte Maßnahmen optimieren. Während Sie den durchschnittlichen Umsatz durch Preis- und Produktpolitik verbessern, diskutiere ich im nächsten Abschnitt die beliebteste Strategie, die Nutzerbindung von Follow-the-Free-Apps zu erhöhen.

Benachrichtigungen ziehen Ihre Schäfchen zurück in die App

Auf mobilen Geräten zählen Benachrichtigungen zu den beliebtesten Funktionen bei den Nutzern. Hat man ein paar Stunden nicht auf sein Handy geguckt, erwarten einen freundliche SMS-Nachrichten, gestiegene Aktienkurse und vielleicht sogar eine gewonnene eBay-Auktion. Vor allem Freemium-Spiele nutzen Push-Benachrichtigungen (Bild 11.6), um im Gedächtnis der Nutzer zu bleiben. In regelmäßigen Abständen werden die Nutzer kontaktiert und durch Nachrichten, die neugierig machen sollen, dazu animiert, die App erneut zu starten.

Üblicherweise erhalten die Nutzer eine Benachrichtigung, wenn eine neue Mission verfügbar ist oder eine zeitaufwändige Aufgabe abgearbeitet wurde. Clevere Spiele nutzen auch soziale Funktionen und können dann über neue Interaktionen mit Freunden benachrichtigen.

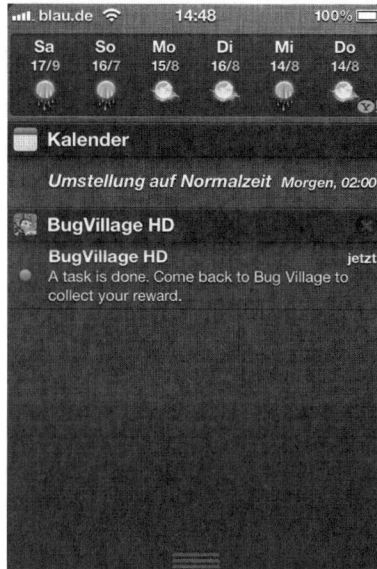

BILD 11.6 Das Freemium-Spiel *BugVillage* von glu benachrichtigt Nutzer unter anderem, wenn gestartete Aufgaben erledigt sind. (Screenshot: Mayerhofer)

Benachrichtigungen können Sie aber auch für jede andere App nutzen, die von einer höheren Nutzungshäufigkeit und von einer geringeren Abwanderungsquote profitiert. Treue Nutzer sind gute Multiplikatoren, daher gilt dies eigentlich für jede App. Die Facebook-App ist die Königin der Benachrichtigungen. Dass sich das sehr positiv auf die Nutzungshäufigkeit auswirkt, liegt auf der Hand. Und wie bereits einmal angesprochen, führt die höhere Nutzungsintensität auch zu einer besseren Position in den Ranglisten. Jede App kann Benachrichtigungen nutzen – Sie müssen nur kreativ werden. In jedem Fall lassen sich Nachrichten à la: „Wir haben neue Funktionen, wenn du dieses Update installierst" aussenden.

◼ 11.5 Nachteile von Follow-the-Free

Ein großes Problem der Follow-the-Free-Strategie ist das hohe Risiko aufgrund des oft langfristigen Engagements. Teilweise nimmt das Aufbauen einer ertragversprechenden Nutzergemeinde längere Zeit in Anspruch. Durch Marketing und Weiterentwicklung steigen die Sunk Costs mit der Zeit an. Entsprechend benötigen Sie als Entwickler eine solide finanzielle Basis, für die eventuell mit jedem Tag auch mehr Zinsen anfallen.

Der Free Rider

Auch für Rockefeller ging die Geschichte nicht ganz so perfekt über die Bühne, wie es auf den ersten Blick scheinen mag. Als Standard Oil in China Fuß fasste, war das Unternehmen schon dabei, sein weltweites Monopol auf Erdöl zu verlieren. Funde von massiven Ablagerungen in Aserbaidschan und anderswo stellten bald klar, dass die weltweiten Öl-Reserven nicht alle in Pennsylvania liegen. Es dauerte nicht lange, bis die chinesischen Bauern das billigere Öl in ihre Glücks-Lampen füllten. Am Ende verhinderten Kriege und schließlich die kommunistische Machtübernahme, dass China der todsichere Markt wurde, den sich Rockefeller vorgestellt hatte (Baker, 2011).

Die Bauern verhielten sich so wie die Kunden, die wir heute als „Free Rider" bezeichnen. Kostenlose Apps verursachen mitunter eine Gratis-Mentalität bei den Kunden, die es in weiterer Folge ablehnen, überhaupt noch für Apps zu bezahlen. Eine Entwicklung, die auch die meisten Tageszeitungen erfahren mussten. In Industrienationen bezogen gedruckte Tageszeitungen Mitte der 1990er Jahre den Großteil ihrer Einnahmen aus gebuchter Werbung. Oft lag der Einzelpreis unter den Druckkosten, und im Extremfall stammten nur 15% des Umsatzes vom Verkauf des physischen Produkts. Mit diesem Umsatzmodell im Hinterkopf veröffentlichten Zeitungen ihre Inhalte zu dieser Zeit kostenlos im Internet. Die Verlage verfolgten eine Follow-the-Free-Strategie, denn die variablen Kosten gehen auch bei diesen digitalen Produkten gegen null. Werbekunden würden ihr Geld letztendlich den größten und erfolgreichsten Zeitungs-Websites zuschieben, so die Erwartung der Verlagshäuser (Kaye & Quinn, 2010).

Aber die Werbeeinnahmen entsprachen bei weitem nicht den Erwartungen. Werbung im Internet war von Anfang an günstiger als in anderen Medien. Und was für die Verlage viel drastischer ist: Anbieter von Werbung war plötzlich nicht mehr die Presse allein. Im Jahr 2008 lieferte Google 69% aller Onlineanzeigen aus, und nur ein kleiner Teil davon wird auf Nachrichtenseiten angezeigt. Stattdessen sieht man Online-Werbung thematisch passend in allen möglichen Blogs, Foren und Websites. Die Leser haben sich inzwischen daran gewöhnt, die Schlagzeilen kostenlos bereitgestellt zu bekommen. Die Nachrichten-Verlage müssen die Vorstellungen der Kunden nun Schritt für Schritt bearbeiten, um langfristig wieder Geld für ihre Inhalte verlangen zu können. Nur wenige glauben daran, dass dieses Ziel auch erreicht wird. Phillip Welte, Vorstand bei Hubert Burda Media, äußerte sich sehr zynisch zu der Heilsbringer-Vorstellung, die manche Verleger von mobilen Geräten haben: „Ich glaube nicht an Paid-Content-Fantasien auf dem iPad – das ist, als würde man versuchen, die Zahnpasta zurück in die Tube zu drücken." (horizont.net, 2011)

Die Free-Rider-Mentalität zu verhindern, ist sehr schwierig. Schließlich sind Sie doch nicht der Einzige, der Gratis-Apps anbietet. Zumindest in Ihrer App aber sollten Sie die Basisversion nicht zu funktionsreich gestalten – Premiumfunktionen müssen einen wichtigen Zusatznutzen bieten. Wie bei allen anderen Marktstrategien hängt auch der Erfolg des Freemium-Modells nicht zuletzt von guter Marktforschung und intensiver strategischer Planung ab.

 Lessons Learned

Manchmal verdient man mehr, wenn man sein Produkt verschenkt.

Das Freemium-Modell basiert auf der Idee, den Kunden anzulocken, mit Netzwerkeffekten und Lock-In zu binden und dann zur Kasse zu bitten. Oder aber die App von Anfang an durch Werbung und In-App-Purchase finanziell erfolgreich zu machen.

Es gibt viele Wege zum großen Umsatz.

Sie können auf viele Arten mit Ihrer kostenlosen App Geld verdienen:

- Zusätzliche Funktionen bieten Sie in einer App als Premiumversion an oder als direkten In-App-Purchase (einmalig oder in Form eines Abos).

- In Spielen sollten Sie es dem Nutzer ermöglichen, eine App-eigene Währung zu kaufen, um sich damit einen Vorteil zu verschaffen oder in höhere Levels aufzusteigen.

- Werbung stört Nutzer bei Gratis-Apps nicht so sehr wie bei gekauften Programmen. Die Erträge variieren aber von Werbepartner zu Werbepartner und hängen von Ihren Klickraten ab.

- Affiliate-Marketing macht Sie zum Profiteur von fremden Produkten: Klickt ein Nutzer auf Ihren Affiliate-Link zu einem Shop wie amazon.com und kauft dort dann ein, schneiden Sie bei diesem Umsatz mit.

- Auch durch freiwillige Spenden können Sie Ihre App finanzieren. Das ist der altruistische Weg, der Ihnen vermutlich die geringsten Einnahmen bringt. Aber dafür ein reines Gewissen.

Wie lange hält die Liebe zwischen Ihrem Nutzer und Ihrer App?

Der Customer Lifetime Value ist für Sie eine wichtige Größe. An dieser Kennzahl messen Sie, welchen Umsatz Sie innerhalb eines Benutzungszeitraums vom Kunden einnehmen, und stellen ihn den Ausgaben gegenüber, die Sie hatten, um ihn zu akquirieren.

Die Nutzungsdauer und -häufigkeit Ihrer App lässt sich vor allem mit einer Methode sehr gut erhöhen: Push-Benachrichtigungen. Sie erinnern den Nutzer immer wieder an Ihre App und lassen ihn hoffentlich oft zu ihr zurückkehren.

Die Gratis-Mentalität nimmt Überhand.

Freemium-Apps in ihrer Gesamtheit führen zu immer mehr „Free Ridern", die für überhaupt keine Apps mehr bezahlen wollen. Das können Sie als einzelner Entwickler nicht verhindern. Sie sollten aber die Einnahmen von In-App-Purchases und Premiumversionen nicht durch die Gratis-App kannibalisieren: Bezahl-Funktionen sollten einen echten Zusatznutzen zur Gratis-App bieten.

12 Rechtliche Fragestellungen im Zusammenhang mit der App-Vermarktung

Dieses Kapitel ist ein Beitrag von Isabell Rase, Diplom-Informationsjuristin (FH). Neben dem Masterstudiengang Internationales Lizenzrecht arbeitet sie in einer Medienrechtskanzlei und kümmert sich unter anderem um die Anmeldung von Softwarepatenten.

Rechtliche Probleme sind wie Fußpilz: Niemand möchte darüber reden, und doch müssen viele von uns sich im Laufe ihres Lebens zumindest einmal beruflich oder privat damit herumschlagen. Aus diesem Grund ist es für Sie als App-Entwickler unabdingbar, sich bereits im Vorhinein mit möglichen strittigen Punkten zu befassen, die beim Entwickeln von Apps und deren Vermarktung aufkommen können. Vorsicht ist generell besser als Nachsicht, denn das Worst-Case-Szenario „Gerichtsverhandlung" bedeutet Stress, Kosten und negative Reputation für Sie und Ihre Produkte, ganz gleich, ob Sie im Recht sind oder nicht.

Je umfassender und detaillierter Sie sich also frühzeitig informieren, desto gelassener und ruhiger können Sie auf eventuelle Probleme reagieren oder diese gar erst erkennen. Sehen Sie dieses Wissen als einen Wettbewerbsvorteil an, der Sie von anderen Entwicklern abhebt und Ihnen im Zweifel dabei hilft, Ihre Interessen durchzusetzen.

Aus diesen Gründen sollen an dieser Stelle jene Fragen geklärt werden, die in der Praxis für Sie als Entwickler die höchste Bedeutung haben könnten.

■ 12.1 Vor Veröffentlichung Ihrer App

Bevor ein Trainer seinen besten Boxer in den Ring schickt, hat er bereits alles in Erfahrung gebracht, was es über den Gegner zu wissen gibt: sein Gewicht, seine taktischen Manöver in anderen Kämpfen und natürlich seine Schwachstellen. Auch Sie haben den Launch Ihrer App in sämtlichen Marketing-Belangen bestens vorbereitet und von Ihrer Seite aus alles dafür getan, dass sie zu einem Sieger wird. Doch vergessen Sie niemals den Gegner: Die Konkurrenz kann unberechenbar sein, und ehe Sie sich versehen, hat sie Sie mit einem üblen Trick ausgeknockt. Vielleicht schlägt ein anderer Entwickler Sie mit einer Klage zu Boden, die durch juristische Spitzfindigkeiten sogar ihre Berechtigung hat. Oder noch schlimmer: Jemand klaut Ihr App-Design, noch bevor der erste Verkaufstag zu Ende gegangen ist. Damit Sie sich nicht fühlen müssen wie Hilary Swank nach einem Genickbruch im Film „Million Dollar Baby", sollten Sie also über die wichtigsten juristischen Voraussetzungen Bescheid wissen, noch bevor Ihre App veröffentlicht wird. So gerüstet hat Ihre App das Zeug zum „Million Dollar Baby". Bereits vor und während des Schreibens Ihrer Anwendung gilt es, einige wichtige Punkte zu beachten.

12.1.1 Sind Apps überhaupt urheberrechtlich schützbar?

Die grundsätzliche Frage, ob Apps überhaupt in irgendeiner Form rechtlich schützbar sind, kann schnell und klar mit „Ja" beantwortet werden, was bei juristischen Problemstellungen nicht selbstverständlich ist. Doch was bedeutet der Begriff „schützbar" denn nun genau im rechtlichen Sinne? Ein Schutzrecht spricht Ihnen als Inhaber ein ausschließliches Recht zu, Ihre App zu nutzen und zu verwerten. Diese Ausschließlichkeit kann mit einem Monopol verglichen werden, denn niemand sonst darf ohne Erlaubnis das geschützte Werk beispielsweise kopieren oder veräußern. Wenn Sie als App-Entwickler nachweisen können, dass Sie ein solches Recht besitzen, hilft Ihnen das bei rechtlichen Streitigkeiten, Ihre Belange gegen andere durchzusetzen. Das ist im Einzelfall vor allem finanziell relevant, denn Ihre zeitlichen und finanziellen Investitionen werden durch ein Schutzrecht auf dem Gebiet des geistigen Eigentums und gewerblichen Rechtsschutzes für Sie erst richtig rentabel. Während Marken und Patente beim Deutschen Patent- und Markenamt (DPMA) angemeldet werden müssen, ist das Urheberrecht kein Registerrecht und entsteht „automatisch" während der Erstellung des Werkes, also konkret Ihrer App. Sie können sich daher voll auf die Entwicklung Ihrer App konzentrieren und der Schutz entsteht ganz von selbst, wenn einige Voraussetzungen erfüllt werden, auf die ich im weiteren Verlauf noch eingehen werde[1].

Im deutschen Urhebergesetz (UrhG) sind Computerprogramme im Speziellen unter § 69a erfasst, der „Programme jeder Gestalt" sowie deren Bestandteile und das Entwurfsmaterial schützt. Darunter fallen also auch Anwendungen, die zur Benutzung auf mobilen Endgeräten vorgesehen sind. In diesem Zusammenhang ist es für Sie als Entwickler wichtig zu wissen, dass Ihre App bereits in ihren verschiedenen Entwicklungsstadien Schutz genießt. Das heißt, dass bereits während der Konzeptionsphasen alle Entwicklungsstufen[2] vom UrhG abgedeckt werden, nicht erst der finale Objektcode Ihrer Anwendung.

12.1.2 Welche Elemente sind schützbar und welche nicht?

Prinzipiell ist lediglich die konkrete Ausgestaltung der App schützbar. Darunter fällt auch das Entwurfsmaterial, das bei der Erstellung Ihrer App entsteht. Im Umkehrschluss bedeutet das, dass Ideen und die Grundsätze der App nicht schützbar sind, da sonst sogenannte „Ideenmonopole"[3] entstünden, aufgrund derer es nur wenigen App-Entwicklern auf dem Markt möglich wäre, ihre Anwendungen zu veröffentlichen. Sobald eine Idee durch eine App umge-

---

[1] Wandtke/Bullinger/*Bullinger*, UrhG § 2, Rn. 12.

[2] Die Anzahl der Entwicklungsstufen ist hierbei beliebig, bei der herkömmlichen Vorgehensweise gibt es vier Entwicklungsstufen: die Anforderungsphase, die Konzeptionsphase, die Implementierungsphase und die abschließende Testphase. Vgl. Wandtke/Bullinger/Grützmacher, UrhG § 69, Rn. 5f.

[3] Wandtke/Bullinger/Grützmacher, UrhG § 69, Rn. 27.

setzt würde, könnte kein anderer Entwickler diese Idee aufgreifen und in seiner eigenen App verwenden. Es ist nur nachvollziehbar, dass der Gesetzgeber eben genau das vermeiden wollte.

Planen Sie also beispielsweise die Erstellung eines Autorenn-Spiels, bei dem man mit verschiedenen Fahrzeugen auf unterschiedlichen Strecken fahren kann und damit neue Fahrzeugspezifikationen „freifahren" kann, so ist die Spielidee an sich nicht schützbar. Ihre konkrete App, bei der Sie beispielsweise auf innovative Grafiken oder eine neuartige Menüführung setzen, ist aber vom Urheberrecht geschützt. Die Monster-Trucks aus Bild 12.1 sind zwar geschützt, Monster-Truck-Spiele im Allgemeinen dagegen nicht.

Beschreibung

♦♦ Over 4 million downloads with iPhone! ♦♦
♦♦ Now also available for MAC!♦♦

Website von RedLynx Ltd ▸   Monster Trucks Nitro Support ▸   ...Mehr

Neue Funktionen von Version 1.3.3

– Fix to bug in level 15, Oil Crisis
– Checkpoint fixes to other tracks
– Primary Nitro key changed to Space

2,99 €
Kategorie: Spiele
Aktualisiert: 09.04.2011
Version: 1.3.3
Größe: 72.0 MB
Sprache: Englisch
Entwickler: RedLynx Ltd
© Redlynx Ltd
Kennzeichnung: 4+

Voraussetzungen: Mac OS X 10.6.6 oder neuer

Kundenbewertungen

Aktuelle Version:
★★★★ 33 Bewertungen

Alle Versionen:
★★★★ 78 Bewertungen

Screenshots

BILD 12.1 Monster Trucks Nitro von RedLynx Ltd. (Screenshot: Mayerhofer)

Keinen Schutz genießen Algorithmen als Bestandteile von Apps, die lediglich Routinen lösen sollen und damit mit allgemeinen Grundsätzen gleichzusetzen sind. Grundsätzlich gilt, dass alles, was allgemein jeder Programmierer zur Erstellung einer App braucht, frei sein muss, da auch hier eine Monopolisierung vermieden werden soll. So ist beispielsweise auch ein Kochrezept nicht urheberrechtlich geschützt, da es eine allgemeine Anleitung darstellt[4].

---

[4] Wandtke/Bullinger/Grützmacher, UrhG § 69, Rn. 28 ff.

Ausschlaggebend für den Urheberrechtsschutz ist das Vorliegen einer persönlichen, eigenen geistigen Schöpfung des Urhebers. Im nichtjuristischen Umfeld hingegen wird der Schutz nach dem UrhG oftmals mit einer qualitativen oder ästhetischen Bewertung gleichgesetzt. Das ist aber nicht richtig, da eine solche Bewertung immer subjektiv ist und man beispielsweise bei einem gerichtlichen Streit keine allgemeinen Maßstäbe ansetzen könnte. Es kommt einzig und allein auf die eigene Leistung des Urhebers an[5]: Ihre Individualität als App-Entwickler entscheidet über den Urheberrechtsschutz, ob Ihre Anwendung anderen gefällt, ist nicht ausschlaggebend.

12.1.3 Gibt es weitere Rechtsgrundlagen für den Schutz von Apps oder deren Elemente?

Neben dem Urheberrecht sollen der Vollständigkeit halber an dieser Stelle noch andere Möglichkeiten besprochen werden, die im Zusammenhang mit dem Schutz von Apps denkbar sind.

Schutzfähigkeit nach Markenrecht

Marken kennzeichnen bestimmte Produkte oder Dienstleistungen und weisen die Herkunft von einem bestimmten Unternehmen nach. Sie dienen dazu, die eigenen Produkte oder Dienstleistungen von denen der Mitbewerber zu unterscheiden[6].

Hierbei ist der Wiedererkennungswert ein entscheidendes Merkmal für den Markenrechtsschutz. Obwohl diese Voraussetzung für bestimmte Apps durchaus erfüllt sein kann, wenn diese sich beispielsweise durch besondere Farbgebung in einem hohen Maß von Konkurrenzanwendungen unterscheiden, ist ein Markenrechtsschutz dennoch abzulehnen. Auch hier würde es zu Monopolen kommen, die andere App-Entwickler in ihren Gestaltungsmöglichkeiten beschneiden würden[7].

Schutzfähigkeit nach Patentrecht

Patente schützen Erfindungen, die es bisher noch nicht gab. Zwar können sich in Apps durchaus patentierbare Elemente finden, die Hürde für den Schutz ist jedoch sehr hoch, weswegen eine generelle Schutzfähigkeit eher abzulehnen ist. Das deutsche Patentgesetz erfordert für neue Erfindungen eine absolute Neuheit, das heißt, dass die zu patentierende Software noch niemals zuvor da gewesen sein darf. Bei Apps ist diese Voraussetzung kaum oder gar nicht zu erfüllen, was an der bereits vorhandenen Anzahl an Apps auf dem Markt liegt.

---

[5] Vergleiche auch mit § 69a Abs. 3: „Computerprogramme werden geschützt, wenn sie individuelle Werke in dem Sinne darstellen, dass sie das Ergebnis der eigenen geistigen Schöpfung ihres Urhebers sind. Zur Bestimmung ihrer Schutzfähigkeit sind keine anderen Kriterien, insbesondere nicht qualitative oder ästhetische, anzuwenden (…)."
[6] Siehe § 3 MarkenG: „(1) Als Marke können alle Zeichen, (…) geschützt werden, die geeignet sind, Waren oder Dienstleistungen eines Unternehmens von denjenigen anderer Unternehmen zu unterscheiden (…)."
[7] Barnitzke/Möller/Nordmeyer, CR 5/2011, 277 (281).

Unlauterer Wettbewerb nach dem UWG

Der Schutz gegen unlauteren Wettbewerb nach dem Gesetz gegen den unlauteren Wettbewerb (UWG) ist für Programmierer von Apps zugänglich, wenn ihre App ein paar Voraussetzungen erfüllt. Sie muss originell und einzigartig sein, sodass Kunden mit dieser einen Anwendung eine sogenannte „Herkunftsvorstellung" verbinden und die Anwendung wiedererkennen. Konkret muss beim Kunden also ein „Das kenne ich. Das ist die App von XYZ"-Gefühl ausgelöst werden. Unlauter im Sinne dieses Gesetzes wäre es beispielsweise, wenn ein Dritter diese App dann kopiert, um damit Kunden irrezuführen[8]. Der Kunde kann nicht mehr unterscheiden, ob die App von XYZ oder von jemand anderem kommt. In der Praxis ist es also wichtig, dass die imitierte App einen hohen Wiedererkennungswert hat, es ist nämlich immer eine Einzelfallentscheidung, ob eine unlautere Nachahmung vorliegt und App-Store-Kunden dies richtig bewerten können oder nicht[9].

12.1.4 Wie erlangt eine App den Schutz?

Als App-Entwickler fragen Sie sich natürlich jetzt, wie genau der Schutz für Ihre Anwendung entsteht. Während bei einer Marke oder einem Patent eine Anmeldung beim Deutschen Patent- und Markenamt in München nötig wäre, entsteht der Urheberrechtsschutz bereits bei Entstehung des Werkes. Es gibt zudem überhaupt kein „Urheberregister" in Deutschland. Das heißt im Klartext, dass eine Anmeldung nicht nötig und nicht möglich ist. Sie können sich also voll und ganz auf die Programmierung Ihrer App konzentrieren und mussen dabei nicht an Fristen oder andere Voraussetzungen denken – der Urheberrechtsschutz entsteht nebenbei ganz von alleine. Um dies dokumentieren zu können, empfiehlt es sich ganz praktisch, alle Unterlagen aufzuheben, die bei der Entstehung der App anfallen: Schreiben Sie zunächst Ihre Idee auf. Versuchen Sie, die einzelnen Bestandteile Ihrer App so genau wie möglich zu beschreiben, achten Sie dabei darauf, besonders hervorzuheben, was Ihre App außergewöhnlich macht und von anderen unterscheidet. Auch eine genaue Datierung der Dokumente ist wichtig, denn somit kann belegt werden, dass Sie der Erste sind, der die Idee für eine App in Worte gefasst hat. Weiterhin sollten Sie die Entwicklungsschritte beim Schreiben der Anwendung dokumentieren, hier bietet sich wieder eine schriftliche Darstellung an, darüber hinaus sollte auch der Quellcode zwischengespeichert werden, auch wenn sich bis zum Launch der App noch viel verändert[10].

Die Dokumente sollten Sie an einem sicheren Ort aufbewahren und dafür Sorge tragen, dass niemand Einblick in diese Materialien bekommt, der nicht an der Programmierung direkt beteiligt ist. Es bietet sich an, solche Unterlagen in einem Safe sicher einzuschließen.

---

[8] Siehe § 4 Nr. 9 UWG: „Unlauter handelt insbesondere, wer (…) 9. Waren oder Dienstleistungen anbietet, die eine Nachahmung der Waren oder Dienstleistungen eines Mitbewerbers sind (…)."
[9] Barnitzke/Möller/Nordmeyer, CR 5/2011, 277 (281).
[10] Dazu auch: Chiampi Ohly, SoftwareRecht: Von der Entwicklung zum Export, S. 39 f.

12.1.5 Was genau beinhaltet der Urheberrechtsschutz?

Für Sie ganz besonders interessant ist natürlich die Frage, was genau das Urheberrecht konkret bedeutet und was es beinhaltet.

Urheberpersönlichkeitsrecht

Als Schöpfer des Werkes – also Ihrer App – haben Sie wichtige und besondere Rechte, die es sich zu merken lohnt. Das **Urheberpersönlichkeitsrecht** sei an dieser Stelle zuerst genannt. Es ist unveräußerlich[11] und kann Ihnen als App-Programmierer niemals genommen werden, auch wenn es faktisch durch Lizenzvergaben außer Kraft gesetzt wird. Es beinhaltet das Veröffentlichungsrecht an Ihrer App (§ 12 UrhG), das Recht auf Anerkennung der Urheberschaft (§ 13 UrhG) und den Schutz gegen Entstellung des Werkes (§ 14 UrhG). Bezogen auf die App-Vermarktung bedeutet das, dass nur Sie als Programmierer und damit Urheber der App diese veröffentlichen dürfen und einen Anspruch auf Nennung als Urheber in Ihrer Anwendung haben. Vor einer Entstellung wäre dann auszugehen, wenn Sinn und Intension Ihrer App verloren gingen. Würde der Betreiber der Plattform, über die Sie Ihre App anbieten, beispielsweise verlangen, alle 5 Sekunden eine kurze Werbesequenz während des Betriebs Ihrer App einzubauen, so wäre eine Entstellung gegeben[12].

Verwertungsrechte

Die **Verwertungsrechte** bezüglich der Vermarktung von Apps umfassen das Vervielfältigungsrecht, das Bearbeitungsrecht und das Verbreitungsrecht[13]. Ihnen als App-Entwickler steht also das Recht zu, Ihre App beliebig oft und in der Art und Weise Ihrer Wahl zu vervielfältigen. Möchte das jemand anderes tun, bedarf es Ihrer Zustimmung. Ebenfalls müssen Sie um Einverständnis gebeten werden, wenn Ihre App von jemand anderem bearbeitet werden soll. Dies schließt zum Beispiel die Übersetzung einer deutschsprachigen App ins Englische ein. Auch eine Bearbeitung Ihrer App, die eine Anpassung für einen anderen App-Store zur Folge hat, darf nicht ohne Ihre Zustimmung erfolgen. Nur Sie können entscheiden, ob Ihre App in Apples App Store oder auch für Android-Betriebssysteme konzipiert und veröffentlicht werden soll.

Nutzungsrechte

Ihnen als Urheber steht es zudem frei, **Nutzungsrechte** (§ 31 UrhR) an Ihrer App einzuräumen. Durch das Bereitstellen Ihrer App zum Download gegen Zahlung eines bestimmten Betrags räumen Sie damit automatisch über die Zustimmung zu den Nutzungsbedingungen der jeweiligen Plattform dem Käufer Nutzungsrechte an Ihrer App ein. Er darf die Anwendung laden, abspielen und damit „nutzen". Er darf sie aber nicht kopieren oder selbst damit Geld verdienen[14]. Generell können Sie als Urheber der App darüber entscheiden, wie lange und in welcher Form andere Ihre Anwendung nutzen können. In der Praxis ist das Angebot zum

---

[11] Siehe § 29 UrhG: „(1) Das Urheberrecht ist nicht übertragbar (...)."
[12] Vergleiche Wandtke/Bullinger/Manegold, UrhG § 93, Rn. 14.
[13] Alles normiert in § 69c UrhG.
[14] Siehe beispielsweise: Nutzungsbedingungen für die Apple Stores, http://www.apple.com/legal/itunes/de/terms.html#GIFTS, Zugriff am 30.10.2011.

Download für mobile Anwendungen wohl die gängigste Vorgehensweise, denn in der Regel liegt es in Ihrem Interesse, Ihre Anwendung möglichst oft zu veräußern.

Es besteht aber weiterhin die Möglichkeit, Ihre App exklusiv an einen Käufer zu veräußern, der gegen Zahlung eines Betrages an Sie mit der Anwendung (fast) alles machen darf, was er möchte: Er darf die App anbieten, damit Geld verdienen oder sie in der Schublade vergessen. In diesem Fall ist der Lizenzvertrag wichtig, über den die Rechte eingeräumt werden. In einem solchen Lizenzvertrag wird genau geklärt, was dieser umfasst und welche Vergütung Sie beispielsweise im Gegenzug für die Übertragung der Nutzungsrechte erhalten. Solche Verträge sind individuell vereinbar und damit gerade bei kleinen Software-Anbietern immer unterschiedlich.

Wichtig ist es, an dieser Stelle darauf hinzuweisen, dass ein „Verkauf" bei Software bedeutet, dass nur ein Abnehmer alle Nutzungsrechte erhält und niemand sonst (auch nicht Sie als Entwickler) die App nutzen darf. Sie sind zwar immer noch Urheber, alle geldwerten Rechte nimmt aber jemand anderes wahr, Sie wurden dafür durch eine ausgehandelte Vergütung „entschädigt"[15]. Die Verhandlung eines Lizenzvertrages, der eben genau das regeln soll, ist langwierig und detailbetont, denn Lizenzen können zeitlich, räumlich und inhaltlich beschränkt werden, abhängig davon, ob Sie Ihre App oder Bestandteile davon nur einmal an einen Kunden oder an mehrere veräußern wollen. Machen Sie sich also vorher bewusst, zu welchem Zweck Sie Ihre App konzipiert haben und welche Ansprüche Sie gerne durchgesetzt sehen wollen. Denn Sie als Urheber haben die Entscheidungsgewalt darüber, wie Ihre App genutzt werden darf[16]. Sollten Sie sich unsicher sein, kontaktieren Sie in jedem Fall einen Anwalt, der sich auf solche Verhandlungen spezialisiert hat, denn im Zweifel geht es am Ende um Ihr Geld und Ihre App. An dieser Stelle sei auch darauf hingewiesen, dass bei Verhandlungen über den möglichen exklusiven Verkauf Ihrer App eine Geheimhaltungsvereinbarung wichtig ist. Auf die genauen Eckpunkte einer solchen Vereinbarung wird im nächsten Abschnitt eingegangen.

12.1.6 Wie ist die Rechtslage, wenn die App von mehreren programmiert wurde?

Natürlich kommt es in der Praxis oft vor, dass man sich mit Gleichgesinnten zusammentut und gemeinsam eine Idee in einer App verwirklichen möchte. Auch das deutsche UrhG kennt diesen Fall und unterscheidet hierbei zwischen zwei Möglichkeiten:

- Wenn Sie als Entwickler gemeinsam mit anderen eine App entwickeln und sich bei der fertigen Anwendung nicht mehr herausfinden lässt, wer genau welchen Anteil geleistet hat, so sind alle an der Entwicklung involvierten Personen Miturheber im Sinne von § 8 UrhG[17]. Dies hat zur Folge, dass die App nur mit Einverständnis aller veröffentlicht werden kann und die aus dem Verkauf entstehenden Gewinne anteilig der jeweiligen Leistung des einzelnen Programmierers aufgeteilt werden. Es empfiehlt sich in diesem Falle also, schon im

---

[15] Chiampi Ohly, SoftwareRecht: Von der Entwicklung zum Export, S. 51.
[16] Siehe auch: Chiampi Ohly, SoftwareRecht: Von der Entwicklung zum Export, S. 79.
[17] Siehe § 8 UrhG: „(1) Haben mehrere ein Werk gemeinsam geschaffen, ohne dass sich ihre Anteile gesondert verwerten lassen, so sind sie Miturheber des Werkes (...)."

Vorhinein genau abzuklären, wie und wo die App veröffentlicht werden soll. Auch sollte jeder Mitentwickler seine Anteile genau dokumentieren, um spätere Unstimmigkeiten zu vermeiden. Denn wenn es später um monetäre Ansprüche geht, können selbst die sympathischsten Kollegen mit einem Mal recht ungemütlich werden. Um dem vorzubeugen, sollten alle Beteiligten die Art, den Umfang und die Intensität ihrer Programmier- oder Konzeptionsleistung dokumentieren[18].

 Praxistipp: Führen Sie Buch

Schreiben Sie sich auf, wie lange Sie zur Programmierung gebraucht haben, welche Anteile genau von Ihnen stammen und was Sie an Vergütung erwarten. Natürlich muss der Betrag angemessen[19] sein, als gewissenhafter und informierter Programmierer können Sie aber mit Sicherheit einschätzen, was Sie zu erwarten haben. Wenn das alle Miturheber gleichermaßen tun, kommt es später zu keinen Komplikationen und die heiße Phase der Veröffentlichung wird nicht von Streitereien ums liebe Geld getrübt. In einer fiktiven Märchenwelt, in der nur faire Menschen leben und es keine Kollegen gibt, die später nur auf ihren Vorteil bedacht sind, wäre so etwas natürlich zu vernachlässigen. Da dem aber nicht so ist und wir vielmehr in einer Welt leben, in der Geld eine große Rolle spielt, müssen solche unangenehmen Themen mit den Kollegen besprochen werden. Auch wenn Sie vielleicht mit guten Freunden und lieben Menschen zusammenarbeiten und keinem eine böse Absicht unterstellen würden: Sichern Sie sich ab! Vorsicht ist immer besser als Nachsicht.

- Der zweite Fall taucht in der Praxis der App-Entwickler sicherlich nicht so häufig auf wie der bereits genannte, sondern bleibt eher ein Einzelfall. Wenn mehrere Entwickler ihre bereits fertiggestellten Apps zu einer einzigen Anwendung verbinden, so entsteht wiederum ein großes Gesamtwerk. Dieser Fall wird in § 9 UrhG geregelt[20]. Alle beteiligten Programmierer müssen einer Veröffentlichung zustimmen und werden nach ihrem Anteil am Endprodukt auch vergütet. Ein solcher Fall ist beispielsweise denkbar, wenn mehrere Krimiautoren ihre besten Bücher in einem Sammelband „Die besten Krimis der letzten 10 Jahre" verkaufen möchten. Im Bereich des App Marketings wäre eine Sammlung der „10 erfolgreichsten Spiele-Apps in Apples App Store" ein mögliches Szenario.

---

[18] Aufgrund der Neuartigkeit des Bereiches der App-Vermarktung gibt es hier keine einschlägigen Urteile in der deutschen Rechtsprechung, dennoch kann dieses Urteil zum Thema herangezogen werden, da es die angemessene Vergütung zum Thema hat: BGH, Urteil vom 7.10. 2010, ZUM-RD 2010, 16.

[19] Auch der Gesetzgeber kennt den Begriff der Angemessenheit, siehe § 32 UrhG: „(1) Der Urheber hat (. . .) Anspruch auf die vertraglich vereinbarte Vergütung. Ist die Höhe der Vergütung nicht bestimmt, gilt die angemessene Vergütung als vereinbart. Soweit die vereinbarte Vergütung nicht angemessen ist, kann der Urheber von seinem Vertragspartner die Einwilligung in die Änderung des Vertrages verlangen, durch die dem Urheber die angemessene Vergütung gewährt wird. (2) Eine nach einer gemeinsamen Vergütungsregel (§ 36) ermittelte Vergütung ist angemessen. Im Übrigen ist die Vergütung angemessen, wenn sie im Zeitpunkt des Vertragsschlusses dem entspricht, was im Geschäftsverkehr nach Art und Umfang der eingeräumten Nutzungsmöglichkeit, insbesondere nach Dauer und Zeitpunkt der Nutzung, unter Berücksichtigung aller Umstände üblicher- und redlicherweise zu leisten ist (. . .)."

[20] § 9 UrhG: „Haben mehrere Urheber ihre Werke zu gemeinsamer Verwertung miteinander verbunden, so kann jeder vom anderen die Einwilligung zur Veröffentlichung, Verwertung und Änderung der verbundenen Werke verlangen, wenn die Einwilligung dem anderen nach Treu und Glauben zuzumuten ist."

Auch hier bietet sich eine offene Kommunikation mit den anderen Beteiligten an, bei der (finanzielle) Erwartungen zur Sprache gebracht werden, um spätere Dispute zu vermeiden. Weiterhin sollte eine Geheimhaltungsvereinbarung (auch NDA, Englisch für Non-Disclosure-Agreement) mit allen Beteiligten unterzeichnet werden. Setzen Sie sich zu Anfang Ihrer Zusammenarbeit mit allen zusammen und besprechen Sie, welche Informationen nicht nach außen dringen sollen und dürfen. Auch wenn es im Internet unzählige Entwürfe und Beispiele für solche Vereinbarungen gibt, bietet es sich immer an, selbst eine solche zu verfassen. Damit kommen Sie Ihrem eigentlichen Willen und dem, was Sie persönlich mit anderen vereinbaren wollen, immer näher, als wenn Sie vorhandene Vorlagen für sich anzupassen versuchen. Schreiben Sie die Punkte, die Ihnen wichtig sind, auf und lassen sie von allen unterzeichnen. Es enthält üblicherweise folgende Punkte[21]:

- Benennung der Vertragsparteien.

- Geheimzuhaltende Informationen. Dies ist der wichtigste Punkt. Schreiben Sie genau auf, welche Informationen durch die NDA erfasst werden sollen und welche nicht. Nicht unter eine solche Vereinbarung fallen normalerweise Informationen, die als allgemein zugänglich gelten.

- Dauer der Vereinbarung: Auch ein Mitarbeiter, der entlassen wird, kann auf die Geheimhaltung von Geschäftsgeheimnissen für eine bestimmte Zeit nach Ende seines Arbeitsverhältnisses verpflichtet werden.

- Vertragsstrafen: Sie unterstreichen die Wichtigkeit der Vereinbarung.

12.1.7 Wie lange währt der Urheberrechtsschutz?

Siebzig Jahre nach dem Tod des Urhebers läuft der Urheberrechtsschutz ab[22]. Bei einem gemeinsamen Werk nach § 8 UrhG, das im vorangegangen Abschnitt erläutert wurde, erlischt der Schutz ebenfalls siebzig Jahre nach dem Tod des letzten Miturhebers[23].

In unserer schnelllebigen Zeit, in der es täglich neue Apps auf dem Markt gibt und technologische Revolutionen im Wochentakt angekündigt werden, erscheint dieser lange Zeitraum fast ein wenig surreal. Die Lebenszyklen von Software sind ja auch in anderen Bereichen viel kürzer, für Apps sieht das ganz ähnlich aus. Sie können sich wahrscheinlich vorstellen, dass die digitale Welt in siebzig Jahren (sofern Sie nicht bei der Lektüre dieses Buches sterben sollten, was wir natürlich nicht hoffen), schon wieder ganz anders aussehen wird als heute. Ob und inwiefern das Urheberrecht auf Apps aus dem Jahr 2011 dann noch eine praktische Anwendung findet, wird sich dann zeigen.

---

[21] Vgl. Söbbing, Sind NDAs wirklich notwendig?, GWR 2010, Rn. 237. Ein Muster des Bundesamts für Sicherheit in der Informationstechnik (BSI) für eine NDA findet sich hier: https://www.bsi.bund.de/cae/servlet/contentblob/474900/publicationFile/31022/vertraulichkeitsvereinbarung_pdf.pdf.

[22] Siehe § 64 UrhG: „Das Urheberrecht erlischt siebzig Jahre nach dem Tode des Urhebers."

[23] Siehe § 65 UrhG: „(1) Steht das Urheberrecht mehreren Miturhebern (§ 8) zu, so erlischt es siebzig Jahre nach dem Tode des längstlebenden Miturhebers (...)."

12.1.8 Wie sieht die Rechtslage aus, wenn die App in einem Arbeitsverhältnis entsteht?

In der Praxis programmiert nicht jeder einfach eine App aus privatem Vergnügen oder um alleine ein bisschen Geld zu verdienen, sondern eben viel öfter als Arbeitnehmer in einem Arbeitsverhältnis. Befinden Sie sich also in einem Arbeits- oder Dienstverhältnis und programmieren in diesem Rahmen eine App, dann stehen alle vermögensrechtlichen Ansprüche Ihrem Arbeitgeber zu[24]. Sie werden nach vorheriger Vereinbarung mit Ihrem Vorgesetzten für dieses Produkt bezahlt oder die Vergütung ist bereits von Ihrem normalen Lohn abgedeckt[25].

Praxistipp: App-Ideen selbstbewusst präsentieren

Sollte das Programmieren von mobilen Anwendungen also nicht zu Ihren normalen Aufgabengebieten gehören, Sie aber dennoch eine Idee für eine App haben, die in Ihrem Arbeitsbereich interessant ist, dann klären Sie in einem offenen Gespräch die Details mit Ihrem Vorgesetzten ab. Wenn Sie sich der Vorzüge Ihrer App sicher sind und Sie diese auch Ihrem Chef schmackhaft gemacht haben, befinden Sie sich in einer guten Verhandlungsposition, die sich auch finanziell nutzen lässt. Seien Sie selbstbewusst und vor allem überzeugt von Ihrem Produkt. Sie haben als Arbeitnehmer unbestritten weniger Rechte als ein freier App-Entwickler, dennoch können Sie Ihre Leistung vorteilhaft für sich nutzen.

12.1.9 Besteht eine Impressumspflicht für meine App?

Diese Frage beschäftigt auch viele Forenteilnehmer und führt teilweise zu heftigen Diskussionen. In Bild 12.2 ein Beispiel aus dem OS X Entwicklerforum. Bei der dokumentierten Diskussion geht es um die Fragestellung, ob und in welcher Form ein Impressum in einer App nötig ist.

Deutsche Webseiten, sofern sie nicht rein privaten Zwecken dienen (rein fiktive Beispiele: www.Familie-Meyer-Online.de oder www.Pudel-Poppys-Leben.de – Sie können sich nun sicherlich besser vorstellen, was mit rein privaten Zwecken gemeint ist), unterliegen einer Impressumspflicht. Diese Pflicht ist eine Informationspflicht über die Herkunft einer Seite und ist in § 5 Telemediengesetz (TMG) und in § 55 Rundfunkstaatsvertrag (RStV) gesetzlich verankert. In einem Impressum stehen bestimmte Informationen über den Inhaber der Seite. Diese Information, klar gekennzeichnet durch die Bezeichnung „Impressum", muss nicht nur von der Startseite aus, sondern auch von jeder Unterseite der Webseite aus mit einem Klick

---

[24] Siehe § 69b UrhG: „(1) Wird ein Computerprogramm von einem Arbeitnehmer in Wahrnehmung seiner Aufgaben oder nach den Anweisungen seines Arbeitgebers geschaffen, so ist ausschließlich der Arbeitgeber zur Ausübung aller vermögensrechtlichen Befugnisse an dem Computerprogramm berechtigt, sofern nichts anderes vereinbart ist (…)."
[25] Vgl. Chiampi Ohly, SoftwareRecht: Von der Entwicklung zum Export, S. 59.

erreichbar sein. Solche Informationen dienen dem Verbraucherschutz, denn dieser hat dadurch mehr Transparenz über die Anbieter von Webseiten[26].

BILD 12.2 Diskussion rund um Impressumspflichten aus dem OS X Entwicklerforum. (Screenshot: Mayerhofer)

Für Sie als App-Entwickler stellt sich die Frage, ob auch Sie eine Impressumspflicht trifft und wenn ja, wie sich diese gestaltet. Es erscheint höchst unpraktisch, einen Button oder Ähnliches in Ihre App einzubauen, von der man Ihr Impressum jederzeit erreichen kann. Etwas Derartiges taucht auch in keiner App auf.

---

[26] Siehe auch: OLG Hamm, Urteil vom 2. 4. 2009, MMR 2009, 552.

Praxistipp: About-Button trotzdem einbauen

Obwohl es bisher keine Gerichtsurteile speziell zur Impressumspflicht bei mobilen Anwendungen gibt, empfiehlt es sich dennoch, über den About-Button in Ihrer App weiterführende Informationen zu sich und Ihrem Unternehmen anzugeben. Dies ist die adäquate Umsetzung der Impressumspflicht bei mobilen Anwendungen und schützt Sie im Zweifel vor Abmahnungen und damit einhergehenden Kosten und Mühen.

Zusammenfassend sollten über den About-Button in Ihrer App folgende Informationen verfügbar gemacht werden:

- Vollständiger Name des Geschäftsführers.
- Vollständige Adresse, die Nennung eines Postfaches ist nicht ausreichend.
- Möglichkeit zur schnellen Kontaktaufnahme, es empfiehlt sich sowohl eine Telefonnummer als auch eine E-Mail-Adresse.
- Bei GmbHs: Ausformulierung der Rechtsform im Impressum (= Gesellschaft mit beschränkter Haftung), Register und Registernummer, Umsatzsteuer-Identifikationsnummer oder Steuernummer.

Achten Sie bitte bei allen angegebenen Informationen auf Aktualität und Richtigkeit und versäumen Sie nicht, Änderungen in Ihr Impressum aufzunehmen, wenn Sie beispielsweise ohnehin ein Update Ihrer App anbieten. Noch besser ist es selbstverständlich, wenn diese Angaben aus dem Netz gespeist werden und jederzeit verändert werden können. Kommen Sie dem nicht nach, könnte ein Wettbewerbsverstoß vorliegen, der wiederum zu einer Abmahnung führen kann und Sie Geld und Nerven kostet. Da es aktuell noch keine Urteile oder andere juristische Quellen zu dieser Problematik gibt, gibt es auch noch keine festgeschriebenen Regelungen oder allgemeingültige Handlungsanweisungen. Das Recht entwickelt sich manchmal langsamer als die Technik „im echten Leben". Mit einem Impressum über den About-Button in Ihrer App sind Sie in jedem Fall auf der sicheren Seite.

12.1.10 Ist ein Copyright-Disclaimer sinnvoll?

Ein Copyright-Disclaimer ist ein Urheberrechtsvermerk am geschützten Werk, der zum einen unterstreichen soll, dass das bestimmte Werk überhaupt geschützt ist, zum anderen kann er Angaben über den konkreten Rechtsinhaber, also Sie und Ihr Unternehmen, enthalten.

Beispiel: Während Ihre App lädt, könnte also beispielsweise folgender Disclaimer zu sehen sein: BestAppsEver, Germany, 2011.

Da das Urheberrecht in Deutschland, wie bereits erläutert, bei Erstellung der App entsteht und keine gesetzliche Kennzeichnungspflicht besteht, hat ein solcher Vermerk keine rechtliche Relevanz. Für Sie kann es dennoch nicht schaden, eine solche Information in Ihrer App unterzubringen, denn in der Praxis schreckt ein solcher Vermerk trotz seiner lediglich deklaratorischen Wirkung möglicherweise andere davon ab, Ihre Anwendung zu kopieren[27].

---

27 Chiampi Ohly, SoftwareRecht: Von der Entwicklung zum Export, S. 73f.

■ 12.2 Nach Veröffentlichung Ihrer App

Sie haben es geschafft: Ihre App ist auf dem Markt, und die für Sie härteste Arbeit während des Launch-Buzz ist vorüber. Dennoch birgt grade die Zeit nach der Veröffentlichung Ihrer App die größten rechtlichen Probleme in der Praxis, selbst wenn Sie keinen Fehler gemacht haben und Ihr gesamtes Know-how in diese eine App gesteckt haben.

12.2.1 Kopie Ihrer App

Vielleicht sehen Sie es durch Zufall, vielleicht suchen Sie gezielt in den verschiedenen App-Plattformen nach Apps, die Ihrem Produkt ähneln: Wenn Sie fündig werden, stellt das immer einen Such-„Erfolg" dar, auf den Sie sicherlich lieber verzichtet hätten. Es gibt zwei Arten von „App-Klau":

- **Kopie der kompletten App**
  Die Rechtslage gestaltet sich einfacher, wenn Ihre App komplett kopiert wurde. Der Nachweis, dass die Anwendung von Ihrer Programmierleistung herrührt, fällt damit leichter, als es bei einer Kopie von Teilen der App der Fall sein wird.

- **Kopie der App in Teilen**
  Viel häufiger wird der Fall auftreten, dass lediglich Teile Ihrer App kopiert wurden. Dies kann sich beispielsweise auf Ihre originelle und spezielle Menügliederung erstrecken oder auch die Farbgebung oder die genaue Gestaltung einzelner Elemente Ihrer App betreffen.

  Um auf das Beispiel des Autorennspiels zurückzukommen: Wenn Ihre programmierten Fahrzeuge individuell und besonders gestaltet sind und sich damit erheblich von den Fahrzeugen in anderen, vergleichbaren Apps unterscheiden, dürfen diese auch nicht kopiert werden.

 Praxistipps zum Vereiteln von App-Klau

- Suchen Sie auch auf anderen Plattformen als der, auf der Sie Ihre App veröffentlicht haben. Haben Sie Ihre App für den iTunes App Store konzipiert, so suchen Sie darüber hinaus z. B. auch beim Android Market nach verdächtig ähnlichen Anwendungen.

- Dokumentieren Sie Ihren Fund genau, sei es durch Screenshots bei der Plattform oder durch das Herunterladen der fraglichen Anwendung, um sich ein genaueres Bild zu machen. Je mehr Informationen Sie über die andere App gefunden haben, desto besser sind Ihre Chancen bei einem eventuellen späteren Gerichtsstreit. Auch Ihr Anwalt kann sich so besser auf Ihre Verteidigung vorbereiten.

- Stellen Sie Ihre App der potenziellen Verletzer-App gegenüber und zählen Sie die Gemeinsamkeiten auf.
  Bedenken Sie: Die Grundidee einer App ist nicht schützbar. Nur weil Sie ein Autorennspiel entwickelt haben, verletzen nicht automatisch alle anderen vergleichbaren Anwendungen die Ihre. Aber was Ihnen an Originalität und Individualität zugeschrieben werden kann, ist auch vom Urheberrecht geschützt und darf damit nicht ohne Ihre Zustimmung kopiert werden.

12.2.2 Welche Rechte stehen mir als App-Entwickler und Urheber zu?

Das Urhebergesetz spricht dem Urheber für den Fall einer Rechtsverletzung verschiedene Rechte zu:

- Ihnen als Urheber der App steht ein Recht auf **Beseitigung der Beeinträchtigung, Unterlassung** der Rechtsverletzung und **Schadensersatz** zu, was in § 97 UrhG[28] geregelt wird. Die Beseitigung der entstandenen Beeinträchtigung bedeutet explizit, dass die App, die Ihre Rechte verletzt, vom Markt genommen werden muss. Nur so kann sichergestellt werden, dass Ihre Belange nicht weiterhin beeinträchtigt werden. Interessant ist hier, dass dieses Recht Ihnen bereits dann zusteht, wenn eine Rechtsverletzung noch nicht vollendet wurde, aber droht. Sollten Sie also Kenntnis darüber erlangen, dass eine App programmiert und veröffentlicht werden soll, die Ihr Produkt oder Elemente daraus kopiert, besteht bereits der Beseitigungsanspruch. Das Recht auf Unterlassung entsteht dann, wenn eine Wiederholungsgefahr droht, das heißt, wenn ein Entwickler bereits zum zweiten Mal Ihre App widerrechtlich kopiert. Das Recht auf Schadensersatz besteht dann, wenn eine Rechtsverletzung zum wiederholten Mal passiert oder wenn dem anderen Programmierer nachgewiesen werden kann, dass er die Verletzung Ihrer Rechte mit Absicht, das heißt vorsätzlich, begangen hat. Für die Berechnung der Höhe dieses Schadensersatzes empfiehlt sich eine genaue Aufstellung darüber, was Sie als Programmierer üblicherweise verdient hätten, wenn es keine Rechtsverletzung gegeben hätte. Dokumentieren Sie also auch Ihre Gewinne oder das, was Sie sich monetär von Ihrem Produkt erwarten.

- Weiterhin haben Sie als Verletzter einen Anspruch auf **Vernichtung, Rückruf und Überlassung** der rechtswidrig erstellten Apps nach § 98 UrhG. Praktisch bedeutet das für Sie, dass Ihnen alle Kopien und Materialien zustehen, die Ihre App verletzen. Rückruf bedeutet in Ihrem Fall, dass die fragliche App aus allen Online-Plattformen entfernt werden muss, in denen sie veröffentlicht wurde.

- Ein allumfassender **Auskunftsanspruch** findet sich in § 101 UrhG. Er umfasst sowohl den Informationsanspruch auf Anzahl der Rechtsverletzungen (Wie oft wurde die App bereits heruntergeladen?) als auch die Vertriebswege (Wo wurde die App überall veröffentlicht?) und den entstandenen Gewinn aus dem Vertrieb der widerrechtlich hergestellten App.

- Um eine Rechtsverletzung mit Sicherheit annehmen zu können, ist eine **Einsicht in den Quellcode** der verletzenden App nötig[29]. Wenn eine Urheberrechtsverletzung naheliegt, können Sie dies nach § 101 UrhG verlangen. Ein solches Vorgehen kann auch den letzten Beweis einer Rechtsverletzung bringen.

---

[28] § 97 UrhG: „(1) Wer das Urheberrecht oder ein anderes nach diesem Gesetz geschütztes Recht widerrechtlich verletzt, kann von dem Verletzten auf Beseitigung der Beeinträchtigung, bei Wiederholungsgefahr auf Unterlassung in Anspruch genommen werden. Der Anspruch auf Unterlassung besteht auch dann, wenn eine Zuwiderhandlung erstmalig droht. (2) Wer die Handlung vorsätzlich oder fahrlässig vornimmt, ist dem Verletzten zum Ersatz des daraus entstehenden Schadens verpflichtet (...)."

[29] Siehe § 101a UrhG: „(1) Wer mit hinreichender Wahrscheinlichkeit das Urheberrecht oder ein anderes nach diesem Gesetz geschütztes Recht widerrechtlich verletzt, kann von dem Verletzten auf Vorlage einer Urkunde oder Besichtigung einer Sache in Anspruch genommen werden, die sich in seiner Verfügungsgewalt befindet, wenn dies zur Begründung von dessen Ansprüchen erforderlich ist (...)."

12.2.3 Wie setze ich diese Rechte am besten durch?

Oftmals fühlt sich der Hilfesuchende im Paragraphendschungel der deutschen Gesetze mehr als hilflos. Wo genau nach Antworten zu suchen ist, bleibt juristisch nicht geschulten Menschen ein Rätsel. Das UrhG fordert in § 97a von Ihnen als Verletztem zunächst eine Abmahnung, bevor Sie gerichtlich gegen die Beeinträchtigung vorgehen können. Dies erscheint zunächst nicht logisch, denn als Rechteinhaber muss man doch sofort vor Gericht ziehen können. Eine Abmahnung birgt aber erhebliche Vorteile gegenüber einem Gerichtsverfahren. Sie bringt Sie schneller und unkomplizierter an Ihr Ziel, da viele bei einer Abmahnung bereits eingeschüchtert sind und allen Ihren Forderungen nachkommen. Ein Gerichtsverfahren hingegen dauert immer sehr lange und ist finanziell sehr aufwändig. Bis es zu einem Urteil kommt, hängen Sie in der Luft[30].

Praxistipp: Suchen Sie sich einen Anwalt, der im Bereich Medien- und Urheberrecht spezialisiert ist

Abmahnungen können nur durch einen Anwalt erfolgen. Schildern Sie ihm Ihr Problem, hierbei ist Ihre genaue Dokumentation hilfreich. Er wird Ihnen dann bei der Abmahnung behilflich sein.

Sollte der Verletzer die Abmahnung ignorieren oder trotz der Unterschrift und Akzeptanz eines eigenen Fehlverhaltens eine weitere Rechtsverletzung begehen, so steht Ihnen als Urheber natürlich der **Rechtsweg** offen[31]. Auch diesen können Sie nicht ohne anwaltliche Hilfe bestreiten, da vor deutschen Gerichten ein Anwaltszwang besteht[32].

■ 12.3 Fazit

Die rechtliche Problematik in Zusammenhang mit der Vermarktung von Apps ist für Laien ein sehr schwieriges und komplexes Thema. Dennoch lohnt es sich, einige Grundzüge der deutschen Gesetzgebung bezüglich des eigenen Berufsumfeldes zu kennen. Ein solches Wissen beruhigt ungemein, wenn es mal zu Problemen kommen sollte. Lassen Sie sich nicht abschrecken oder einschüchtern, im besten Falle werden Sie mit den meisten hier aufgeführten Problemen niemals konfrontiert werden. Je sauberer Sie selbst arbeiten, desto sicherer und „unangreifbarer" sind Ihre Anwendungen, sowohl wenn Sie selbst der Urheberrechtsverletzung

---

[30] Siehe auch: Chiampi Ohly, SoftwareRecht: Von der Entwicklung zum Export, S. 62f.

[31] § 104 UrhG: „Für alle Rechtsstreitigkeiten, durch die ein Anspruch aus einem der in diesem Gesetz geregelten Rechtsverhältnisse geltend gemacht wird (Urheberrechtsstreitsachen), ist der ordentliche Rechtsweg gegeben (…)."

[32] Siehe § 78 Zivilprozessordnung (ZPO): „(1) Vor den Landgerichten und vor allen Gerichten des höheren Rechtszuges müssen die Parteien sich durch einen bei dem Prozessgericht zugelassenen Rechtsanwalt als Bevollmächtigten vertreten lassen (Anwaltsprozess) (…)."

verdächtigt werden, als auch wenn Ihre Anwendungen kopiert werden sollten. „Wissen ist Macht", wusste schon Francis Bacon. Nutzen Sie Ihr Wissen, zeigen Sie Ihre individuelle Originalität und heben sich damit von anderen App-Entwicklern ab.

■ 12.4 Fallstudie: The Blocks Cometh – Geklaut und abgepaust

The Blocks Cometh ist ein Arcade-Style-Computerspiel von der Entwicklerfirma Halfbot, Inc. Nachdem es 2010 von den Kanadiern Melvin Samuel und Derek Laufman gegründet wurde, gelangen dem Unternehmen schnell einige erfolgreiche Flash-Spiele. Besonders begehrt war ein actionreiches „Anti-Tetris-Spiel", bei dem man mit einer Spielfigur vom Himmel fallenden Blöcken ausweichen muss. Ziel des Spiels ist es, möglichst hoch auf die heruntergefallenen Blöcke zu klettern, ohne zerquetscht zu werden.

Ende 2010 entschlossen sich die Developer dazu, den Schritt von Flash zu mobilen Endgeräten zu machen. Den Anfang sollte *The Blocks Cometh* auf dem iPhone machen. Während die Entwicklung bereits in vollem Gange war, erhielt Laufman Mitte Januar 2011 mitten in der Nacht einen aufgeregten Anruf von seinem Partner: „Ich glaube, wir brauchen einen Anwalt!"

Samuel war im App Store über ein Spiel gestolpert, das den Namen *The Blocks Cometh* trug. Aber nicht nur der Name der App war von Halfbot „inspiriert", das gesamte Spiel inklusive aller Grafiken war eins zu eins kopiert worden. Anscheinend wurde nur der Hauptcharakter abgeändert. Aber wie sich herausstellte, war auch dieser Bestandteil der App eine Kopie aus dem Spiel *The League of Evil*. In Bild 12.3 können Sie die beiden Varianten selbst vergleichen.

THESE ARE IMAGES OF <u>OUR</u> GAME.   THESE ARE IMAGES OF <u>THEIR</u> GAME.

BILD 12.3 Ein Vergleichsbild, das die Entwickler anfertigten. (Montage: Halfbot)

Während die Mitarbeiter von Halfbot schockiert vor ihren Rechnern saßen, arbeitete sich die geklaute Version ihres Spiels gerade die Top-100-Liste hoch. Als Sahnehäubchen wurde das Spiel von Apple in der „New & Noteworthy"-Kategorie präsentiert. Über das Unternehmen

EdisonGame, der Anbieter des Klons, konnten die Entwickler nichts herausfinden. Alle Links aus dem App Store führten ins Nichts.

Zwischenfragen:

1. Bevor Sie weiterlesen: Erstellen Sie eine Liste mit Möglichkeiten, wie sich Halfbot gegen die Copyrightverletzung wehren könnte.

2. Welche der Optionen halten Sie für am aussichtsreichsten?

3. Welche der Optionen birgt das geringste Risiko und den geringsten Aufwand?

4. Wie könnten die Entwickler bei einem Rechtsstreit beweisen, dass sie die Inhalte zuerst angefertigt haben?

Laufman verbrachte die Stunden nach dem enthüllenden Anruf damit, eine E-Mail an Apple zu verfassen. Die erste Hürde war das Finden einer Kontaktadresse. Nach intensiver Suche konnte er eine ausführliche Nachricht an copyrightagent@apple.com schicken, der auch die oben stehende Vergleichsgrafik angehängt war. Da sich sein Gefühl der Hilflosigkeit danach nicht auflösen wollte, beschloss er, Aufmerksamkeit für seine Sache zu erzeugen. Er kontaktierte mit einer schnell zusammengeschusterten E-Mail eine Reihe von Medien, die über Videospiele berichten.

Am nächsten Morgen bekam Laufman die allererste gute Nachricht. Jim Sterling vom Videospiel-Portal Destructoid antwortete auf die Nachricht und war bereits dabei, einen Artikel über die Affäre zu verfassen. Während sich im Internet eine Reihe von Kommentatoren formierte, kontaktierte Halfbot die ebenfalls betroffenen Entwickler von *The League of Evil* und sendete vier weitere E-Mails an verschiedene Apple-Kontaktadressen. Aber auch ein Anruf bei Apple änderte nichts an der Situation, dass der Klon weiter zum Verkauf stand.

Erst nachdem eine Woche verstrichen war und Berichte über den Fall in zahlreichen Branchenportalen zu lesen waren, reagierte Apple. Die App wurde vom Netz genommen.

The Blocks Cometh by Halfbot, so der Name der offiziellen App, startete einen Monat später erfolgreich. Das Spiel wurde von Apple im Logenplatz präsentiert und konnte sich einige Tage in der Top 100 der Spiele halten. Leider werden die Entwickler nie erfahren, ob die Verkaufszahlen noch besser ausgefallen wären, hätten viel Kunden nicht zuvor schon die qualitativ schlechtere Kopie gekauft. Und noch etwas stößt den Entwicklern sauer auf: Die offiziellen Apple-Richtlinien besagen zwar, dass Entwickler nach Copyright-Verstößen aus dem iTunes App Store verbannt werden. Doch EdisonApps veröffentlicht weiterhin neue Apps. Die meisten von ihnen haben Sie schon einmal woanders gesehen.

Übrigens: Durch eine Kooperation mit den Machern von *The League of Evil* wurde ein zweiter Hauptcharakter in *The Blocks Cometh* eingebaut. Und zwar genau der von EdisonApp kopierte. Die Entwickler haben sich also ihren Humor bewahrt.

Lessons Learned

Unterschätzen Sie nicht die Wichtigkeit Ihrer Rechte.

Der Schutz durch das Urheberrecht besteht bereits bei Entstehen des Werkes und erstreckt sich auch auf Ihr Entwurfsmaterial. Absicherung und Dokumentation sind die wichtigsten Instrumente, um Ihre Rechte später im Falle einer juristischen Auseinandersetzung zu beweisen und durchzusetzen.

Denken Sie an eine Geheimhaltungsvereinbarung.

Sollten mehrere Entwickler an der Erstellung des Endprodukts beteiligt gewesen sein, so ist eine Geheimhaltungsvereinbarung wichtig. Auch bei Vertragsverhandlungen über den Verkauf Ihres Produkts ist eine solche Vereinbarung unabdingbar. Damit können spätere Unstimmigkeiten oder Missverständnisse im Vorhinein verhindert werden. Auch bei den nettesten Kollegen: Vorsicht ist besser als Nachsicht.

Machen Sie sich den Wert Ihres Produktes bewusst.

Sie haben viel Zeit und Energie in Ihre App gesteckt. Wenn Sie nun einen Klon oder eine sehr ähnliche App entdecken, handeln Sie schnell. Sie sind der Rechteinhaber und haben damit die Möglichkeiten, gegen andere vorzugehen. Zögern Sie nicht, so kann Schlimmeres verhindert werden.

13

Sie sind nicht allein – Hilfe von außen

Sie haben bis zu diesem letzten Kapitel gelesen, und vermutlich schwirrt Ihnen nun ein wenig der Kopf: Es gibt so viel zu bedenken, so viel zu planen und so viel zu tun. Von der Idee über die Entwicklung, von den Testläufen über die Preisstrategie, von den Werbemaßnahmen bis zum Kundensupport: Das alles schreit nach unglaublich viel Arbeit.

Vielleicht gehören Sie einem Team an, das sich die Aufgaben nach den jeweiligen Fähigkeiten gut einteilen kann, und dürfen Teile dieser großen Verantwortung ganz gelassen an andere abgeben. Vielleicht sind Sie aber als unabhängiger Entwickler alleine da draußen und müssen sich nun fragen, ob Sie denn alle diese Aufgaben überhaupt noch bewältigen können.

Dieses Buch hat Ihnen schon eine gute Grundlage für die Vermarktung Ihrer App gegeben, aber es konnte natürlich nicht alle Bereiche abdecken, die für den Erfolg zusätzlich wichtig sind: Design und Programmierung zum Beispiel. Eventuell sind dies ja genau Ihre Stärken, dann seien Sie unbesorgt. Oder aber Sie brauchen in manchen Punkten noch Unterstützung.

Kostenlose Tipps gibt es überall

Kein falscher Stolz, bitte! Zögern Sie nicht, Hilfe von außen anzunehmen. Selbstverständlich sollte es sein, dass Sie jegliche Unterstützung beanspruchen, die Sie umsonst bekommen können. Seien es hilfreiche Foren, in denen man kleinere Code-Probleme besprechen und sich mit anderen Entwicklern austauschen kann. Sei es nur Ihre eigene Mutter, die einen Fragebogen über ihre Einkaufsgewohnheiten ausfüllen und ihn an ihre Bekannten weitergeben soll. Oder seien es Freunde, die Ihr Spiel immer und immer wieder testen müssen, obwohl es noch so voller Bugs ist, dass das Spielen wirklich keinen Spaß macht.

Nehmen Sie auch alles an Informationen und Expertise mit, was im Internet kostenlos zur Verfügung steht: Lesen Sie Blogs von anderen Entwicklern, beachten Sie die Anleitungen der App-Stores, tauchen Sie ein in Wikis und kostenlose Papers zu allen möglichen Themen, die mit der Entwicklung und Vermarktung Ihrer App zu tun haben.

Gekaufte Unterstützung kann sich bezahlt machen

Manchmal wird das kostenlose Know-how Ihnen aber nicht genügen. Natürlich behalten auch sozial denkende Entwickler die besten Geheimnisse für sich. Und auch eine Beratungsagentur ist nicht so dumm, ihre besten Ratschläge allzu öffentlich zu machen.

Außerdem brauchen Sie womöglich nicht nur theoretische, sondern handfeste Hilfe. Sie wollen vielleicht manche Teile der Arbeit vollständig abgeben. Dann werden Sie sich entweder einen Partner suchen müssen, den Sie an Ihren Einnahmen auch beteiligen müssen – oder Sie wenden sich an freie Dienstleister und Agenturen. Das hat den Vorteil, dass Sie weiterhin autark und ohne Kompromisse an Ihrer App arbeiten können. Die Verantwortung ist vollständig an jemand anderen übertragen und der muss genau nach Ihren Wünschen arbeiten. Auch müssen Sie bei den hoffentlich großen Einnahmen, die Sie erzielen werden, am Ende nicht mit mehreren Teammitgliedern teilen. Stattdessen bezahlen Sie einen festen Preis (außer, Sie verhandeln eine Gewinnbeteiligung, beispielsweise mit einem Publisher).

Aber natürlich handelt es sich beim Outsourcing von Aufgaben auch immer um ein riskantes Spiel: Ihre Ausgaben könnten höher bleiben als die Einnahmen, Sie könnten an einen schlechten Dienstleister geraten und die Auslagerung der Arbeit könnte am Ende umständlicher sein, als hätten Sie diese von Beginn an selbst erledigt.

Damit das nicht passiert, sollten Sie zuvor gründlich evaluieren, an wen und auf welche Weise Sie Teile der Arbeit auslagern wollen. Und welche Aufgabenbereiche sich dafür überhaupt eignen.

■ 13.1 Outsourcing – so gibt man Verantwortung ab

Wer Aufgaben abgeben will, muss loslassen können. Zwei amerikanische Programmierer konnten das von Anfang an sehr gut: Mike Moon und Quoc Bui. Die beiden haben inzwischen über 20 iOS-Apps auf den Markt gebracht – und keine einzige davon selbst programmiert, gestaltet oder vermarktet. Sie haben jede einzelne Aufgabe an externe Dienstleister abgegeben und mit ihrem Unternehmen FreeTheApps insgesamt über 30 Millionen Downloads erreicht (Warner, 2010). Auch wenn Sie natürlich als Entwickler selbst Hand anlegen wollen, können Sie einiges von diesen ungewöhnlichen Unternehmern lernen: Man muss nicht immer alles selbst machen. Oft können andere etwas viel besser als Sie. Und die Qualität des Endprodukts ist wichtiger als Ihr Stolz. Im Laufe dieses Kapitels werde ich immer wieder von den Erfahrungen der beiden berichten.

13.1.1 Was will ich auslagern?

Sie haben nun sehr viel Wissen darüber angesammelt, welche Zutaten für die erfolgreiche Entwicklung und Vermarktung einer App wichtig sind. Beginnen Sie damit, all diese verschiedenen Aufgabenbereiche und Meilensteine aufzuschreiben. Betrachten Sie jeden einzelnen Punkt kritisch und fragen Sie sich: „Kann ich diese Aufgabe mit der bestmöglichen Sorgfalt erfüllen? Wird mich (und vor allem die Nutzer) das Ergebnis zufriedenstellen? Und wie viel Zeit wird mich das kosten?" Überschlagen Sie grob, ob sich all diese kleineren und größeren To-dos im geplanten Projektzeitraum von Ihnen allein (oder Ihrem Team) erledigen lassen werden. Kalkulieren Sie einen ordentlichen Puffer ein.

Möglicherweise haben Sie nun einige Aufgabenbereiche identifiziert, die von Ihnen nicht zu schaffen sind – entweder zeitlich oder weil Ihnen die Fähigkeiten dazu fehlen. Die nächste Frage lautet also: Wer könnte mir dabei helfen?

13.1.2 Freelancer versus Agenturen

Als unabhängiger Entwickler müssen Sie vermutlich sehr streng mit Ihrem Budget haushalten. Und auch sonst sind Sie natürlich an einer günstigen Lösung interessiert. Ob Agentur oder kleiner, freischaffender Dienstleister – Geld wollen sie alle. Fraglich ist nur, ob die günstigere Leistung eines einzelnen Programmierers zum Beispiel am Ende die Qualität bringt, die Sie sich wünschen. Oder ob die Bequemlichkeit der Zusammenarbeit mit der Agentur Ihnen die zusätzlichen Ausgaben wert ist. Es folgt ein allgemeiner Abschnitt über die Arbeit mit externen Dienstleistern, der Ihnen helfen soll, sich zu entscheiden: Agentur oder Freelancer?

13.1.3 Zusammenarbeit mit Agenturen

So finden Sie die Agentur Ihrer Wahl

Bevor Sie sich auf eine beliebige Agentur stürzen und bereits den gesamten Projektplanungs-Prozess starten, sollten Sie sich für die Suche nach dem passenden Partner etwas Zeit nehmen. Werden Sie sich zuerst klar darüber, welche Leistungen die gesuchte Agentur für Sie erbringen muss. Denn nur dann können Sie der Agentur beim ersten Kontakt konkret vermitteln, was Sie wirklich brauchen. So bekommen Sie ein realistisches Angebot und die maximale Vergleichbarkeit zwischen den einzelnen Kandidaten. Denken Sie für die Auswahl des künftigen Partners unter anderem darüber nach:

- Haben Sie in letzter Zeit besonders vorbildliche Apps entdeckt, von denen Sie wissen, dass sie in Zusammenarbeit mit einer bestimmten Agentur entstanden sind?
- Kann Ihnen ein befreundeter Entwickler womöglich schon eine Agentur empfehlen?
- Haben die bisherigen Favoriten schon mehrere App-Projekte betreut? Ähneln diese Apps sogar der Ihren?
- Wie verlief der erste Kontakt mit den Agenturen? Wirkten Sie serviceorientiert, kompetent, ehrlich, interessiert und dialogfähig?
- Haben Sie es mit diskreten Unternehmen zu tun? Das ist sehr wichtig, wenn Sie geschäftskritische Bereiche Ihrer App-Entwicklung offenlegen müssen.
- Wie transparent sprechen die Agenturen über die Art der Kostenabrechnung, ihre Qualitäten und ihre Referenzen?
- Entspricht das gesamte Auftreten der jeweiligen Agentur Ihrem Stil?
- Bieten manche der Agenturen eventuell Zusatzdienstleistungen, die später für Sie relevant sein könnten?

Stellen Sie die einzelnen Agenturen in all diesen Punkten gegenüber. Wahrscheinlich wird sich schnell ein Favorit herauskristallisieren, der auch preislich am ehesten Ihren Vorstellungen entspricht. Eventuell liegen aber zwei Dienstleister gleichauf. Dann können natürlich auch andere Faktoren entscheidend sein. Zum Beispiel, ob die Entfernung zwischen Ihnen auch persönlichen Kontakt praktisch und günstig ermöglicht. Oder auch einfach, welcher der Projektbetreuer Ihnen sympathischer ist. Am Ende ist auch die Entscheidung für die richtige Agentur ein wenig vom Bauchgefühl abhängig.

Die Abrechnung

Grundsätzlich arbeiten Agenturen nach zwei verschiedenen Preismodellen: festen und flexiblen. Entweder Sie bezahlen für ein bestimmtes Projekt einen Fixpreis, oder die für Sie aufgewandten Arbeitsstunden werden von der Agentur einzeln abgerechnet. Die beiden Varianten haben Vor- und Nachteile. Je nachdem, welche Leistungen Sie sich von der Agentur erwarten.

- **Projektpauschale oder Festpreismodell**
  Damit eine pauschale Abrechnung für Sie und die Agentur gleichermaßen sinnvoll ist, müssen Sie bereits sehr genau abschätzen können, welcher zeitliche Aufwand mit einem Auftrag verbunden ist. Die Agentur berechnet ihre Mannstunden und die Materialkosten und erstellt ein Angebot. Natürlich mit einem gewissen Verhandlungsspielraum, den Sie auch nutzen sollten.

  Der Vorteil dieser Abrechnungsweise liegt für beide Seiten klar darin, dass es zu keinen bösen Überraschungen kommt. Gerade bei kleinen Aufgaben, die Sie gut überschauen können und die von der restlichen Entwicklungsarbeit relativ unabhängig sind, bietet sich diese Lösung an.

  Allerdings kann sich dieses Modell für Sie auch als sehr unflexibel erweisen. Zum Beispiel, wenn Sie das endgültige Design der App auslagern wollten, sich dann aber nach einer Testrunde so grundlegende Dinge an Ihrem Konzept geändert haben, dass große Überarbeitungen notwendig werden. Da Sie einen Vertrag abgeschlossen haben, der einen klar definierten Projektablauf beschreibt, müssen Sie alle weiteren Leistungen darüber hinaus bezahlen. Dafür sind Sie aber in einer vergleichsweise schlechten Verhandlungsposition, wenn Sie doch mehr Leistungen benötigen.

- **Rahmenvertrag**
  Der Rahmen- oder Retainer-Vertrag ist eine Abwandlung der Projekt-Pauschale. Gerade im PR-Bereich ist es bei längerfristigen Aufträgen auch möglich, den Vertrag über einen gewissen Zeitraum abzuschließen. Sie einigen sich auf ein festes monatliches Honorar, zu dem Sie umfassend betreut werden. Das hat für die Agentur den Vorteil, dass sie bereits lange im Voraus mit gesicherten Einnahmen kalkulieren kann. Wahrscheinlich wird sie Ihnen daher einen besseren Tarif anbieten können. Für Sie bedeutet das auch, dass Sie einen langfristigen Partner haben, sich nicht bei jedem einzelnen Mini-Auftrag um Geld streiten müssen und auch arbeitsintensive Hochphasen zum festen Honorar abgedeckt sind.

  Das ist auch die größte Gefahr für die Agentur: Dass sie den Aufwand für Ihr Projekt unterschätzt hat und das auf eigene Kosten ausbaden muss. Schlecht für die, gut für Sie! In der Praxis führt das aber sehr oft zu Problemen zwischen Agentur und Kunden – Nachverhandlungen sind vorprogrammiert. Vor allem auch, weil die Entwicklung und Vermarktung einer einzelnen App kein jahrelanges Projekt ist, wird ein solcher Vertrag für Sie sowieso eher nicht in Frage kommen.

- **Zeit und Material – Abrechnung auf die Stunde genau**
  Beim Wort Agentur denkt mancher Außenstehende an Herrschaften in teuren Anzügen, die

beim Mittagessen sitzen, genüsslich ein Steak verdrücken und sich mit einem Gläschen Champagner zuprosten: „Gut, dass wir das auf die Spesenrechnung setzen können." Vielleicht steigen auch Bilder von Berufsjugendlichen in Ihnen auf, die bei einem Bier entspannt Billard spielen – während das Zeiterfassungssystem ein „Internes Projektmeeting" aufzeichnet. Und das alles auf Ihre Kosten?

Tatsächlich hat die Abrechnung nach Mannstunden und Material gewisse Tücken für den Auftraggeber: Es mag für Sie qualitativ vielleicht keinen Unterschied machen, ob ein Junior Designer oder Junior Executive Designer sich um Ihre App kümmert. Nach der Stundenabrechnung dann werden Sie aber staunend feststellen, welchen Unterschied der Rang der einzelnen Mitarbeiter für Sie finanziell bedeuten kann (auch wenn Sie keine Ahnung haben, was die einzelnen Bezeichnungen überhaupt bedeuten). Für – zugegeben sehr wichtige – Aufgaben wie das Projektmanagement werden auch schnell halbe oder ganze Arbeitstage eines teuren Projektmanagers berechnet, obwohl Ihr Auftrag eigentlich in einem sehr überschaubaren Rahmen liegt. Doch im Großen und Ganzen sollten Sie schon das Gefühl haben, dass Ihre Agentur ehrlich abrechnet. Andernfalls haben Sie bei der Auswahl etwas gravierend falsch gemacht.

Der Vorteil der Stundenabrechnung liegt natürlich in der großen Flexibilität. Besonders wenn Sie die Entwicklung eines Auftrags noch schwer abschätzen können und möglichst spontan auch zusätzliche Leistungen in Anspruch nehmen wollen. Allerdings verführt diese Variante nicht nur Sie, sondern auch die Agentur dazu, die Meilensteine nicht streng genug einzuhalten, unnötige Änderungen und Überarbeitungen zu machen und insgesamt viel zu lange mit einer schwammigen Projektdefinition zu arbeiten. Die Angst, dass Ihre Ausgaben auf diese Art explodieren könnten, ist berechtigt. Denn die Stundenabrechnung erfordert höchste Disziplin – von Ihnen und der Agentur.

- **Stundenabrechnung plus Festpreis**
  Eine gelungene Kombination der starren Projekt-Pauschale und der eventuell ausufernden Stundenabrechnung scheint mir der folgende Kompromiss zu sein, den beispielsweise die Softwareentwicklungsfirma Elinext Group anbietet: Bevor Sie schon konkret einen pauschalen Projektvertrag abschließen, hilft Ihnen die Agentur dabei, den Aufwand für die geforderten Leistungen abzuschätzen. Das kann zum Beispiel einige Mannstunden an Konzeption und Projektmanagement erfordern, die dann genau abgerechnet werden. Ab einem gewissen Zeitpunkt steht dann die Planung des Projekts fest und Sie einigen sich auf einen Preis dafür.

  So müssen Sie nicht zu Beginn schon genau wissen, welche Leistungen Sie am Ende brauchen, und Sie können auf die Expertise der Agentur vertrauen, die Ihnen bei der Konzeption des Projekts zur Seite steht. Sollten am Ende doch noch zusätzliche Leistungen notwendig werden, können Sie die aber immer noch dazubuchen. Die Wahrscheinlichkeit, dass Sie Ihr Projekt zum vereinbarten Zeitpunkt und zur vorher vereinbarten Summe abschließen können, ist bei dieser Methode sehr hoch.

- **Gewinnbeteiligung**
  Agenturen, die sich wie Publisher oder PR-Firmen auf App-Vermarktung spezialisiert haben, verrechnen ihre Leistungen oft noch nach einem anderen Prinzip: Sie verlangen eventuell eine feste Betreuungspauschale, die gleich zu Beginn der Zusammenarbeit bezahlt wird, und halten zusätzlich noch eine prozentuale Gewinnbeteiligung im Vertrag fest. Diese variiert natürlich und hängt auch von den Erfolgsaussichten Ihrer App und Ihrem Verhandlungsgeschick ab.

Publisher zum Beispiel berechnen aber gerne schon mal 50 Prozent des Nettoerlöses. Das hört sich ein wenig ungerecht an, hat für Sie aber den Vorteil, dass Sie wenig oder gar nicht in Vorleistung treten müssen. Das Risiko bleibt bei der Agentur. In den meisten Fällen wird auch die große Erfahrung des Publishers oder der PR-Agentur diese hohe Beteiligung rechtfertigen – und Ihre Einnahmen werden entsprechend hoch sein.

Das Modell der Gewinnbeteiligung, womöglich in Kombination mit einer geringen Pauschale, wäre übrigens auch geeignet für die Zusammenarbeit mit einem Freelancer. Gerade wenn Ihre Idee den Freelancer begeistert und kreativ herausfordert, wird er eventuell eher bereit sein, mit Ihnen ein Wagnis einzugehen und gegen einen vorher vereinbarten Prozentsatz zu arbeiten. Das erfordert großes Vertrauen von seiner Seite aus, denn im Vergleich zu einer großen Agentur mit vielen Apps in den Startlöchern kann er einen Flop nicht so gut mit anderen Erfolgen ausgleichen. Auch kann dieses Modell die Zusammenarbeit mit dem Freelancer erschweren, da er während des gesamten Projekts keinen Cent zu sehen bekommt und sich in intensiven Zeiten und bei Streitigkeiten eher ausgenutzt fühlen könnte. Es könnte aus einem falschen schlechten Gewissen für Sie auch schwieriger sein, Ihre Entscheidungen konsequent durchzusetzen.

Meine Erfahrungen mit einer Softwareentwicklungs-Agentur

Ich habe selbst einige kleinere und größere App-Projekte betreut und dabei unter anderem auch mit sehr guten Agenturen zusammengearbeitet. Zwar nahm ich dafür nicht mein eigenes Geld in die Hand, hatte aber natürlich im Sinne meines Unternehmens das Interesse, die Kosten so gering wie möglich zu halten. Dies sind aus meiner Sicht die großen Vorteile bei der Zusammenarbeit mit Agenturen:

- **Viel Erfahrung**
  Wenn Sie Ihren Partner sorgfältig ausgewählt haben, kann der schon viele Referenzen vorweisen und blickt auf eine lange Erfolgsgeschichte zurück. Im besten Fall weiß Ihr Betreuer schon, was Sie wollen, bevor Sie den Gedanken überhaupt fassen konnten.

- **Klare Kommunikation**
  Die Erarbeitung des Projekts läuft bei einer erfahrenen Agentur immer nach demselben Muster ab. Die einzelnen Mitarbeiter wissen genau, welche Informationen sie brauchen, und können gezielt danach fragen. Sie sind geschult darin, Missverständnissen vorzubeugen, und bleiben auch bei inhaltlichen oder ästhetischen Streitfragen natürlich immer professionell. Selbst wenn Sie mal nicht erreichbar sein sollten oder Bedenkzeit benötigen – Ihre Agentur reagiert schnell und flexibel auf Ihre Anfragen. Insgesamt sollte die Kommunikation mit einer Agentur für Sie also eine stressfreie und angenehme Erfahrung sein. Denn in dem Fall sind Sie der Kunde. Und der ist bekanntlich König.

- **Verantwortung**
  Die Agentur darf ihre Reputation nicht gefährden. So wie jeder Ihrer User ein potenzieller Botschafter Ihrer App ist, sind Sie ein wichtiger Multiplikator für die Agentur. Sie können sich daher zu jedem Zeitpunkt ein hochprofessionelles Auftreten erwarten und Ihren Betreuer zur Verantwortung ziehen, falls sein Unternehmen sich nicht an Abmachungen hält.

- **Professionelles Projektmanagement**
  Normalerweise befasst sich ein ausgebildeter Projektmanager mit dem Design Ihres Auftrags. Sie können daher ein effizientes Zeitmanagement und die strikte Einhaltung von

Meilensteinen erwarten. Gerade bei der Abrechnung nach Stunden wird Ihnen diese teure Vorleistung am Ende sehr viel Geld sparen.

- **Voller Service**
  Die Arbeit mit Ihrer Agentur hat sich als voller Erfolg erwiesen? Nach dieser positiven Erfahrung würden Sie gerne noch weitere Aufgabenbereiche abtreten? Wenn Sie vorher klug gewählt haben, können Sie an ein und dieselbe Agentur viele verschiedene Arten von Aufträgen abgeben. Mit einem guten Gefühl, denn Sie haben ja schon einmal ein gutes Ergebnis damit erzielt.

- **Große Sicherheit**
  Das Baby hat Schnupfen. Mein Notebook wurde geklaut. Großmutter feiert ihren Achtzigsten. Willkommen in unserer Reihe „Sätze, die Sie von Ihrer Agentur niemals zu hören bekommen sollten". Der Vorteil in der Zusammenarbeit mit großen Unternehmen liegt nämlich darin, dass Sie ein viel geringeres Ausfallrisiko einkalkulieren müssen als beispielsweise bei einem einzelnen Freelancer. Gerade wenn Ihre App ein Kopf-an-Kopf-Rennen mit einem Konkurrenz-Angebot antreten muss, zählt jeder Tag.

Trotz all dieser Vorteile müssen Sie sich aber gut überlegen, ob die große Professionalität einer Agentur für Sie überhaupt nötig ist. Die Arbeit mit einer Agentur kann für Sie gerade bei einer sehr kleinen Aufgabe nämlich im Zweifel auch zu aufwändigen Vorgesprächen, einem zu groß aufgeblasenen Projektmanagement und einer überzogenen Tarifgestaltung einhergehen.

Vor allem, falls Sie einen Aufgabenbereich nicht aus mangelndem Know-how, sondern nur wegen zeitlicher Engpässe auslagern wollen, könnte die Arbeit mit einem guten Freelancer für Sie vollkommen ausreichend sein. Dann sind Sie nämlich dazu fähig, dessen Fortschritte realistisch einzuschätzen, fundierte Kritik zu üben und das Projekt mit ihm gemeinsam zu einem positiven Abschluss zu bringen.

13.1.4 Arbeit mit Freelancern

So finden Sie einen verlässlichen Freelancer

Ein einzelner Freelancer wird niemals den vollen Service leisten können, den Ihnen eine Agentur bietet. Allerdings sollten Sie dennoch hohe Ansprüche an Ihren Partner stellen. Sie müssen sich auf ihn vollkommen verlassen können und möchten auch keine bösen Überraschungen erleben.

Doch bevor Sie überhaupt aus einem Pool von Freelancern auswählen können, müssen Sie recherchieren. Es gibt mehrere Möglichkeiten, willige und fähige Einzelunternehmer zu finden:

- **Persönliche Empfehlung:** Der Cousin der Freundin eines Freundes ist ein talentierter Grafikdesigner. Sagt zumindest die Freundin Ihres Freundes. Das müssen Sie natürlich noch überprüfen, aber er wird vorerst in die Liste aufgenommen.

- **Gut aufgepasst:** Sie sind bei der Konkurrenz über ein tolles Icon gestolpert oder haben zufällig beim Surfen eine besonders kreative Website aufgestöbert? Vielleicht haben Sie ja Glück und hinter dem Design steckt gar keine riesige Agentur, sondern ein kleiner Grafiker, der all diese Genialität von seiner Bettkante aus produziert. Jetzt müssen Sie nur noch herausfinden, wer der große Unbekannte ist. Ein Blick ins Impressum genügt Gott sei Dank in vielen Fällen.

- **Zufällige Treffen und gezielte Vernetzung:** Man steht an der Bar und gönnt sich ein Kaltgetränk, während die Dame neben einem plötzlich immer interessierter auf die Unterlagen starrt, die man vor sich ausgebreitet hat. Oder man kommt verschwitzt, aber glücklich von der Bühne, nach der ersten Präsentation seines App-Mock-Ups, und wird sofort von einem freundlichen Nerd angesprochen. Entwickler-Konferenzen, BarCamps und Messen sind eine tolle Gelegenheit, um mit Profis und enthusiastischen Semiprofis in Kontakt zu kommen. Der Vorteil: Sie kennen die Person bereits persönlich und wissen, ob Sie sie „riechen können". Eine gute Voraussetzung für eine fruchtbare Zusammenarbeit.

- **Bekanntschaft über soziale Netzwerke:** Da Sie ja fleißig über die Fortschritte der App-Entwicklung bloggen und twittern, finden sich eventuell sogar in Ihrer treu ergebenen Leserschaft einige engagierte und fähige Programmierer, Designer oder PR-Experten. Teilen Sie der ganzen Welt mit, dass Sie in einem bestimmten Bereich professionelle Hilfe brauchen. Jemand, der bereits mit Ihrer App-Idee infiziert ist, wird nämlich bereits sehr viel Vorwissen und einen ganz anderen Enthusiasmus aufbringen als irgendein beliebiger Freelancer, der zum ersten Mal von der Sache hört.

- **Suche in Freelancer-Portalen und Karriere-Netzwerken:** Mike Moon und Quoc Bui, die beiden erfolgreichen App-Unternehmer, die alles auslagern, schwören auf die Plattform elance.com, um qualifizierte Freelancer zu finden. Doch es gibt noch eine Reihe weiterer Orte im Internet, wo sich gute Leute tummeln. Es kommt ganz darauf an, was Sie suchen. Am Ende dieses Abschnitts finden Sie eine kleine Auflistung hilfreicher Portale und Netzwerke. Der große Vorteil für Sie besteht darin, dass Sie ganz unverbindlich viele verschiedene Portfolios auf einmal sichten und vergleichen können und – im Gegensatz zum persönlichen Kontakt – niemandem unnötig Hoffnungen machen. Für Aufträge, die nicht dringend sind, können Sie auch Gesuche einstellen, den Freelancern den Erstkontakt überlassen und sich in der Zwischenzeit anderen Baustellen widmen.

- **Klassisches Recruiting:** Natürlich sollten Sie jeden noch so kleinen Auftrag, den Sie zu vergeben haben, auf Ihrer Website ausschreiben. So gelangen Sie an motivierte Personen, die sich von sich aus für Ihr Unternehmen interessiert haben. Bei langwierigen Projekten, die Sie auslagern wollen, können Sie auch darüber nachdenken, eine Anzeige in klassischen Recruiting-Plattformen zu schalten. Auch dort ist es möglich, nach Fachleuten zu suchen, die als freie Mitarbeiter auf einen gewissen Zeitraum zu einem festen Stundensatz arbeiten.

 Jagd auf Freelancer: Jobportale, Netzwerke und Co.

- **Elance.com** ist eine der bekanntesten Plattformen und bietet eine große Auswahl an Freelancern: Programmierer, Designer, Autoren und Marketing-Spezialisten. Die Mitgliedschaft ist in der Basisversion kostenlos, doch fallen Gebühren bei der Auftragsvergabe an (die allerdings im Angebot des Freelancers schon enthalten sind). Elance bietet integrierte Projektmanagement-Werkzeuge und ermöglicht die Bezahlung des Freelancers nach dem Erreichen von Meilensteinen. Ihr Englisch sollte solide sein, denn ein großer Teil der Freelancer und Angebote kommt aus dem englischsprachigen Markt.

- **Freelancer.com** zielt vor allem auf kleinere Projekte ab: Aufträge beginnen bei 30 Dollar und übersteigen durchschnittlich 200 Dollar nicht. Daher tummeln sich dort auch semiprofessionelle Freelancer aus aller Welt. Vom Logo-Design bis zu SEO – auch hier sind Arbeitsuchende zu fast allen Aufgaben zu finden, die bei der App-Entwicklung anfallen könnten. Die Basismitgliedschaft ist kostenlos, beinhaltet jedoch Gebühren für die Auftragsabwicklung und zusätzliche Einstellungen für Angebote. In der Premiummitgliedschaft entfallen diese teilweise.

- **Freelancermap.de** ist auf den deutschen Markt und vor allem die IT-Branche fokussiert. Die dort eingestellten Projekte zielen meist auf eine längerfristige Zusammenarbeit ab. Daher suchen dort auch verstärkt professionelle Auftragnehmer. Die Anzahl der Gesuche ist vergleichsweise niedrig, etwa 300 Projekte werden täglich ausgeschrieben. Die Basismitgliedschaft ist kostenlos, in der Premiummitgliedschaft erhalten Sie zusätzliche Privilegien, die Ihre Suche einfacher machen.

- **Projektwerk.com** ist ebenfalls stark auf dem deutschen Markt vertreten und verteilt sich unter anderem auf die Plattformen *projektwerk it*, *projektwerk creative* und *projektwerk consulting*. Die Basismitgliedschaft bietet nur sehr eingeschränkte Funktionen, die Premiummitgliedschaften beginnen bei 45 Euro für einen Monat. Dafür fallen keine Provisionen auf Projekte mehr an.

- **Gulp.de** bietet IT-Freelancer, vor allem aus dem deutschsprachigen Markt. Sie können selbst recherchieren oder auch den Recruiting-Service der Plattform nutzen. Die teilnehmenden Unternehmen und Freelancer bewegen sich auf einem sehr professionellen Level und arbeiten an längerfristigen Projekten.

- **Guru.com** behauptet von sich, der größte Marktplatz für Freelancer im Internet zu sein. Die Freelancer in den Bereichen IT, Marketing oder Textproduktion kommen aus der ganzen Welt; entsprechend sollten Sie offen für Kommunikation auf Englisch sein. Gesuche sind kostenlos, doch es fallen Auftragsgebühren bis zu 10% des Auftragswerts an. Längerfristige Projekte sind häufig, die Professionalität ist hoch.

- **99designs.com** hat sich, wie es der Name schon sagt, auf Freelancer aus dem Design-Bereich spezialisiert. Das Konzept ist ungewöhnlich: Der Auftraggeber veröffentlicht ein Gesuch, in dem er seine Wünsche so konkret wie möglich beschreibt und einen Preis für das beste Design ausschreibt. Er gibt den Designern immer wieder Feedback auf ihre Einreichungen, und am Ende wählt er aus mehreren Vorschlägen den Siegerentwurf aus. Durchschnittlich entstehen 92 Designs pro Ausschreibung. Die Preise sind in den verschiedenen Kategorien festgelegt und enthalten bereits alle Gebühren, zu sehen in Bild 13.2. Sollte Ihnen kein einziges Design gefallen, müssen Sie keinen Gewinner auswählen – außer Sie haben einen „guaranteed prize" ausgeschrieben, der natürlich mehr und professionellere Designer anzieht.

- **odesk.com** versteht sich als internationaler Dienstleister für expandierende Unternehmen, die sich nicht langfristig an Mitarbeiter binden wollen. Hier können Sie nahezu jede Aufgabe outsourcen – an Freelancer auf der ganzen Welt. Bezahlt wird nur die tatsächlich abgeleistete Arbeitsstunde. Der Arbeitgeber bezahlt keine Gebühren oder Provisionen, stattdessen sind die bereits Teil des Honorars, das der Freelancer angibt. Die Plattform ist vor allem für längerfristige Zusammenarbeit gedacht.

- **Xing.de** ist das wichtigste deutsche Karrierenetzwerk. Obwohl nicht hauptsächlich für Projektvermittlung gedacht, können Sie in Gruppen oder über die Suche geeignete Freelancer finden. Die Recherche- und Kontaktmöglichkeiten sind in der kostenlosen Basisversion jedoch stark eingeschränkt. Auch bekommen Sie bei Xing keine integrierten Bezahlfunktionen oder vorgefertigten Verträge.

- **Craigslist.org** ist in den USA eine wichtige Plattform für kleinere Aufträge, aber im deutschsprachigen Markt noch nicht sehr verbreitet (Bild 13.1). Jobangebote einzustellen ist dafür bis auf wenige Ausnahmen kostenlos. Die Komplexität der Gesuche und die Professionalität der Freelancer sind bei den Online-Kleinanzeigen eher gering. Es erfordert einiges an Recherche, einen passenden Partner zu finden. Auch ist die Gefahr von Betrug oder zumindest Uneinigkeiten verhältnismäßig größer – Craigslist bietet keine Garantien wie die oben genannten Freelancer-Plattformen.

BILD 13.1 Craigslist wirkt chaotischer als die spezialisierten Freelance-Plattformen. (Screenshot: Mayerhofer)

So funktioniert die Zusammenarbeit mit Freelancern

Eine Frage, die Ihnen womöglich schon in den Kopf geschossen ist, beschäftigt viele Entwickler, die Aufgaben outsourcen: „Wenn ich mich mit meiner App-Idee an freie Programmierer wende: Was hält die davon ab, sie mir einfach zu klauen?" Tatsächlich, dieses Risiko besteht natürlich. Quoc Bui, einer Entwickler von FreeTheApps, sagt aber im Interview mit der Gründerplattform mixergy.com, dass einen diese Sorge nicht erstarren lassen darf: „Viele Leute sitzen auf ihrer Idee und haben Angst, dass jemand sie ihnen stehlen könnte. Sie tun nichts, also wird auch nichts daraus." (Warner, 20011)

- **Anfangs nicht zu viel verraten**
  Trotzdem sei es natürlich klüger, wenn man bei seinem Gesuch in Online-Plattformen anfangs noch sehr vage bleibe. Moon und Bui haben bei ihrer ersten App *Crop For Free*,

Total Costs (including designer prize and 99designs fees)			
Category	Bronze	Silver	Gold
Logo design	$295 (£195)	$495 (£295)	$695 (£495)
Web page design[1]	$595 (£395)	$895 (£595)	$1495 (£995)
Print design	$195 (£125)	$295 (£195)	$595 (£395)
Stationary design	$195 (£125)	$295 (£195)	$495 (£295)
Button & icon design	$145 (£95)	$295 (£195)	$595 (£395)
T-shirt design	$145 (£95)	$245 (£145)	$395 (£245)
Banner ad design	$145 (£95)	$295 (£195)	$595 (£395)
App design	$595 (£395)	$895 (£595)	$1495 (£995)
Twitter background design	$95 (£65)	$145 (£95)	$245 (£145)
Other graphic design	$145 (£95)	$295 (£195)	$595 (£395)
Quickbooks form design	$145 (£95)	$195 (£125)	$295 (£175)

BILD 13.2 Das besondere Konzept von 99designs.com beinhaltet festgelegte Preise für Ausschreibungen in unterschiedlichen Kategorien. (Screenshot: Mayerhofer)

einer simplen Bildbeschneidungs-Software, nur verraten, dass sie eine Foto-App entwickeln wollten. Daraufhin meldeten sich unzählige Freelancer. Sie suchten anhand der Portfolios einige aus, die bereits Erfahrung mit ähnlichen Apps gemacht hatten. Diejenigen, deren Antwortschreiben einen vertrauenswürdigen und engagierten Eindruck von ihrem Absender vermittelten, bekamen dann konkrete Informationen.

- **Klar den Auftrag beschreiben**
  Bui und Moon hatten sich bei ihrer ersten App nicht viel vorgenommen: Drei Screenshots und die Beschreibung der wenigen Buttons und Funktionen waren vollkommen ausreichend, um die ausgewählten Entwickler verstehen zu lassen, was sie brauchte. Darum bekamen sie auch schnell pauschale Angebote.

- **Was bietet der Freelancer?**
  Die Auswahl des Freelancers sollte sich im Grunde an denselben Kriterien bemessen wie die Auswahl einer guten Agentur. Sie müssen ihm vertrauen, er muss Erfahrung haben, verantwortlich arbeiten können, transparent mit Ihnen kommunizieren, schnell reagieren, bei Streitpunkten professionell bleiben und Sie als Autorität wahrnehmen, die das letzte Wort hat.

  Anhand einer Liste von wiederholten Kunden sehen Sie zum Beispiel, ob der Freelancer mit seiner Arbeitsweise auch andere nachhaltig überzeugen konnte.

Die beiden Gründer von FreeTheApps achten bei der Auswahl aus den drei oder vier Favoriten auch vor allem darauf, wer am besten auf ihre Bedürfnisse eingegangen ist, wer in seinem Angebot bereits eigene Ideen beigesteuert hat, und schließlich natürlich darauf, wer am schnellsten zum besten Preis liefern kann.

Die Designs ihrer Produkte schreiben die beiden App-Unternehmer vorwiegend über die Platt-form 99designs aus – denn dort können sie aus mehreren Entwürfen wählen (Bild 13.3). So bekomme man die Kreativität von vielleicht 20 Designern, nicht nur von einem, sagen sie.

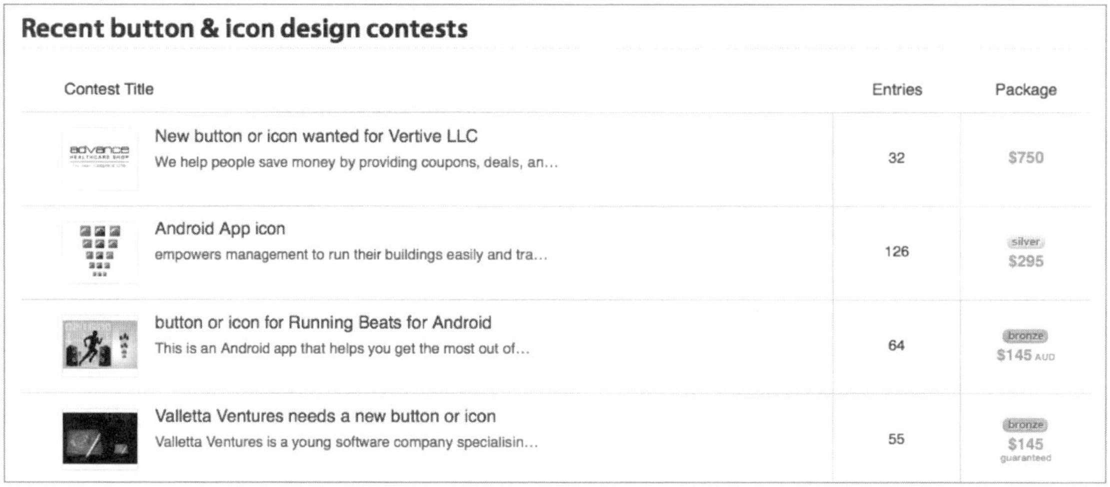

Recent button & icon design contests

Contest Title		Entries	Package
advance HEALTHCARE SHOP	New button or icon wanted for Vertive LLC We help people save money by providing coupons, deals, an...	32	$750
	Android App icon empowers management to run their buildings easily and tra...	126	silver $295
	button or icon for Running Beats for Android This is an Android app that helps you get the most out of...	64	bronze $145 AUD
	Valletta Ventures needs a new button or icon Valletta Ventures is a young software company specialisin...	55	bronze $145 guaranteed

BILD 13.3 Icon-Ausschreibungen bei 99designs.com. (Screenshot: Mayerhofer)

Am Ende bezahlten sie für die vollständige Entwicklung von *Crop For Free* 1800 Dollar (mit Design- und Vermarktungskosten kommen sie pro App auf etwa 3000 bis 4000 Dollar). Die App war innerhalb von weniger als zwei Monaten fertig. Sie schätzen die gesamten Einnah-men mit dieser werbefinanzierten Gratis-App auf etwa 100 000 Dollar.

Das hört sich zu gut an, um wahr zu sein – zugegeben. Aber nachdem Sie dieses Buch bis hierher gelesen haben, wissen Sie, dass eine Portion Glück, ein sehr gutes geschäftliches Gespür und in dem Fall auch effektive Delegation für diesen Erfolg verantwortlich sind.

Was schiefgehen kann

Es kann beim Outsourcing an Freelancer auch manches schiefgehen:

- **Die Lebensumstände könnten sich plötzlich ändern:**
  Ihre Grafikerin hat sich für ein großes Projekt verpflichtet, doch nach drei Monaten bekommt sie eine lukrative Festanstellung angeboten. Natürlich wird sie nicht für einen Kunden das Angebot ausschlagen. Wenn Sie Glück haben, bringt sie Ihren Auftrag trotz allem erfolg-reich zu Ende. Wenn Sie Pech haben, wendet sie aber nur noch wenig Sorgfalt und Hingabe für die Sache auf. Alles verzögert sich, und die Qualität leidet. Sie stecken dann in der Zwickmühle: Die bereits geschaffte Arbeit nehmen und mit jemand anderem daran weiter-basteln – oder gar neu beginnen? Oder das Ding mit Ach und Krach fertig machen und sich ständig über den Zeitverlust oder die schlechte Qualität ärgern? Wenn Sie nicht über eine Freelancer-Plattform zusammengekommen sind (wie Elance.com in Bild 13.4), stellt sich auch die Frage, wie viel Sie in einem solchen Fall bezahlen wollen.

- **Der Freelancer ist überfordert:**
  Ihr Auftrag ist, bei Licht besehen, nun doch etwas zu viel für ihn. Er ist zwar ein fähiger Programmierer, aber nebenher steckt er auch noch mitten in den Abschlussklausuren sei-

BILD 13.4 Verschiedene Sicherheitsschranken sollen bei Elance.com garantieren, dass niemand bei der Zusammenarbeit mit Freelancern Geld für nicht erbrachte Leistungen ausgibt. (Screenshot: Mayerhofer)

nes Studiums. Oder er hat schon erfolgreich mit anderen Kunden an ähnlichen Projekten gearbeitet, beißt sich aber an einem Code-Problem mit Ihrer App die Zähne aus. Zu allem Überfluss können Sie ihm nicht wirklich helfen, weil Sie selbst keine Ahnung von Programmierung haben. Wahrscheinlich wird sich das Problem irgendwann lösen lassen. Doch Sie könnten wertvolle Zeit verlieren oder das Endprodukt könnte weit hinter Ihren Erwartungen zurückbleiben.

- **Die Kommunikation läuft schief:**
Anfangs waren Sie sich beide noch sehr sympathisch, aber seit dem Streit über die Anordnung des Spielmenüs ist Ihre Grafikerin unterkühlt. Sie reagiert nur noch langsam auf Ihre E-Mails, Projektbesprechungen verlaufen eisig, und ständig lauern Missverständnisse, weil sie in allem einen Vorwurf zu erkennen meint. Das ist schlecht für das Arbeitsklima, tötet jegliche Kreativität und macht miese Laune. Sie können sie zwar daran erinnern, dass Sie der Kunde sind und sie sich professionell verhalten muss. Doch das Verhältnis wird nur noch schwer wieder auftauen. Freelancer stehen dem Kunden meist allein gegenüber, sie können ihren Frust über Sie (ja, den gibt es) mit niemandem teilen und kanalisieren ihn dadurch möglicherweise nicht so professionell wie die Mitarbeiter einer Agentur. Auch fehlt die soziale Kontrolle durch Kollegen, die dem Freelancer auch mal ehrlich sagen: „Es muss nicht dir gefallen, sondern der Kundin. Reiß dich zusammen."

- **Sie verirren sich gemeinsam:**
Gerade, wenn Sie ein gutes Verhältnis zu Ihrem Freelancer haben, lauert die Gefahr: Bei fast freundschaftlichen Telefonaten verfliegt die Zeit, es wird viel über verrückte Ideen gesprochen, aber zu wenig über deren konkrete Umsetzung. Ein richtiges Projektmanagement gibt es nicht, da Ihr Freelancer und Sie sowieso an jedem Meilenstein vorbeirauschen. An dieser Stelle würden Sie einen erfahrenen Projektmanager dringend brauchen: Denn jetzt müssen Sie die Notbremse ziehen und professionell werden. Setzen Sie für jedes Meeting eine klare Agenda fest, halten Sie wichtige Vereinbarungen schriftlich fest und achten Sie peinlich genau auf die Einhaltung der Meilensteine. Andernfalls haben Sie vielleicht einen neuen Freund gefunden, aber keinen verlässlichen freien Mitarbeiter.

■ 13.2 Aufgaben mit Outsourcing-Potenzial

Wie Sie von Mike Moon und Quoc Bui erfahren haben, kann man jeden Bereich der App-Entwicklung und -Vermarktung auslagern. Hier gebe ich Ihnen eine kleine Aufstellung von Dienstleistern, die für Sie relevant sein könnten:

- **Grafik-Designer:**
  An den Beispielen aus den Fallstudien haben Sie gesehen, wie wichtig gutes Design für den kommerziellen Erfolg Ihrer App ist. Sei es das Layout Ihres Menüs, die Ausarbeitung Ihres Spielcharakters oder auch die Politur Ihres Icons – sie beeinflussen das Gesamtbild und den Eindruck, den sich der Nutzer von der Funktionalität und der Innovationskraft Ihrer App macht. Der freie Grafiker oder die Agentur, die Sie auswählen, sollte Erfahrungen in genau dem Bereich mitbringen, den Sie auslagern wollen. Denn ein guter Werbegrafiker muss nicht automatisch Ahnung von verlockendem Icon-Design haben.

- **Publisher:**
  Sie hatten eine tolle Idee, die Programmierung der App stellte kein großes Problem dar und auch das Design ist relativ überzeugend. Trotzdem fehlt Ihrer App noch der letzte Schliff. Und obwohl Sie dieses Buch gelesen haben, fühlen Sie sich von den strategischen Entscheidungen und vor allem den vielen einzelnen Aufgaben des App-Marketings überfordert. Dann könnte die Zusammenarbeit mit einem erfahrenen App-Publisher genau das Richtige für Sie sein.

  Je nach Vertrag kümmert sich der Publisher um die Einreichung in den App Stores, legt die Preisstrategie fest und bedient seine vielen Hebel und Medienkontakte, um Ihnen eine große Portion Aufmerksamkeit zu verschaffen. Eventuell wird der Publisher Ihre App auch nach seiner bisherigen Erfahrung mit dem Markt noch einmal etwas abändern und polieren – um daraus ein Massenprodukt zu machen.

  Im Gegensatz zur Arbeit mit Agenturen berechnet der Publisher im Normalfall keinen Fixpreis, sondern eher eine Gewinnbeteiligung (eventuell zusätzlich zu einer Betreuungspauschale). Der Vertrag mit Ihnen bedeutet für ihn eine Investition, denn Ihre App könnte floppen. Tut Sie das nicht, ist die Freude natürlich groß – auch bei Ihnen. Obwohl Sie vielleicht etwa 50 Prozent Ihres Nettoerlöses an den Publisher abtreten müssen.

  Publisher haben viel Erfahrung und erkennen schnell das Potenzial einer App. Eine Zusammenarbeit mit einem Publisher ist fast schon eine Erfolgsgarantie. Die quälende Frage für viele Entwickler ist daher: Wäre meine App auch ohne Publisher zum Erfolg geworden? Rovio verdankt seinen Erfolg mit *Angry Birds* zu großen Teilen dem Publisher Chillingo. Nur durch die guten Kontakte des Unternehmens konnte *Angry Birds* einen Logenplatz im iTunes App Store bekommen und so den Durchbruch schaffen. Trotzdem spricht der Rovio-Manager Peter Vesterbacka nicht gut über Chillingo. „Wir haben nur unsere erste iPhone/iPad-Version mit Chillingo gemacht. Seitdem haben wir alles selbst veröffentlicht. Man braucht heute keine Publisher mehr." (Tsotsis, 2010) Bei mehreren Millionen Euro Umsatz alleine in der iPhone-Version ist es einleuchtend, dass sich Vesterbacka darüber ärgert, die Hälfte des Geldes abgeben zu müssen. Andererseits werden wir nie sicher wissen, ob *Angry Birds* es auch ohne die Hilfe eines Publishers geschafft hätte.

  Der Nachteil in der Zusammenarbeit mit einem Publisher liegt darin, dass Sie manche konzeptionelle Entscheidung abtreten müssen und dass auch die Überarbeitung der App Ihren

Schritt in die App-Stores verzögern könnte. Auch ist die Suche nach dem passenden Partner nicht einfach: Nicht nur sollte der Publisher genau in der Nische beheimatet sein, die auch Sie abdecken wollen, er muss auch Potenzial in Ihnen sehen. Wenn Ihre App nicht überzeugt, haben Sie Pech gehabt. Im Gegensatz zu anderen Outsourcing-Modellen sind Sie – außer wenn Sie direkt angesprochen werden – zumeist in einer anderen Position: Sie müssen sich verkaufen, nicht der Publisher.

- **Marketing-Beratung:**
Es wäre überheblich von mir, zu behaupten, dass Sie nach diesem Buch nicht trotzdem unter Umständen die Hilfe eines App-Marketing-Profis in Anspruch nehmen sollten. Für eine solche Sammlung von Hintergrundwissen und Ratschlägen an eine allgemeine Zielgruppe muss jeder Autor eine strenge Selektion vornehmen. Und wenn Sie mit Ihrer App in eine spezielle Nische eindringen wollen oder auch eine besonders ausgetüftelte Preisstrategie ausprobieren möchten, kann sich der individuell abgestimmte Rat eines Experten sehr für Sie lohnen. Auch hier, wie bei Agenturen und Freelancern, ist der Experte umso nützlicher, je mehr Kunden er vorweisen kann und je erfahrener er in dem speziellen Bereich ist, dem Ihre App angehört.

- **Videoproduzent:**
Die Produktion eines Promotion-Videos kann Sie unnötig viel Zeit und Nerven kosten, wenn Sie von Dramaturgie keine Ahnung haben und auch kein Freund der Schnittsoftware sind. Dabei handelt es sich für einen Profi vermutlich um ein überschaubares Projekt, das mitunter in zwei Tagen erledigt sein kann (außer Sie wollen für Ihren Werbefilm den Times Square absperren lassen). Sound, Bildaufbau, Schnitt – ein Film hängt wie eine App an vielen Details. Eine seltsam verzerrte Erzählerstimme, und schon wirkt nicht nur das Video, sondern auch Ihre App hoch unprofessionell. Überlassen Sie die Verantwortung einem Videoproduzenten, wenn Sie mit Filmen keine Erfahrung haben.

- **Webdesigner:**
Sie haben zwar schon eine Website, die auf einem guten Wordpress-Theme basiert, aber wollen noch spezielle Änderungen daran vornehmen. Oder Sie haben sich einige komplizierte Extras ausgedacht, die Sie selbst nicht programmieren können. Vielleicht sind Sie schlichtweg unzufrieden mit dem gesamten Design Ihres Webauftritts und fürchten, dass er die Wahrnehmung Ihrer Apps negativ beeinflussen könnte. Es gibt viele Gründe dafür, einen Webdesigner zu engagieren. Und sei es nur die Faulheit, sich nicht darum auch noch kümmern zu wollen. Im besten Fall beherrscht der Designer und Programmierer auch die wichtigsten Grundlagen von SEO. Dann schlagen Sie zwei Fliegen mit einer Klappe.

- **PR-Experten:**
Das theoretische Wissen über die richtigen Kommunikationsmaßnahmen ist das eine. Jahrelange Erfahrung und ein Adressbuch voll mit exzellenten Medienkontakten sind das andere. Wenn Sie sich als unabhängiger Designer im Dschungel der Fachblogs und journalistischen Websites verloren fühlen und beim Gedanken an das Schreiben einer Pressemitteilung das kalte Grausen bekommen, sollten Sie sich an eine PR-Agentur oder einen Freelancer wenden. Oft genügen für diese Leute ein paar Anrufe – und Ihre App wird rezensiert, Sie werden interviewt und können gut ausgeruht in die Welle der Aufmerksamkeit eintauchen.

- **SEO-Profis:**
Die Outsourcing-Könige Moon und Bui schwören auf einen Mann namens Ed Turner, der angeblich für etwa 300 bis 400 Dollar die Beschreibung einer App im Store so poliert und

mit wichtigen Keywords versetzt, dass bei der Suche nichts mehr schiefgehen kann. Andere wiederum schätzen seine Art der Kundenakquise nicht besonders und halten ihn für einen Hochstapler, der unbedarften Entwicklern Marketing-Binsenweisheiten verkauft.

Doch die Suche in den App Stores sollte auch nicht Ihr einziges Anliegen sein: Sie müssen auch Ihre Website entsprechend in den Suchergebnissen platzieren. Wie ich bereits im Kapitel zur Sichtbarkeit erklärt habe, kann man mit etwas Recherche und einigen SEO-Grundsätzen schon sehr viel erreichen. Wenn Ihnen das aber zu mühsam ist, bietet sich das Engagement eines Freelancers oder einer SEO-Agentur an. Die Besonderheit dabei: Einige rechnen streng nach Keywords ab, andere arbeiten sogar mit erfolgsbasierter Bezahlung.

- **Übersetzer:**
  Wenn Sie Ihre App in mehr als einem Land veröffentlichen wollen und nicht zufällig mehrsprachig erzogen wurden, brauchen Sie mit großer Wahrscheinlichkeit die Hilfe eines Übersetzers. Da Ungenauigkeiten und Missverständnisse die Seriosität einer App vernichten können, würde ich Ihnen dringend empfehlen, die Lokalisierung Ihrer App einem professionellen Übersetzer zu überlassen. Der sollte nicht nur die Landessprache perfekt beherrschen, sondern auch die kulturellen Besonderheiten des Markts genau kennen. Weil vermutlich ein Großteil der Entwickler diesen Service irgendwann in Anspruch nehmen muss, widme ich der Lokalisierung einer App den ganzen letzten Abschnitt dieses Kapitels.

13.2.1 So kommt Ihre App nach Spanien, Australien ... überallhin

Wenn Sie die Lokalisierung Ihrer App für mehrere Märkte und Sprachen planen, empfehle ich Ihnen, sich an ein Übersetzungsbüro mit vielen Übersetzern zu wenden. Denn die Suche und Auswahl von zwanzig Übersetzern kann Sie sehr viel Zeit kosten, die Sie nicht haben. Sollten Sie trotzdem mit Freelancern arbeiten wollen, gelten dafür dieselben Kriterien wie schon bei anderen Aufgabenbereichen. Erfahrung mit Software-Übersetzungen ist eines der wichtigsten, denn es ist etwas ganz anderes, ein Spielmenü zu übersetzen, als die Bauanleitung eines Modellfliegers. Spezialisierte Übersetzungsbüros haben bereits ein perfekt abgestimmtes Projektmanagement, können mit Ihren Dateiformaten umgehen und eventuell sogar Schaltflächen bearbeiten, die für einen übersetzten Text zu klein sind.

Arbeit mit einem Übersetzungsbüro

Einen solchen Service bietet zum Beispiel das internationale Übersetzungsbüro Lingo24. Dessen Gründer Christian Arno hat sich mit dem Thema App-Lokalisierung befasst. Bevor ich dieses Kapitel mit seinen Anekdoten über kulturelle Unterschiede und Stolpersteine abschließe, lesen Sie hier noch einige Fragen zur Arbeitsweise des Büros, die Nick Jarvis von Lingo24 mir beantwortet hat:

Wie läuft die Lokalisierung einer App normalerweise ab – vom ersten Kontakt bis zum fertigen Produkt?

Nick Jarvis: Der Ablauf ist relativ simpel. Zuerst müssen wir feststellen, welche Aufgabengebiete die Lokalisierung umfassen wird. Zum Beispiel die Kombination der verschiedenen Sprachen, die Länge der Wörter und so weiter. Dann laden wir die App direkt in unser Übersetzungssystem, wo sie in ein XML-Format konvertiert und von unseren professionellen Übersetzern bearbeitet wird. Die übersetzten Dateien werden wieder zusammengestellt, und die App kommt im Originalformat an Sie zurück. Die Lokalisierung erfordert auch, dass die Übersetzer alle wichtigen Aspekte noch einmal überprüfen: Wurden alle Währungen, Gewichts- und Maßeinheiten, Flaggen oder Bilder korrekt auf die Sprache und Kultur des Landes übertragen?

Bieten Sie App-Übersetzungen für alle Märkte und Sprachen an?

Nick Jarvis: Ja, wir haben professionelle Übersetzer für über 450 Sprachkombinationen und über 100 Spezialisierungen. Wir können also für fast jedes App-Übersetzungs-Projekt, jedes Thema und jede Sprache professionelle Übersetzer anbieten.

Christian Arno erwähnt in seinem Artikel vor allem die kulturellen Unterschiede, die eine App-Lokalisierung zu einer delikaten Angelegenheit machen können. Können sich die Entwickler darauf verlassen, dass Ihre Übersetzer diese Problematik voll erfassen, oder sollten sie zusätzliche Experten zu Rate ziehen?

Nick Jarvis: Wer unsere komplexeren Übersetzungslevels wie *Transcreation* oder *Fully Managed Translation with Style* in Anspruch nimmt, kann sicher sein, dass die Lokalisierung von kreativen und höchst sorgfältigen Übersetzern mit mehreren Korrekturrunden durchgeführt wurde. Unsere Übersetzer sind alle Muttersprachler, die das Wissen und die persönliche Erfahrung besitzen, um jeden kulturellen Fauxpas zu vermeiden. Trotzdem schadet es natürlich nie, noch mal ein drittes oder viertes Augenpaar über das Dokument schauen zu lassen, bevor es veröffentlicht wird.

Die reine Übersetzung einer App scheint kein großes Projekt zu sein – es gibt ja meistens sehr wenig Text. Ist eine professionelle Übersetzung also auch für kleine Entwickler leistbar? Und gelten Ihre normalen Sätze auch für App-Projekte, oder welche zusätzlichen Kosten muss ein Entwickler einkalkulieren?

Nick Jarvis: Die Lokalisierung ist auf jeden Fall auch für kleinere Entwickler machbar, denn die meisten Apps bestehen vielleicht aus 500 Wörtern. Wir berechnen unsere normale Rate für solche Projekte, allerdings würden wir den Entwicklern empfehlen, einen unserer höheren Service-Levels zu wählen, damit auch der höchstmögliche Standard erreicht wird.

Manchmal passiert es, dass ein Entwickler außerdem die Zusatzkosten von *Desktop Publishing* tragen muss. Das geschieht, wenn eine Sprache mehr oder weniger Platz braucht als vorgesehen. Zum Beispiel verbraucht Deutsch viel mehr Platz als Englisch oder Spanisch. Wenn der Entwickler im Design der App diese Abweichungen nicht vorgesehen hat, kann einer unserer internen technischen Entwickler die App diesbezüglich umbauen und marktfertig ausliefern.

Vielen Dank für dieses Interview, Nick.

Vergleichen Sie die verschiedenen Angebote

Nicht nur bei Lingo24, auch bei anderen Übersetzungsfirmen können Sie online bereits bequem einen Kostenvoranschlag für Ihre App berechnen lassen. Nutzen Sie die Gelegenheit und vergleichen Sie diese Raten nicht nur mit Konkurrenz-Büros, sondern auch mit den Gesamtkosten, die Ihre Freelancer in Rechnung stellen würden.

13.2.2 Einfach übersetzen? Nicht so einfach

Den folgenden Ratgeber verfasste Christian Arno, der Gründer des Übersetzungsbüros Lingo24. Der Beitrag erschien erstmals auf www.wishu-blog.net.

 Lokalisieren von Apps: die vielen kleinen Dinge

2010 wurde eine Studie der International Usability Partners zu kulturellen Unterschieden und Gemeinsamkeiten bei der gestenbasierten Bedienung von Multitouch-Oberflächen veröffentlicht. Das Ergebnis beruhigt: „Es gibt keine kulturellen Unterschiede bei der Nutzung von Gesten zur Bedienung von Multitouch-Oberflächen", heißt es. Also lässt ein Entwickler seine für den deutschen Markt konzipierte App einfach in eine andere Sprache übersetzen und wirft sie auf den Markt. Fertig! Ein Software-Entwickler macht genau dasselbe, und beide sind glücklich, haben die Zahl ihrer potenziellen Kunden deutlich vergrößert und scheffeln Geld. Alles ist gut! Ist alles gut? Ein bisschen Lokalisierung muss dann vielleicht doch sein. Und dabei sind viele kleine Dinge zu beachten.

Inhalte anpassen

Während also für die Bedienelemente von Multitouch-Oberflächen zumindest bei oben genannter Studie keine großen kulturellen Unterschiede gefunden wurden (Ausnahme: Chinesen nutzen mehr Symbole), sieht das bei Inhalten von Apps und Software vielleicht schon etwas anders aus. Bevor Übersetzer damit beginnen, die Texte einer App oder Software zu übersetzen, sollte daher in einem ersten grundsätzlichen Schritt geprüft werden, wie überhaupt die Marktchancen der App oder Software im jeweiligen Land sind. Da gibt es durchaus kulturelle Unterschiede. So ist etwa die Dating-App *Love Plus*, bei der ein (in der Regel männlicher) Nutzer mit einem virtuellen Frauen-Charakter eine Beziehung pflegt, in Japan zum Hit geworden. Für Deutschland wurde das App-Game als chancenlos eingestuft. Man sollte sich also etwas mit dem jeweiligen Markt auskennen, den man eventuell mit seiner Software bedienen möchte. Alternativ sollte man sich qualifizierte Unterstützung suchen und kritisch hinterfragen: Hat mein Produkt eine Chance?

Was ist Lokalisieren?

Ist die grundsätzliche Entscheidung erst einmal getroffen, eine App zu lokalisieren, um sie auf einem fremden Markt anzubieten, geht die Inhaltsprüfung ins Detail. Lokalisieren ist mehr als Übersetzen. Letztlich muss jedes Element einer bestehenden App oder Software für den Computer geprüft werden, ob es unverändert auch für die Variante geeignet ist, die in einem fremden Kulturraum verkauft werden soll. Wie wichtig das ist, zeigen einige Beispiele:

- Das Spiel *Wolfenstein* wurde aufwändig für den deutschen Markt lokalisiert. Im Original kämpft ein US-Soldat gegen Nazis und diverse Kreaturen. In der Version für den deutschen Markt werden die Nazis nur „Wölfe" genannt. Symbole wie SS-Totenköpfe wurden angesichts der rechtlichen Vorgaben und der Vergangenheit Deutschlands gegen andere Symbole ausgetauscht. Dennoch rief der Hersteller Activision Blizzard das Game aus den Regalen deutscher Händler zurück. Grund: Man hatte ein Hakenkreuz übersehen, das auch in der deutschen Version übrig geblieben ist. Die Panne dürfte viel Geld gekostet haben.

- In China kann eine in eine Software integrierte taiwanesische Flagge zu Ärger führen, da Taiwan von China nicht als selbstständiger Staat anerkannt wird.

- Bei i-Phone-Apps muss man zum Beispiel zusätzlich die Richtlinien von Apple beachten. Das ist bisweilen nicht ganz einfach, da es oft nicht völlig transparent ist, was aus Sicht von Apple in Ordnung ist und was nicht. Aufgrund einer Erotikgalerie mit nackten Brüsten löschte Apple 2010 die App des Magazins „Stern" aus dem Store. 2009 entfernte das Unternehmen Apps mit Zitaten des Dalai Lama aus dem China-Store. Das war wohl dem Unternehmen selbst und dem Staat China zu verdanken.

Das alles zeigt, wie schwierig es werden kann, wenn man Apps oder Software blauäugig lokalisiert und dabei wesentliche Dinge übersieht. Für jemanden, der nicht tief in die jeweilige Kultur eingetaucht ist, sind solche Dinge bisweilen schwer zu erkennen. Ein Foto nackter und in Richtung Kamera gestreckter Fußsohlen könnte in arabischen Ländern zum Problem werden. Gezeigte nackte Fußsohlen gelten dort schnell als Beleidigung. Knochenmänner in einem Spiel führen dagegen möglicherweise am chinesischen Markt zum Verbot. Wer ahnt so etwas schon?

Kulturelle Gewohnheiten

Auch abseits von möglichen Verboten spielt Kultur bei der Lokalisierung eine Rolle. Liebt der Held eines deutschen Spiels etwa Fußball, sollte er in der US-Version vielleicht Baseball bevorzugen. Führt in einer US-Version ein älterer Mann mit schwarzer Hautfarbe durch ein Programm, sollte es in der Japanversion eventuell ein jüngerer asiatischer Mann oder eine Frau sein. Viele Japaner bevorzugen jüngere Charaktere. So etwas muss einkalkuliert werden.

Inhalte übersetzen

Geht es um die eigentliche Übersetzung der textlichen Inhalte, sind weitere Dinge zu beachten. Einerseits geht es natürlich um eine korrekte Übersetzung. Das klingt wie eine Selbstverständlichkeit. Schaut man sich übersetzte Texte in einigen Varianten lokalisierter Software an, so ist das Selbstverständliche allerdings plötzlich gar nicht mehr so selbstverständlich. Da sind schon grobe Fehler passiert. Die Übersetzung sollte qualifizierten Muttersprachlern aus dem jeweiligen Land überlassen werden, für das die Computer-Software oder App lokalisiert werden soll. Dabei muss auch beachtet werden, dass Englisch nicht immer Englisch, Spanisch nicht immer Spanisch ist. Das in den USA gesprochene Englisch unterscheidet sich ebenso vom britischen wie das Spanisch in Spanien von dem in Mexiko.

Textlänge

Ein englisches Wort und sein deutsches Pendant sind oft unterschiedlich lang. In Computer-Software oder Apps kann das bei Buttons zum Problem werden, wenn sie relativ knapp kalkuliert wurden. Ein Button, der gerade genug Platz für das englische Wort „Copy" lässt, dürfte für das deutsche Wort „Kopieren" zu klein sein. Hier muss also möglichst bereits im Vorfeld dafür gesorgt werden, dass Buttons und Textfelder nicht zu klein ausfallen.

Formate

Übersetzungen betreffen nicht alleine Wörter und Sätze, sondern auch Formate und Messzahlen: etwa Datumsformate, Währungs-, Längen-, Gewichts- und Temperaturangaben sowie Uhrzeiten. In unterschiedlichen Ländern existieren dafür teils deutlich unterschiedliche Vorgaben. Auch das kann zu Problemen führen: Schreibt man als Datum etwa 7/8/11, so steht das im Britischen für den 7. August 2011, während viele US-Amerikaner „8. Juli 2011" lesen.

Sie sehen, die Lokalisierung einer App ist nicht so einfach. Trotz der Investitionen lohnt sie sich in den meisten Fällen aber sehr. Und ist es nicht auch ein schönes Gefühl, mit seiner kleinen App-Idee, die man vor Monaten hatte, plötzlich auf den Geräten von Menschen in Singapur, Kairo, Paris oder Buenos Aires verewigt zu sein?

Noch mag Ihnen das als ein weit entferntes Ziel erscheinen. Aber mit dem Abschluss dieses letzten Kapitels haben Sie schon einen großen Schritt nach vorne gemacht. Vielleicht nicht für die Menschheit, dafür aber auf dem Weg zum erfolgreichen App-Entwickler.

Ich wünsche Ihnen viel Erfolg!

Lessons Learned

Outsourcing muss nicht immer etwas kosten.

Wenn Sie Ihre Famile, Freunde und Bekannte mit Aufgaben überfallen, erhalten Sie einen wertvollen Blick von außen – und können Ihre Fähigkeiten mit denen von Laien ergänzen.

Fast jede App braucht professionelle Hilfe.

Programmierer, Grafik-Designer, Werbetexter, Presseprofi und Übersetzer – wer kann schon von sich behaupten, alle Aufgaben, die mit dem App-Verkaufen einhergehen, perfekt zu beherrschen? Gestehen Sie sich Schwächen ein und suchen Sie einen Profi.

Freelancer oder Agentur?

Freelancer sind deutlich günstiger, dafür ist die Zusammenarbeit auch um einiges riskanter. Wenn Sie mit einer größeren Agentur zusammenarbeiten, gehen Sie auf Nummer sicher, müssen aber tiefer in die Tasche greifen.

Publisher führen quasi jede App zum Erfolg.

Ein Vertrag mit einem Publisher maximiert Ihre Erfolgschancen im App-Store. Leider sind Publisher entsprechend wählerisch und wollen meist die Hälfte Ihrer Einnahmen.

Lokalisierungen sind Umsatztreiber, aber sie machen auch viel Arbeit.

Wenn Sie in Sprachen übersetzen, in denen Sie nicht Muttersprachler sind, sollten Sie unbedingt die Hilfe eines Profis in Betracht ziehen. Gerade wenn Sie es mit der Lokalisierung ernst meinen und mehrere Sprachen auf einmal angehen, kann ein Übersetzungsbüro Gold wert sein.

Anhang

■ Literaturempfehlungen

App-Programmierung

Koller, Dirk: *iPhone-Apps entwickeln: Applikationen für iPhone, iPad und iPod touch programmieren – Von der Idee zum App Store: So realisieren und vermarkten Sie Ihre Apps!* (Franzis, 2010)

Wessel, Ivo: *Apps entwickeln für iPhone, iPad und iPod touch* (Hanser, 2012)

Lucka, Thomas: *Spiele entwickeln für iPad, iPhone und iPod touch* (Hanser, 2010)

Künneth, Thomas: *Android 3: Apps entwickeln mit dem Android SDK* (Galileo Computing, 2011)

Hinzberg, Holger: *Objective-C und Cocoa Praxiseinstieg: Programmierung für Mac OS X und iPhone* (mitp, 2011)

Bleske, Christian: *Windows Phone 7-Apps entwickeln* (Franzis, 2011)

App-Gestaltung und Design

Chlebek, Paul: *Praxis der User Interface-Entwicklung: Informationsstrukturen, Designpatterns, Vorgehensmuster* (Vieweg+Teubner, 2011)

Cooper, Alan & Reimann, Robert & Cronin, David: *About Face: Interface und Interaction Design* (mitp Business, 2010, englisch)

Clark, Josh: *Tapworthy: Designing Great iPhone Apps* (O'Reilly Media, 2010, englisch)

Richter, Michael & Flückiger, Markus D.: *Usability Engineering kompakt: Benutzbare Software gezielt entwickeln* (Spektrum Akademischer Verlag, 2010)

Social Media Marketing

Handley, Ann & Chapman, C.C.: *Content Rules: How to Create Killer Blogs, Podcasts, Videos, Ebooks, Webinars (and More) That Engage Customers and Ignite Your Business* (John Wiley & Sons, 2010, englisch)

Grabs, Anne & Bannour, Karim-Patrick: *Follow me!: Social Media Marketing mit Facebook, Twitter, XING, YouTube und Co. Inkl. Empfehlungsmarketing, Crowdsourcing und Social Commerce* (Galileo Computing, 2011)

Kerpen, Dave: *Likeable Social Media: How to Delight Your Customers, Create an Irresistible Brand, and Be Generally Amazing on Facebook (& Other Social Networks)* (Mcgraw-Hill Publ.Comp., 2011, englisch)

Stuber, Reto: *Erfolgreiches Social Media Marketing mit Facebook, Twitter, XING und Co.* (Data Becker, 2011)

Li, Charlene & Bernoff, Josh: *Facebook, YouTube, Xing & Co. – Gewinnen mit Social Technologies* (Hanser, 2009)

Marktforschung und Statistik

Kastin, Klaus: *Marktforschung mit einfachen Mitteln: Daten und Informationen beschaffen, auswerten und interpretieren* (Deutscher Taschenbuch Verlag, 2008)

Kastin, Klaus: *Marktforschung mit kleinem Budget: Was wollen Ihre Kunden wirklich? (Kompakt-Variante, 127 Seiten)* (Beck, 2009)

Berekoven, Ludwig & Eckert, Werner & Ellenrieder, Peter: *Marktforschung: Methodische Grundlagen und praktische Anwendung* (Gabler Verlag, 2009)

■ Quellenverzeichnis

Kapitel 1

Marshall, Gary (5. Februar 2009): *App Store millionaires share their secrets.* Abgerufen am 16. Juli 2011 von TechRadar: http://www.techradar.com/news/phone-and-communications/other-phones/app-store-millionaires-share-their-secrets-524586

Kapitel 2

Barnard, David (10. Februar 2009): *The Experiment.* Abgerufen am 3. August 2011 von App Cubby Blog: http://appcubby.com/blog/the-experiment/

Distimo B.V. (August 2011): *Distimo Report – August 2011.* Utrecht: Distimo

Dokoupil, Tony (5. Oktober 2009): *Striking It Rich: Is There An App For That?* Abgerufen am 7. Juli 2011 von Newsweek: http://www.thedailybeast.com/newsweek/2009/10/05/striking-it-rich-is-there-an-app-for-that.html

Kotler, Philip & Armstrong, Gary & Saunders, John & Wong, Veronica (2006): *Grundlagen des Marketing.* Essex: Pearson Education

Martellaro John (5. Januar 2010): *How Apple Does Controlled Leaks.* Abgerufen am 26. Juni 2011 von The Mac Observer: http://www.macobserver.com/tmo/article/how_apple_does_controlled_leaks/

Spolsky , Joel (2. März 2004): *Top Twelve Tips for Running a Beta Test.* Abgerufen am 10. Juli 2011 von Joel on Software: http://www.joelonsoftware.com/articles/BetaTest.html

Winter, Stefanie (15. Mai 2000): *Quantitative vs. Qualitative Methoden.* Abgerufen am 19. Juli 2011 von KIT: http://imihome.imi.uni-karlsruhe.de/nquantitative_vs_qualitative_methoden_b.html

Kapitel 3

Appleyard, David (2010): *iPhone App Entrepreneur.* Melbourne: Envato Pty Ltd

Barr, Corbett (2010): *The Ultimate Guide to Finding Your Unique Selling Proposition.* Abgerufen am 6. August 2011 von Think Traffic: http://thinktraffic.net/unique-selling-proposition

Chen, Brian X. (5. April 2011): *App-Powered Car Service Leaves Cabs in the Dust.* Abgerufen am 12. August 2011 von Wired: http://www.wired.com/gadgetlab/2011/04/app-stars-uber/all/1

CrunchBase (2011): *Flipboard.* Abgerufen am 6. August 2011 von Crunchbase: http://www.crunchbase.com/company/flipboard

Wedemeyer, Georg (16. September 2007): *Gammelfleischskandal – Die Döner-Mafia.* Abgerufen am 3. August 2011 von Stern.de: http://www.stern.de/wirtschaft/familie/gammelfleischskandal-die-doener-mafia-597335.html

Kapitel 4

Shapiro, C. & Varian, H. R. (1999): *Information rules: a strategic guide to the network economy.* Cambridge: Harvard Business Press

Kapitel 5

Pallas, Frank (2011): *Information Rules 1 – Informations- und Netzwerkökonomie 2.* Abgerufen am 12. August 2011 von TU Berlin: http://ig.cs.tu-berlin.de

Smith, E. R. & Mackie, D. M. (2000): *The process by which one person's expectations about another become reality by eliciting behaviors that confirm the expectations: Social Psychology.* London: Psychology Press, 2. Auflage 2000

Weiß, Marcel (1. April 2010): *Artikelserie: Zweiseitige Märkte – die ökonomische Theorie hinter Facebook, Twitter und Co.* Abgerufen am 12. August 2011 von Neunetz: http://www.neunetz.com/2010/04/01/zweiseitige-maerkte-oekonomische-theorie-hinter-facebook-twitter/

Kapitel 6

Banagale, Robert (23. Juli 2010): *Creating Compelling App Descriptions for iTunes and the iOS App Stores.* Abgerufen am 29. August 2011 von rob's blog: http://banagale.com/character-and-formatting-tips-for-copy-writing-in-itunes-and-the-ios-app-store.htm

Borchardt, Johannes (23. Juni 2011): *App Store Optimization (ASO) (1/5): Keywords & Description.* Abgerufen am 12. Juli 2011 von Droid-Blog: http://droid-blog.net/2011/06/23/app-store-optimization-aso-14-keywords-description/

Flarup, Michael (2010): *iPhone App Icon Design Best Practices.* Abgerufen am 1. August 2011 von Pixelresort: http://www.pixelresort.com/blog/iphone-app-icon-design-best-practises/

Gordon, Jen (29. Dezember 2010): *How to Sell More Apps With Well Designed Screenshots.* Abgerufen am 18. August 2011 von mobile tuts+: http://mobile.tutsplus.com/tutorials/mobile-design-tutorials/app-store_screenshot-design_iphone-desig/

Northcott, Stephen (19. März 2011): *Surviving in the iPhone Wild Wild West: Bogus Marketing Schemes.* Abgerufen am 28. August 2011 von: http://touchreviews.net/iphone-app-marketing-bogus-schemes/

Ryu, Phill (23. Dezember 2009): *The Cookie Cutter Guide to Charting in the App Store.* Abgerufen am 23. August 2011 von tap tap tap Blog: http://taptaptap.com/blog/the-cookie-cutter-guide-to-charting-in-the-app-store/

Stamatiou, Paul (22. August 2007): *How To: Pitch Bloggers.* Abgerufen am 14. Juli 2011 von Paul Stamatiou: http://paulstamatiou.com/how-to-pitch-bloggers

Kapitel 7

Amitay, Daniel (17. Januar 2011): *Piracy Doubled My App Sales.* Abgerufen am 2. September 2011 von amitay. us: http://www.amitay.us/blog/files/piracy_doubled_my_app_sales.php

App Annie (2011): *Blocfall Rank History.* Abgerufen am 2. September 2011 von App Annie: http://www.appannie.com/blocfall/ranking/history/#start_date=2010-11-12&end_date=2011-10-15

AppShopper (2011): *Blocfall App Activity.* Abgerufen am 14. September 2011 von App Shopper: http://appshopper.com/games/blocfall

Benezet, Baptiste (faberNovel, Januar 2010): *How to Market your App.* Abgerufen am 2. September 2011 von Slideshare: http://www.slideshare.net/misteroo/how-to-market-your-app

Claburn, Tomas, (14. Januar 2011): *Lessons In iPhone App Advertising.* Abgerufen am 2. September 2011 von Informationweek SMB: http://www.informationweek.com/news/smb/mobile/229000715

Distimo B. V. (28. April 2011): *Distimo – The battle for the most content and the emerging tablet market. – April 2011.* Utrecht: Distimo

Frampton, David (18. Mai 2011): *Some Interesting Graphs.* Abgerufen am 2. Juni 2011 von Majic Jungle Blog: http://majicjungle.com/blog/479/

Johnson, Mark (19. Mai 2009): *6 Months of iPhone App Sales Stats, Cause and Effect.* Abgerufen am 2. September 2011 von Markj: http://www.markj.net/iphone-hit-tennis-sales-stats-marketing/

Nigrin, Markus (30. November 2010): *The perfect Newsline.* Abgerufen am 4. September 2011 von: http://pocketcyclone.com/2010/11/30/the-perfect-newsline/

Perez, Sarah (14. Oktober 2009): *New iPhone App Piracy Statistics Reveal "Try Before You Buy" Mentality is a Myth.* Abgerufen am 11. September 2011 von Read Write Web: http://www.readwriteweb.com/archives/new_iphone_app_piracy_statistics_reveal_try_before_you_buy_myth.php

Pinch Media (2009): *iPhone AppStore Secrets.* Abgerufen am 1. September 2011 von Slideshare: http://www.slideshare.net/pinchmedia/iphone-appstore-secrets-pinch-media

Sanchez-Grice, Miguel (8. Mai 2009): *My Experience Getting Owned by App Store Pirates.* Abgerufen am 12. September 2011 von icombat: http://www.icombatgame.com/2009/05/08/my-experience-getting-owned-by-app-store-pirates/

Senatsverwaltung für Wirtschaft, Technologie und Frauen, Berlin (2011): *Projekt Zukunft: Apps4Berlin.* Abgerufen am 6. September 2011 von berlin.de: http://www.berlin.de/projektzukunft/wettbewerbe/apps-contest/

Wooldridge, D., & Schneider, M. (2010): *The Business of iPhone App Development: Making and Marketing Apps that Succeed.* New York: Apress

Yarow, Jay (2. August 2010): *Android's Serious Piracy Problem Costs Developers Big Money.* Abgerufen am 16. September 2011 von: http://articles.businessinsider.com/2010-08-02/tech/30055327_1_android-piracy-google

Kapitel 8

Biyani, Gagan (22. August 2009): *Cheating the App Store: PR firm has interns post positive reviews for clients.* Abgerufen am 20. September 2011 von TechCrunch: http://techcrunch.com/2009/08/22/cheating-the-app-store-pr-firm-has-interns-post-positive-reviews-for-clients/

Crawford, Shane (30. Januar 2011): *Asking for App Reviews.* Abgerufen am 16. September 2011 von Bolt from the Blue: http://blog.bluelightninglabs.com/2011/01/asking-for-app-reviews/

Hughes, J. (2010): *iPhone & iPad Apps Marketing.* Indianapolis: que Publishing

Lema, Santiago (27. Juli 2011): *Taking control of your reviews.* Abgerufen am 17. September 2011 von Smalltech: http://www.smallte.ch/blog-read_en_24001.html

Mitchell, Bill (21. September 2005): *The Wall Street Journal Weekend Edition: Expectations, Surprises, Disappointments.* Abgerufen am 19. September 2011 von Poynter Online: http://www.poynter.org/uncategorized/71294/the-wall-street-journal-weekend-edition-expectations-surprises-disappointments/

Ohne Autor (5. März 2009): *Technology Quarterly: Q1 2009, Monitor: Fair comment.* Abgerufen am 22. September 2011 von The Economist: http://www.economist.com/node/13174365?story_id=13174365

Kapitel 9

Buxmann, P. & Diefenbach, H. & Hess, T. (2008): *Die Software-Industrie: Ökonomische Prinzipien, Strategien, Perspektiven.* Berlin [u. a.]: Springer

Frampton, David (3. Februar 2009): *App Store Marketing.* Abgerufen am 17. Mai 2011 von Majic Jungle Blog: http://majicjungle.com/blog/66/

Hollensen, Svend (2011): *Global Marketing: a decision-oriented approach.* Essex: Pearson Education

Ochmann, Martin (14. August 2008): *Sinnlose Erfindung kostet 799,99 Euro.* Abgerufen am 22. September 2011 von: http://www.newsclick.de/index.jsp/menuid/2163/artid/8931247

Pepels, W. (2006): *Pricing leicht gemacht: Höhere Gewinne durch optimale Preisgestaltung.* München: Redline Wirtschaft

Perrier, Romain (2010): *Cracking the App store ranking algorithm.* Abgerufen am 22. Juni 2011 von Slideshare: http://www.slideshare.net/romperrier/how-to-market-your-iphone-app

Turner, Kirby (1. Juni 2010): *Sales are Down but Revenue is Up.* Abgerufen am 3. Oktober 2011 von White Peak Software: http://blog.whitepeaksoftware.com/2010/06/01/sales-are-down-but-revenue-is-up/

Turner, Kirby (2. Juli 2010): *Sale Numbers are In: An Update on My App Store Pricing Experiment.* Abgerufen am 3. Oktober 2011 von White Peak Software: http://blog.whitepeaksoftware.com/2010/07/02/sale-numbers-are-in-an-update-on-my-app-store-pricing-experiment/

Turner, Kirby (1. September 2010): *My App Store Pricing Experiment: The Final Chapter.* Abgerufen am 3. Oktober 2011 von White Peak Software: http://blog.whitepeaksoftware.com/2010/09/01/my-app-store-pricing-experiment-the-final-chapter/

Kapitel 10

Buchanan, Matt (26. März 2010): *The iPad App Price Pump.* Abgerufen am 18. April 2011 von Gizmodo: http://us.gizmodo.com/#!5503249/the-ipad-app-price-pump

Distimo, B. V. (Juli 2011): *Distimo – Mobile Gaming Trends: Popularity, Pricing and Monetization. – Juli 2011.* Utrecht: Distimo

Foresman, Chris (8. November 2010): *Could the Mac App Store kill software "bundles"?* Abgerufen am 18. August 2011 von Ars Technica: http://arstechnica.com/apple/news/2010/11/mac-app-store-might-kill-bundles-but-macgraphoto-set-for-one-more-try.ars

Lotter, Wolf (Oktober 2000): *Eine Frage des Preises.* Hamburg: brand eins

Simonson, I. & Tversky, A. (1992): *Choice in context: Tradeoff contrast and extremeness aversion.* Journal of Marketing Research, Vol 29 (3), 281 – 295

Skiera, B. & Spann, M. (2000): *Flexible Preisgestaltung im Electronic Business.* Frankfurt am Main: Goethe-Universität Frankfurt am Main

Kapitel 11

Baker, Kevin (ohne Datum): *To Light The Lamps of China.* Abgerufen am 8. Oktober 2011 von Kevin Baker: http://www.kevinbaker.info/c_tltloc.html

Chen, Andrew (19. Januar 2009): *How to create a profitable Freemium startup.* Abgerufen am 12. Oktober 2011 von Andrew Chen: http://andrewchenblog.com/2009/01/19/how-to-create-a-profitable-freemium-startup-spreadsheet-model-included/

Dredge, Stuart (14. Januar 2011): *Shazam now has 25m iOS users and 5m Android users.* Abgerufen am 12. Oktober 2011 von Mobile Entertainment: http://www.mobile-ent.biz/news/read/shazam-now-has-25m-ios-users-and-5m-android-users/012941

Jaap, M. (17. Februar 2011): *Smurf's Village: Apple prüft Änderungen nach Beschwerden von Eltern.* Abgerufen am 17. Mai 2011 von Mac Life: http://www.maclife.de /iphone-ipod/ipad/smurf-s-village-apple-prueft-aenderungen-nach-beschwerden-von-eltern

Kaye, J. & Quinn, S. (2010): *Funding Journalism in the Digital Age.* New York: Peter Lang Publishing

Klepper, Michale & Gunther, Robert (15. Juli 2007): *The Wealthiest Americans Ever.* Abgerufen am 6. Oktober 2011 von The New York Times: http://www.nytimes.com/ref/business/20070715_GILDED_GRAPHIC.html#

Parr, B. (15. September 2009): *Facebook Now Has Over 300 Million Users.* Abgerufen am 17. Mai 2011 von Mashable: http://mashable.com/2009/09/15/facebook-300-million/

Reichler, Jesse (2006): *Donationware experience – An article describing experiments with Donationware: Ethical Software, Work Equalization, Temporary Licenses, Collective Bargaining, and Microdonations.* Abgerufen am 11. Oktober 2011 von Donationcoder: http://donationcoder.com/Articles/One/index.html#part6

Takahashi, D. (15. Juli 2010): *Free-to-play business model starting to generate a "geiser of money" for iPhone game makers.* Abgerufen am 19. April 2011 von VentureBeat: http://venturebeat.com/2010/07/15/free-to-play-business-model-starting-to-generate-a-geiser-of-money-for-iphone-game-makers/

Tubergen, Matthew (21. April 2011): *Calculating lifetime value of freemium gamers: finding the revenue per daily active user (RPDAU).* Abgerufen am 18. Oktober 2011 von W3i, LLC: http://blog.w3i.com/2011/04/21/calculating-lifetime-value-for-freemium-gamers-finding-the-revenue-per-daily-active-user-rpdau/

Valadares, Jeferson (25. Juli 2011): *Consumers Spend Average of $14 per Transaction in iOS and Android Freemium Games.* Abgerufen am 28. Juli 2011 von Flurry Blog: http://blog.flurry.com/bid/67748/Consumers-Spend-Average-of-14-per-Transaction-in-iOS-and-Android-Freemium-Games

Wilson, Fred (23. März 2006): *My Favorite Business Model.* Abgerufen am 6. Oktober 2011 von AVC: http://avc.blogs.com/a_vc/2006/03/my_favorite_bus.html

Kapitel 12

Apple, Inc. (2011): *Nutzungsbedingungen für die Apple Stores.* Abgerufen am 30. Oktober 2011 von Apple: http://www.apple.com/legal/itunes/de/terms.html#GIFTS

Barnitzke, Benno & Möller, Philipp & Nordmeyer, Arne (2011): *Die Schutzfähigkeit graphischer Benutzeroberflächen nach europäischen und deutschem Recht.* CR 5/2011, 277

Bundesamt für Sicherheit in der Informationstechnik (2011): *Muster einer Vertraulichkeitsvereinbarung.* Abgerufen am 27. Oktober 2011 von bsi.bund.de: https://www.bsi.bund.de/cae/servlet/contentblob/474900/publicationFile/31022/vertraulichkeitsvereinbarung_pdf.pdf

Chiampi Ohly, Diana D. (2010): *SoftwareRecht: Von der Entwicklung zum Export.* Darmstadt: Fachhochschulverlag

Söbbing, Thomas (2010): *Sind Non Disclosure Agreements wirklich notwendig?,* GWR 2010, 237

Wandtke, Artur-Axel & Bullinger, Winfried (Hrsg.) (2009): *Praxiskommentar zum Urheberrecht.* München: Beck, 3. Auflage

Urteile:

BGH, Urteil vom 7. 10. 2010, ZUM-RD, 2010, 16.

OLG Hamm, Urteil vom 2. 4. 2009, MMR 2009, 552.

Kapitel 13

Moon, Mike & Bui, Quoc (4. November 2010): *$80,000 A Month In App Sales By Outsourcing EVERYTHING.* Abgerufen am 27. Oktober 2011 von Mixergy: http://mixergy.com/free-apps-interview/

Tsotsis, Alexia (20. Oktober 2010): *'Angry Birds' Developer: "We Will Not Use Chillingo Again".* Abgerufen am 31. Juli 2011 von TechCrunch: http://techcrunch.com/2010/10/20/angry-birds-chillingo/

Index

Neue Möglichkeiten erschließen

Ron Faber, Sönke Prestin
Social Media und Location-based Marketing
Mit Google, Facebook, Foursquare, Groupon & Co. lokal erfolgreich werben
251 Seiten
ISBN 978-3-446-42911-6

Egal ob Sie Handwerker sind, ein Café betreiben oder Dienstleistungen anbieten; egal ob Sie Einzelkämpfer sind oder in einem Unternehmen mit 200 Mitarbeitern arbeiten: Sie müssen Ihre Produkte und Dienstleistungen unter die Leute bringen. Dabei helfen Ihnen heute ganz besonders die Möglichkeiten des Social Media Marketing. Mit Hilfe von Google, Facebook, Twitter & Co. erreichen Sie Ihre Kunden – alles was Sie dafür brauchen: Kreativität und wenig Geld. Kombiniert mit Qype, Groupon oder den aktuellen Location Based Services von Foursquare und anderen können Sie innovative und attraktive Wege gehen, um Kunden auf sich aufmerksam zu machen und an sich zu binden.

Dieser praktische Leitfaden vermittelt Ihnen das Rüstzeug, die richtige Social-Media-Strategie für Ihr Unternehmen zu finden, heute umzusetzen und morgen ggf. kompetent anzupassen, wenn Sie neue Ideen umsetzen wollen oder neue Technologien oder Plattformen die Spielregeln verändern.

GUT AUFGELEGT
ICH BLEIBE OFFEN LIEGEN ;-) DANK SPEZIAL-
FORMAT UND PATENTIERTER BINDUNG

Kösel FD 351 · Patent-No. 0748702